KB143549

외교의 몰락

(원제: War on Peace)

The end of diplomacy and the decline of American influence

북한, 이란, 아프가니스탄, 소말리아, 콜롬비아 등

지구의 가장 외지고 위험한 지역을 아우르는 놀라운 여정!

군사적 분쟁에는 두 가지 유형이 있다.

하나는 협상을 통해 해결되고 또 하나는 무력으로 해결된다.

첫 번째 분쟁은 인간의 특징이고 두 번째는 짐승의 특징이다.

그러므로 우리는 첫 번째 수단을 활용할 수 없을 때에만

두 번째 수단에 의존해야 한다.

-키케로 『의무론』

외교의 몰락

로난 패로우 지음
박홍경 옮김

북플러스

어머니께

목차

역자 레터

2017년 10월, 전 세계에 '미투Me Too' 운동을 촉발시킨 기사 한 편이 《뉴요커》에 실렸다. 영화계의 거물 하비 와인스타인Harvey Weinstein이 유명 여배우들을 비롯해 영화계의 많은 여성들을 성추행했다는 탐사 보도는 비단 미국의 영화 산업뿐만 아니라 세계 각지의 다양한 분야에 영향을 미쳤다. 이 보도로 2018년 퓰리처상을 수상한 주인공이 바로 『외교의 몰락War on Peace』의 저자 로난 패로우다.

『외교의 몰락』에서도 저자는 하비 와인스타인의 성추문에 못지않은 무게감을 지닌 폭로를 이어간다. 《ABC 뉴스》의 마사 래대츠Martha Raddatz 앵커가 추천사를 통해 고백했듯 많은 기자들이 외교가의 실력자들을 같은 자리에서 취재하지만 현장의 기자들조차 이 책을 통해 새로운 사실을 접하고 놀라워했을 정도로 신선하면서도 통찰력을 갖춘 책이다. 도널드 트럼프 대통령의 임기가 시작된 이후 많은 기자들이 백악관 안팎의 부조리를 폭로하는 저서를 발표했지만 『외교의 몰락』는 트럼프의 극단적인 행보가 특히 외교 분야에 어떤 영향을 미쳤는지를 고발한다는 점에서 독보적 의미를 지닌다.

무엇보다 이 책의 가장 탁월한 점은 뛰어난 현장감이다. 저자가 '아버지

같은 분'이라고 표현한 리처드 홀브룩 아프가니스탄 및 파키스탄 특별 대표가 아프가니스탄에서 베트남전의 전철을 밟지 않기 위해 대화의 물꼬를 트려는 필사적인 노력을 기울이는 장면, 의사결정 과정을 장악한 군 장성들에 밀려나 고군분투하는 모습, 그럼에도 대화의 끈을 놓지 않기 위해 갖은 수단을 활용하는 모습에서 오늘날 미국 외교가 처한 현실을 생생하게 엿볼 수 있다. 책에는 독자들에게 낯익은 많은 인물들이 등장한다. 트럼프 정부의 초대 국무부 장관인 렉스 틸러슨을 비롯해 힐러리 클린턴, 존 케리, 헨리 키신저 등 전 장관들의 인터뷰는 책의 신뢰도를 높이는 동시에 다양한 시각과 배경을 이해하는 데 한 몫 한다. 뿐만 아니라 톰 컨트리맨, 로빈 래펠, 앤 패터슨 등 전 세계에서 활약하는 외교관들의 인터뷰는 현장에서 외교관들이 피부로 느끼는 변화를 현실감 넘치게 전해준다.

독자들이 책에서 살아 숨 쉬는 현장을 느낄 수 있는 가장 큰 요인은 기자로 활약하기에 앞서 국무부에서 근무했던 저자의 현장 경력에 있을 것이다. 파키스탄에서 언론인과 정치인 등을 대상으로 자행되는 폭력 행위와 초법적 처형에 대한 고발, 전통적 방식의 외교를 수행하던 로빈 래펠 전 대사가 간첩으로 몰리는 과정의 묘사 등은 저자가 제3자가 아닌 내부자였기에 문제를 제기할 수 있었던 부분이다.

책의 무대가 된 배경과 인물을 치밀하게 묘사한 점도 현장에 직접 가 있는 듯한 느낌을 선사한다. 해외 언론이 접근한 적 없는 아프가니스탄 부통령궁부터 수많은 포로들이 참혹한 죽음을 맞이한 아프간 북부의 황무지, 거짓 공적을 올리려는 콜롬비아 군인들에 희생된 엘비르와 그의 사촌 토레스의 일화 등은 독자들의 기억에 오래 남기에 충분하다. 배경과 인물이 살아 있기에 리처드 홀브룩이 가슴이 절개된 상태에서도 아프가니스탄을 걱정하며 죽음을 맞는 장면이나 샐리 에번스가 테러 현장에서 아들 토머스 에번스가 사망한 소식을 전해 듣고 눈물을 흘리는 장면에서 가슴 저미는 슬픔을 맛볼 수도 있다.

저자는 외교가 밀려나고 군과 정보기관의 목소리가 커지면서 나타난 치명적인 결과를 전달하면서 문제의 씨앗은 이미 오래 전에 뿌려졌다고 진단한다. 트럼프 정부에서 극단적인 모양새로 드러났을 뿐 이미 오바마 정부에서도 군 출신이 백악관을 장악했으며 더 거슬러 가서는 9/11 테러가 발생한 이후에도 국무부가 제 역할을 할 수 없었다. 미 외교가에 닥친 변화는 전 세계 미국의 동맹과 협상 상대에게도 영향을 미쳤다. 외교관이 대화로 해결하던 사안을 점차 군과 정보기관 출신이 주도하면서 상대국에서도 군벌이나 정보기관이 협상 테이블에 나오게 된 것이다.

한편 2018년부터 최근 한반도에서는 남북 정상회담을 비롯해 싱가포르와 베트남 하노이에서의 북·미간 정상회담 등 굵직한 이슈가 숨 가쁘게 전개되었다. 한편으로는 주한미군 방위비 분담금 문제가 도마 위에 오르고 있고, 지난 10년 동안 한국이 미국산 무기의 3위 수입국이라는 통계도 발표되었다. 우리 눈앞에 펼쳐지는 현상은 외교 현안에서 군과 정보기관의 입김이 강해지고 국무부를 통해 무기 판매를 압박하고 있다는 저자의 지적에서 크게 벗어나지 않는다. 이 시대에 그 어느 지역보다 역동적인 현장에 살고 있는 한국의 독자들에게 『외교의 몰락』는 매일 접하는 뉴스를 새로운 시각에서 바라보게 도와줄 더없이 훌륭한 길잡이다. (〈블랙호크다운〉, 〈12 솔져스〉, 〈찰리 윌슨의 전쟁〉 등 이 책에 소개된 실화를 바탕으로 한 영화도 다른 시각에서 보게 될 것이다.)

이야기를 풀어가는 저자의 빼어난 글 솜씨며 절제된 문장에 담긴 파격적인 폭로로 인해 번역 작업을 하는 중에도 가슴 뛰는 설렘을 느낄 수 있었다. 저자가 걸어온 화려한 발자취나 한 사람이 지니고 있다고 믿기 어려운 재능을 고려하면 그가 앞으로 어떤 책으로 독자들에게 놀라움을 선사할지 벌써부터 기대가 된다.

Prologue

마호가니 로 대참사

2017년 요르단 암만

모든 과학에 정통하며
단서, 얼굴 표정과 몸짓을 이해하는 사람을
사자(使者)로 임명하라. 군은 그 임무를 맡고 있는 자에게 의지한다.
평화를 원하느냐 전쟁을 원하느냐는 사자의 손에 달려 있다.
오로지 사자만이 동맹을 맺거나 동맹을 가른다.
왕은 사자가 거래한 바에 따라
분열하거나 화합한다.

-기원전 1000년경 고대인도 성전 『마누법전』

그 외교관은 자신이 해고되었다는 것을 짐작조차 하지 못했다. 요르단의 미국 대사관 보안 구역에 들어가기 전 그는 규정에 따라 벽에 부착된 함에 휴대전화를 넣었다. 지난 35년 동안 그 벽에 금이 가고 중동의 독재 정권과 절대 권력이 해체되는 동안, 세계는 더욱 가까워지고 화상회의가 외교문서를 대신하기에 이르렀다. 외교가에서는 전체를 아울러는 포괄적인 언어 대신 짤막한 금언과 자신을 과시하려는 투의 이메일이 각광받는 시대가 되었지만 그는 변함없이 외교관례를 지켰다.

이 외교관의 이름은 토머스 컨트리맨Thomas Countryman이다. 가명이라고 생각할 사람도 있겠지만 본명이다. 그 사이 전화 몇 통과 짧은 내용의 이메일 하나가 지나갔다. 연락을 취하고자하는 상대는 외교부 국장이었는데 당장 통화를 원한다는 내용이다. 컨트리맨은 요르단 수도 암만의 상류층이 거주하는 압둔Abdoun 근처의 미국 대사관에 근무하고 있었다. 이곳은 저지대의 중앙에 위치해 있으면서 각국의 대사관 단지가 밀집해 있는 곳이다. 대사관의 건축 양식을 보면 본국의 계약자가 중동에 대해 관찰하고 연구한 세심한 배려가 묻어났다. 모래 색상의 석재를 썼고, 안전 창은 붉은 다이아몬드 모양의 무늬로 장식되어 '현지화 하되 지나치지 않은' 모습이었다. 중동에 위치한 대다수의 미 대사관과 마찬가지로 요새와 같다는 인상을 줬다. 무장한 SUV를 타고 나(저자)와 함께 이동하던 대사관의 한 외교관은 콘크리트와 철책으로 두른 장벽과 군인들로 가득한 병력수송 장갑차 옆을 지나치면서 "할 수만 있었다면 참호도 팠을 것"이라고 말했다.

때는 2017년 1월 25일이었다. 컨트리맨은 미국의 군축을 담당하는 고위급 외교관이었으며 문자 그대로 생과 사를 가르는 임무가 그의 손에 있었다. 그는 국무부에서 이란과의 취약한 핵협상과 북한 정권의 세기말적인 위협에 대응하는 업무를 감독했다. 특히 1월에 떠난 출장은 획기적인 변화가 일어날 수 있을지 여부가 걸린 미션이었다. 중동에서 핵군축을 위해 수십 년 만에 처음으로 회담이 열리는 것이다. 라틴아메리카에서 아프리카 일부, 유럽에 이르기까지 전 세계 곳곳에 비핵지대가 마련되었다. 이스라엘이 돌연 핵을 포기할 것이라고는 누구도 기대하지 않는다. 하지만 이 지역의 국가가 핵무기 자체까지는 아니라도 핵 실험을 금지하기로 한 협정에 비준하는 등의 점진적인 발전 가능성은 있어보였다. 토마스 컨트리맨은 "아랍 국가와 이스라엘 사이에 워낙 시각차가 커 비현실적인 목표이기는 하다"고 말했다. 절제된 표현을 쓰는 재주가 있었다.

이번 임무는 고전적이고 전통적인 외교로서, 말하자면 좌절감과 상당한 시차 피로증이 수반되는 일이었다. 수년에 걸친 세심한 회유와 중재 덕분에 중동 국가들은 최소한 컨퍼런스 개최에 찬성하는 수준으로 가까워졌다. 앞으로 대화가 계속되리라는 희망 섞인 회담으로 진행되었는데, 대화란 것이 무시하기는 쉬워도 성사시키기는 어려운 것이었다. 그날 저녁 컨트리맨과 영국, 러시아 측 상대가 이집트, 요르단, 사우디아라비아, 쿠웨이트 측과 만나 핵확산금지 외교의 중요성을 강조할 예정이었다. 이튿날에는 로마로 가서 전 세계에서 온 외교관들과 회의를 이어갈 계획이었다. 나중에 그는 "결정적인 회의까지는 아니었어도 의미 있는 회의였다"고 나에게 말하면서 공허한 웃음을 짧게 웃었다. 그 웃음은 톰(토마스 애칭) 컨트리맨의 유쾌한 성품보다는 중동에서 핵확산금지가 지닌 희극적 요소를 보여주는 것이었다.

컨트리맨은 전날 요르단 암만에 도착해서 인터컨티넨탈 호텔에 체크인했다. 그러고 나서 곧장 아랍연맹 측 관계자들을 만나 커피와 담배를 함께 나눴다. 컨트리맨은 현지에서 즐기는 대로 커피에 설탕을 탄 마즈부트mazboot를 시켰다. 담배는 틈날 때마다 말보로 라이트를 피웠다. (출장과 협상이 이어지는 생활에서 금연은 쉽지 않았다. 훗날 나와 대화를 나눌 때도 마침 그는 담배를 피우는 중이었는데 담배를 끊으려고 "노력 중"이라고 했다.)

다음날에는 영국, 러시아 외교관들과의 저녁이 잡혀 있었다. 컨트리맨의 상대라고 모두 노련하고 원만한 관계를 맺고 있는 건 아니었다. 앞서 영국은 여러 번이나 협상 담당자를 변경했고 러시아 측은 차석을 보냈다. 협상이 더 어려워질 수밖에 없다. 대담한 설득 작업이 필요한 회의에서 방 안에 있는 사람들이 어떤 외교 경험을 가지고 있느냐는 무척 중요했다.

외교관들은 여러 중요한 기능을 수행했다. 미국 국민들을 위기에서 건져내고 개발도상국을 결집시키며 정부간 협정을 타결했다. 특히 마지막 임무는 가장 상대하기 까다로운 친척들과 추수감사절 식사를 하는 기분을 느끼게 했다. 차이점이 있다면 협정의 영향은 평생 이어지며 지구상 가장 위험한 장소에서 진행된다는 것이다. 외교관은 설득이라는 무기만을 들고 해외의 정상회담장 주변부나 어둑어둑한 호텔 바, 혹은 폭탄이 날아드는 전쟁터에서 대화를 위해 파견된다.

톰 컨트리맨은 1982년 외교부에 합류한 이래 예측 불가능한 외교 현장을 두루 거쳤다. 구 유고슬라비아에서 근무했었고, 사막의 폭풍 작전[01]이 전개될 때 카이로에서 일했다. 아프가니스탄 출장과 국제연합UN의 관료체계 속에서도 아무 탈 없이 지내왔다. 세르비아어, 크로아티아어를 비롯해 아랍어, 이탈리아어, 그리스어도 구사했다. 심지어 그가 구사하는 영어는 온갖 지역의 억양이 섞여있는 듯했는데 한편으로는 그 어떤 언어의 억양도 아닌 것처럼 들렸다. 컨트리맨은 억양 없이 모음을 독특하게 발음했는데 마치 문자를 음성으로 변환하는 앱이나 007 영화의 악당 목소리 같기도 했다. 한 인터넷 트롤[02]은 컨트리맨에 대해 "국무부의 얼굴 없는 관료 중 하나"라면서 "사회생활을 하면서 마주치는 실제 인간에게는 들을 수 없는 기이한 관료적 억양을 가졌다"고 표현했다. 여기에는 외교관의 또 다른 특징이 압축적으로 담겨 있다. 군대가 일하는 곳에서 함께 일하면서도 고국에 돌아와 오색 테이프가 휘날리는 환대는 함께 받지 못하는 존재인 것이다.

하지만 트롤의 표현은 틀렸다. 톰 컨트리맨은 얼굴 없는 사내가 아니었다. 그는 얼굴을 가진 존재이며 군중 속에서 구분하지 못할 인상도 아니다. 컨트리맨은 야윈 몸매에, 감정을 드러내지 않고 탐색하는 시선을 지녔다. 희끗해진 머리칼에 앞머리는 짧게 치고 뒷머리는 길러서 니트 스웨터 위로 휘날리는 울프 컷 스타일을 고수했다. 외교관 앞에서는 평화가, 뒤에서는 전쟁이 벌어진다는 점에서 그야말로 외교관다운 스타일이었다. (한 보수 성향의

01 1991년 걸프전 당시 미군을 중심으로 한 연합군의 바그다드 공습 작전- 역자
02 troll, 인터넷 토론방에서 남을 비방하는 메시지를 보내는 사람- 역자

매체는 "진저리나는 갈기 털"이라면서 "파티의 왕"이라고 비꼬았다.) 상원 청문회에서 컨트리맨은 솔직하고 관료답지 않은 답변을 공개적으로 발언한다는 평을 얻었다. 그렇더라도 그는 국무부에 대한 헌신과 국무부의 임무가 미국을 보호하는 데 있다는 신념에서 결코 멀어진 적이 없었다. 허구 작품에서라도 그런 이에게 컨트리맨이라는 이름을 붙이면 무척 거슬릴 것이다.

* * *

그날 요르단 대사관의 정치 구역을 비추는 형광등 아래에서 컨트리맨은 한동안 이메일을 보다가 통화를 원한다는 외교부 국장의 메시지를 보고 전화번호를 답신으로 보냈다. 이내 외교 국장인 아놀드 샤콘 대사에게 전화가 걸려왔다. 그는 "그리 좋은 소식이 아니네"라고 운을 뗀 것으로 컨트리맨은 기억하고 있었다. 샤콘은 유감스러운 목소리로 백악관이 컨트리맨의 사직서를 주말 기준으로 수리하기로 결정했다고 전했다. 컨트리맨은 전자담배를 피우면서 "내 이야기가 되리라고는 생각지 못했는데......"라고 회고했다. "아무 생각도 떠오르지 않더군" 불과 몇 시간 후에 외국 정부와의 중요한 협상이 예정되어 있었기 때문이다.

워싱턴에서 정권이 교체되면 상원에서 인준한 공직자는 한두 줄 분량의 간단한 사직서를 제출한다. 이는 형식상의 절차이자 전통이었다. 톰 컨트리맨 같은 초당파적인 직업 공무원은 그대로 자리를 지키는 것으로 대부분 생각한다. 여기에는 실용적인 이유가 있다. 직업 외교관은 해외에서 미국 정부를 대표하는 근간이다. 이는 불완전한 구조로나마 엽관제도[03]의 무능과 폐

03 선거에서 이긴 정당이나 대통령이 임명권을 갖는 제도- 역자

1985년 베오그라드의 미 대사관에서 토머스 컨트리맨 정치담당관이 책상에 앉아 외교전문을 검토하고 있다. (그의 유명한 울프컷 헤어스타일의 초창기 모습을 확인할 수 있다.)
-토머스 컨트리맨 제공

해를 대신하는 것이다. 국가 기관이 연속성을 갖추고 운영되기 위해서는 조직에서 수십 년을 아우르는 경험을 보유한 직업 외교관이 반드시 필요하다. 모든 정부가 이들 '종신 고용자'들의 비타협적 태도와 책임감이 결여된 태도를 문제 삼았지만 실제로는 무더기로 해고한 적은 없었다.

엄밀히 말하자면 대통령에게는 직업 외교관을 해고할 권한이 없으며 다른 보직으로 이동시킬 수 있을 뿐이다. 다만 '승진하지 못하면 옷을 벗는' 규정은 있다. 컨트리맨의 지위와 같은 고위직은 일정 기간 머문 후에도 대통령 임명직으로 승진하지 못하면 퇴직을 고려해야 한다. 업무를 그만두는 곧 경력이 끝나는 것이며, 그 때까지 얼마나 머무느냐의 문제가 남을 뿐이다. 컨트리맨은 신속한 마무리를 선택했다. 외교부에서 통보를 받은 날짜가 수요일이었지만 사임의 효력이 발휘되는 금요일에 떠나기로 했다.

그렇더라도 그날 저녁에 예정된 아랍 국가와의 회의에는 참석하게 되었다. 컨트리맨은 "로마 회의는 어떻게 합니까?"라고 국장에게 물었다. 미국이 강대국을 상대로 핵 비확산 어젠다를 압박할 보기 드문 기회였다. 섀넌은 "중요한 회의"라고 인정했지만 컨트리맨에게 주어진 48시간 동안 로마 회의까지 감당하는 것은 무리였다. 결국 컨트리맨보다 지위가 낮은 외교관이 회의에 참석하게 될 것이다. "그렇군요. 알려줘서 감사합니다." 컨트리맨은 짧게 답했다. "고국으로 복귀하겠습니다." 울프컷 스타일의 톰 컨트리맨은 꼴사나운 광경은 만들고 싶지 않았다.

하지만 다른 사람들은 컨트리맨처럼 쿨하지 않았다. 컨트리맨은 구 유고슬라비아를 처음 여행할 때 아내 두브라프카를 만났고 이후 30년 동안 외교가에서 로맨스를 키워왔다. 아내는 교육학 학위를 받았고 재능 있는 화가였지만, 자신의 경력을 포기하고 몇 년 마다 한 번씩 남편과 거처를 옮기기로 선택했다. 그녀는 타지에서 통역으로 일하면서 두 아들을 키우는 데 생활비를 보탰다. 아내는 외교관 아버지 밑에서 자란 덕에 외교관 임무를 수행하는 데 어떤 희생이 따르는지 잘 알고 있었다. 동시에 고향 유고슬라비아와 미국에서 고위 외교관이 존경 받는 위치에 있다는 사실도 잘 알았다. 하지만 남편에게 닥친 문제는 경우가 달랐다. 컨트리맨은 거취에 관련된 소식을 들은 지 몇 분 후 아내에게 전화를 걸었는데 "이건 불공평해요"라는 답이 돌아왔다. "내게도 불공평한 일이고요."

아내는 충격을 받았다. 로마에서 남편보다 직급이 낮은 사람이 별 권한도 없이 임무를 맡아서 세계에서 가장 위험한 다자간 문제를 다룬다는 것은 충격적인 일이었다. 이탈리아도 충격을 받았다. 그날 저녁 아랍 외교관들 역시 충격을 받았다. 컨트리맨은 아랍 측이 이스라엘과 협상에 들어가기 전에 해결되기를 원하는 불만 사항을 다 쏟아낼 때까지 기다렸다. (아랍은 불만이 많았다.) 그러고는 그날 회의가 자신이 미국 외교관으로서 참석하는 마지막 회의이며 대화의 결과를 후임자에게 전달하겠다고 밝혔다. 아랍 측 관계자들은 차례로 컨트리맨과 악수를 나누고 존경의 말을 전했다. 그 존경은 컨트리맨, 그리고 한순간에 불확실한 미래를 맞게 될지도 모를 그들 자신에게 향한 것이었다.

컨트리맨의 해고는 트럼프 정부가 임기를 시작한지 불과 닷새 만의 일이었고 이내 소문과 피해망상증이 미 외교가를 사로잡았다. 선거 캠페인 당시 트럼프는 외교와 관련된 구체적인 발언을 거의 내놓지 않았다. 그저 유세장에서 주문처럼 '미국 우선주의America First'를 내세웠을 뿐이었다. 트럼프는 "미국을 싫어하는 나라에는 해외 원조를 중단하고 싶다"고 밝혔는데 당시에는 그의 발언이 개발 원조를 의미하는지, 군사 지원인지, 아니면 둘 다를 의미하는지 분명하지 않았다. (트럼프는 "그런 일을 나보다 더 잘할 사람은 없다"라는 주장을 유용하게 써먹었다.)

톰 컨트리맨은 트럼프의 인수위원회와의 첫 회의에서 경고음을 들은 고위 공무원들 중 하나였다. 그는 "인수위는 어이가 없을 정도였다"고 기억했다. "어떤 정권이 들어서든 외교 분야에 대한 전문지식을 갖추고 정부에서 일한 경험이 있는 사람들이 있게 마련이며, 정보를 수집해서 이를 새 팀에 전달하려는 체계적인 노력을 기울인다. 이번 인수위에는 그런 사람들이 없었다." 컨트리맨은 인수위에 핵확산금지 문제에 대해 구체적으로 설명하고선 '민감하나 기밀은 아님'이라고 표시된 문서를 건넸다. 인수위의 일부 구성원이 비밀 취급 인가를 받지 못했기 때문이었다. 하지만 그들은 핵무기에는 별다른 관심을 보이지 않았다. 그저 "전문성 있는 공직자들에 대한 깊은 불신"을 드러냈을 뿐이라고 컨트리맨은 설명했다. 그들이 뭔가를 배우러 온 게 아님을 깨닫고는 가슴이 철렁했다. 그들은 사람을 자르러 온 것이었다.

그러더니 해고가 시작되었다. 보통은 정치적으로 임명된 대사라도 중요한 자리에 있고, 당파적이라는 인상이 짙은 인사가 아니라면 후임자가 확정될 때까지 자리를 지킨다. 경우에 따라 몇 달 동안 머물기도 한다. 트럼프 정부는 그런 전통을 깨뜨렸다. 취임하자마자 정치적으로 임명된 모든 대사에게 즉시 떠나라는 통보를 했는데 일반적인 경우보다 통보 시점이 빨랐다.

"짐을 싸서 떠나시오."

그 후 인수위는 국무부에 부처 내부에서 일하는 모든 비직업 외교관의 명단을 제출하라고 통보했다. 컨트리맨은 미국 외교에 주제별로 전문성을 제고하기 위해 고용된 계약자들이 다음 번 해고 대상으로 될까 걱정이 됐다. 국무부에는 그런 인력이 많았다. 이들은 톰 컨트리맨의 담당 분야를 비롯해 미국 외교에서 가장 민감한 문제를 다루는 부서에서 핵심적인 역할을 수행했다. 톰은 "한국과 파키스탄과 같은 문제에서 최고의 전문가들"이라고 설명했다. "군축 관련 부서에도 쉽사리 대체 인물을 찾을 수 없는 인력들이 많았다." 그들은 '꼭 필요한' 인력이었고 미국에게는 그들을 놓쳐야 할 만큼 여유를 부릴 때가 아니었다. 하지만 새 정부는 "내칠 수 있는 모든 인력을 내치려 한다는 사실이 분명해졌다." 이에 컨트리맨은 요르단에 가기 전까지 몇 주 동안, 국무부 고위직을 대상으로 국무부 내부의 전문가들이 줄 해고를 당할 우려를 불식시켜 달라고 은밀히 로비를 펼쳤다.

사실 요르단에서 전화를 받았을 때도 이 문제와 관련된 내용일 것이라 짐작은 했다. 그러나 자신과 같은 직업 공무원들의 해고 문제일 것이라고는 전혀 예상도 못했고, 그런 해고는 몰역사적이며 분별없는 짓으로 보였다. 컨트리맨은 개인적으로는 그리 슬퍼할 일이 아니었다고 언급했다. 그는 오랫동안 근무했고 연금도 받았다. 하지만 국무부 조직의 문화에 대해서는 모욕적인 사건이었다. 톰 컨트리맨은 공화당과 민주당 정권 모두에서 나무랄 데 없이 임무를 수행했다. 상원 청문회에서 다소 논란을 일으키기는 했지만 의원들은 그에게 화를 내기 보다는 존경심을 드러냈다. 상원 의원들이 "청문회가 끝난 후 다가와서 '공정하게 처신하는 모습이 보기 좋다'라고 했다"고 컨트리맨은 말했다. 그는 정부가 더 이상 군축에 관심이 없다는 메시지를 외부에 보내려는 시도일 수도 있다고 짐작했다. 아니면 트럼프의 페이스북 계정에 들어가 봐야 했을지도 모를 일이었다. 선거 캠페인 기간 중 컨트리맨은 트럼프를 비판하는 글을 일부 지인들에게만 보낸 적이 있었지만 "지금까지도 왜 내가 지목되었는지 모르겠다"고 말했다.

사실 톰 컨트리맨만 지목당한 것이 아니었다. 샤콘 국장에 따르면 그날 백악관은 여섯 명의 직업 외교관을 해임했다. 일부의 경우에는 컨트리맨보다 납득할 만한 이유가 있었다. 패트릭 케네디 운영 담당 부차관은 40년 이상 세계 각지에서 외교 업무를 수행했는데 힐러리 국무부 장관의 이메일 계정과 외교 안보 문제에 모두 개입되어 있었다. 특히 앞서 수 년 동안의 선거전에서 그는 힐러리 클린턴의 이메일 서버(사적 이메일을 공적인 일에 사용)와 벵가지 관련 논쟁(힐러리 국무장관 시절 리비아 벵가지 주재 미국 정부 시설에 대한 폭탄 테러 사건)을 방어하는 역할을 했다. 데이비드 말콤 로빈슨은 분쟁 및 안정화 작전을 담당하는 차관보였는데 보수 비평가들은 이부서의 성격이 불분명하다면서 워싱턴에서는 치명적으로 간주되는 '국가 재건국'이라는 표현을 사용했다. 하지만 케네디 밑에서 일하던 나머지 세 명의 차관보의 경우에는 벵가지와 관련이 없었는데도 해고를 당했다. 컨트리맨은 "옹졸

하다"면서 "앙심을 품은 조치였다"고 평했다.

이는 시작에 불과했다. 몇 주 뒤 밸런타인데이에 에린 클랜시의 전화벨이 울렸다. 파란색 낡은 나무 케이스를 씌운 개인 휴대전화였다. 그녀는 오렌지카운티의 존 웨인 공항에 막 착륙한 상태였고 청바지와 티셔츠 차림으로 2월의 캘리포니아 햇빛을 즐기며 렌트카를 기다리는 중이었다. 전화 속 담당관이 "잠시 기다리세요"라며 "긴급 팀 회의를 할 예정입니다"라고 말했다. 직업 외교관인 클랜시가 소속된 팀은 국무부 차관이 이끄는 팀이었다. 그녀의 자리는 국무부 7층의 장관실에서 매우 가까운 곳에 있었다. 보안문을 통과하여 천장이 밑으로 처져 있고 바닥에는 리놀륨이 깔려 있는 복도 끝에 이르면 호사스러운 목재로 장식한 접견실이 시작된다. 권력이 집중되어 있는 전설적인 복도는 '마호가니 로Mahogany Row'라고도 알려져 있다. 마호가니 로는 외교부 최고의 엘리트들이 차지하는 자리였다. 말하자면 국무부에서 '페라리 급'이면서도 신뢰할 만한 인재들이 근무하는 곳이었다.

클랜시는 전화기를 귀에 대고 대기했다. 국무부의 직원이었던 애인이 그녀의 표정을 살폈다. 에린 크랜시는 전혀 짐작이 안 간다는 듯 어깨를 으쓱했다. 지금까지 해고된 사람들은 적어도 상원에서 인준을 받은 위치에 있었다. 크랜시의 팀은 전원 실무급으로 구성되어 있었고 가장 엘리트이면서 보호받는 자리였다. 팀원들은 자기 자리는 안전하리라 여겼다.

톰 컨트리맨과 다른 고위직이 자리를 비운 뒤 몇 주 동안 국무부는 쥐 죽은 듯 조용했다. 대다수의 정권에서 이 시기의 차관 사무실은 신임 장관이 자신의 어젠다를 시작할 수 있도록 돕는 여러 활동을 벌이느라 분주했다. 이번 경우에는 새 정부에서 차관을 임명하지도 않았다. (차관은 이후에도 수개월 동안 공석으로 남아있었다.) 마지막 차관이었던 토니 블링큰이 자리에 있을 때 클랜시와 팀원들은 오전 7시에 사무실에 출근해서 하루 12~14시간 동안 근무했다. 이제는 할 일도 없이 앉아서 매일 오전 9시에 긴 커피 휴식을 보내면서 내려오지 않을 명령을 하릴없이 기다렸다. 그녀는 "우리에게 어떤 요구를 하는 사람도 없었고 완전히 차단된 상태였다. 회의에 초청받지 못했고 백악관에 회의가 있을 때마다 참석하기위해 애써야 했다"라고 기억했다. "오전 회의는 '그 소문 들었어요?'로 시작되는 어수선한 상황에서 미국 외교를 논할 분위기가 아니었다." 그러던 중 차관 대행이던 톰 섀넌이 그들에게 휴가가 필요할 수도 있다고 언급했다. 이 때문에 클랜시는 그날 아침 비행기를 타고 어머니를 만나기 위해 워싱턴을 벗어난 것이었다.

차관의 수석 보좌관이자 동료 외교관인 유리 김이 전화로 연결되었는데 목소리가 가라앉아 있었다. "좋아요"라는 말로 시작했지만 말투에서 그리 좋지 않은 내용이리라는 것을 짐작할 수 있었다. "전화시간 내 주셔서 모두 감사합니다. 우리 모두에게 '이동하라'는 요구가 있었다는 것을 방금 전달 받았습니다." 그 자리에는 차관 팀의 전 직원이 모여 있었다. 다섯은 마호가니로에, 두 사람은 전화로 연결 중에 있었다. "어떻게 이런 일이 일어날 수 있어요?", "왜 이동하라는 거죠?"라는 질문이 동시에 터져 나왔다. 누군가가 노조에 가서 호소해야 한다고 말했다. 또 다른 이는 언론에 터뜨리자고 제안했다. 클랜시는 "여러분의 업무는 종료 되었습니다"라는 말을 들은 것으로 기억했다. "다음에 자리를 얻을지, 못 얻을지 아무도 몰랐다. 완전히 멘붕 상태였다. 아무 이유도 없이, 마른하늘에 날벼락 같은 소식이었다."

평소에는 팀원들을 열렬히 지지하던 유리 김도 이날은 사무적인 말투를 유지했다. 이제 그들에게 남은 시간은 48시간뿐이었다. 이튿날 다음 절차를 안내하는 인사과 회의가 예정되어 있었다. 그들은 짧은 시간을 활용해서 또 다른 시작을 준비해야 했다.

전화 통화가 끝났을 때 클랜시는 자신의 애인을 말없이 돌아봤다. "우리 모두 잘렸어."

많은 젊은 외교관들처럼 에린 클랜시도 9/11테러 이후에 외교부에 들어왔다. 그녀는 세계를 더 안전한 장소로 만들고 싶었다. 중동에 6년 동안 근무했고 다마스쿠스의 미 대사관에 일할 당시에는 시위대로부터 공격을 받기까지 했다. 납치를 가까스로 피한 적도 있었고 낮은 임금으로 장시간 일했다. 컨트리맨의 경우처럼 팀에 소속된 외교관들이 전부 해고될 수는 없었다. 하지만 그 업무에서 배제될 수는 있었다. 그러나 이는 단순히 경력 상에 차질이 빚어지는 문제가 아니었다. 많은 직원들에게 이는 생계가 달린 문제였다. 외교관들은 초과 근무 수당을 받지 않는 대신 무척 고된 업무를 수행하는 것에 대한 별도의 차등 보수를 받았다. 차관의 팀은 18퍼센트를 더 받았다. 누구도 외교관으로 일하면서 큰 부자가 되리라 기대하지 않았다. 별도 보수를 포함해 클랜시가 받는 연봉은 9만 1,000달러였지만 일 년 동안 자리가 보장된다는 점에서 계약에 응했다. 많은 직원들이 보수 수준에 맞춰서 가계를 꾸렸다. 그런데 느닷없는 해고는 악의적인 것으로 보였고 그들의 헌신에 대한 배려도 찾아 볼 수 없었다.

그날 국무부 7층의 사무실 곳곳에서 클랜시 팀에서와 비슷한 긴급회의가 열렸다. 운영 담당 차관의 직원들은 최근 해고된 차관의 뒤를 이을 후임이 없다는 사실을 전해 들었고, 이에 따라 직원들도 해고될 것이라는 소식을 접했다. 국무부 참사관의 사무실도 같은 운명이었다. 참사관은 일부 국무부 장관들이 사용해온 자리에서 일어났다. 그날 자리에 있었던 사람들의 말에 따르면, 렉스 틸러슨 국무부 장관 내정자의 수석 비서실장인 마가렛 페털린이 밸런타인데이에 일대일 회의를 하러 크리스티 케네디 참사의 사무실을 찾아갔다. 경험 많은 대사이자 외교부에서 가장 고위직 여성인 케네디를 향해 페털린이 처음으로 던진 질문은 "얼마나 빨리 떠날 수 있습니까?"였다.

내부의 단순 계산으로는 그날 마호가니 로의 직업 외교관들 중 절반 이상이 협박을 당한 것으로 나타났다. 다행히 에린 클랜시을 비롯한 차관팀 소속의 팀원들은 마지막 순간에 해고를 면했다. 톰 섀넌 차관 대행이 해고에 반대하면서 수명이 연장된 것이었다. 하지만 다른 팀에서는 예정대로 이동이 일어났다.

내가 클랜시를 만난 곳은 햇볕이 내리쬐는 야외의 로스앤젤레스 카페에서였다. 그녀는 여전히 티셔츠와 청바지 차림이었다. 아직 국무부에 근무하고 있었지만 재정비하고 다음 단계를 생각하러 집으로 가는 길이었다. 공직에 출마할 수도 있다고 그녀는 말했다. 어쩌면 경력을 전환하기에 좋은 시기일지도 몰랐다. 결과적으로 그녀는 국무부에 남기로 결정했고 유엔에 파견을 나가게 되었다. 국무부에 남아 있는 다수의 직원들과 마찬가지로 그녀도 포기하지 않았다. 하지만 직업에 대한 그녀의 신뢰도에는 금이 갔다. "국무부의 문화가 약해졌다"고 그녀는 표현했다. 십여 명의 직업 외교관들이 내게 국무부의 문화를 찾아볼 수 없다고 토로했는데, 외교관들의 전문성은 심각하게 훼손되었다. 클랜시는 한낮의 햇살 때문에 눈을 가늘게 뜨면서 말을 잠시 멈췄다. "우리는 정말이지 이방인 같아요."

렉스 틸러슨의 팀은 해고에 대해 아는 바가 없다며 단호하게 부인했다. 일부 해고는 트럼프 인수위가 국무부와 대화를 시작한 이후부터 틸러슨이 인준되기 전에 실시되었다. (다른 경우에는 해고 또는 클랜시와 같은 해고 시도가 틸러슨이 인준된 이후에 일어났다.) 틸러슨에게 컨트리맨과 또 다른 외교관들이 사임 압박을 받은 일에 대해 묻자 틸러슨 국무부 장관은 눈 한 번 깜박이지 않으며 말했다. "그 문제에 대해서는 잘 모릅니다."

어떤 면에서 세계는 변했고 컨트리맨과 클랜시 같은 전문 외교관들을 시대에 뒤쳐진 존재로 만들었다. 미국 건국 초창기부터 세계주의를 반대하고 폄하 해 온 포퓰리즘 정치의 충동이 서방 세계 전역으로 퍼져 나갔다. 제2차 세계대전 이후 NATO와 세계은행 창설에 기여한 외교 정책 수립자들은 당파성으로 분열된 지 오래였다. 기술의 발전은 외교관 업무의 의미와 전문성을 퇴색시켰다. 외국 땅에서 메시지를 전달하는 기본적인 기능을 보자면 이메일이 그 어떤 대사보다 효율성이 높았다. 외교부의 위신과 권위는 내리막길을 걸었다.

미국 외교에 대해 회의적인 시각도 일었다. 국무부의 결정 과정이 느리고, 복잡하고, 토론으로 날 세우는 경우가 많았다. 국무부의 구조와 훈련 방식은 사이버 테러부터 이슬람 급진주의에 이르기까지 미국의 영향력이 시험받는 시대에서는 뒤떨어진 시스템이었다. 백악관의 많은 사람들은 어떤 주제에 대해 '국무부가 반대'하면 짐짓 놀랐다. 하지만 중국과의 우려스러운 관계에서 문화 장벽을 허물고, 북한을 핵전쟁 위협에서 끌어내며, 지역에서 패권을 추구하는 이란을 억누르는 등 새로 부상한 복잡한 문제에 대처하기 위해서는 냉철한 협상 기술의 훈련을 받은 전문가가 반드시 필요하다. 기술의 발전과 목소리를 키우는 군이 이를 대체할 수 없다. 이런 위기들로 인해, 외교를 외면하는 것은 세상의 변화로 인한 불가피한 측면이 있기 때문은 아니다. 그것은 단지 선택의 문제이며, 민주당과 공화당 정부가 반복적으로 저질러온 일이기도 하다.

《포린 폴리시》를 비롯한 외교매체는 이를 국무부에 대한 트럼프 정부의 '공격' 혹은 '전쟁'이라며 "전례 없는 조치"라고 요란하게 비판했다. 하지만 트럼프 정부가 충격적인 과정으로 조치를 취했을 뿐 전례가 없지는 않다. 트럼프 정부는 2001년 9/11 이후 진행되어 온 과정을 새로운 극단으로 발전시켰을 뿐이다. 모가디슈에서 다마스쿠스, 이슬라마바드에 이르기까지 미국은 민간 분야의 대화를 밀어내고 외교라는 도구 대신 미군과 외국군과의 직접적이고 전술적인 거래를 활용했다. 미국 내부적으로는 장성들이 백악관 자리를 차지하기 시작했다. 미국인들의 인명을 구하고 세계를 안정시킨 토대를 만든 마지막 외교관들은 회의실에 들어가지 못하는 경우도 많았다. 세계적으로도 군복을 입은 장교들이, 훈련 받은 전문가들로 구성된 전담 기구가 담당해 왔던 외교 협상과 경제재건 그리고 인프라 개발에 참여하는 경우가 늘어났다. 그 결과, 이전과는 다른 종류의 관계가 미국 외교의 근간을 형성했다. 민간이 협상 권한을 얻지 못하는 곳에서 군 대 군의 거래가 활발하게 이뤄지고 있다. 미국 측에서 협상 테이블에 나오는 사람이 바뀌면서 상대편 협상가들에서도 변화가 일어났다. 외교부 인사들이 여전히 협상에 참석하지만 군대와 민병대가 상석에 앉는 경우가 빈번했다.

이러한 관계는 새롭지도, 근본적으로 부정적이지도 않다. 아버지 부시 정부에서 국무부 장관을 지낸 제임스 베이커는 "미국의 군사력은 분별력을 갖추고 전략적으로 정확하게 활용하면 외교의 중요한 도구가 된다"며 매파적인 외교 정책을 설명했다. "'외교는 무력을 수반할 때 가장 효과가 좋다'라는 말을 항상 강조했다." 문제는 균형이다. 세계에서 진행되는 미국의 많은 개입에서 군사적 동맹은 한 때 민간의 외교와 균형을 이루었으나 어느 순간부터 외교를 잠식했고 이는 끔찍한 결과를 낳았다.

이런 추세는 2001년부터 분명해졌으나 그 근본 원인은 더 먼 과거로 거슬러 올라간다. 테러리스트들이 뉴욕 트윈타워를 무너뜨렸을 당시에는 이미 십년 이상 외교의 위기를 불러올 기반이 마련되어 있었다. 빌 클린턴은 선거 유세에서 국내에 다시 투자하겠다고 약속했다. 클린턴의 전략가였던 제임스 카빌은 "문제는 경제야, 멍청아"라는 구호가 캠페인의 대표적인 브랜드가 되었다고 기록했다. 이는 곧 전 세계에서 미국 민간 분야의 노력을 줄이는 시도로 이어졌다. 1994년 공화당이 의회를 장악했을 때 처진 턱살에 인종주의자 이며, 과장된 고립주의로 유명한 제시 헬름스 의원이 상원 외교위원장이 되었고 이후 외교적인 노력은 급격히 줄었다. 클린턴이 처음으로 국무 장관에 임명한 고 워런 크리스토퍼는 "어려운 시기에 대비한 긴축재정"을 옹호했다. 크리스토퍼의 후임인 매들린 올브라이트는 국제적인 포용정책에 대한 클린턴의 개인적인 헌신이 있었다고 옹호하면서도 냉전이 종식된 이후 "국내 문제에 신경을 써야 한다는 공감대가 형성되어 있었다"고 인정했다.

1990년대에 미국의 해외 문제 관련 예산은 30퍼센트 줄었는데 이는 트럼프 정부가 요청한 삭감과 비슷한 수준이다. 과거의 사례를 좀 더 살펴보면, 국무부는 26개국에서 영사관을 철수했고, 50개국에서 해외개발처 활동을 중단했다. 이런 조치를 내리기에 시기적으로 최악이었다. 소련과 유고슬라비아가 붕괴되었기 때문에 미국은 관련 지역을 안정화시키고 소련의 공백이 생긴 곳에서 미국의 영향력을 확대할 발판을 마련할 수 있도록 전초 기지를 더 늘려야 했었다. 일부 지역에는 기지가 신설되었지만 1990년대 중반 미국은 냉전이 정점이던 시기와 비교해 보면 대사관과 영사관 숫자가 더 적었다. 심지어 존치에 성공한 지역에서도 변화가 감지될 정도였다. 의회 위원회에 출석한 크리스토퍼는 소심하게도, 베이징 대사관은 하수 가스로 악취가 풍기고 사라예보에서는 외교관들이 뉴스를 듣기 위해 임시방편으로 바비큐 그릴을 지붕에 달아 위성 안테나로 쓰고 있다고 전했다.

1999년에는 미군 군축청ACDA과 해외정보국USIA 모두 폐쇄되었으며, 양 기관의 업무가 위축되자 이미 포화 상태에 도달한 국무부로 이관되었다. 냉전은 끝났으나 논리는 이어졌다. 미국은 핵보유국의 부상과 이념적인 적의 음흉한 선전 공세에 대응할 새로운 정보능력과 억지력을 갖추고 있는가? 20년 후 미국이 국외에서 당면한 가장 어려운 도전과제는 바로 이란과 북한의 핵 보유 열망과 IS의 국제적인 조직원 모집 문제다. 하지만 이러한 문제에 대해 전문성을 갖추고 훈련받은 인력은 사라진지 오래다. 토머스 프리드먼은 미국이 "현재를 위해 미국 외교의 과거와 미래에 등을 졌다"며 시각적인 비유를 들어 개탄했다. (그의 지적은 타당하지만 혹자는 현재 미국의 등이 어디를 향하고 있는지 궁금하게 여길 것이다. 어쩌면 우리는 빙글빙글 돌고 있는 건 아닐까? 그렇다고 해두자.)

그런 연유로 2001년 9월 11일 당시 국무부는 인력이 20퍼센트 줄어든 상태였고 남아 있는 인력도 훈련과 자원 부족에 시달렸다. 미국은 그 어느 때보다 외교력이 절실했으나 어디에서도 찾을 수 없었다.

조지 W. 부시 정부에서는 다시 투자하는 방향으로 돌아섰다. 당시 국무부 장관이었던 콜린 파월은 "우리는 전례 없는 수준으로 국무부에 자원을 지원했다"고 회상했다. 하지만 그런 자원의 증가는 새롭게 군사화 된 형태의 외교에서 비롯된 것이었다. 국무부에는 점점 '해외비상작전' 명목의 예산이 흘러 들어오기 시작했는데 이는 글로벌 테러와의 전쟁을 추진하기 위해 특별히 마련된 예산이었다. 민주주의 증진, 경제개발 지원, 이주민 지원 등의 임무는 대테러라는 새로운 책임 아래 재포장되었다. 국무부 예산에서 테러와의 전쟁이라는 목표에 직접적 관련이 없는 '연성soft' 카테고리에 해당하는 모든 임무는 예산이 동결되었고, 많은 경우 그런 추세가 계속 유지되었다. 반면 국방비 지출은 역사적인 수준으로 치솟으며 국무부의 완만한 증가세를 크게 앞질렀다. "2001년 이후 국무부는 많은 권한을 국방부로 넘겼다"고 올브라이트는 기억했다.

외교관들은 정책 결정 과정에서 주변부로 밀려났다. 특히 이라크 전쟁 초기에 부시는 딕 체니 부통령을 비롯한 백악관에 권력을 집중시켰다. 체니는 도널드 럼스펠드 국방 장관과 친밀했지만 파월 장관과는 많은 시간을 보내지 않았다. "부통령은 무척 강경론자였고 그런 시각을 대통령에게 직접 전달했다"고 파월은 회고했다. "부시의 백악관에서는 두 번의 국가안전보장회의NSC가 열렸다. 한 번은 콘디(당시 국가안보보좌관을 맡고 있던 콘돌리자 라이스)가, 또 한 번은 부통령이 주재했다. NSC에서 대통령에게 전달되는 모든 사항은 부통령의 NSC로 넘어갔고, 내가 종종 골머리를 앓았던 문제는 모든 접근이 정치에 있었고 부통령은 항상 그 자리에 있었다는 것" 이라고 파월은 말했다. 이는 모든 국무부 장관이 겪는 문제이기도 했다. 헨리 키신저는 닉슨과 포드 대통령 시절에 각각 국가안보보좌관과 국무부 장관을 지냈는데 "심리적으로 흥미로운 사실을 들자면, 국무부 장관의 집무실은 백악관에서 차로 십 분 거리에 있지만 국가안보보좌관은 바로 복도 끝에 있다는 것" 이라고 설명했다. "가까운 곳에 있는 사람을 찾으려는 유혹이 훨씬 크지 않겠는가."

부시 정부 시절 이러한 역학 관계는 국무부를 외교적 결정에서 명백하게 배제시켰다. 파월은 부시가 기후변화 협약에 대한 교토 의정서에서 탈퇴할 계획이라는 사실을 이미 결정된 후에야 알게 되었다. 파월은 라이스에게 미국의 급작스러운 행동에 대해 동맹국들에게 설명할 시간이 필요하다고 요청했다. 그는 백악관에 가서 설득을 이어갔다. 하지만 라이스는 이미 늦었다고 답할 뿐이었다.

국무부 배제 현상은 글로벌 테러와의 전쟁에서 국방부가 독점적인 창구 역할을 하면서 더 두드러졌다. 이라크 침공과 침공 직후의 기간을 국방부가 주도하는 것은 피할 수 없는 일이다. 하지만 나중에 부시는 전통적으로 국무부와 USAID(미국 해외개발처)가 맡아온 재건과 민주주의 구축 활동까지 연합군임시행정처와 장교들에게 넘겨줬고 이들은 국방부 장관에게 보고했다. 이에 대해 파월과 국무부 관료들은 신중하게 조언했으나 전술에만 의존하는 정책 결정 과정에 참여할 수 없었다. 파월이 보기에 이는 전략을 희생한 행위였다. 그는 "럼스펠드는 파월의 생각을 반영하지 않은 전략을 가지고 있다는 것을 느꼈다"고 회고했다. "낮은 지위의 소규모 집단에게는 그렇게 할 수도 있고, 또한 십 년 전에 럼스펠드가 군대를 주물렀던 것도 사실이다. 그들이 바그다드에 당도하리라는 점도 의심하지 않았지만 우리는 그 나라를 통치하러 가는 것이 아니었다." 훗날 한 기자는 파월의 사고방식을 빗대 '포터리 반 법칙[04]'이라는 표현을 썼다. 파월은 그 표현을 직접 사용하지는 않았지만 대통령에게 "물건을 부수면 값을 치러야 한다"라고 말한 것은 사실이었다. 나중에 파월은 깊은 한숨을 지으며 내게 말했다. "정치적으로나 군사적으로 거대한 전략적 실패였다."

더 구체적으로 말하자면, 연이은 전략적 실패였다. 국방부는 이라크 보

---

04 the Pottery Barn rule-누군가 도자기를 깨트리면 비용을 치러야한다_편집자

안대를 해체하고 수십 만 명의 무장한 이라크 청년들을 실직 상태로 만들어 치명적인 반란군으로 만들 기반을 마련했다. 무려 40억 달러에 달하는 세금으로 편성된 지휘관 긴급사업 예산은 군에 USAID 같은 개발 프로젝트를 수행할 권한을 부여했는데 나중에 밝혀진 바로는 반란군에게 이 자금이 직접 흘러 들어간 것으로 확인됐다. 국무부의 법률 자문인은 적국의 전투원 처우에 관련된 법에 대해 질문을 주로 받는 부처인데도 파월의 국무부는 정부가 군사 법원 확대를 논의할 때 대화에 관여하지 못했다. 나중에 대법원은 이것이 헌법에 어긋난다고 판결했다.

이라크에서의 재앙이 심각해지면서 타격을 입은 부시 정부는 외교와 개발에 더 많은 자원을 투입하려 했다. 백악관은 USAID의 외교 사업에 예산을 두 배 증액하겠다고 약속했고 민간과 군 역할의 재균형을 거론하기 시작했으며 이라크에서 미 대사관의 권한을 강화하는 방안을 언급했다. 하지만 약속된 재균형 작업은 의미 있는 수준의 정책보다는 무언극에 가까웠다. 전쟁에서 군과 민간 사이에 자원과 영향력 차이가 벌어지는 것은 시정되지 않았다. 그렇더라도 최소한 군의 정책결정이 '해로운 것으로 드러났다'는 이해는 있었다.

교훈은 오래가지 않았다. 아련한 향수에 젖은 진보 평론가들은 호전적인 트럼프와는 완전히 달랐던 버락 오바마를 외교의 수호자처럼 추억하곤 한다. 이들은 오바마가 카이로 대학교의 연단에 올라 무슬림 세계에 대화와 평화를 제안하는 모습을 기억한다. 연설에서 그는 "이라크전은 미국에게 외교의 필요성과, 최대한 문제를 해결하는 국제적 합의를 구축해야 함을 일깨워 줬다"고 말했다. 특히 2기의 오바마 정부는 이란 협상, 파리 기후협정, 쿠바와의 관계 개선 등 외교력 강화의 효과를 보여주는 사례를 남겼다. 하지만 오바마 정부도 1기에는 트럼프 정부가 미국의 외교 역량을 황폐하게 만든 것과 동일한 모습을 보였다.

오바마는 트럼프와 비교해서는 정도가 덜하더라도 이전의 역대 대통령과 비교해서 훨씬 더 많은 퇴역 장성이나 장교들을 고위직에 배치했다. 국가안보보좌관을 맡은 짐 존스 장군, 존스의 부보좌관으로 아프간 업무를 담당한 더글라스 루트 장군, CIA 국장을 맡은 데이비드 퍼트레이어스 장군, 국가정보국 국장을 맡은 데니스 블레어 사령관과 제임스 클래퍼 장군 등이 대표적인 예다. 국무부의 예산 증가분은 여전히 해외비상작전 예산에서 유입되었고 직접적으로 군사적인 목적에 사용되었다. 국방 지출은 증가세를 유지했다. 이러한 추세가 일직선으로 이어진 것은 아니었다. 2013년 자동 예산 삭감제도인 시퀘스트레이션sequestration에 따라 국방부와 국무부 예산 모두 삭감되었다. 하지만 국방과 외교 분야의 지출 불균형 추세는 이어졌다. 클린턴 정부 말기, 매들린 올브라이트 전 장관은 "국방부의 예산은 언제나 선한 목적에 따라 규모가 더 커졌다. 이에 동의하기는 하지만 양 부처의 예산 비율은 점점 더 악화되었다"고 말했다.

버락 오바마의 임기 동안 승인된 외국 정부와의 무기 계약 금액은 조지 W. 부시 대통령 시절보다 두 배 이상 많았다. 사실 오바마 정부는 제2차 세계대전 이후 그 어떤 정부보다 많은 무기를 판매했다. 힐러리 클린턴에게

이 문제에 대해 묻자 그녀는 놀란 모습을 보였다. 힐러리는 "완벽했다고 말하지 않겠다"면서 "지적한 대로 그들과 연관된 군사적 계약이 증가하는 결정이 있었다"고 답했다. 그럼에도 그녀는 오바마 정부가 외교의 군사화와 관련해 "잘못된 일보다는 옳은 일을 더 많이 했다"고 말했다. 그 사례로 힐러리 본인이 참여했던 아프간 검토 작업에서 외교를 강조한 일을 들었다. 하지만 그 검토는 국무부와 백악관 모두에서 실시되었으며 중요한 외교 정책 결정에서 민간을 배제시킨 단적인 예이자 뼈아픈 후회를 남길 사례였다. (이 책에서 앞으로 공개하겠지만) 표면상 대통령의 아프간 특별 대표였던 외교관 리처드 홀브룩은 클린턴에게 직접 보낸 비밀 의견서에서 검토 절차를 '완전히 군대식 사고'가 장악했다고 표현했다.

오바마 정부 역시 부시 정부 시절 파월을 좌절하게 만들었던 권한 다툼에 여념이 없었다. 오바마 취임 초기에 제임스 존스 국가안보보좌관은 국가안전보장회의의 범위를 확대하겠다고 약속했다. 그러나 대통령과 국무부 장관 등 각료들 간의 '이면' 의사소통으로 폄하되었던 회의는 확대되지 않고 제한되었다. 존스의 후임인 톰 도닐런과 수잔 라이스 보좌관의 통제력은 오히려 강화되었다고 고위 관계자들은 전했다.

다자 문제를 담당했다가 오바마 정부 시절에 유엔 대사로 임명된 사만사 파워는 정부의 소소한 것까지 개입하는 경향에 대해 "정당한 비판"이라며 "사실인 경우가 종종 있었다"고 인정했다. 백악관의 계층구조의 최상단에서 결정된 것이 아닌 정책은 "법적 효력이 없거나 방향이 없었다. 사람들은 정책이 백악관으로 넘어가면 변경되지 않으리라는 확신을 갖지 못했다." 우리는 그녀가 교수로 있는 하버드 케네디스쿨 근처의 그렌델스 덴 바에서 벽돌이 드러나 있는 어두운 구석에 앉아 대화를 나눴다. 한 때 동정심 많던 종군기자였던 인권법 교수 사만사 파워는 미국이 전 세계에서 자행되는 대량학살에 제대로 대응하지 못한 실패를 다룬 책으로 퓰리처상을 받았다. 사만사 파워는 경외심에 사로잡힌 기자들로부터 본의 아닌 성차별 발언의 대상이 되기도 했다. 《뉴욕타임스》는 파워가 "사람이 가득찬 방으로 들어와 앉았는데 긴 빨간 머리로 자신을 보호하려는 숄처럼 드리우고 있었다"고 표현했다. 《워싱턴포스트》도 "상아색 피부에 주근깨가 박혀 있고 풍성하고 빨간색 머리를 길게 늘어뜨렸다"고 썼다. 《보그》는 "그녀의 긴 빨간색 머리가 유엔의 희망찬 스카이블루 배경과 선명한 대조를 이루었다"고 묘사했다. 사만사 파워가 그런 머리를 가진 게 그녀 잘못은 아니었음에도 머리 스타일은 십 년 동안 그녀의 프로필을 따라다녔다. 결국 페미니스트 블로그 〈제저벨〉이 '사만사 파워의 굽이치는 빨간 머리 타령은 이제 그만'이라고 외치기에 이르렀다. 파워에게는 마음을 끄는 진심어린 인간미가 느껴졌고 자신의 진정성을 장황하게 보여주는 경향이 있었다. 때때로 공보 업무에서 이런 부분이 골칫거리가 되었는데, 2008년 오바마와 경선 중인 힐러리를 '괴물monster'이라고 표현한 사건이 대표적이다. 그녀는 '제기랄fuck'이라는 표현도 자주 썼다.

파워는 "진행되지 않고 지체되는 현상이 많았다"고 말을 이었다. "미국 외교에서 극히 사소한 부분이라도 정책으로 간주되기 위해서는 차관과 기관장이 결정을 내려야 했다." 도닐런의 부보좌관을 맡았고 나중에 백악관 국가안전보장회의 비서실장에 오른 데니스 맥도너는 "규정을 어기는" 고위직들에게 호통을 쳤다고, 그런 호통을 들었던 당사자 두 사람이 전했다. 한 고위급 관료는 수잔 라이스가 라틴 아메리카를 제외한 사실상 전 세계 모든 지역에 관련된 정책에 강력한 통제력을 행사했다고 전했다. 라이스는 모든 정부가 백악관의 세밀한 관리에 대한 질문을 둘러싸고 씨름을 벌였다고 지적했다. "그런 문제는 부처에서 늘 제기되는 것인데, 내 경우 백악관보다 국무부에서 더 오래 근무를 했고, 양 기관에 대해 아주 잘 알고 있다. 백악관처럼 느껴지는 부처를 내게 찾아준다면 놀라고 감명 받을 것이다"고 백악관을 두둔했다.

하지만 일부 국무부 관료들은 오바마 정부가 이전 정부와 비교해 갈등 조정을 잘못한 경우가 더 많았다고 평했다. 사례는 넘쳐난다. 오바마 정부 시절 남수단에 대한 정책 결정은 '기관장' 수준까지 올라갔는데 존 케리 국무장관이나 애슈턴 카터 국방부 장관이 여러 다른 사안 때문에 회의에 참석하지 못하면 결정이 지연되기 일쑤였다. 기관장이 아닌 관료들에게는 공백을 메울 권한이 없었다. 회의가 취소되거나 일정이 변경되는 경우가 많다 보니 인명이 촌각을 다투는 상황에서 몇 주가 성과 없이 지나갔다. 이 부분은 사만다 파워도 인정했다. "최대한 차관급에서 결정이 이뤄졌어야 했다. 각 기관장들의 업무 보는 시간이 제약된 상황에서 이런 절차를 유지할 수 있는 가능성이 무척 낮기 때문이다."

권력이 중앙으로 집중되면서 백악관 외부의 역량은 위축됐다. 여자 종업원이 커리 접시를 놓고 가자, 파워는 "각 기관이 다시 백악관으로 돌아와서 방향성에 대해 묻거나 승인을 요청하는 일이 다반사였다"고 말했다. 그녀는 엄청난 양의 스리라차 소스를 부었는데 바에서 커리를 시키면 충분히 일어날 수 있는 일이다. 사만사는 "문제는 시간이 지나면서 중앙의 통제 행위로 인해 '학습된 무기력증'에 빠졌다는 것"이라며 말을 이었다. 도전정신을 품고 세계를 누비는 학자 겸 정치인 사만사 파워는 애석하다는 듯, 한 마디를 덧붙였다. "다른 부처의 직원들이 옴짝달싹할 수 없다고 느꼈을 것이라는 생각이 든다."

트럼프와 오바마의 백악관이 가한 통제의 유형은 어떤 면에서는 전혀 딴판이었다. 한 정부에서는 면밀하게 미세 조정을 한 반면, 다른 정부에서는 단순히 관계를 끊어 버렸다. 오바마 대통령의 외교정책 보좌관 수잔 라이스는 "이전 정부에서 국무부가 관료제의 난투 속에서 투쟁을 벌였다면 지금(트럼프) 정부에서는 아예 고사시키고 있다"고 주장했다. 하지만 최종 결과는 별반 다르지 않았다. 외교관들은 주변부로 밀려나고 정책은 다른 곳에서 생산되었다.

외교부의 추락은 오바마에 이어 트럼프 정부에서도 계속됐다. 2012년에 해외 외교관 자리의 28퍼센트가 공석이거나 경험에 비해 높은 수준의 업무를 처리하는 낮은 직급으로 채워졌다. 2014년에는 대다수 외교관들의 경력이 십 년 미만이었고 1990년대와 비교해서 수치가 더 악화됐다. 고위층으로 승진하는 수도 더 적었다. 1975년에는 절반 이상의 외교관이 고위직에 올랐으나 2013년에는 이 비율이 4분의 1에 그쳤다. 수십 년 전에는 미국 대학과 민간 분야의 최고 지성들이 외교가로 몰려들었으나 이제는 몰락까지는 아니더라도 병들어가고 있다.

이 책을 쓰기 위해 국무부를 거쳐 간 모든 장관들의 의견을 들었다. 많은 장관들이 외교국의 미래에 우려를 보였다. 조지 P. 슐츠 전 장관은 "미국은 글로벌 외교를 수행해야만 한다"고 강조했다. 트럼프 정부 들어 슐츠 전 장관을 인터뷰했는데 그의 나이가 97세였다. 슐츠는 국무부가 정부의 변덕을 견뎌 내기에 완충장치가 얇고 취약한 상태라고 지적했다. "아이러니하게도 우리가 아시아 중심 전략으로 옮겨가자마자 중동에서 사건이 터지고 러시아가 우크라이나의 크리미아 반도를 점령했다. 그렇기 때문에 글로벌 외교를 해야만 한다. 그러기 위해서는 외교부에 힘을 실어 주고 직원들이 계속 거기에 일할 수 있도록 만들어야 한다."

헨리 키신저는 역사의 궤도가 외교부를 벗어나 균형이 점점 더 군대의 지도부로 기울고 있다고 지적했다. "문제는 핵심적 역할을 하는 고문들을 선발할 때 시선이 지나치게 한 방향으로 쏠려 있다는 것"이라고 키신저는 말했다. "거기에는 많은 이유가 있다. 우선 외교부에 노련한 외교관들이 많지 않다는 이유를 들 수 있다. 둘째로는 국방부에 명령을 내리면 그 명령이 실행될 가능성이 80퍼센트인데 국무부에 명령을 내리면 토론이 벌어질 가능성이 80퍼센트라는 점이다." 효용성에서의 불균형은 전쟁 중에는 더 심해질 수밖에 없다. 부시 정부의 국무장관 콘돌리자 라이스는 "전쟁 중에는 백악관과 국방부로 무게 중심이 이동한다"면서 "이는 자연스러운 현상"이라고 내게 말했다. 라이스는 여러 정부에서 유지된 일반적인 사고를 언급했다. "환경이 빠르게 변하기 때문에 관료적 절차를 밟을 시간적 여유가 없다. 절차가 완만하게 진행되는 일반적 시기와는 성격이 다른 것이다."

하지만 트럼프 정부는 미국 외교가 '일반적 시기'를 맞은 지 20년 가까이 흘렀는데도 일반적 활용성은 적용되지 않은 채 오히려 국무부의 몸집을 줄이기 시작했다. 이는 미국 앞에 놓인 새로운 현실이다. 제2차 세계대전 이후에 형성된 낡은 관료제는 긴급한 상황에 대처하는 속도가 지나치게 느리다는 라이스의 지적은 많은 경우 사실이다. 하지만 제대로 작동하지 않는 관료제를 개혁해서 원래 의도한대로 작동시키지 않고 권력을 무분별하게 중앙으로 집중시키면 악순환이 이어질 수밖에 없다. 끊임없는 긴급 상황이 발생함에도 국무부의 효용성이 어느 때보다도 떨어진 상황에서 국방부가 갖춘 자금과 권력, 위세는 다른 부처를 위축시킨다.

백악관 자체가 퇴역 장성들로 채워져 있으니 미국은 외교적 해법을 찾을 역량을 멀리하게 되었고 이제는 그런 해법을 논의조차하지 않고 있다.

콘돌리자 라이스는 "언젠가 콜린 파월이 패전국 일본을 점령할 때 외교관이 아닌 장군이 수행한 데는 이유가 있다고 말했던 기억이 난다"고 회고했다. "그런 환경에서는 국방부에 무게가 더 쏠릴 수밖에 없다." 하지만 외교관이 일본을 점령하는 상황이 모순으로 느껴지듯, 조약의 협상과 경제 재건을 군복 입은 장교들이 수행한 것도 모순이며 바람직하지 않은 선례로 기록될 것이다.

전통적 외교를 구사하는 옛 제도가 오늘날의 위기를 해결할 수 있다고 주장하는 것이 아니다. 요지는 우리가 낡은 제도를 현대적인 제도로 갈음하려는 노력을 거의 기울이지 않는 상태에서 과거의 제도가 붕괴되는 현장을 목격하고 있다는 것이다. 전직 국무부 장관들은 허물어지고 있는 미국의 외교에 대해 엇갈린 해법을 내놨다. 언제나 매파 성향을 보였던 키신저는 국무부의 쇠락을 인정하면서도 어깨를 으쓱했다. "요즘 국무부 사무실을 지나가면서 많은 자리가 비어있는 모습을 발견할 때 언짢은 기분이 드는 것은 사실"이라고 키신저는 말했다. 그를 인터뷰할 당시 94세였는데 뉴욕 사무실의 감청색 소파에 구부정한 자세로 앉아 있었다. 주름 잡힌 눈썹 아래의 눈동자로 나를 응시하는 그의 모습은 무척 먼 시대에서 문제를 관조하는 듯했다. 독일 바이에른 출신의 깊고 쉰 목소리조차 수십 년 전 닉슨의 집무실에서 녹음된 음성이 울리는 듯한 느낌을 줬다. "국무부의 직원이 부족한 것은 사실이다. 국무부에서 판단하는 자신의 임무가 주어지지 않은 것도 또한 사실이다. 하지만 이는 새로운 제도가 발생했기 때문에 벌어진 문제이기도 하다." 그러나 키신저를 인터뷰할 당시의 트럼프 정부는 외교가 한 때 미국을 규정지었던 즉 군의 긴급사태 해결이 아닌, 사려 깊고 종합적인 외교정책의 분석을 대체할 새로운 제도를 마련하지 못한 상태였다.

2016년 대선 패배 후, 일 년이 지난 시점에서 힐러리 클린턴을 만났는데 다소 지친 목소리로 변화가 닥쳐오고 있음을 오랫동안 인식했다고 말했다. 그녀는 오바마 정부 초기에 국무부 장관으로 취임했을 당시 "상원 의원과 영부인으로 있을 때 알고 지내던 전 세계 지도자들에게 전화를 했었다. 그

때 많은 지도자들이 부시 정부 시절에 외교가 군사화 되어 이라크와 아프가니스탄의 테러와의 전쟁이라는 중요한 과제만 파고드는 것을 보면서 괴로워했다. 그런데 지금은 모든 문제에서 군사화 방향으로 균형이 더 기울어졌다고 본다"고 말했다. 힐러리도 민주당과 공화당 정부를 불문하고 전직 국무부 장관들이 공통적으로 보였던 감정을 드러내며 "외교는 총구 아래 놓였다"고 덧붙였다.

이는 원칙의 문제가 아니다. 책에서 설명한 변화는 지금 이 순간 진행되고 있으며 세계의 안정성과 번영을 떨어뜨리고 있다. 미국은 피할 수도 있었던 교전의 수렁에 깊이 빠졌다. 이미 전 세계에서 미국 국민들의 인명과 영향력에 큰 손실이 있었다. 앞으로 이어질 이야기는 이런 위기를 다룬다. 생명을 구하는 원칙이 정치적 비굴함으로 인해 무너져 버린 이야기다. 국무부 직원으로서 그리고 아프가니스탄 등 다른 나라에서 여러 해 일하면서 원칙이 무너지는 현장을 목격한 내 자신의 경험담이기도 하다. 원칙의 훼손은 미국 그리고 외교관의 마지막 위대한 수호자들의 삶에 재앙과 같은 영향을 미쳤다. 또한 책에서는 군인과 첩보원들이 전 세계 곳곳에서 형성한 동맹을 다루고 그러한 관계로 인해 미국은 어떤 비용을 치러야 했는지를 살펴볼 것이다.

다시 말해 이 책은 이 시대에 미국의 역할과 변화를 다루는 이야기며 삐걱대는 제도 내부에서 대안을 마련하기 위해 고군분투하는 탁월한 공직자들의 모습을 그린 이야기다.

PART 1

마지막 외교관

2010년 파키스탄

돈 이야기를 하지 않는다면 나는 끼지 않겠어

자기 말에 힘이 없는 걸 당신도 알 테니 대화는 의미가 없지

-닥터 드레, 에브리데이 씽(Everyday thing, 나스와 네이처 피처링)

1장

미국의 신화

외교관이 늘 절멸 위기의 신세였던 건 아니다. 외교관을 우러러 보는 사람들은 외교관들이 승승장구하고 두각을 나타내며 세계를 활보하던 시절이 있었고, 그 때 달성한 성취가 오늘날 국제 질서의 기반을 이루고 있다고 주장한다. 외교와 관련된 일화는 미국 건국 신화에서도 한자리를 차지한다. 벤저민 프랭클린이 외교관으로서 프랑스와 협상에 나서지 않았다면 프랑스와의 동맹조약은 체결되지 않았을 것이며, 미국 독립을 가능케 한 프랑스 해군의 지원도 이뤄지지 않았을 것이다. 1783년 벤저민 프랭클린, 존 애덤스 그리고 존 제이가 파리조약[01]의 체결을 위해 노력하지 않았다면 미국은 대영제국과의 독립전쟁에서 공식적인 종전을 이루지 못했을 것이다.

뉴잉글랜드 매사추세츠 출신으로 반듯한 교육을 받은 존 애덤스는 영국의 조지3세 국왕 앞에서 자신이 미국 최초의 외교관임을 인정받고 외교활동을 벌임으로써 신생 국가 미국은 독립전쟁 후 영국과의 관계를 안정시켰다. 19세기 들어서도 외교관은 간신히 살아갈 정도의 어려운 직업이었고, 의

01 이 조약은 미국과 영국이 과거의 모든 오해와 차이를 잊어버리고 영원한 평화와 협력을 유지한다는 선언이다._편집자

회에서는 국무부에 조폐국 유지 보수하는 것부터 공문서 인증에 이르는 국내 행정 업무까지 맡겼다. 그런 와중에도 국무부는 루이지애나 매매[02]를 성사시켰으며 캐나다 국경을 둘러싸고 벌어진 영국과의 분쟁을 해결하여 미국의 근대 지도를 완성시켰다. 제1차 세계대전 이후 미국이 내치에 눈을 돌리고 대공황과 씨름하던 중에도 국무부 장관들은 열강들의 해군 군축을 논의한 워싱턴 해군 컨퍼런스와 향후 각국이 전쟁을 포기하기로 합의한 파리협약(켈로그-브리앙 조약)을 이끌어 냈다. 나중에 제2차 세계대전의 연합국이 추축국에 맞서 세력을 결집하는 데 중요한 역할을 한 조약이었다.

외교 정책이 거둔 성과에 대해 미국 정치인들은 언제나 국수주의와 고립주의 시각에서 접근했다. 19세기 후반의 한 의원은 외교관에 대해 "외국 관습과 어리석은 짓에 욕망을 품게 만들어 파멸을 자초한다. 외교관과 대사는 군주와 독재자가 퍼뜨린 질병을 들여와 미국의 이상을 타락시키고 파괴한다"며 비난했다. 그는 외교관이 임무를 마치고 복귀하면 마치 "콜레라를 경계하여 외부에서 유입된 누더기를 격리하듯" 분리시켜야 한다고 제안했다. 그럼에도 위대한 외교적 성과는 언제나 적대감을 헤치고 새 길을 열었다.

제2차 세계대전 기간만큼 외교적 성과가 도드라졌던 시기도 없다. 당시 국무부는 시대가 던지는 도전에 발 빠르게 적응했고 미국 역사상 가장 풍성한 외교적 성과를 일궈냈다. 사실 그 시기에도 국무부는 2017년과 마찬가지로 존폐 기로에 있었다. 1943년 《세인트루이스 포스트-디스패치St. Louis Post-

02 1803년 미국이 프랑스로부터 미시시피강 서부의 프랑스령 루이지애나 지역을 사들인 사건으로, 서부 개척의 발판을 마련했다– 역자

Dispatch》는 "우리의 미래가 걸려 있는 이 시기에 제 역할을 하는 국무부가 절실하지만 미국에 그런 국무부가 없으니 절망적"이라며 한탄했다. 세월이 흘러 트럼프 시대의 국무부 장관들을 향해 쏟아진 세간의 탄식과 묘하게 겹쳐지는 대목이다. 하지만 절망 앞에서 두 시대의 국무부가 보인 반응은 전혀 달랐다. 1940~1945년의 국무부는 현대화와 개혁을 선택하고 인력을 세 배, 예산은 두 배 확충했다. 장기적 계획, 전후 재건, 급변하는 매스 미디어 시대에 공공 정보를 다루는 조직을 신설하는 방향으로 내부를 개편했다.

활력 넘치는 차세대 외교관들이 이끄는 현대화된 국무부는 새로운 국제질서를 형성했다. 윈스턴 처칠과 프랭클린 루스벨트의 노력으로 미국과 영국은 위대한 전시 동맹을 맺었다. 미국, 캐나다, 서유럽, 호주, 일본이 협상을 거쳐 세계은행, 국제통화기금을 탄생시킨 것도 이 시기다. 당시 제시된 '봉쇄' 독트린은 향후 수십 년 동안 미국의 대소련 정책을 정의했다. 이 시기에 활동하며 국제질서를 설계한 저명인사 6인방[03]은 훗날 '현자[04]'로 추앙받기에 이르렀다. 이들 중 조지 케넌과 찰스 볼렌은 신설된 외교관 조직인 외교부의 일원이었다. 전후 현자들은 트루먼 대통령이 소련에 대항하는 나라를 지원하는 내용을 골자로 하는 트루먼 독트린과 해당 국가에 대외 원조를 제공하는 대규모 마셜 플랜Marshall Plan을 구상하도록 이끌었다. 이 기간에 북대서양

---

03 딘 애치슨(Dean G. Acheson, 1893~1971) – 미국 국무장관과 재무장관 역임
조지 케넌 (George F. Kennan, 1904~2005) – 소련, 유고 주재 미국대사 역임
찰스 볼렌 (Charles E. Bohlen, 1904~1974) – 소련, 필리핀, 프랑스 주재 미국대사 역임
애버럴 해리먼(W. Averell Harriman, 1891~1986) –뉴욕주 지사, 국무부차관 역임
로버트 러벳 (Robert A. Lovett, 1895–1986) – 유군성 항공차관보, 국방장관 역임
존 맥클로이 (John J. McCloy, 1895~1989) – 금융인, 제2대 IBRD 총재 역임

04 1986년에 전기 작가 월터 아이작슨과 에반 토머스는 여섯 명의 외교관을 주인공으로 『현자: 여섯 친구와 그들이 만든 세계(The Wise Men: Six Friends and the World They Made)』를 집필했다– 역자

조약기구NATO도 창설되었는데, 활기를 되찾은 국무부 내부의 또 다른 현자 로버트 러벳 차관이 주도적 역할을 했다.

현자의 시대라고 완벽한 것은 아니었다. 현자들이 제기한 유명한 주장의 일부는 실수와 고통을 야기하는 근원이 되었다. 예를 들어 봉쇄 정책은 케넌이 경고했음에도 결국 냉전으로 요약되는 군비 증강과 갈등의 근거로 활용되었다. 오바마 정부의 국무장관이었던 존 케리는 딘 애치슨이 국무부 장관 시절을 회고한 800쪽짜리 빽빽한 회고록을 가리켜 "『창조의 현장에서 Present at the Creation』를 즐겨 읽는다"면서도 한 가지 의문을 제기했다. "역사를 통해서, 혹은 가까운 미래에 애치슨[05]과 덜레스 두 국무장관이 한정된 지역에서 오랫동안 확신하던 편협한 세계관에 젖어 어이없는 실수를 저질렀다는 평가가 나오지 않을까?

리처드 홀브룩과 나는 우리 세대의 가장 탁월하고 똑똑하다는 사람들이 친구들을 베트남에서 죽음으로 내몰았던 일을 기억한다."

그렇더라도 현자들은 명백한 성공을 거뒀고 안정을 되찾은 세계에서 권력을 누렸다. 오늘날 현자들과 같은 위상을 누리는 외교관이나 현자들이 수행했던 전통적 외교 방식을 찾기란 70년 전이나 50년 전, 아니 20년 전과 비교해도 쉽지 않다. 이에 대해 존 케리는 "개인이나 역할, 시대가 문제일까?"라고 물었다. "현장에는 대단한 업적을 이룬 일류 외교관들이 없지 않다. 어쩌면 우리가 과거와 달리 정부와 국무부에서 일하는 사람들을 제대로 평가

05 애치슨 장관은 1950년 1월 한국을 미국의 극동 방위선에서 제외한다는 애치슨 라인을 발표함으로써 주한 미군이 철수되고 한국 전쟁의 원인이 되었다는 비판을 받음_편집자

해주지 않아서가 아닐까?"

헨리 키신저는 광범위한 전환이 일어났다고 주장했다. 단순히 국무부와 국무부가 연관된 관료사회 뿐만 아니라 미국 국민들의 철학에도 변화가 일어났다는 주장이었다. 문득 나는 어쩌면 현자보다 더 복잡한 유산을 지닌 인물과 마주앉아 있을지 모른다는 느낌이 들었다. 혹자는 키신저를 열정적인 외교관의 귀감으로 여겼으나 다른 이들은 캄보디아를 폭격한 전범이라고 생각했다. (키신저 역시 내게 뭔가를 느낀 듯했다. 논쟁이 될 만한 주제로 넘어 가자 그는 인터뷰를 서둘러 마무리하려 했다.) 이는 키신저가 일반적이고 철학적인 경향을 보인 이유일 것이다. 그는 전술이 전략을 이기고, 신속한 반응이 역사적인 의사결정을 이긴다고 생각했다. 키신저는 "미국은 어떤 문제든 그 순간 당면한 사안을 해결하는 문제에 영원히 사로잡혀 있다"고 말했다. "외교정책 수행에 필요한 노련한 인재가 부족하지만, 더 중요한 사실은 외교를 역사적 과정으로 사고하는 사람이 부족하다는 점이오."

키신저의 지적은 그들 스스로 이룩한 직업 외교관으로서의 마지막 대표 주자들이 정부에 대해 어떤 감정을 느끼고 있는지를 잘 드러낸다. 이들은 정부가 점점 정치적 편의와 군의 효율성에 기대는 상황에서 정부와 불화를 겪고 있는 점을 지적했다. 키신저는 오바마 정부가 아프가니스탄 및 파키스탄 특별 대사인 리처드 홀브룩과 대립각을 세운 예를 들었다. 그는 장군들이 장악한 정책 결정 과정에서 고군분투하는 한편 혁신에 역량을 집중하려는 정부에 베트남전의 교훈을 적용하려 했다. 키신저는 홀브룩에 대해 "정부는 새로운 일을 시작하고자 했지만 홀브룩은 과거에서 얻은 경험을 적용하려 했다는 것"이라고 말했다. 과거에도 유사한 전투에서 외교관들은 패배했으며 그 이후 갈수록 더 밀리고 있다. 하지만 리처드 홀브룩의 이야기, 그가 마지막으로 수행한 임무가 실패함으로써 그 사건이 주변 외교관의 삶에 미친 파괴적인 영향은, 한 때 우리를 구원해준 전문가들에게 우리가 등을 돌릴 때 외교관들이 무엇을 잃게 되는지를 보여준다. 키신저는 "늘 새로운 일을 시도할 수 있다는 생각으로 말하자면……"이라며 느리게 말을 이어갔다. "위대한 미국의 신화일 뿐이오."

2장

탈레반 여사

이슬라마바드에 심심치 않게 발생하는 정전이 또 찾아왔고 방은 어둠에 잠겼다. 다행히 노트북에 배터리가 약간 남아 있었는데 내가 만나러 간 인권 운동가가 화면을 돌려주면서 영상을 한 번 보라고 했다. 화면에서 동영상이 깜박거렸다. 흔들리는 모양이 먼 곳에서 몰래 찍은 것 같았다. 눈가리개를 하고 손이 뒤로 묶인 남자 여섯이 나무가 우거진 장소에 비틀거리며 나타났다. 평범한 쿠르타[01]를 걸친 것으로 보아 전사들은 아닌 듯했다. 파키스탄 군복을 입은 군인들이 청년들을 빈터로 데려가더니 돌담을 따라 줄을 세웠다.

나이가 있어 보이고 수염을 기른, 지휘관으로 추정되는 군인이 청년들에게 다가가 각 사람에게 물었다. "칼리마Kalimah를 아는가?" 칼리마란 이슬람 신도들이 죽기 전에 읊조리곤 하는 구절이다. 빈터 반대편에서 군인 대여섯 명이 더 나타났다. 군인들은 총살형을 집행하는 대열로 늘어섰다. "하나씩 처리합니까, 한꺼번에 합니까?" 누군가 물었다. "한 번에." 지휘관이 답했다. 그 말에 군인들은 라이플총을 들었다. 파키스탄군에서 사용하는 표준

01 주로 파키스탄과 인도 북서부 일대에서 입는 민족의상으로 튜닉형 상의 임- 역자

규격의 G3였다. 조준, 발사.

청년들이 바닥으로 고꾸라졌다. 아직 숨이 끊어지지 않은 자들은 울부짖으며 몸부림을 쳤다. 한 병사가 살아남은 자들에게 다가가 다시 총구를 겨눴고 이내 하나씩 잠잠해졌다.

동영상이 끝났지만 한 동안 아무도 입을 열지 않았다. 창문 틈으로 거리의 차 소리가 들렸다. 마침내 인권 운동가가 물었다. "이제 어떻게 할 겁니까?"

사실 동영상은 충격적이었지만, 그런 영상의 존재 자체는 놀랍지 않았다. 2010년 파키스탄은 미국의 대테러에서 가장 중요한 동반자였다. 알카에다 지도부는 아프가니스탄에서 미군의 공격을 피해 파키스탄 접경지대의 황량한 산 속으로 종적을 감췄다. 이곳은 테러와의 전쟁, 그리고 '오사마 빈 라덴 체포'를 위한 심장부였다. 미국 국무부의 아프가니스탄 및 파키스탄 담당팀에 소속된 신출내기였던 나는 개발과 인권 업무를 하는 단체와 대화하는 임무를 맡았는데 이 지역에서 외교란 무언극과 같은 특성이 있었다. 댐 건설이든 교육 개혁이든 할 것 없이 사실상 모든 대화는 대테러로 귀결되었다. 목적은 파키스탄이 테러와의 전쟁에 동참하고 아프가니스탄에 주둔하고 있는 미군에게 파키스탄 국경을 통해 보급품을 전달할 수 있도록 적당히 만족시켜주는 데 있었다. 파키스탄 내 테러 집단의 근거지 공격에 대해 미국은 파키스탄에 의지가 없다고 생각하고, 파키스탄은 할 수 없어서 못하는 것이라고 주장했다.

전년도 가을에는 보기 드문 성과가 있었다. 파키스탄군이 변두리의 스왓 계곡에서 공격에 나서 일대를 장악하고 탈레반 과격분자들을 사로잡은 것이다. 그런데 얼마 안 가 그 성공에 이어 무슨 일이 이어졌는지에 대한 소문이 돌기 시작했다. 스왓에서 군사 작전이 벌어진 이후 새로운 처형의 바람이 불고 있다는 공식 보고가 제기됐다. 그 해 여름 '국제인권감시기구'는 238건의 처형 의혹을 조사했고 이 가운데 50건 이상은 사실일 가능성이 높은 것으로 판단했다. 정부에서 진행되는 모든 일이 그렇듯 처형에도 'EJK'라는 약어가 생겼다. '초법적 처형extrajudicial killings'의 준말이었다. 문제는 간단치 않았다. 파키스탄의 지방에는 법정과 수감 시설이 현실적으로 부족했다. 이 때문에 일부 파키스탄 군부대에서는 체포된 과격분자들을 처리할 수 있는 현실적인 방법이란 즉결 처형뿐이라고 여겼다. 그런데 이 전략은 점점 늘어 가는 반체제 인사와 변호사 그리고 기자를 처리하는 데도 도움이 됐다. 파키스탄 군 인사들은 처형 문제에 대해 인정할 수밖에 없는 궁지에 몰리면 미국이 자신들에게 불량한 자들을 겨냥하도록 압박해 놓고선 간혹 다른 이들이 제거되면 불만을 늘어놓는다고 신랄하게 비난했다.

처형 문제는 파키스탄과 미국의 관계에서 극도로 민감한 사안이었다. 파키스탄 입장에서는 난처한 문제였고 미국에게는 옥에 티와 같았다. 미국 국민들은 2001년 9월 11월 이후 파키스탄의 군과 민간 분야에 197억 달러에 달하는 자금을 지원했다. 처형에 대한 폭로는 내키지 않는 조사로 이어질 가능성이 있었다.

나는 국무부에, 동영상에 대한 소식과 이에 대응하라는 인권감시기구의 요청이 쇄도하고 있다고 보고했다. 그 결과는 부조리하고 암울했다. 관료들은 보고의 배후에 있는 집단을 침묵시키는 작업에 착수했다. 워싱턴에서 한 차례 브리핑을 갖기로 국제인권감시기구와 마지못해 합의했으나 정부에 대한 질문은 허용되지 않으며, 정부의 답변은 '매우 일반적인 언론 대응'에 제한된다는 점을 강조했다.

단정한 태도에 공허한 미소를 짓는 한 외교관이 초법적 처형을 주제로 내가 보낸 이메일에 유쾌한 제안을 담은 답장을 보냈다.

> **발신: 2010년 3월 8일 월요일, 오후 4시 43분**
> **제목: RE: 초법적 처형(EJK)과 국제인권감시기구(HRW) 미팅 요청**
>
> 한 가지 제안: 우리는 구체적으로 EJK라는 용어를 사용하기 보다는 '중대한 인권 유린(레이히 조문에서 선택한 법적 용어)'의 범위에서 이 사안을 처리하려고 합니다. 레이히 표현을 사용할 때 한 가지 이로운 점은 USG(미 정부를 지칭- 역자 주)에 중요하고 (EJK를 포함한) 광범위한 학대 문제를 아우를 수 있다는 겁니다. 또한 정부군과 관련 기관의 학대 뿐 아니라 반란군이 자행한 학대도 포함할 수 있습니다. 이와 더불어 고위급의 민감한 정책 논의에서 '공개' 회의를 차단하는 데 도움이 됩니다.
> 그저 외교 차원의 의미론적 비틀기랄까요.

그녀가 지칭한 레이히 조문이란 법안 발의자인 패트릭 레이히 버몬트 주 상원 의원의 이름을 딴 것으로, 잔학 행위를 저지르는 외국군에 미국이 지원할 수 없도록 금지했다. 나는 오고 간 이메일을 한 동료에게 전달하면서 "세상에, 1994년 르완다 기자회견 때나 있었을 법한 일 아닌가?"라고 썼다.

당시 미 관료들은 위기 중에 '대학살genocide'이라는 단어의 사용을 회피하며 '의미론적 비틀기'를 시도했다.

몇 달 후 나는 회의실에 같이 있던 힐러리 클린턴의 여성특임대사 멜란 버비어에게 서류를 건넸다. 힐러리는 이슬라마바드를 방문 중이었고 버비어는 내게 인권 단체에서 어떤 의견을 내고 있는지 물었다. 나는 보고서의 일부를 인쇄했는데 기밀 자료는 전혀 없었고 모두 공개된 출처의 문서였다. 그렇더라도 나는 완곡한 표현을 고수했다.

"중대한 인권 유린이 급증했습니다."

"'중대한 인권 유린'이라 하면……?" 버비어가 파일을 훑어보면서 물었다.

"처형을 뜻합니다."

이슬라마바드에서 연중 가장 더운 시기인 6월이었다. 주 파키스탄 미국 대사관의 비좁은 방안 공기가 답답하게 느껴졌다. 탁자에서 우리 두 사람 건너편에 앉아 있던 대사관 소속 외교관이 나를 쏘아봤다. 그녀는 이 주제가 거론되기만 하면 내게 경고의 눈빛을 보냈다. 지금 그녀의 입술은 뒤틀린 모양이었고 눈빛은 나를 꿰뚫을 기세였다. 탁자에 놓인 손의 마디는 마치 흰 대리석 같았다. 그 해 파키스탄에 대한 미국의 원조 증가를 감독하던 로빈 래펠Robin Raphel 대사다. 그녀는 내게 단단히 화가 나 있었다.

* * *

그 주말에 대사관 직원들과 현지인들은 이슬라마바드의 안전지역 '레드 존'에 위치한 미 대사관저 정원에 모였다. 대사관은 숲이 우거진 마르갈라 언덕 기슭에 자리하고 있었고 도시의 넓은 거리 양쪽으로는 유칼립투스와 소나무가 이어졌다. 2010년 6월 이 지역의 공원과 잔디는 흰색 글라디올러스와 보라색 비름[02]으로 뒤덮여 있었다. 밤에는 상류층이 거주하는 이 구역에 지적 열기가 끓어올랐다. 전쟁이 임박하자 외국의 외교관, 기자, 구호단체 직원들은 칵테일 파티에 모여 낮은 목소리로 소문을 나눴다.

로빈 래펠은 수십 년 전부터 파키스탄에서 근무했기 때문에 오랜 세월 이런 파티의 단골손님이었다. 많은 현지인들이 그녀를 '로빈'으로 불렀다.

그날 밤 래펠은 자기 구역인 대사관저에서 손님들을 향해 장황한 말을 늘어놨다. 높이 솟은 광대뼈와 꼿꼿하게 선 모습에서 귀족적인 분위기가 풍겼고 금발은 머리 뒤로 둥글게 바짝 감아올렸다. 입을 크게 벌리지 않고 딱딱한 동부 연안의 억양을 구사하는 모습이 1940년대 영화배우를 연상시켰다. 한쪽 어깨에 평소에 즐겨 입는 자수 놓은 파시미나를 걸쳐서인지 그녀가 입은 드레스는 현지 여성들이 입는 살와르 카미즈를 떠올리게 했다.

회의실에서의 그 날 이후 래펠은 인권 문제에 곧이곧대로 답변한 하급 외교관을 따돌리기 위해 애썼다. 회의에서 배제시킬 수 없는 상황에서는 방해를 하면서 그 상황을 즐겼다. 그날 밤 파티에서도 나를 언짢게 여기는 기색을 숨기지 않았다. "어떻게 감히…" 이 대목에서 그녀는 뭔가를 모의하는 듯한 목소리로 낮게 말했다. "초법적 처형EJK을 이 대사관에서 열리는 회의에서 입에 올린단 말인가." 래펠의 입술이 파르르 떨며 "자네는 그 문제를 거론할 위치가 아니네"라고 했다.

---

02 들이나 밭에서 쉽게 자라는 채소류 식물_편집자

파키스탄에서 미국의 역할에 대한 내 비판에 그녀가 얼마나 상심했는지, 개인적으로 나를 얼마나 성가시게 여기는지 문득 궁금해졌다. 나는 확인할 수 없지만 국무부가 인권 보고를 인정하는 정책을 선택했다고 공손하게 설명했다. "워싱턴이야 그렇겠지." 래펠이 콧방귀를 뀌면서 목에 걸린 진주 목걸이를 만졌다. "여기는 워싱턴이 아니네. 그 문제는 여기에서 논의하지 않네."

아직 마호가니 사건이 일어나기 3년 전의 일이었다. 하지만 국가 안보가 첨예하게 걸린 지역에서는 그 힘이 외교관들에게서 실시간으로 빠져나가는 것을 확인할 수 있다. 파키스탄은 그런 경향을 완벽하게 보여주는 지역이었다. 수십 년 동안 국방부와 CIA는 미국의 민간 외교 정책 시스템을 우회하여 파키스탄 군부 및 지식층과 직접 사업을 진행했다. 2001년 9/11 이후에는 그렇게 할 만한 여지가 더 커졌다. 이슬라마바드의 뜨거운 여름에 나는 외국 군대에 대한, 그리고 외국군과 미군의 복잡한 관계에 대한 까다로운 질문을 필사적으로 피하려는 로빈 래펠을 보며 놀랐다. 그녀는 자기가 맡아온 역할의 상당 부분이 사라지고 다른 곳으로 넘어가는 상황에서 자기 역할이 무엇이라고 생각했을까? 19세기 전문직 외교관들이, 세속에 오염된 충성심을 전파시키지 못하도록 격리하자고 제안했던 것은 바로 이런 태도를 우려했던 것일까? 이는 오래 된 현상인가, 아니면 새로운 현상인가?

수십 년 동안 로빈 래펠은 전통적인 외교를 구현했다. 그녀의 원래 이름은 로빈 린 존슨으로 워싱턴 주의 조용한 마을에서 유년기를 보냈다. 그녀는 아버지가 수집한 《내셔널 지오그래픽》 너머의 드넓은 세상을 누비기를 꿈꿨다. 마크 모리스 고등학교 재학시절에는 '가장 성공할 것 같은' 인물로 뽑히기도 했다. 같은 반이었던 친구는 "로빈은 세상 물정에 밝은 듯 보였다"고 기억했다. 대학에 진학한 그녀는 여행할 기회가 생기자 테헤란으로 가서 교회 사람들과 여름을 보냈으며 3학년 때 런던 대학교로 전학했다.

"지금도 종교심이 있습니까?" 언젠가 래펠에게 물은 적이 있었다. 그러자 그녀는 코웃음을 쳤다. 마치 말도 안 되는 질문을 들은 듯했다. "'아직 종교심이 있냐'니 무슨 의미인가?" 래펠이 딱딱거렸다. 내가 질문을 이어가자 그녀는 귀찮다는 듯 손을 내저으며 말했다. "어떻게 해도 난 답하지 않겠네." 설사 로빈 래펠에게 영성이 있던 순간이 존재했더라도 내게는 그런 기회를 베풀지 않을 것 같았다. 그녀는 한결같이 감정을 배제한 실용적 태도를 유지했고 그런 자신을 자랑스럽게 여겼다.

대학을 졸업한 후 그녀는 케임브리지에서 일 년 동안 수학했다. 이 때 가슴에는 해외에서 펼칠 원대한 꿈을 지니고 있고 학창시절 졸업앨범을 화려하게 장식한 전력이 있는 미국인들 무리와 교류했다. 당시 베트남 전쟁이 한창이었고 옥스퍼드, 케임브리지의 기숙사에서는 미국의 대리전이 잘못 전개되는 세태를 놓고 열띤 논쟁이 벌어졌다. 베트남전은 수십 년 후 로빈 래펠의 삶에 엄청난 영향을 미치는 또 다른 전쟁과 으스스할 정도로 닮은 구석이 있었다. 그 전쟁을 수행하는 정부 역시 피로감에 찌든 대중, 상대국의 비협조적인 군대, 전술적으로 공략하기 어려운 국경 너머에 피난처를 확보한 반란군 때문에 골머리를 앓게 된다.

2010년 5월 아프가니스탄에서 당시 국무부 정치-군 담당 부차관보였던 컨트리맨이 지뢰 제거 작업 현황을 조사하고 있다. -국무부 자료사진

1971년 로빈 래펠(당시 로빈 린 존슨)이 다마반드 여자대학교에서 학생 두 명과 포즈를 취한 모습이다. -로빈 래펠 제공

당시 존슨으로 불리던 래펠은 워싱턴 대학교를 졸업한 로즈 장학생[03]인 프랭크 앨러와 연애를 시작했다. 그녀는 앨러의 룸메이트들과 친분을 쌓았는데 그중 스트로브 탤벗은 나중에 언론인으로 활동하다가 국무부 장관이 되었고, 대망을 품고 있던 빌 클린턴은 정계에 진출했다. 친구들은 노스 옥스퍼드의 렉포드 로드 46번지에 위치한 평범한 주택에 모여 오랜 시간 징용에 대한 고민을 나눴다. 클린턴과 앨러는 '갑종 합격자(1-A)'였기 때문에 징병 대상이었는데 둘 다 전쟁에 반대하는 입장이었다. 클린턴은 징집을 회피할 다양한 전략을 고민했지만 결국에는 '제도권 내에서 정치 생명을 유지하기 위해' 술수를 부리지 않기로 결정했다. 반면 앨러는 영국에 남아 징집을 회피했으며 그에 뒤따른 낙인으로 괴로워했다. 일 년 후 그는 워싱턴 주 스포캔에 위치한 고향 집에서 22구경 스미스 앤 웨슨으로 스스로 목숨을 끊었다.

래펠에게 연애한 지 얼마 안 되어 앨러가 목숨을 끊은 사건이 개인적으로 영향을 미치지 않았는지 물었다. "오," 그녀는 마치 가벼운 접촉 사고에 대해 말하듯 반응했다. "당연히 화가 엄청 났었지!" 문득 그녀는 자기 말이 어떻게 들리는지 깨닫고는 잠시 말을 멈췄다. "물론 눈치 챘겠지만 나는 감정에 휘둘리지 않기 위해 애쓰는 사람이라네." 래펠은 세계를 무대로 자신이 빚어 나갈 삶에서 감정이 장애물로 작용하는 상황을 용납할 수 없었다. 이후 몇 년 동안 래펠은 테헤란부터 이슬라마바드, 튀니지까지 종횡무진하며

03 옥스퍼드 대학교에서 만든 로즈 장학제도는 엘리트코스로 정평이 나 있으며 장학생에게는 옥스퍼드 대학교 수학비용 전액이 지원 된다– 역자

활약했다.

* * *

래펠의 비판자들은 그녀처럼 냉철하지 않았다. 외교관 경력의 막바지에 래펠은 반역자, 변절자, 테러리스트 동조자라는 비난을 받았고 심지어 인도 언론은 그녀를 '탈레반 여사'라고 불렀다. 오바마 정부 시절에 래펠은 나락으로 떨어졌다. 이슬라마바드에서 우리가 언쟁을 벌인지 4년 뒤, 래펠의 자리는 국무부 1층 카페테리아에 가까운 수많은 칸막이 방 가운데 하나였다. 그날 래펠은 이메일을 확인하고 일상적인 회의를 몇 차례 진행했다. 부재중 전화가 몇 통 와 있던 것을 이른 오후가 되어서야 발견했다. 첫 번째 전화는 슬로민스 보안 업체였는데 누군가 래펠의 집에 진입을 시도하고 있음을 알리려는 전화였다. 다음에 걸려온 전화는 패닉 상태에 빠진 딸 알렉산드리아였다. 딸은 래펠에게 당장 집으로 오라고 말했다. 레펠은 포드 포커스를 타고 20분 거리에 있는 워싱턴 D. C. 북서부의 집으로 달려갔다.

케이프 코드 양식의 이층집에 도착해보니 십여 명의 FBI 요원들로 북적였다. 사복 차림에 성실한 인상의 요원 둘이 래펠에게 다가와 배지를 보여주고는 영장을 내밀었다.

영장에는 로빈 래펠이 미국 형법 793조 (e)항에 따라 조사를 받게 된다고 적혀 있었다. 국가 안보 정보를 불법으로 수집하거나 전송하는 혐의, 즉 스파이 행위를 다루는 조항이었다.(16장에서 상세히 다룸)

3장

딕[01]

베트남은 1960년대 렉포드(영국 햄프셔 지역) 46번지에 모여 있던 친구들에게는 유령과도 같은 장소였지만 다른 청년들에게는 자석처럼 끌어당기는 곳이었다. 훗날 스트로브 탤벗과 가까운 사이가 되고, 탤벗을 통해 빌 클린턴과 인연을 맺게 되는 리처드 홀브룩(주 참조)은 전쟁을 시험대로 이용하고자 했다. 베트남전의 경험은 이후 40년 동안 미국이 수행한 다른 전쟁에도 메아리 쳐 울렸다. 수십 년 뒤, 베트남에서 얻은 교훈을 아프가니스탄과 파키스탄에서 벌어지는 전쟁에 적용해야 한다고 외치는 마지막 주자에는 홀브룩도 있었다.

홀브룩은 뉴욕의 유대인 가정에서 태어났다. 친구들은 그를 '딕Dick'이라

---

01 리처드 홀브룩(Richard Holbrooke 1941.4.24.~2010.12.13.) : 딕(Dick)으로도 불림. 미국 외교관, 편집인, 저자이자 교수. 국제무대에서 뛰어난 협상력을 발휘 함. 1995년 데이턴 평화협정을 이끌어내면서 노벨평화상 후보에 오르기도 했다. 미국의 한반도 정책에 관여하는 등 한국과도 깊은 인연이 있는 외교관이다. 10.26 때 우리의 정치 일정에 관여했고, 12.12사태 때는 신군부를 견제하기도 했다.
그는 1962년 베트남 전쟁 당시 외교를 시작한 이래 존.F 케네디 대통령부터 오바마 대통령까지 50년 동안 외교에 관계한 전문 외교관이다. 아프가니스탄 · 파키스탄 특별대사직을 수행하던 중 대동맥 파열로 69세에 타계했다.
1977~1981년 동아시아. 태평양 담당 차관보
1993 ~ 1994년 주독일 미국대사관 대사
1994년~1996년 유럽지역담당 차관보.
1999.08월~2001년 유엔주재 미국대사.
2010.01 ~ 2010.12월 미국 국무부 아프가니스탄, 파키스탄 특별대사_편집자

고 불렀지만 그의 우아한 세 번째 아내는 어딘가 고상하게 들리는 '리처드'로 그를 불러 달라고 요구했다. (홀브룩 비판자들은 끝내 그 말을 따르지 않았다.) 딕 홀브룩은 욕심 많고 끈질긴 사내였으며 가슴 속에 품은 야망을 노골적으로 드러냈다. 한 친구는 그가 '회전문에서 남들보다 뒤에 들어와서 먼저 나갈 사람'이라고 표현했다. 홀브룩은 목표를 추구하면서 좀처럼 사교성을 발휘할 줄 몰랐다. 클린턴은 최근 펴낸 저서에서 홀브룩이 파키스탄에서 자기주장을 열심히 개진하다가 여자 화장실까지 따라 들어온 적도 있었다고 회고했다. 한 때 홀브룩과 사귀었던 여성은 맨해튼의 폭우 속에서 두 사람이 택시를 한없이 기다렸던 일화를 기억했다. 마침내 한 대가 도착했는데 홀브룩은 그녀의 뺨에 입을 맞추고는 말 한 마디 없이 애인을 폭우 속에 남겨 두고 택시에 올라탔다. 사교계 명사 출신인 외교관 파멜라 해리먼은 "그는 사회생활을 제대로 하도록 길들여진 존재가 아니다"라는 신랄한 평가를 했다.

나는 언제나 그에게 장대하다는 인상을 받았다. 특별히 큰 키가 아니었지만 적어도 185센티미터보다는 더 크게 느껴졌다. 그의 옅은 색 눈동자는 맹금처럼 상대를 응시했는데 한편으로는 눈 깜박임을 제어하지 못했고 얇은 입술에는 언제나 과시하는 웃음이 걸려 있었다. 그는 혈기를 부리기도 했지만 정반대의 침착한 모습으로 속삭이는 듯 목소리를 낮추기도 잘했다. 홀브룩은 하나의 협상에 두 가지 전략을 같이 쓰는 화법을 '체스와 등산의 조합'에 비유했다. 아첨하기, 괴롭히기, 매혹하기, 위협하기의 기술을 총동원해 상대를 설득하는 것이었다. 그는 왕성하게 기록을 남겼으며 명쾌하고 완전한

단락으로 말하는 재주가 있었다. 자기 주변인들의 예민함은 무시하면서도 누구보다 세심하게 세계를 관찰했고 그에 대한 자신의 열정을 굳세게 밀어붙였다. 말하자면 홀브룩은 보기 드물게 '가치 있는 멍청이'였던 것이다.

유년기의 홀브룩은 아인슈타인, 페르미 같은 과학자들을 동경했다. 그러다 관심사가 더 넓은 세계를 향했다. 아버지를 대장암으로 잃은 후에는 동급생 데이비드 러스크의 가족과 친하게 지냈다. 얼마 뒤 데이비드의 아버지 딘 러스크는 케네디 정부의 국무부 장관에 올랐는데 홀브룩이 다니던 스카즈데일 고등학교를 방문해 외교의 미덕을 격찬했다. 당시 홀브룩을 사로잡고 있던 관심 분야는 저널리즘이었다. 그는 고등학교 신문사의 스포츠 부장을 거쳐 대학에서는《브라운 데일리 헤럴드》의 편집장을 맡았다. 대학 신문사에서 그가 냉전의 긴장을 분석한 글이 응원단 입단 테스트 공고 아래에 게재되었다. 2학년 때 그는 신문사의 다른 부장들에게 자신을 파리에서 열리는 4강 회담에 보내 달라고 설득했다. 회담에서 서양 지도자들은 소련의 니키타 흐루쇼프를 만나 베를린 분단을 둘러싼 긴장 완화를 논의할 예정이었다. 하지만 회담은 철저한 실패로 끝났다. 회담이 열리기 며칠 전 소련이 미국U-2 정찰기를 격추시켰는데 이로 말미암아 대치 상태가 이어졌고 회담은 결렬됐다. 홀브룩이 동경하던《뉴욕타임스》의 유명 기자 제임스 레스턴은 당시 학생 기자 신분이던 홀브룩에게 파리에서 근무하는 팀원들에게 음료를 갖다 주라고 시켰다. 레스턴은 홀브룩에게 "나중에 언론인이 되든 외교관이 되든 '사회생활을 역사상 최악의 외교 참사에서 시작했다'고 말할 수 있을 것"이라고 말했다. 레스턴의 예측은 빗나갔다. 홀브룩은 그보다 더 나쁜 상황을 보게 되었기 때문이다. 브라운 대학을 졸업한 후 홀브룩은 《뉴욕타임스》에 입사하고자 했으나 실패하자 외교관 시험을 치기로 결정했다. 리처드 홀브룩이 외교관 자격으로 사이공(오늘날의 호찌민)의 탄 손 누트 공항에 도착한 것은 1963년 6월의 어느 후텁지근한 밤이었다.

베트남은 미국이 '대반란counterinsurgency'작전을 처음으로 실험한 장소였다. 대반란이란 취약한 인구를 보호하는 한편 사회 프로그램을 통해 국가의 충성심을 얻는 전략이다. 외교 훈련 과정에서 홀브룩 외에 훗날 클린턴의 국가안보보좌관이 되는 앤서니 레이크 등은 베트남에서 '팬볼fan ball' 게임을 하면서 무더운 여름을 보냈다. 천장에 돌아가는 선풍기를 향해 테니스 공을 던지고 다음 공이 튀면 쫓아가서 잡는 놀이였다. (이보다 더 적절하게 베트남의 상황을 표현할 수 있는 은유는 찾기 어려울 것이다.) 베트남 도착 당시 스물 두 살이었던 홀브룩은 가정이 없었기에 변두리의 전선에서 개발 프로그램을 감독하는 임무에 적임자였다. 거기서 홀브룩은 워싱턴의 상관들은 볼 수 없던 거대한 실패를 생생하게 목격했다.

그는 베트남에서 정책이 급격하게 군사화 되는 과정도 목격했다. 다낭에서 그는 제9 해병연대와 이동하면서 해병 상륙부대의 지휘관 루이스 월트 장군이 바닥에 무릎을 꿇고 앞에 놓인 모래를 반원 모양으로 밀어내는 모습을 지켜봤다. 장군은 미군이 베트콩을 몰아내 남베트남에 길을 열어주고 선정을 베풀 수 있음을 모래로 표현하고 있었다. 베트남 아이들이 그 모습을 흥미롭게 보면서 재잘거렸다. 결코 말을 아끼는 법이 없었던 홀브룩이 나섰다. "하지만 베트콩이 뒤에서 허를 찌를 겁니다." 베트남에서 미군은 전 지역에 걸쳐 수 년 동안 공세를 이어가고 있었다. 홀브룩은 비공개 의견서에서 "'대반란진압' 작전의 일환으로 몇 날, 몇 시간 동안 지시가 이어지고 전쟁의 정치적 성격을 강조했음에도 그들은 무슨 일이 벌어지고 있는지, 어떻게 대처해야 하는지 몰랐다"고 적었다. 반란군들은 포기하지 않을 것이고 현지인들도 "공짜 비누 몇 개를 받는다고 자기편을 바꾸지 않을 것이다."

홀브룩은 반대 목소리를 높였다. 현지에서 머무는 동안 베트남의 미군 사령관인 윌리엄 웨스트모어랜드 장군과 공개적으로 설전을 벌인 적도 있었다.

"자네 몇 살인가?" 격분한 웨스트모어랜드 장군이 참다못해 물었다.

"스물넷입니다."

"자네가 그렇게 잘 안다고 자신하는 근거가 뭔가?"

"저도 모릅니다." 홀브룩은 말을 이었다. "하지만 저는 여기 2년 동안 있으면서 내내 현장을 지켜보고 있었습니다."

웨스트모어랜드는 워싱턴에 병력 증강을 통해 반란을 확실히 진압할 수 있다고 보고했다. 홀브룩은 백악관과 국무부에서 지위가 올라가면서 활발하게, 때로는 청하지도 않은 의견서를 상사들에게 전했다. 스물여섯 살 때는 "이제껏 미국이 그토록 혼란에 빠진 모습을 본 적이 없다"고 기록했다.

국방부에서 미국의 베트남 개입 참전을 평가하는 일급기밀 작업을 진행했었는데(훗날 '펜타곤 문서'로 알려진 문서) 홀브룩의 평생지기이자 나중에 외교협회CFR 회장에 오른 레슬리 겔브 장교는 인습에 얽매이지 않는 청년 홀브룩에게 문서의 일부 작성을 요청했었다. 홀브룩의 의견은 대반란진압 작전이 "잘못 구상되었고 서툴게 실행되었다"고 통렬한 평가를 했으며 매파가 위험하게 정책 결정을 주물렀다고 주장했다.

전설적 외교관 애버렐 해리먼이 북베트남과 협상할 대표단의 단장을 맡았을 때 홀브룩은 협상 팀의 자리를 얻기 위해 추천해 달라며 상관들을 들볶았다. 그는 협상으로 전쟁을 종식시킬 수 있다고 믿었다. 1960년대 말 홀브룩의 상관으로 훗날 국무부 차관에 오르는 니콜라스 카첸바흐는 "홀브룩은 늘 상대편과 대화를 하려 했다"고 말했다. "그는 언제나 협상할 방법과 중간지점이 존재한다고 믿었다." 하지만 파리평화 협상은 참담할 정도로 실패했다. 그때 미국 대선이 박빙으로 전개되자 닉슨 선거 캠프가 대화의 무산을 시도했던 것으로 나중에 드러났다. 정부의 이러한 태도는 남베트남이 게으름을 피우도록 부추겼다. 전쟁이 벌어지고 있는데 협상 팀이 협상 테이블의 모양을 놓고 두 달 동안이나 논쟁을 벌인 일화는 유명하다.

닉슨이 취임한 직후 홀브룩은 사직서를 내고 정부를 떠났다. 훗날 그는 "2만 5,000명의 미군과 수많은 베트남인들이 사망한 상황에서 전쟁을 계속한다는 것은 운명적인 것도, 피할 수 없는 것도 아니었다"고 기록했다. "1968년에 협상으로 전쟁을 끝낼 수 있었다. 평화는 대다수의 역사학자들이 생각한 것보다 멀지 않은 곳에 있었다." 그는 미국이 전쟁을 끝낼 기회를 허비했다고 생각했기 때문에 그런 일이 다시 일어나도록 방관할 수 없었다.

2010년 9월 아프가니스탄에서 전쟁이 발발하자, 국무부 역사 사무국

2010년 이슬라마바드의 세레나 호텔에서 파키스탄 의원들과 조찬 중 리처드 홀브룩이 생각에 잠겨 있는 가운데 래펠이 메모를 하고 있는 모습이 보인다. 래펠은 홀브룩이 "전형적으로 못살게 구는 사람"이었다고 회고했다. "하지만 홀브룩은 일이 이뤄지게 만드는 사람이었고 올바른 생각을 가졌으며 겁쟁이가 아니었기 때문에 그가 마음에 들었다." -모건 J. 오브라이언 3세(Morgan J. O'Brien III) 제공

리처드 홀브룩이 1063년 동남아시아에서 외교관으로 활동하던 초창기의 사진으로 종종 그렇듯 손에 책이 들려 있다. -카티 마튼 제공

Historian's Office은 베트남전에 대한 미 정부의 공식적인 역사 최종 본을 발표했다. 리처드 홀브룩은 이와 관련한 공식 발언을 하기 위해 사무실에서 국무부의 조지 C. 마셜 콘퍼런스 센터로 이동했다. 최종 본에는 홀브룩이 초창기에 작성했던 의견서도 포함되었다. 궂은 날씨처럼 홀브룩 역시 회색 구겨진 정장 차림으로 회색 바닥 천 앞에 섰다. 형광등 불빛으로 그의 눈 밑에 깊은 그림자가 생겼다. 그는 평소보다 자주 말을 멈췄다. 청중들 가운데서 아프가니스탄과 베트남 전쟁의 유사점을 묻는 질문이 나오자 그는 희미한 웃음을 지었다. "그 질문을 얼마나 회피할 수 있을지 궁금했습니다."

그는 신중하게 발언했다. 홀브룩 시대의 인물들이 하나 둘 자리에서 물러나고 새로운 세대가 들어서던 시기에 '베트남전'은 달갑지 않은 역사적 교훈으로 인식되었다. 그렇더라도 그가 사적인 자리에서 두 전쟁을 비교하는 것을 들은 적이 있었다. 미국이 베트남전에서 패배한 요인으로, 분쟁 지역의 인접국이 허술한 국경 너머로 적에게 안전한 피난처를 제공한 점, 미국이 부패한 남베트남 정부를 의지한 점, 결함이 있는 대반란진압 독트린을 군사적 체계의 명령에 따라 수용한 점을 들었다. 그는 미국이 베트남전에서 실패한 세 가지 원인이 아프가니스탄에서 모두 되풀이되고 있음을 깨달았다. 새 정부 역시 군부의 의견에 귀를 기울였고 협상할 기회를 놓쳤다. 헨리 키신저는 "물론 딕 홀브룩은 내 친구였소"라며 홀브룩이 베트남과 아프가니스탄 간 유사점을 거론한 데 대해 "타당한 비교"라고 평했다. 미국은 세계 다른 지역에서 재앙적 실패를 겪었던 프레임을 두 전쟁에도 적용했다. 키신저는 "베트남전은 유럽의 봉쇄 원칙을 아시아에 적용하려했던 시도"라고 지적했다. "유럽에서 봉쇄는 수백 년 동안 존재했던 사회에 적용되었는데 이 사회의 내부 구조는 전쟁의 영향을 제외하면 비교적 안정적이었다." 베트남의 경우는 유럽과 전혀 성질이 다른 것으로 드러났다. 마찬가지로 9/11 테러 이후 아프간에서 "우리가 아프가니스탄에 대해, 지원 노력이 더 이상 필요 없는 민주 정부로 변화시킬 수 있는가?"라는 질문이 제기되었다고 키신저는 말했다. "이는 잘못된 질문이었다."

그날 국무부에서 리처드 홀브룩은 아프가니스탄의 전쟁은 베트남과 다르다고 서둘러 답했다. 미국 영토를 공격하도록 선동하는 행위는 베트남과는 다른 전략적인 계산으로 이어졌다. 다만 홀브룩은 "구조적으로 두 사례에 뚜렷한 유사점이 있다"고 인정했다. "이 보고서를 훑어보면 그런 점이 눈길을 끌 것입니다. 이어진 프로그램과 다수의 기본 독트린은 우리가 베트남에서 적용을 시도했던 것과 동일합니다."

4장

망고 상자

리처드 홀브룩이 베트남전의 잔해를 뒤로 하고 닉슨 정부에서 사임한 시기에 로빈 래펠Robin Raphel은 케임브리지를 떠나 이란으로 갔다. 래펠은 다마반드 칼리지에서 여성들에게 역사를 가르치는 일자리를 얻었다. 이란의 팔레비 왕이 실각하기 이전의 테헤란은 매력이 넘치는 국제 도시였다. 래펠은 뮤지컬 〈애니씽 고즈Anything Goes〉를 비롯해 미국이 후원하는 영화에서 춤추고 연기했다. 거기서 그녀는 수려한 외모에 쾌활한 외교관 아놀드 래펠과 사랑에 빠졌다. 1972년 두 사람은 미국 대사관에서 신랑의 유대교, 신부의 기독교를 결합해 종파를 초월한 결혼식을 올렸는데 1970년대에 유행하던 벨벳으로 장식되었다.

1975년 아놀드 래펠이 파키스탄으로 발령을 받자 로빈은 남편을 따라 이동했다. 파키스탄은 이란과 비교해 특별히 낯선 곳이 아니었다. 이슬라마바드는 조용하고 녹음이 우거진 도시였으며 오늘날과 비교해 볼 때 인구가 3분의 1 수준에 불과했다. 로빈 래펠은 "멋진 곳이었고 전도유망한 도시였다"고 회상했다. 외교부에 합류한 그녀는 해외개발처USAID에 근무하게 되었다. 젊은 미국인 부부는 매력을 발산하며 칵테일파티를 열었고 미국 영화를 상영했다. 로빈은 손쉽게 파키스탄 상류 사회에 녹아들면서 향후 그녀가 이용하고 머물게 될 인맥을 구축했다. 이전 시대의 외교관들처럼 로빈 래펠도 우정과 대화를 통해 미국의 영향력을 높일 수 있다고 생각했다. 그녀는 "서로 소통하면서 사람들을 움직이도록 동기 부여하는 것이 무엇인지 파악할 필요가 있지"라며 "내겐 그게 아주 분명하거든"이라고 말했다. 그녀는 한동안 과거를 회상하면서 "하지만 우리는 종종 잊는다네. 9/11 테러 이후 더 긴박하고 부담이 큰 시대에, 우리는 비난에 시달리는 지루한 시절을 겪었지."

1975년 래펠이 이슬라마바드에 도착하고 몇 년 동안 황금기가 이어지다가 격변의 소용돌이가 휘몰아쳤다. 미국이 지원하던 이란의 팔레비 왕조가 1979년 이슬람 혁명으로 실각하자 미국은 파키스탄을 군사와 정보 파트너로서 굳게 의지하게 되었다. 미국은 소련을 감시하던 이란에서 중요한 감청 지역을 잃었다. 이에 CIA는 파키스탄 정보부ISI에 접근했고 ISI는 미국이 정보 공백을 메우도록 파키스탄에 관련 시설을 설치하는 데 동의했다.

이슬람 혁명은 이란부터 인근 아프가니스탄에까지 영향을 미쳤다. 아프가니스탄에서는 소련이 지원하는 마르크스주의 정권이 1년 전에 권력을 잡은 상황이었다. 소련의 비밀첩보조직인 국가보안위원회KGB의 인도 아래 마르크스주의자들은 소녀들의 의무 교육을 포함한 세속적 개혁을 도입했다. 선전 포스터에서 붉은 바부슈카를 입고 빨간 립스틱을 바른 여성들은 책을 손에 펼쳐 들고 있었는데 키릴 문자로 "책을 읽지 않으면 글자를 잃게 된다"라고 쓰여 있었다. 보수적인 아프간 사람들에게는 종교적 전통 이상의 너무 많은 변화를 요구하는 것이었다. 결국 아프간 군이 공산주의자에 대항해 들고 일어났다.

처음에 소련은 혁명이 확산되자 주저했다. 하지만 소련 정부에서 외교가의 의견은 묻혔고 KGB의 영향이 커졌다. KGB의 수장 유리 안드로포프는 우려하는 소련 외교관들의 목소리를 간단하게 무시했다. 크리스마스이브에 소련군 특수부대를 태운 수송기가 카불 공항에 착륙했다. 이를 카터 정부는 소련 정부를 궁지에 몰아넣을 기회로 여겼다. 카터는 미국과 파키스탄의 군사 협력을 통한 비밀전쟁을 승인했다. 즈비그뉴 브레진스키 국가안보보좌관은 "아프가니스탄에서 저항이 계속되는 것이 중요하다"고 기록했다. "이는 곧 반란군에게 자금을 더 많이 지원하고 무기를 운반해야 함을 의미한다. 그러려면 파키스탄을 안심시키고 반란군을 지원하도록 선동해야 한다. 여기에는 대 파키스탄 정책의 검토가 필요하며 더 많은 보장, 무기 지원과 더불어 미국의 대 파키스탄 안보 정책이 핵확산금지 정책에 영향을 주지 않는다는 결정이 필요하다."

1970년대 말 파키스탄은 귀감으로 삼을 만한 나라가 아니었다. 군부 독재자인 무함마드 지아 울 하크가 민간 지도자 줄피카르 알리 부토를 축출한 데 이어 교수형에 처하고 선거를 무산시켰다. 파키스탄 군부는 적극적으로 핵무기 개발을 추진했고 권력을 내려놓으라는 미국의 요구에 저항했다. 훗날 테러와의 전쟁에서와 마찬가지로 모든 우려는 소련과의 전쟁이라는 명목 앞에 부차적인 순서로 밀려났다.

레이건의 첫 번째 임기 동안 의회가 비밀전쟁에 지원한 금액은 연간 수천 만 달러에서 수억 달러 수준으로 증가했다. 지아 울 하크는 미국의 지원 자금으로 구매한 총기가 전적으로 파키스탄의 재량에 따라 분배되었다고 주장했다. 전쟁 초기에 일급 기밀의 대통령 교서는 CIA에게 파키스탄의 의견에 따르라는 명령이었다. 그러나 CIA의 이슬라마바드 지부장은 자신이 "파키스탄인들에게 신경 쓰면서 우리가 원하는 일은 무엇이든 하게 만든다"는 명령을 내렸던 것으로 기억했다. 지아 울 하크가 레이건을 만날 당시 국무 장관 조지 슐츠는 "지아 울 하크의 지원이 없으면 아프간의 저항으로 소련이 아프간 진출에 무거운 대가를 치르게 한다는 핵심 전략의 실행이 사실상 불가능함을 기억해야 한다"는 의견서를 작성했다. (슐츠에게 파키스탄 정권을 옹호했는지 묻자 그는 변명하지 않았다. "지아 울 하크와 레이건 대통령 사이에는 모종의 관계가 형성되어 있었고, 크게 보면 무자헤딘이 아프가니스탄에서 소련을 축출하는 데 도움이 됐다." 그가 언급한 아라비아어 '무자헤딘'은 지하드에 참여하는 무슬림 전사들을 일컫는 단어로, 소련과 대적하는 세력 등이 여기에 포함되었다. "결과적으로 우리는 성공했다.") 지아 울 하크의 요구에 따라 무기는 파키스탄의 정보부에 전달되었는데 파키스탄 정보부는 약탈품을 받을 무자헤딘을 직접 선택했다. 베트남에서 대리전 관리가 얼마나 골치 아픈지 뼈저리게 경험했던 미국은 세부적인 관리를 파키스탄에 맡길 수 있다는 점에 그저 만족했다.

소련과 전쟁이 일어날지 모르는 위기 앞에서 동맹 간에 벌어지는 유쾌하지 않은 현실은 간과되기 십상이다. 파키스탄 장교들은 CIA가 지급한 무기를 암시장에서 팔았고 심지어 CIA에게 되판 경우도 있었다. 파키스탄은 뻔뻔스럽게도 핵개발을 과시하기까지 했다. 1985년 상원은 이른바 '프레슬러 수정안'을 통과시켰는데 법안에서는 파키스탄이 핵을 보유하고 있지 않음을 매년 대통령이 보증하도록 요구했다. 규정은 엄격했다. 핵 미보유 사실이 증명되지 않으면 지원은 불가능했다. 지아 울 하크는 레이건 대통령에게 파키스탄의 핵 프로그램에 대해 거짓말을 했다. CIA 고위 관계자는 "1987년 이후 (핵 미보유를) 보증하지 않는 근거가 될 정보가 있었음에 의문의 여지가 없다"고 밝혔다. 그럼에도 레이건은 파키스탄이 비핵 상태라고 계속 보증했다. 오하이오의 상원 의원 존 글렌은 핵확산 문제가 "아프가니스탄으로의 지원이 차단될까 두려워하는 것보다 세계에 훨씬 더 위험하다. 단지 장기적이냐, 단기적이냐의 문제"라고 지적했다. 하지만 글렌 의원의 경고는 반대 목소리를 높이는 소수파에 불과했다.

이와 더불어 미국은 비밀전쟁을 수행하고 있었기 때문에 국경의 무장 지하드가 저지르는 잔학 행위에 눈감을 필요가 있었다. 파키스탄은 미국의 무기를 가장 무자비한 이슬람 과격파에게 전달했다. 압둘 사야프와 부르하누딘 라바니, 잘랄루딘 하카니와 같은 급진주의자들은 모두 테러 조직과 끈끈한 관계를 맺고 있었다. ISI(파키스탄정보부)가 아끼던 굴붓딘 헤크마티야르는 악랄한 근본주의자로, 포로로 잡힌 병사들을 산 채로 가죽을 벗기는 일에 능하다는 소문이 있었고 그의 부하들은 민간인들을 무자비하게 살해했다. 호전적인 CIA 요원 밀트 비어든은 1980년대 후반에 관련 프로그램을 인계받았다. 그는 파키스탄이 미국에서 지원하는 무기의 4분의 1을 헤크마티야르에게 전달한 것으로 추정했다. 비어든은 "헤크마티야르는 파키스탄인들이 좋아하는 인물이었으나 내가 좋아하는 인물은 분명 아니었다"면서 단호하게 덧붙였다. "기회가 있었을 때 쏴 죽였어야 했는데."

해외의 이슬람교도들은 파키스탄과 미국이 부추기는 극단주의라는 불길에 나방처럼 몰려들었다. 사우디의 부유한 후원자 오사마 빈 라덴은 1980년대 중반 파키스탄으로 거점을 옮겼으며 헤크마티야르와 사야프 등 ISI가 아끼는 지하드 전사들 일부를 끌어들였다. 오사마 빈 라덴는 ISI 훈련소의 전사들에게 급료를 현금으로 지급하겠다고 제안했고 나중에는 ISI를 모방하여 자체 훈련소를 세웠다.

효과는 있었다. 몇 년 뒤 CIA는 비밀전쟁이 비용-대비 효율적이라고 평가했다. 하지만 진정한 비용은 시간이 흘러서야 드러났다.

로빈 래펠과 아놀드 래펠 부부가 워싱턴 D. C.로 옮긴 직후 소련과 아프가니스탄의 전쟁이 발발했고 나중에 그녀가 표현했듯 "많은 것이 하락세였다." 이는 미-파키스탄 관계뿐 아니라 남편 아놀드와의 관계에도 해당하는 말이었다. 그녀는 아이를 원했지만 아놀드는 그렇지 않았다. 결국 두 사람은 1980년대 초에 이혼했고 이후 로빈은 두 번 더 결혼하여 두 명의 딸을 얻었다. 하지만 친구들은 아놀드야말로 로빈 래펠이 인생에서 가장 사랑했던 사람이었다고 전했다. 누군가는 그녀가 감상에 젖어 있느니 차라리 창문 밖으로 뛰어내렸을 사람이라고 짐작했다.

외교가의 떠오르는 별이었던 아놀드는 미국 대사 자격으로 파키스탄으로 들어갔다. 1988년 8월 어느 무더운 오후, 그는 지아 울 하크 대통령과 함께 바하왈푸르에서 가까운 사막을 찾았다. 파키스탄에 아직 밀려들고 있던 지원금으로 구매하도록 미국의 에이브러햄 탱크를 선보이기 위해서였다. 행사 막판에 지아 대통령은 아놀드에게 미국산 C-130 허큐리스[01]를 타고 이슬라마바드로 돌아가는 데 같이 가자고 제안했고 아놀드는 이를 수락했다. 아놀드 외에 지아 울 하크의 비서실장과 ISI의 수장 악타르 장군, 허버트 M. 워솜 장군도 합류했다. 악타르는 미국의 비밀전쟁 일환으로 지원을 받는 무자헤딘을 직접 선발한 인물이었고 워솜 장군은 미군의 파키스탄 지원 감독자였다. 수송기가 이륙한 지 정확히 5분 뒤 폭발이 일어나 거대한 불길이 치솟았고 비행기는 사막으로 추락했다. 지아 울 하크와 아놀드 래펠을 포함한 탑승자 30명 전원이 사망했다.

오늘날까지도 이 추락 사건은 파키스탄 역사에서 풀리지 않은 미스터리로 남아 있다. 미국 대사가 살해당했고 FBI는 조사를 수행할 법적 근거가 있었음에도 슐츠 국무부 장관이 FBI 조사관들에게 관여하지 말라고 명령했다. 밀트 비어든은 CIA의 개입을 막았다. 현장 진입이 허락된 유일한 미국인은 공군 조사관 일곱 명 뿐이었는데 이들은 기밀 보고서에서 기체의 결함 가능성을 배제했다. 유일한 가능성은 고의적인 파괴였다. VX 신경가스나 이와 유사한 작용제가 비행기를 날려버렸을 가능성이 제기되었다. 오랫동안 회자된 음모론에 따르면 수송기가 이륙하기 직전에 신경가스가 든 망고 상자

01 미국의 대표적인 전술 수송기- 역자

가 적재되었다고 한다.

사고 이후 파키스탄에서는 미국에 대한 불신이 더 커졌다. 지아 울 하크 사망으로 권력을 잡은 베그 장군은 전임자 못지않게 파키스탄의 핵개발과 테러리스트 대리인 지원에 열성적이었으나 미국에는 그다지 우호적이지 않았다. 로빈 래펠 입장에서 이 비극적 사건은 과거 테헤란에서 보냈던 희망찬 날과의 단절을 의미했다. 아놀드의 상실에 대해 묻자 그녀는 작지만 귀에 거슬리는 웃음을 터뜨렸다. "그런 사건은 누구에게라도 힘든 일이지. 하지만 인생은 계속 흘러간다네."

그 해에 소련의 잔당 세력이 아프가니스탄에서 철수했다. 이슬라마바드발 전문에서 CIA 지부는 "우리가 승리했다"라는 짧은 메시지를 보냈다. 하지만 미국과 파키스탄 사이에 광범위한 전략적 대화 부재의 악영향은 공산주의의 위협이 수그러들자 강하고 빠르게 퍼져나갔다.

4개월 후 파키스탄의 신임 총리 베나지르 부토가 미국을 처음으로 공식 방문했을 때 양국 간 균열이 드러나기 시작했다. 부토는 지아 울 하크 전 대통령이 교수형을 주도한 줄피카르 알리 부토 전 총리의 딸로, 망명 세월을 보내다가 파키스탄으로 돌아갔다. 하버드에서 수학한 서른다섯 살의 부토는 매력적인 인물이었다. 미 상하원 합동 연설에서 부토는 흰색 머리 스카프를 두르고 금색과 핑크색이 어우러진 살와르 카미즈 차림에 핑크색 조종사용 안경을 쓰고 연단에 섰다. 그녀는 성조기 앞에 서서 링컨, 제임스 매디슨, 케네디를 인용하며 단호히 말했다. "저는 파키스탄을 대표하여 핵무기를 보유하지도, 보유할 의사도 없음을 선언합니다."

하지만 의회에서 연설하기 며칠 전 부토는 백악관에서 대각선 방향에 위치한 블레어 하우스[02]에서 윌리엄 H. 웹스터 CIA 국장에게 놀랄 만한 브리핑을 들었다. 그 자리에 있었던 관계자에 따르면 웹스터는 파키스탄이 보유한 것으로 추정되는 핵무기 형태의 축구공 모형을 들고 왔다. 그는 부토에게 그녀의 조국이 기체 우라늄을 원자탄의 중심부에 들어가는 고농축 우라늄으로 전환하는 작업을 진행하면, 연말에 부시 대통령은 파키스탄이 핵을 보유하고 있지 않음을 보증할 수 없다고 통보했다. 그 달이 지나기도 전에 이미 상황은 완전히 틀어졌다. CIA는 파키스탄이 고농축 우라늄을 얼마나 제조했는지에 대해 반박할 수 없는 증거를 확보했다. 소련이 아프가니스탄에서 철수한지 불과 1년 만인 1990년, 아버지 부시 대통령은 처음으로 파키스탄의 비핵 상태가 유지되고 있음을 보증할 수 없다고 밝혔다. 프레슬러 수정안에 따라 경제 및 군사 원조가 대부분 중단되었으며 파키스탄이 주문하고 값을 지불한 F-16 전투기는 오랫동안 애리조나에서 먼지 속에 방치되었다. 지금도 파키스탄 군은 F-16에 집착하며 내가 만나본 군 인사들도 예외가 아니었다. F-16은 배신의 상징으로, 미국은 그 배신을 금방 잊었지만 파키스탄은 미국의 배신을 결코 잊지 않았다.

양국의 군사 관계가 급격히 경색됐을 때 충격을 완화할 수 있는 의미 있는 수준의 외교 관계도 없었다. 무자헤딘 혼란을 조종한 CIA요원 밀트 비어든조차 그런 대화의 부재를 한탄할 정도였다. 비어든은 "양국의 관계는 언

---

02 국빈 전용 숙소- 역자

제나 취약했다"고 기억했다. "소련이 1989년 2월 아프간에서 철군한 이듬해에 우리는 파키스탄에 제재를 가하고 군사적 접촉을 차단했다." 이후 십년 동안 양국 관계에서 파키스탄은 버림받은 애인 처지가 되어 갔다. 비어든은 "그들은 우리를 사랑했지만, 상황이 불리해질 때마다 미국이 파키스탄을 난처하게 만들었다고 굳게 믿었다"고 회고했다.

대리전쟁이 긴박한 상황에서 벗어나자 미국의 외교 정책 수립자들은 파키스탄을 공격했다. 파키스탄의 이슬람 군부 지지는 한 때는 유용했지만 이제는 부채였다. 소련이 떠나자 파키스탄정보부ISI는 친밀한 관계에 있던 극단주의자 헤크마티야르에게 아프간에 대한 권한을 부여했다. 하지만 그가 아프간 정부를 장악하기 위한 싸움에서 패배하자 대안이 필요해진 파키스탄은 또 다른 보수 운동 단체를 무장시키고 자금을 지원했다. 여기서 대안 세력이란 파키스탄이 역내에서 경쟁 관계에 있던 인도에 맞서주기를 희망한 '이슬람의 학생들', 즉 탈레반이었다.

탈레반의 강경한 사회 정책과 잔악한 여성 억압 정책이 점차 서방 세계에 전해졌다. 클린턴 행정부의 국무부 장관에 취임할 예정이었던 매들린 올브라이트는 억압을 강화하는 정권에 반대 목소리를 내는 정책 수립자들 편에 속했다. (몇 년 후 올브라이트는 "탈레반을 처리하지 않은 것을 후회하지는 않는다"면서 "하지만 탈레반 문제를 맡고 있었는지의 문제는 무척 복잡하다는 점을 인정한다"고 털어놨다.) 서방의 분노는 테러 집단인 탈레반 지도부가 가하는 위협이 명확해지면서 더 거세졌다. 1998년 아프리카의 미 대사관 두 곳을 폭파하도록 주동한 오사마 빈 라덴이 탈레반과 밀접한 연관을 맺고 있다는 사실이 드러나자 버림받은 애인 취급을 받았던 파키스탄의 지위는 더 확고해졌다. 탈레반의 후원자였던 파키스탄에도 오명이 따라 붙었다.

이 가운데 로빈 래펠은 외롭게 반대 목소리를 냈다. 1993년 빌 클린턴은 대통령에 취임하면서 잉글랜드에서 친분을 쌓았던 오랜 친구 래펠을 남아시아 담당 차관보로 임명했다. 1990년대에 미 정부와 파키스탄 정부의 관계가 냉각되었으나 래펠은 사회생활의 초반에 두터운 인맥을 형성했던 파키스탄을 충실하게 옹호했다. 행크 브라운 상원 의원이 파키스탄 원조에 대한 제재를 완화하는 법안을 발의하자 래펠은 파키스탄 외교관들과 협력하여 법안 통과를 위해 수개월 동안 로비 활동을 벌였다. 파키스탄의 핵능력이 발전하고 있었음에도 1995년 법안이 통과된 덕분에 파키스탄에 무기를 수출할 수 있는 길이 열렸다. 래펠은 베나지르 부토의 열렬한 옹호자이기도 했다. 부토는 래펠이 차관보가 된 해에 권좌에 복귀했는데 탈레반을 은밀히 지원하면서도 이 사실을 미국에 숨겼다. 래펠은 상황을 알면서도 파키스탄과의 관계를 이어가는 것이 중요했다고 내게 털어놨다. "나는 부토를 믿지 않았어. 우리 모두에게 대화가 필요하다는 것을 느꼈지." 그럼에도 래펠은 제재에 반대하는 입장을 고수했고 파키스탄에 대한 원조가 유지되도록 거들었다.

또한 래펠은 탈레반 지도자들과 대화를 해야 한다고 주장했다. 1996년 래펠의 아프간 수도 카불 방문을 요약한 한 전문에서는, 래펠과 대화를 나눈 지도자의 말을 인용해 정권의 낙관적 전망을 전달했다. 이 지도자는 "우리는 나쁜 사람들이 아니다"면서 "탈레반이 이전과는 달리 이제 자신들의 한계를 점점 인식하고 있다"고 설명했다. 그해 탈레반이 카불을 장악한 직후 래펠은 유엔에서 열린 비공개 회의에서 탈레반 정권을 포용할 것을 다른 나라에 요청했다. 그녀는 "탈레반은 아프간 토착민이며 저력을 보여줬다"면서 "탈레반이 소외되는 것은 아프간에게도, 여기에 있는 어떤 나라에도 이롭지 않다"고 강조했다. 래펠과 오랫동안 알고 지냈던 파키스탄 외교관은 "로빈이 차관보로 몇 년 더 일했다면 워싱턴에 탈레반 대사관이 세워졌을 것"이라고 말했다.

파키스탄과 탈레반을 포용하는 래펠의 비주류 주장은 남아시아와 워싱턴 모두에서 의혹을 샀다. 인도 언론이 래펠에게 '탈레반 여사'라는 오명을 씌우기 시작한 것도 이즈음이었다. 이 꼬리표는 이후 수십 년 동안 래펠을 따라 다녔다. 이에 대해 그녀는 "어리석은 일"이라면서 "나는 가서 그 사람들과 대화를 했다. 그게 내 일이었다. 나는 겁을 먹지 않고 그들을 왕따처럼 대하지 않으려고 했다. 내가 그들과 대화하는 것을 너무나 정상이라고 생각한다는 사실을 알자 사람들은 충격을 받았다"며 한숨지었다. "탈레반을 악마로 만든 건 실수였다. 그런 전략 때문에 탈레반이 완전히 통제 불가능한 지경에 이르렀는지도 모른다. 누구도 그들의 말에 귀 기울이지 않았다. 우리는 그들을 외면했으며 네안데르탈 무슬림일 뿐이라고 무시했다." 그녀가 보기에 이런 태도는 '감정에 이끌린' 최악의 실수였다.

후일 외교 정책 수립자 다수가 탈레반과 대화를 해야 한다는 래펠의 주장을 받아들였는데 여기에는 리처드 홀브룩도 포함되었다. 래펠에게 "고립되어 홀로 대화를 주장한 일을 후회하는지" 묻자 "아니라네"라면서 웃었다. "나는 시대를 앞서 있었던 거지!"

1995년 파키스탄과 우호적인 관계를 맺기 위한 로빈 래펠의 노력이 정점에 이르렀을 당시 스트로브 탤벗 국무부 차관 팀이 래펠의 사무실을 찾아와 심각한 문제가 생겼다며 이야기를 꺼냈다. 파키스탄 관료들을 감청하던 정보 요원이 불법 정보 교환으로 간주되는 사항을 감지한 것이었다. 그들은 파키스탄의 핵 프로그램에 대해 미국 정보기관이 수집한 민감한 정보가 유출되고 있다면서 래펠이 파키스탄에 기밀을 누설한 당사자라고 주장했다. 래펠은 충격을 받았다. 국무부의 내부 감찰 기관인 보안국 직원들은 정보 누설에 대해 래펠을 다그쳤다. 하지만 조사에서는 성과가 없었다. 래펠의 법 위반 행위는 확인되지 않았으며 이 문제는 신속하게 잊혀졌다. 물론 나중에 다시 수면위로 떠올랐지만 결코 좋은 일은 아니었다.

래펠은 다양한 업무를 수행했다. 튀니지 대사와 국방대학교 부총장에 이어 이라크 전쟁 초기의 원조 조직 체계화 업무 등을 맡았다. 하지만 그녀의 관심사는 언제나 파키스탄을 향해 있었다. 2005년 심신이 지친 상태로 이라크를 떠난 그녀는 캐시디 앤 어소시에이츠Cassidy & Associates라는 화려한 K스트리트[03]의 로비업체에 취업했다. 이 회사의 고객 중에는 이집트 정보기관이 포함되었으며 파키스탄 당국도 이따금씩 서비스를 받았다. 래펠이 근무하던 중 회사는 파키스탄 관련 계약을 두 건 수행했다. 이를 계기로 인도

03 미국 로비 및 그 집단을 상징하는 용어- 역자

언론을 비롯한 매체는 래펠을 '파키스탄 로비스트'라고 불렀다. (《타임스 오브 인디아》는 래펠에 대해 "1990년대에 인도 정부를 괴롭힌 로비스트"라며 "워싱턴에서 친파키스탄 성향을 노골적으로 드러내는 지지자"라고 표현했다.) 래펠은 이러한 보도에 대해 웃어넘기면서 파키스탄 관련 계약은 실제로는 한 건 밖에 수행하지 않았으며, 그나마 '3주' 뒤인 2007년 11월 파키스탄의 독재자 페르베즈 무샤라프가 파키스탄의 헌법 기능을 정지시키면서 계약이 취소됐다고 설명했다.

2009년 한 칵테일 파티에서 래펠은 외교국의 다른 외교관과 마주쳤다. 당시 주 파키스탄 미국 대사 앤 패터슨이었다. 패터슨은 체구가 작고 강철 같았으며 아칸소 포트스미스 출신으로, 조용하고 남부의 느린 억양에 직설적인 언변을 구사했다. 전통적인 외교관에 속했던 패터슨은 수십 년 동안 라틴아메리카부터 중동까지 세계 여러 나라를 두루 경험했다. 파키스탄에서 그녀는 새로운 시대를 마주하고 있었다. 파키스탄은 미국 입장에서 또 다시 중요한 국가로 부상하고 있었지만 파키스탄 사회와 깊이 교류하는 미국인들을 구하기가 어려웠다. 최근 들어 파키스탄과 같은 험난한 지역은 젊은 외교관들이 자격요건을 채우기 위해 들락거리면서 1~2년 동안 위험수당(당시 이슬라마바드의 경우 30퍼센트)을 챙기는 근무지 정도로 전락했다. 래펠처럼 파키스탄 정치의 복잡한 생리를 이해하는 인물은 없어서는 안 될 존재였다. 패터슨은 래펠에게 이슬라마바드로 돌아와서 한 번 더 임무를 수행하면서 원조에 관한 관리 업무에 도움을 줄 수 있는지 물었다.

당시 래펠은 예순 한 살이었다. 그 때까지 세 번 결혼했는데 가장 최근의 경우 영국 외교관과 결혼했다가 2004년 결별한 상태였다. 래펠은 대학생 나이의 두 딸 애나Anna와 알렉산드라Alexandra를 거의 혼자 힘으로 키웠다. 로비 업무를 하는 동안 두 딸, 친구들과 많은 시간을 보낼 수 있었지만 래펠의 마음은 공직 복귀로 빠르게 기울었다.

래펠은 앤 패터슨에게 고려해 보겠다고 답했다.

2010년 10월 래펠이 파키스탄 길기트발티스탄주의 댐 예정지를 방문한 후 군 헬리콥터에 오를 준비를 하고 있다. -조너선 페치아(Jonathan Peccia) 제공

5장

또 다른 하카니의 인맥

클린턴 대통령이 1993년 로빈 래펠을 국무부 차관보에 임명하고 사흘 뒤, 래펠은 스리랑카 행 비행기에 올랐다. 최근 암살당한 스리랑카 대통령의 장례식에 참석하기 위해서였다. 래펠과 가까운 좌석에는 나와즈 샤리프 파키스탄 총리와 후사인 하카니라는 서른여섯 살의 파키스탄 외교관이 앉았다. 하카니는 훗날 미국-파키스탄 관계에서 중요한 역할을 담당하는 인물이다. 하카니를 비판하는 사람들은 (나중에 로빈 래펠에게도 똑 같이 따라붙는) 변절자, 배신자, 스파이라는 꼬리표를 붙였다.

하카니는 세련되고 매력적이었으며 입에 발린 말을 잘 했다. 그는 고양이 같은 웃음을 지으면서 "아시겠지만"이라는 표현을 남발했다. 예를 들면 "귀하처럼 경륜이 있는 분이라면 아시겠지만요"라는 식이다. 그는 파키스탄의 상업지구인 카라치에서 중하층민이 거주하는 지역에서 유년기를 보냈다. 부모는 인도에서 이주한 사람들로 어머니는 교사, 아버지는 변호사였다. 하지만 파키스탄에서 전문 직업인과의 접촉이 거의 없어 가난하고 궁핍한 사람들을 대변하는 쪽으로 눈을 돌렸다.

하카니 일가는 파키스탄이 인도에서 분리되는 과정에서 터전을 잃은 사람들을 위해 마련된 판잣집에서 기거했다. 집이라고 할 만한 곳으로 옮겼을 때 하카니의 나이는 열네 살이었다. 홀브룩처럼 그도 엘리트 계급 출신이 아니었고 자기 힘으로 신분 상승을 이뤄냈다.

그는 전통적인 이슬람 교육과 세속적인 현대식 교육을 모두 받았다. 교회와 국가, 이전 세대와 새로운 세대, 동양과 서양이라는 파키스탄 사회를 가르는 구조적인 단층선이 그를 관통했다. 카라치 대학교에 입학한 그는 이슬람당에 연계된 학생 운동의 지도자가 되어 지역에서 변화를 추구하는 무슬림 신세대에 합류했다. 하지만 내면에서는 혼란을 겪고 있었다. 그는 카라치의 미국 영사관에 있는 아메리칸 센터에서 많은 시간을 보내면서 도서관에 있는 책을 탐독했다. 서양의 시각을 흡수하면서 동료들 사이에서 점점 강해지는 반미주의에 환멸을 느끼기 시작했다. 반미 감정으로 격앙된 성난 군중이 1979년 이슬라마바드의 미 대사관을 불태우자 인근 카라치의 학생 지도자들은 하카니에게 운동을 이끌어 달라고 요청했다. 그는 극적인 웅변에서 쿠란을 인용하며 더 이상 폭력을 저질러서는 안 된다고 설득했다. 사실 하카니가 성난 학생들에게 털어놓지 못한 이면의 동기가 하나 있었다. 그가 아끼던 영사관의 도서관과 책장의 책을 지키고 싶었던 것이다.

홀브룩과 마찬가지로 하카니도 언론과 외교 분야에 이끌렸다. 그는 《파이스턴 이코노믹리뷰》에 글을 기고했고 나중에는 파키스탄의 국영 텔레비전에 근무하면서 때때로 지아울 하크 군사 정권의 업적을 찬양했다. 30대 초반 하카니는 서방과 파키스탄 청중들을 넘나드는, 유창한 언변 능력을 가진 언론인으로 명성을 날렸다.

1988년 베나지르 부토가 급진적이고 세속적인 정책을 앞세워 총리에 오르자 보수 성향의 야당 당수인 나와즈 샤리프는 하카니에게 언론 전략을 맡아 달라고 요청했다. 하카니의 지도 아래 샤리프는 국민들의 외국인 혐오와 반미주의를 십분 활용했다. 내심 하카니는 샤리프가 '십년 가까이 군사 통치를 한 이후에는 나라가 균형을 잡을 수 있으리라' 생각했다.

샤리프가 권력을 잡은 지 얼마 지나지 않아 (이후 파키스탄 정치에서 반복되는 패턴대로 부토가 부패 혐의로 추방되었다) 하카니는 샤리프와 갈등을 겪었다. 1992년 소련과의 대리전쟁이 시들해지자 미국은 점점 노골적으로 파키스탄을 향한 의구심을 드러냈다. 국무부는 하카니에게 "테러에 참여하는 집단에게 파키스탄이 중대한 지원"을 제공하면서 미국에 거짓말을 하고 있음을 알고 있다는 메시지를 샤리프에게 전해 달라고 요청했다. 표리부동한 행위를 중단하지 않으면 미국은 파키스탄을 테러 지원국가의 공식 목록에 추가하여 제재를 가하겠다고 으름장을 놨다. 샤리프는 내각을 소집했고 무슬림 장성들과 하카니 등 진보 인사들 사이에 입씨름이 벌어졌다. 당시 파키스탄 정보부ISI의 수장이었던 자베드 나시르는 전통적인 파키스탄의 시각을 대표했다. 그는 메시지가 '인도 시온주의자'의 로비와 유대인 대사의 과오라는 시각이었다. (나시르가 지칭한 니콜라스 플랫 미국대사가 청교도라는 사실은 미처 하카니의 관심사에 있지 않았다.)

하카니는 파키스탄이 대리관계를 활용하지 말고 외교에 중점을 두는 방향으로 선회해야 한다고 주장했다. 하지만 샤리프가 정보부와 군부의 편을 들자 하카니는 사임하겠다며 압박을 가했다. 그러자 샤리프는 하카니를 스리랑카 대사로 임명했다. 하카니에게 부정적인 압박을 주지 않으면서도 영향력을 약화시키기 위해서였는데, 이는 파키스탄에서는 시베리아로 유형을 보내는 조치나 다름없었다. 일 년 뒤 하카니는 사임했다.

그렇지만 그대로 주저앉아 있을 하카니가 아니었다. 새로운 선거로 부토가 다시 권력을 잡자 그는 부토의 대변인이 되었다. 그는 부토가 부패 혐의로 또 다시 축출될 때도 그녀 곁을 지켰고, 민간 지도자들이 등장과 퇴장을 반복하는 사이 사악하게 권력을 장악하는 파키스탄 군부를 점차 노골적으로 비판했다.

하카니 편을 드는 사람들은 별로 없었다. 1999년 파키스탄 정보부 요원들은 하카니를 인적이 드문 곳으로 끌어 내 머리에 천을 씌우고는 대기하고 있던 차에 태웠다. 그는 주머니에 있던 휴대폰으로 몰래 친구에게 전화를 걸었고 친구는 하카니의 행방을 언론에 알렸다. 하카니는 전화 덕분에 목숨은 건졌지만 날조된 부패 혐의로 2년 반 동안 수감 생활을 해야 했다. 페르베즈 무샤라프 장군이 권력을 잡자 하카니는 군사 통치가 빈번하게 발생하는 한 고국에서는 안전하게 살 수 없음을 깨달았다. 그는 "무샤라프는 내가 쓴 글에 대해 그리 우호적이지 않았다"고 기억했다. "또 다시 군정이 시작됐기 때문에 압박감이 무척 커졌다. 그래서 고국을 떠나 미국으로 갔다." 후사인 하카니는 미국 사회에 동화되었다. 그는 보스턴 대학교 부교수가 되었고 안전한 거리에서 파키스탄 군부를 비난했다.

하카니는 베나지르 부토가 두바이에서 망명 생활을 하던 중 종종 만나 파키스탄의 미래에 대한 대화를 나눴다. 부토는 다시 권력을 잡을 때를 대비해 하카니에게 파키스탄 외교 정책에 대한 새로운 구상을 해보라고 요청했다. 그는 파키스탄 군부가 미국의 군과 긴밀한 관계를 맺으면서 파키스탄의 테러 지원이 강화됐다고 분석했다. 하카니가 보기에 파키스탄은 "불로소득 생활자 상태였다. 초강대국이 파키스탄의 전략적 위치와 정보 협력을 이용하기 위해 지원해 주는 자금에 의지하면서" 자국의 이해관계는 등한시하는 상태였다. 미국에서 손쉬운 돈이 유입되면서 파키스탄 군부와 정보부는 막강한 힘을 거머쥐었고 개혁의 잠재력은 약해졌다. 부토는 하카니가 작성한 구상을 마음에 들어 했고 "전술적이 아닌 전략적인 새로운 대미 관계를 담은 구상"이라고 평가했다.

한때 부토는 하카니의 비전을 현실로 만들 기회를 잡은 듯했다. 미국과 영국이 수년 간 외교적 압박을 가하자 결국 무샤라프는 부토가 고국으로 돌아와 선거에 출마할 수 있도록 허용했다. 부토의 죽음을 기도하는 사람들이 많았고 실제로 폭탄 테러를 간발의 차이로 피하는 사건도 일어나자 그녀는 당국에 경계를 강화해 달라고 요청했다. 하지만 무샤라프는 요청의 일부만을 받아들였을 뿐이었다. 부토는 로비스트인 마크 시겔에게 이메일을 보내 위협적인 사건이 일어나면 "무샤라프에게 책임을 묻겠다"고 말했다.

2007년 12월 27일 늦은 오후에 부토는 라왈핀디의 리아콰 국립공원에서 민주주의를 촉구하는 가두연설을 마쳤다. 파키스탄 육군 본부에서 3킬로미터도 채 떨어지지 않은 장소였는데 부토가 이동을 위해 올라 탄 흰색 토요타 랜드 크루저 주변으로 지지자들이 몰려들었다. 그녀는 트레이드마크인 흰색 머리 스카프를 쓰고 보라색 카미즈에 흰색 면바지를 입고 검은색 플랫을 신고 있었다. 뒷좌석에 올라 선루프 사이로 머리를 내밀고는 지지자들에게 손을 흔들었는데 흡사 발코니에 선 에바 페론 같았다. 그 순간 총성이 울려 퍼지더니 자살 폭탄 테러범이 폭탄을 터뜨렸고 귀가 먹먹해질 정도의 굉음이 났다. 게티Getty 소속의 사진작가 존 무어는 카메라의 고속 모터를 구동하여 아수라장을 아웃 포커스로 담아냈다. 타오르는 주황색 불덩이, 공포에 질린 얼굴, 솟구치는 불길과 연기, 시체 사이에서 비틀거리는 생존자들의 모습. 아비규한의 현장들.

부토는 사망했다. 그녀의 유언에 따라 정당의 지도력은 남편 아시프 알리 자르다리가 넘겨받았다. 자르다리는 오랫동안 부패 혐의를 받았는데 비판자들은 뇌물의 10%를 받았다고 해서 그를 '미스터 텐 퍼센트Mr. Ten Percent'라고 불렀다. 그렇지만 슬픔에 잠긴 부토의 지지자들은 자르다리를 대통령으로 뽑았다.

부토의 망명 기간 동안 하카니는 자르다리와도 가깝게 지냈다. 선거 후 자르다리와 유수프 길라니 총리는 미국 대사를 물색하다가 과거에 정당 대변인을 맡았던 후사인 하카니에게 대사직을 제안했다.

하카니는 제안을 수락하고 2008년 6월 워싱턴에서 조지 W. 부시 대통령에게 신임장을 제출했다.

하카니는 다시 권력을 얻었지만 많은 파키스탄인들이 그에게 의혹의 눈초리를 보냈다. 한 때 부토의 경쟁자를 도와 선거를 치렀던 그가 느닷없이 부토를 위해 일하겠다며 편을 바꾼 것은 충성심을 의심케 만들었다. 일각에서는 그가 미국으로 건너 간 것을 루비콘 강을 건넌 행위에 비유했다. 부토가 암살된 며칠 후 무샤라프는 그녀가 끝내 실패한 원인으로 "미국의 연장선상에 있는 것으로 보이지 말아야 한다"는 가장 중요한 원칙을 저버렸기 때문이라고 분석했다. 하지만 미국에서 망명 생활을 하던 하카니가 대사에 발탁된 이유 역시 바로 그 용서받을 수 없는 자질 덕분이었다.

수년 뒤 파키스탄의 《익스프레스 트리뷴》은 하카니를 조지 오웰의 『동물농장』에 나오는 스퀼러에 빗댔다. "똑똑하고 언변이 좋아 곤란한 문제를 논할 때면 이편과 저편을 솜씨 좋게 오갔다."

기사는 "물론 이런 점을 존경스러운 후사인 하카니와 감히 비교할 수 없다"면서 "어찌됐든 스퀼러는 돼지들에게 시종일관 충성을 바치지 않았는가"라고 지적했다.

6장

표리부동

리처드 홀브룩은 카터 정부 시절에 동아시아 태평양 담당 차관보를 지냈는데 이후 공화당이 정권을 잡자 민간으로 나가 훗날 외교관으로 복귀하기 전까지 리먼 브러더스에서 근무했다. 다른 일을 하던 때와 마찬가지로 동아시아 업무를 하는 중에도 기자들과 가깝게 지냈다. 그 중에는 스트로브 탤벗도 있었다. 탤벗은 옥스퍼드 시절 천명한 대로 언론계로 진출하여 《타임》에서 외교 분야를 담당하고 있었다.

홀브룩과 클린턴 정부와의 접점은 많지 않았다. 그는 1988년 예비 경선에서 앨 고어 후보를 지지했으며 클린턴의 선거 활동에서는 거의 빠져 있었다. 물론 노력을 안 한 건 아니었다. 가령 요청받지도 않은 의견서를 국가안보보좌관 앤서니 레이크에게 보내서 보스니아에서 진행되는 갈등이 '유럽에서 미국 정책을 좌우할 중요한 시험대'라고 강조하고 무대책에 어떤 위험이 따르는지 경고했다. 그러나 그는 알짜 직위가 레이크와 그의 동료들에게 돌아가는 모습을 지켜보고 실의에 빠졌다. 국무부 차관에 임명된 탤벗의 로비 덕분에 가까스로 독일 대사라는 자리를 얻어 낼 수 있었다. 홀브룩은 대단한 의지를 발휘하여 유럽 담당 차관보로 승진했으며 그의 경력에서 대표적으로 언급되는 보스니아 내전 교섭자로 낙점되었다.

유고슬라비아의 해체로 촉발된 인종 청소가 여러 해 동안 이어지면서 미국 이해관계의 주변부에서 발생한 난제로 자리 잡았다. 인종 청소로 1995년까지 무려 10만 명 이상이 학살당한 것으로 알려졌다(일각에서는 최대 30만 명으로 추정). 지미 카터 등이 미약하나마 중재에 나섰지만 세르비아군의 무슬림, 크로아티아인 압제를 막기에는 역부족이었다. 스레브레니차에서 수천 명의 무슬림 남성과 소년들이 학살당하고 나서야 국제적으로 분노가 일었고 미국은 그 폭력이 '유럽 문제'라는 태도에서 벗어나 적극적인 외교적 압박에 나섰다.

홀브룩은 그 갈등을 언제나 거대한 시각에서 바라봤다. NATO에 대한 시험으로서 유럽, 나아가 미국의 전략적 이해에 극적인 결과를 가져올 여지가 있는 문제라고 인식한 것이다. 클린턴 정부가 새로운 개입 정책을 이끌 인물을 고를 때 홀브룩은 자신이 그 임무를 맡기 위해 의견을 강하게 개진했다. 홀브룩이 별로 호감을 사고 있지는 못했지만 일각에서는 그의 개성을 긍정적으로 바라봤다. 워런 크리스토퍼 국무부 장관은 "홀브룩은 공격적이고, 상대와 현명하지 못하게 교감하며, 언론과 어울리기를 좋아하는 성향 때문에 종종 비난을 받는데 그런 특징이 딱 어울리는 자리"라고 평가했다. 분쟁 당사자인 슬로보단 밀로셰비치 세르비아 대통령, 프란요 투즈만 크로아티아 대통령, 보스니아의 알리야 이제트베고비치는 호전적인 인물들로, 공정하지 않은 전략을 구사해왔다. 리처드 홀브룩은 이들에게 정면으로 맞설 수 있는 보기 드문 인물이었다. 수년 후 클린턴 대통령은 홀브룩과 건배하면서 뼈 있는 농담을 던졌다. "발칸 반도에 있는 자들은 모두 미치광이에 거대한 자아도취 자들인데, 자네 말고 누구를 보낼 수 있겠는가?"

1995년에 홀브룩은 3개월이 넘는 기간 동안 분쟁 당사자들을 회유하고 설교를 늘어놨다. 그는 이 당사자들을 오하이오 데이턴에 위치한 라이트 패터슨 공군기지에 감금하다시피 했다. 공군기지는 그가 외교 연극을 정확하게 연출할 수 있는 무대였다. 협상을 개시하는 만찬에서 그는 밀로셰비치의 자리를 B-2 폭격기 아래에 배치했다. 문자 그대로 그를 서양 권력의 그림자에 둔 셈이었다. 협상이 최악의 상황에 이르렀을 때 홀브룩은 모든 것이 끝장났다면서 짐을 문 밖에 가져다 놓으라고 지시했다. 가방이 밖에 나와 있는 모습을 본 밀로셰비치는 홀브룩에게 협상을 연장하자고 요청할 수밖에 없었다. 홀브룩의 쇼맨십은 효과를 발휘했다. 협상 당사자들 중 일부는 서로 원수지간이었는데도 결국 데이턴 협정 문서에 조인했다.

협정문서는 불완전했다. 보스니아의 절반 가까이를 밀로셰비치와 세르비아의 압제자들에게 양도하여 본질적으로 악행을 보상한 꼴이었다. 일각에서는 밀로셰비치를 권좌에 그대로 둔 것 때문에 협정이 지지를 받을 수 없다고 생각했다. 밀로셰비치는 몇 년 후에도 코소보에서 압제를 이어가 결국 NATO의 공습과 밀로셰비치의 축출을 불러왔으며 헤이그 법정에 섰다. 공습 전날 밤 밀로셰비치는 홀브룩과 마지막으로 대화를 나눴다. "내게 더 할 말이 없소?" 밀로셰비치의 간청에 홀브룩은 "안녕, 잘 가시오Hasta la vista"라고 대꾸했다. (그 때의 밀로셰비치는 영화 터미네이터에서 슈월츠네거의 진부한 대사로 위협을 당한 것보다 더 큰 모욕을 당했다.)

왼쪽부터: 훗날 북한과의 협상을 이끈 크리스토퍼 힐, 워런 크리스토퍼 국무부 장관, 홀브룩, 보스니아-헤르체고비나의 알리야 이제트베고비치 대통령, 세르비아의 슬로보단 밀로셰비치 대통령이 1995년 홀브룩이 마련한 데이턴의 라이트 패터슨 공군기지에서 협상을 진행하는 동안 분쟁 지역의 지도를 자세히 들여다보고 있다. -카티 마튼 제공

리처드 홀브룩과 홀브룩이 이끈 아프가니스탄 및 파키스탄 특별 대표팀이 국무부 앞에서 포즈를 취한 모습이다. 홀브룩의 바로 오른쪽에 저자가 서 있고 애슐리 보머 공보 담당관, 학계의 바넷 루빈과 발리 나스르도 보인다. -모건 J. 오브라이언 3세 제공

그렇긴 해도 협정은 3년 반에 걸친 유혈 전쟁을 종식시키는 성과를 거뒀다. 어떤 면에서 홀브룩은 베트남과 파리 협상이 결렬되는 것을 지켜 본 날부터 데이턴 협정을 준비해왔다고 볼 수 있으며, 같은 실수를 되풀이하지 않기 위해 부단히 애썼다. 협상은 미 정부가 홀브룩에게 광범위한 권한을 부여하여 사소한 관리를 면제해 주고 변덕스러운 국내 정치에서 보호해준 덕분에 성공을 거둘 수 있었다. NATO의 공습이 승인되면서 군대는 홀브룩의 외교를 뒷받침할 준비가 되어 있었지만 그 외는 선택의 여지가 없었다. 이러한 요소는 홀브룩이 이해하고 있었음에도 그 다음이자 마지막 임무에서 실천에 옮기지 못한 부분이었다.

데이턴 협정은 홀브룩을 진정한 외교 정책을 구사하는 유명인사로 만들었다. 이듬해에는 노벨평화상 후보에도 올랐다. 《타임》의 정치 만화는 그를 〈미션 임파서블〉의 톰 크루즈에 빗댔는데 와이어에 매달려 분쟁 지역을 굽어보는 모습이었다. 그럼에도 데이턴 협정이 체결된 지 일 년 후, 그는 국무부 장관직이 매들린 올브라이트에게 돌아가는 것을 지켜봐야만 했다. 실의에 빠진 홀브룩이었지만 UN 대사직 제의를 수락했다. 올브라이트는 "홀브룩이 국무부 장관 자리를 원하고 있음을 알았다"라고 회상했다. "하지만 내가 장관이 되었다. 많은 사람들이 놀랐지만 특히 홀브룩이 크게 놀란 소식이었다." 나중에 앨 고어는 2000년 대선에 자신이 당선되면 홀브룩이 국무부 장관 '1순위'라고 말했다. 현실은 그가 그토록 염원하던 자리를 결코 허락하지 않았다.

1995년 리처드 홀브룩이 데이턴 협정을 주재하던 시기는 9/11 테러가 일어나기 몇 년 전이었음에도 미국은 외교 분야의 지출을 대폭 삭감하고, 대신 군사와 정보 분야가 지배하는 정책으로 옮겨가기 시작했다. 홀브룩이 보스니아에서 승리를 거둔 이후 또 다른 전쟁을 종식시키기 위해 다른 시도를 하기 전까지 몇 년 사이에, 세계에서 미국의 위치는 급격하게 변했다. 그 변화의 진원지는 아프가니스탄과 파키스탄이었다.

사실 9/11 테러가 자행되기 전부터 CIA는 오사마 빈 라덴을 체포하기 위해 파키스탄과 협력하고 있었다. 그러니 테러 공격이 일어난 후 미국이 파키스탄 군부, 정보기관과 협력하여 구체적이고 전술적인 접근을 취한 것도 그리 놀라운 일은 아니다. 2011년 9월 12일 오전 국무부 부장관 리처드 아미티지는 ISI의 수장인 메무드 아마드 장군과 만나 미국이 아프간에 보복을 할 때 파키스탄이 아프간을 지원하지 못하도록 차단을 시도했다. 메무드는 아미티지를 지원하고 더 이상 파키스탄이 탈레반과 협력하지 않을 것이라고 약속했다. 무샤라프도 콜린 파월에게 동일한 약속을 했다. 갑자기 파키스탄은 적에서 우방이 되었다. 파키스탄의 핵 프로그램과 무샤라프의 쿠데타로 말미암아 진행되던 제재가 어느 순간 사라졌다. 파월은 "무샤라프 대통령에게 전화를 걸어 탈레반 지원에서 멀어지는 전략적 결정을 내려야 할 시기임을 시사했다"며 "그러자 무샤라프는 파키스탄이 걷고 있던 방향을 되돌렸다"고 회상했다.

이는 주술적 사고까지는 아니어도 희망 사항에 불과했다. 파키스탄 정보부(는 9/11이 터지기 수년 전부터 아프가니스탄에 자금, 무기, 자문을 제공했다. 탈레반 세력을 키우는 한편 인도의 지원을 받던 북부동맹Northern Alliance이라는 군벌 연합 등을 궤멸시키기 위해서였다. 미국이 9/11 이후 협력을 요구하자 무샤라프는 회의를 열었는데 작전실에는 탈레반과 다른 이슬람주의 무장 집단을 옹호하기로 악명 높은 장군들이 넘쳐났다. 한 참석자는 무샤라프가 "미국의 모든 요구를 분명하게 수용하긴 했지만 모든 세부사항까지 동의한 것은 아니었다"고 회상했다. 파키스탄은 이전처럼 겉과 속이 다르게 행동했지만 미국은 구소련에 대항하기 위해 파키스탄과 협력할 때와 마찬가지로 그런 행동을 못 본 척 했다.

한편으로 미국은 북부동맹을 무장시키는 일에 개입했다. 서로 대척점에 있는 두 집단을 지원한 결과는 즉각적으로 드러났다. 미국이 지원한 북부동맹 무장세력이 쿤두즈의 탈레반 근거지를 점령하자 당황한 무샤라프는 부시 대통령에게 전화를 걸어 파키스탄 국민을 수송할 수 있도록 잠시 폭격을 멈추고 쿤두즈에 수송기 착륙을 허락해 달라고 요청했다. 이에 수송기 여러 대가 남성들을 태워 파키스탄으로 옮겼는데 이들은 내리자마자 자취를 감췄다. 이 작전은 비밀에 부쳐졌고 미국 관료들은 이를 숨기기 위해 거짓말을 했다. 당시 국방 장관이었던 도널드 럼스펠드는 "파키스탄을 비롯해 어떤 나라도 누군가를 대피시키기 위해 아프간으로 비행기를 보내지 않았다"고 주장했다. 대다수는 당시에 대피한 사람들이 단순한 구경꾼들이 아니었다고 추정했다. 그들 중에는 알카에다 추종자들이 여럿 포함되었다는 것이다. 당시 북부동맹과 협력했던 CIA 요원은 내게 그 작전은 "실수였다"라고 담담하게 털어놨다.

도망친 극단주의자들은 파키스탄에 근거지를 마련했다. 파키스탄에서는 두 곳의 피난처에서 테러 집단이 세를 불렸다. 퀘타에서는 물라 오마르가 새로운 탈레반 협의체인 슈라shura를 구축하고, 아프간의 남부 지방에서 반란을 이끌 지휘관들을 임명했다. 파키스탄 북부의 소수종족 연방보호지역(FATA)에서는 잘랄루딘 하카니(후사인 하카니 미 대사와는 무관한 인물)와 굴붓딘 헤크마티야르가 자체적인 탈레반 동맹 운동을 이끌었다. 이 두 사람 모두 ISI와 CIA가 소련에 대항하기 위해 활용했던 정보원들이었다. ISI도 아프간 내부의 탈레반에게 직접적인 자금과 무기 지원을 이어갔다. 파키스탄의 군부와 정보기관 수장은 극단주의자들이 공개적으로 활동할 수 있도록 허용하면서도 미국에는 뻔뻔한 거짓말을 늘어놓으며 어떤 잘못된 일도 벌어지지 않고 있다고 잡아뗐다. 이는 테러와의 전쟁에서 가장 큰 모순 중 하나였다. 미국이 탈레반과 맞서 싸우기 위해 파키스탄과 가까워질수록 탈레반의 생존 가능성이 높아진 것이다.

부시 행정부의 마지막 해에 미국 대사에 임명된 후사인 하카니는 파키스탄 군부와 정보부가 테러 집단 지원에 대해 미국에 거짓말을 하라고 여러 번 요청했다고 밝혔다. 파키스탄에 근거하는 집단으로 ISI에서 막대한 지원을 받는 라쉬카르 에 타이바는 뭄바이에서 일련의 폭탄 테러와 저격으로 164명을 살해했다. ISI의 아마드 슈자 파샤국장은 하카니에게 "그 공격에 대해 파키스탄의 누구도 아는 바가 없으며" 가해자 가운데 파키스탄인이 없다는 것을 미국에 말하라고 요구했다. 이에 하카니는 "'알다시피 그건 뻔한 거짓말'이라고 답했다. 미국과 파키스탄 사이에 신뢰가 없는 이유는 우리가 뻔한 거짓말을 하기 때문이다"라고 말했다. "외교에 100퍼센트 진실이란 없지만 100퍼센트 거짓말도 없다. 내가 원한 것은……" 이 대목에서 그는 말을 멈추더니 입 꼬리를 올리며 옅은 미소를 지었다. "진실을 제대로 말하는 것이었다."

부시 정부도 파키스탄이 겉과 속이 다르게 행동하고 있음을 알고 있었으나 공개적으로는 이를 대체로 부인했다. 심지어 당시 마이클 헤이든 CIA 국장은 "테러와의 전쟁에서 파키스탄보다 더 나은 동반자란 없다"고 말하기까지 했다. 퇴역 4성 장군인 헤이든은 체구가 작고 에너지가 넘치는 인물로, 성품이 온화했다. 그가 빠른 속도로 말하는 동안 작은 무테안경 위로 눈썹이 오르내렸다. 헤이든에게 부시 정부가 파키스탄과의 관계를 장밋빛으로 규정한 일에 대해 묻자 솔직하게 털어놨다. "파키스탄에 대해 내가 언급을 했다면 그건 다음에 일어날 일에 균형을 맞추기 위한 것이었다. 그들은 정말이지 지옥에서 온 동맹국이었는데, 아닌 게 아니라 악마와 거래를 한 자들이었다." 그는 ISI의 일부 조직이 미국에 적극적으로 협력하고 있음을 알았지만, 반대로 악명 높은 알카에다의 S층국 같은 곳도 있었다. 헤이든은 "그런 곳에 있는 자들은 인생에서 유일한 목적이 진정으로 테러 집단으로서의 정체성을 유지하면서 살아가는 데 있지"라고 말했다. 파샤 장군도 '불량'했는데, 이에 대해 장군은 답변을 거부했다. 그는 이메일에서 "반쪽 진실을 말할 순 없다"면서도 "전체 진실을 말해야 한다고도 생각하지 않는다"고 밝혔다. (파샤 장군은 공손하게 응답하면서도 느낌표를 무척 많이 사용했는데 마치 십대에게 지시를 내리는 빅토리아 시대의 신사 같았다.)

부시 정부의 고위급 인사들은 설사 테러 집단 지원을 놓고 파키스탄과 대립했더라도 그런 경우가 많지는 않았다고 기억했다. 대테러 동맹을 와해할 우려가 있었기 때문이다. 헤이든은 테러 지원과 관련해서 직접적인 대화가 정권 말기에 한 번 있었던 것으로 기억했다. 당시 무샤라프는 "퇴역한 ISI 요원들에 대해 얼렁뚱땅 넘어가려 했는데 구소련과의 전쟁에서 '무자헤딘'을 지원했었던 이들이었다." 구소련과의 전쟁 당시 미국은 파키스탄 정부가 이슬람 무장 세력을 지원하도록 도왔는데 한 번 세상 밖으로 나온 요정을 다시 병 속으로 넣을 수는 없듯이 쉽게 바꿀 수 없는 노릇이었다. 그렇게 하려면 정보와 군사 분야에 국한된 협력을 넘어서는 노력이 필요했다고 헤이든은 지적했다. "CIA 국장이 워싱턴이나 이슬라마바드에서 나눈 대화를 근거로 파키스탄 정부의 경로를 변경시키는 일은 일어나지 않는다"고 그는 말했다. "경로 변경이 가능하려면 정부 전체가 장기적으로 접근해야 하며 실질적으로 강력한 제재를 해야 하는데 미국 정부가 그런 작업을 준비한다는 증거를 본 일이 없다." 헤이든이 시급하다고 지적한 광범위한 외교적 노력은 전혀 일어나지 않았다.

파키스탄 정부의 배신과 이에 대한 미국의 용인은 국경 너머 아프간을 폭력적인 혼란으로 몰고 갔으며 부시 정권에서 탈레반은 점점 세력을 키워나갔다. 미국과 NATO의 활동으로 이따금씩 진압되었으나 파키스탄에 위치한 피난처에서 전사들이 계속 공급되었다. 부시 2기 정부 동안에는 반란군 세력이 기반을 갖춰 파괴적인 공격을 자행했다. 때로는 국경 너머에서 파키스탄 군대가 지원에 나서 미국과 아프간 군인들을 향해 발포하기도 했다. 탈레반은 아프가니스탄 남부와 동부에서 준 정부 수준으로 세력을 불렸으며 주지사와 판사까지 임명했다. 오바마 정부가 들어설 즈음 미국은 패배하고 있었다.

7장

남자 사교 클럽

리처드 홀브룩은 아프가니스탄과 파키스탄의 복잡한 업무를 하는 중에도 여전히 자신이 이 땅에 태어난 이유, 즉 국무부 장관이 되기 위해 뛰고 있었다. 내가 그를 처음 만난 것은 2004년이 가까워질 무렵이었는데 당시 홀브룩은 사력을 다해 민주당내 경선 주자인 존 케리의 대선 캠프를 지원하고 있었다. 그 때 홀브룩은 민간인 신분으로 투자은행에서 근무하고 있었으나 여전히 UN과 자선회의에 단골손님으로 초청되었다. 나는 유엔아동기금 UNICEF 산하 기관이 있는 뉴욕과 여러 분쟁 지역에 근무하고 있었다. 수단에 체류할 때는《월스트리트저널》과《인터내셔널 헤럴드 트리뷴》에 수단에서 진행되던 인종 청소를 주제로 칼럼을 썼다. 오랫동안 홀브룩은 내 칼럼을 칭송하는 메일을 보냈다. "로난, 정말 멋지고 생생한 칼럼이었네. 자네는 국무부와 UN이 이 문제를 다루도록 노력해야 하네. 내가 회람하겠네." 혹은 다른 종류의 메일도 종종 보냈다. "다음에는 단순히 UN에 반감을 가진 자의 호통으로 들리지 않도록 해결책을 더 강조하게."

홀브룩은 서신을 중요하게 여겼다. 2010년에 베트남 보고서의 공개를 기념한 국무부 연설에서 그는 "지금 공개되는 이메일, 원격 화상회의, 이전과는 차원이 다른 문서 등은 규모면에서 이에 필적할 만한 기록이 다시 공개될 일이 없을 정도"라고 평가했다. 2004년에 내가 그를 만날 즈음 홀브룩은 이미 '노회한 외교 기술자' 불과했다. 그가 케리의 대선 캠프에 자문을 할 때 나는 홀브룩의 인턴으로 일했는데 십대인 나는 제대로 된 일을 맡기에는 너무 어렸고 무슨 짓을 해도 그를 당황하게 할 수 없을 것 같았다. 그도 그럴 것이 홀브룩은 이미 어린 나이에 건방지고 당돌한 발언을 하는 기술을 완벽하게 익힌 장본인이었다. 그는 나를 참여시켜줬고 나 같은 풋내기는 그의 제안에 감히 다른 생각을 품을 수 없었다.

당시 홀브룩은 주변부에 머물렀는데 이후 그에게 익숙해질 위치였다. 2009년 1월 19일 오바마 대통령의 취임 전날도 마찬가지였다. 취임 전 열리는 가장 중요한 행사로, 워싱턴의 지도층이 4년마다 쫓아다니는 열광적 분위기의 파티였다. 그 중에 공화당의 사교계 명사인 버피 캐프리츠와 남편 빌이 주최하는 파티는 1980년대 이래 초당적인 한담을 나누는 장소로 자리 잡았다. 일반적으로 250~300명의 손님이 참석했는데 그 해에는 무려 500명 이상이 외국 공관 거리에 위치한 페어팩스 볼룸The Fairfax ballroom에 모여 열기가 달아올랐다. 영화배우와 정치인, 기자가 뒤엉켰고 인파를 밀치면서 다녀야 했다. 삼삼오오 무리를 지은 참석자들은 손에 칵테일을 들고 목을 길게 뺀 모습으로 새 정부의 유명 인사들을 둘러봤다. 변화의 기운이 감돌았고 모두가 그 변화의 행렬에 끼기를 원했다.

비위를 맞출 만한 누군가가 걸어들어 오면 정치 인사들의 에너지가 변화하는 것을 느낄 수 있었다. 그날 밤 빌 클린턴 부부가 파티장에 들어 온 순간 어둑한 볼룸의 분위기는 사실상 힐러리를 향해 기울었다. 그녀는 경선에서는 패배했지만 버락 오바마가 신임 국무 장관으로 지명하면서 다시 날아올랐다. 힐러리는 앞으로 나아가면서 활짝 미소를 지으며 고개를 끄덕였다. 오랫동안 클린턴의 보디가드 역할을 한 후마 애버딘이 뒤를 따르면서 엄지손가락으로는 블랙베리 전화기를 더듬고 있었다.

리처드 홀브룩은 노골적으로 관중을 샅샅이 훑었다. 나와의 대화는 듣는 둥 마는 둥 하면서 눈으로는 참석자들의 면면을 살폈다. 잘 맞지 않는 짙은 회색 정장에 보라색과 흰색이 어우러진 타이를 매고 파티장 주변부에 서 있었다. 예순일곱의 홀브룩은 과체중에 머리가 희끗했다. 베트남 메콩 강 삼각주에서 뿔테 안경 뒤로 미소 짓던 호리호리한 외교관은 어느 덧 다른 우주, 다른 시대의 사람이 되었다. 하지만 능글맞은 웃음과 상대를 꿰뚫는 눈빛은 여전했다.

우리는 잠시 대화에 집중했지만 결코 홀브룩의 관심은 참석자들을 떠나는 법이 없었다. 그는 '대기' 상태였고 바로 작업이 시작됐다. 클린턴이 입장하는 모습을 본 그는 딱 잘라 나에게 "나중에 얘기하지"라고 말하고는 발걸음을 옮겨 그녀에게 다가갔는데 주변의 시선을 끌기에 충분했다. 홀브룩과 힐러리는 빌 클린턴의 재임 시절부터 친밀한 관계를 유지했다. 홀브룩은 힐러리가 국제무대에 등장한 초기에 종종 멘토 역할을 수행했다. 새로 들어설 오바마 정부에서 그녀는 확고한 수비자 입장이었다. 반면 홀브룩은 한 번도 확고한 위치에 서지 못했고 힐러리와의 관계 역시 마찬가지였다. "홀브룩과 잠시라도 같이 있어 본 사람들은 그가 성공을 얼마나 간절히 원하는지 알 수밖에 없었다." 종군기자 데이비드 핼버스탬은 베트남에서 홀브룩과 가까워진 후에 이렇게 표현했다. 페어팩스 행사에서의 그날 밤 행동이 바로 증거물 1호였다.

힐러리 클린턴을 지지하면서 홀브룩은 또 한 번 엉뚱한 패에 돈을 걸었다. 하지만 그의 충성심에는 일관성이 없었다. 힐러리가 2008년 예비 선거에서 패배하자마자 그는 오바마 정부에 발을 들이기 위해 움직이기 시작했다. 오바마 정부에서 그는 아웃사이더 성격이 짙었다. 그는 머릿속에 떠오르는 모든 사람에게 전화를 돌리기 시작했는데 결국 친구들이 그를 말리기에 이르렀다. 한동안 홀브룩은 찰리 로즈가 진행하는 PBS 인터뷰 프로그램에 가장 빈번하게 등장하는 출연자로서의 기록을 보유했다. 2008년 8월 인터뷰에서는 오바마에게 호소하기 위해 온갖 노력을 기울였다.

"저는 클린턴 상원 의원을 지지했는데 이는 오래되고 친밀한 관계와 장기적인 약속에 근거한 관계였습니다. 그런데 오바마 상원 의원의 주장을 면밀하게 살펴보니 그는 제가 반대할 만한 입장을 취한 적이 없더군요."

이에 로즈는 "오바마가 외교 정책을 담당할 열세 명을 구성했는데 많은 사람들은 홀브룩의 이름이 빠진 점에 주목 했습니다"라고 받아쳤다. 홀브룩은 표정을 숨기지 못하는 사람인지라 잠시나마 상심한 듯했다. 로즈는 "솔직히 사람들은 명단을 보고 실망했는데, 홀브룩 당신이 민주당의 외교 정책을 대변하는 주요 인사라고 생각하기 때문입니다. 그 폭넓은 경험과……"

"이 프로그램의 잦은 출연 때문이겠지요." 홀브룩이 웃음을 터뜨렸다.

"이 프로그램의 잦은 출연임에도 명단에서 왜 빠진 걸까요?"

"여기에 프로그램에 출연하고 있었기 때문이겠지요."

"솔직히 답변해 주시기 바랍니다. 명단에 들지 못한 이유가 무엇이며 배경이 무엇입니까?"

홀브룩은 옆쪽을 흘끗 바라보더니, 이 말을 내뱉느니 차라리 몸에 기름을 붓고 탁자에 올라가 불을 붙이겠다는 어투로 "초대받지 못했기 때문에 명단에 없었지요"라고 실토했다. 그러더니 "전혀 문제는 없어요. 그들은 원하는 누구와도 회의를 할 수 있습니다. 사실 그날 내가 다른 지역에 있기도 했고, 어찌됐든 참석하지 못했을 겁니다."

로즈는 오바마와 대화를 나눈 적이 있는지 물었는데 홀브룩은 직접적인 답을 하는 대신 자신과 친분이 있는 보좌진의 명단을 읊었다. "수잔 라이스, 바이든을 위해 일하는 토니 블링큰, 그렉 크레이그 모두 나와 같이 일했었지요. 오바마 상원 의원의 현재 팀과 가까이 일했습니다. 그들을 잘 알기도 하고요."

하지만 진실을 말하자면 리처드 홀브룩은 오바마가 꾸린 팀에서 존재감이 거의 없었다. 그가 클린턴 정부 시절 수잔 라이스와 함께 일했던 건 사실이지만 완곡하게 표현하자면 그들은 서로 잘 어울리지 못했다. 어떤 회의에서는 라이스의 분노가 극에 달해서 직원들이 가득 찬 회의실에서 홀브룩에게 대놓고 욕을 했을 정도였다. 그러자 홀브룩 측근은 언론에 라이스를 "시비조의 애송이"라고 표현했다. 양쪽과 모두 일했던 관료들은 라이스가 홀브룩이 자신을 무시한다는 느낌을 받았다고 전했다. (이에 대해 라이스는 "그는 나를 짓밟으려고 시도했지만 성공하지는 못했다"고 정리했다.) 홀브룩과 블링큰의 관계도 마찬가지였다. 블링큰의 상관인 조 바이든 부통령은 오바마에게 "홀브룩은 여태껏 만나본 사람들 중에 가장 오만한 인간"이라고 말할 정도였다. (그럼에도 바이든은 홀브룩이 아프가니스탄 전쟁을 해결하기에 "적임자일 수도 있다"고 인정했다.) 홀브룩이 TV에서 언급한 그렉 크레이그는 곧 오바마 진영에서 신임을 잃었다.

오바마의 많은 충성자들에게 리처드 홀브룩은 적이었다. 클린턴 일가와 공생한 외교의 보수 세력으로서 오바마와 그의 이너서클을 우습게 여긴다는 것이었다. 홀브룩은 일리노이의 젊은 상원 의원인 오바마를 대놓고 비판한 적은 없었지만 힐러리 충성자로서의 역할을 다했다. 그는 다른 외교 전문가들에게 전화해서 오바마를 지지하는 행위는 곧 클린턴 정부(와 홀브룩의 국무부)에서 일자리를 얻을 기회를 발로 차는 것이라고 암시했다. 민주당의 많은 외교 정책 수립자와 마찬가지로 홀브룩도 처음에 이라크 전쟁을 지지한 주홍색 글자를 품고 있었다. 나중에 그는 아프가니스탄을 경시하는 등 이라크에 침략하면서 벌어진 재앙과 같은 결과에 대해 글을 쓰고 발언을 했다. 하지만 신임 정부의 많은 인사들이 보기에 홀브룩은 오바마가 지향하는 가치와 정면으로 배치되는 인물이었다.

문화의 차이도 존재했다. 오바마는 역사와 경험이 아닌 열정과 변화를 중시했다. 나중에 오바마는 자신을 "개인의 발전에서 베트남 전쟁이 중심부에 있지 않은 최초의 대통령일 것"이라고 표현했다. 미국이 1975년 베트남에서 철수할 당시 그의 나이는 열세 살에 불과했기에 "베트남 전쟁의 논란에서 불거진 앙금 없이 유년기를 보냈다." 몇 가지 눈에 띄는 예외를 제외하면 오바마 주변에는 그와 유사한 경험을 공유하는 젊은 세대가 진을 치고 있었다. 백악관에서 외교 문제에 대해 지속적으로 많은 영향력을 행사한 벤 로즈가 자신에게 어울리는 커뮤니케이션 담당 국가안전보장 부보좌관에 오른 것은 서른한 살 때였다. 백악관 직원들은 세간에서 백악관을 '남자 사교 클럽frat house'이라고 비유하는 데 반박하며 오랫동안 에너지를 쏟았다.

오바마의 백악관에서 칙칙한 기득권층의 대변자들은 인기가 없었다. 치열한 경선 이후 클린턴의 충성파조차 환영받지 못했고 특히 성격이 드센 인물들이 그랬다. 힐러리 클린턴은 홀브룩에 대해 "백악관이 그의 거친 행동에 눈살을 찌푸렸을 것"이라고 짐작했다. "그들은 홀브룩이 백악관이 지향하는 소란 없고 질서 정연한 정책 결정 과정을 벗어난다고 생각했다. 내게는 무척 뼈아픈 평가였다."

대선 이틀 후 리처드 홀브룩은 당선인을 면담하기 위해 시카고로 갔다. 30분 정도 이어진 회동은 재앙이나 다름없었다. 면담 이후 홀브룩과 통화한 친구들에 따르면 오바마는 홀브룩을 '딕'이라고 부르며 맞았다. 그러자 홀브룩은 아내이자 작가인 카티 마튼이 자신을 '리처드'로 불러주기를 원한다며 호칭을 정정해줬다. 홀브룩의 오랜 친구이자 펜타곤 페이퍼를 작성하던 시절 그와 친분을 맺은 레슬리 겔브가 "자네, 농담하는 거지?"라고 물었다. "설마 정말로 그렇게 말한 건 아니지?" 겔브의 바람은 어긋났다. 홀브룩은 정말로 그렇게 말했던 것이다. 오바마는 홀브룩의 그런 모습에 짜증을 냈다고 훗날 몇몇 사람이 전했다. 헨리 키신저는 "몇 가지 이유에서 오바마 대통령은 홀브룩이 자신을 거만하게 대한다고 느꼈다"고 말했다. 어떤 면에서 이는 단순하지만 모든 사항을 결정지었다. 이를 테면 두 사람의 만남은 면접을 본 것이었고, 다른 사람들과 마찬가지로 오바마도 홀브룩이 마음에 들지 않았다.

취임식 전날 페어팩스에서 손에 땀을 쥐게 하는 한담을 떠는 중에 홀브룩은 집중적인 시선을 받았다. 국무부 장관 내정자인 힐러리 클린턴 옆에 그가 있었던 것이다. 이제 그는 정부에서 한 자리를 맡게 될 것이다. 힐러리는 그가 상대하기 어려운 경쟁자이면서도 패자부활의 기회를 준 장본인이었다. 나는 그가 힐러리와 대화하는 모습을 지켜봤다. 홀브룩이 힐러리의 귀에 대고 속삭였고 두 사람은 웃음을 터뜨렸다. 그는 참석자들이 그 장면을 놓치지 않도록 만들었다.

힐러리 클린턴은 사기가 충천했다. 오바마 일가는 그 자리에 오지 않을 것이고 그녀는 모든 시선과 대화의 주인공이었다. 사실 힐러리와 나는 같은 예일대 로스쿨 출신이었는데 초창기부터 거기서 강의한 교수들의 강의를 서로 다른 시대에 공유했다는 공통점이 있었다. 여러 해 동안 우리는 마주칠 기회가 몇 번 있었고 그 때마다 그녀는 내게 필요 이상으로 친절을 베풀었다. 클린턴은 사회적인 기억에 비상한 재주를 지녔거나, 최소한 생각나지 않는 기억을 교묘하게 덮는 능력이 있었다. 그녀는 내가 외교 정책에 대해 쓴 칼럼을 읽어봤다면서 이제 어떤 일을 할 생각인지 물었다. 나는 여름에 인턴으로 일했던 로펌으로 돌아갈 계획이라고 답했다. 그러자 나를 지그시 바라보던 그녀는 "홀브룩과 말해 보게"라고 권했다.

힐러리와 홀브룩은 이미 홀브룩을 위한 새로운 자리를 만드는 작업을 진행 중이었다. 나중에 힐러리는 그 자리가 "여러 면에서 봤을 때" 정부에서 가장 어려운 자리라고 설명했다. 언젠가 홀브룩은 "1968년에 애버럴 해리먼 차관과 사이러스 밴스가 이끌던 베트남 협상 팀에 신참으로 일한 이후 나는 세계에서 가장 어려운 협상에서 내 자신을 시험하고 싶었다"고 기록한 적이 있었다. 그는 그 소원을 이뤘다.

8장

미션: 임파서블

홀브룩의 업무가 처음 세간에 알려졌을 때는 그가 '인도, 파키스탄, 아프가니스탄 특사'를 맡을 것으로 전해졌는데 전혀 엉뚱한 추측은 아니었다. 결과적으로 그가 담당하는 지역은 파키스탄과 아프가니스탄만으로 축소되긴 했지만 처음 홀브룩은 관련 지역을 모두 아우르는 협상을 구상했다. 2008년 그는 "대반란진압작전의 노력만으로는 아프가니스탄의 미래를 보장할 수 없다"고 기록했다. "해결책에 아프가니스탄의 주변국에 이해관계를 부여하는 합의도 필요한데 여기에는 중국, 인도, 러시아와 더불어 이란도 포함된다. 무엇보다 가장 중요한 이웃으로는 얼마든지 아프가니스탄을 불안정하게 만들 수 있고, 또 그렇게 해온 파키스탄을 꼽을 수 있다." 보스니아에서 홀브룩은 유사하게 협상을 어렵게 한 당사자들의 의견을 조율한 적이 있었다. 보스니아 무슬림, 크로아티아인, 세르비아인뿐만 아니라 러시아인, 유럽 동맹국, UN과 NATO 같은 기구까지 지휘하는 역할이었다. 이제 그는 또 다시 거대하고 전략적인 접근이 필요함을 간파했다.

전통적 외교에 기반한 〈미션: 임파서블〉 스타일의 정치적 합의를 이룬다는 야심찬 계획은 이내 새 정부의 현실 인식과 충돌했다. 취임식 전야 파티가 열린 이틀 후 홀브룩은 국무부 8층의 거대한 행사장인 벤자민 프랭클린 국빈만찬장에 모인 전 현직 외교관들 앞에 섰다. 행사장은 1980년대에 고전 양식으로 개조되었는데 유럽 대륙의 거대한 리셉션 홀을 연상시켰다. 화려한 코린트식 기둥, 붉은색 석고를 입히고 모조 대리석으로 칠한 돌결이 벽에 늘어서 있었다. 천장은 흰머리 독수리가 양발에 각각 화살, 올리브 가지를 움켜쥐고 있는 미국의 대문장 조형물로 장식되었고, 포르투갈식 커트 글라스의 샹들리에가 달려 있었다. 홀브룩의 오른쪽으로는 버락 오바마와 힐러리 클린턴이, 왼쪽으로는 조 바이든 부통령과 정부의 신임 중동 평화 특사인 조지 미첼이 서 있었다.

홀브룩은 "오래 전 신참 외교관으로 처음 들어왔던 이 건물에 다시 돌아오다니 저로서는 특별히 감격스러운 순간입니다"라고 입을 뗐다. 그는 아프가니스탄에서 전쟁이 잘못되어 가고 있으며 파키스탄에서는 '끝없이 복잡한' 문제가 이어진다고 설명했다. 그는 취임 두 번째 날에 외교관들에게 경의를 표한 대통령에게 감사의 말을 전했다. 그러자 오바마는 "외교의 중요성에 대한 헌신"을 강조하면서 자신이 "미국의 힘이 단순히 무기에서 비롯된 것이 아님을" 잘 알고 있다고 답했다. 오바마의 그런 의견은 향후 임기 8년 동안 시험을 받았다.

홀브룩은 아내 카티, 아들 데이비드와 앤서니, 수십 년 동안 알고 지낸 동료들을 바라봤다. 감정이 북받치는 듯 목소리가 떨렸다. "사이공에서 같은 방을 썼던 존 네그로폰테가 이 자리에 왔군요. 우리는 그 시절을 잘 기억하고 있으며 이번에는 과거보다 더 나은 결과를 얻기를 바랍니다." 청중에서 웃음이 터졌으나 오바마는 무표정이었다.

새 정부에서 발표한 다른 지역 관련 계획은 '특사'가 이끌었다. 하지만 홀브룩은 '특별 대표'라는 독특한 직함을 요구하는 등 백악관을 성가시게 했다. 그는 '특별 대표'가 '특사'보다는 보다 구체적인 관리직 용어이며 자신이 상당한 규모의 작전 팀을 구축하고 있다는 인상을 줄 수 있다고 판단했다.

1970년 당시 청년 홀브룩은 이제 막 창간된 잡지로 그가 나중에 편집장을 맡게 되는 《포린 폴리시》에 칼럼을 게재했다. 칼럼에서 그는 국무부가 동맥경화증에 걸려 있고 외골수인 관료 집단이라며 맹비난했었다. 수십 년 후 국무부에 다시 돌아온 그는 변화를 시도했다. USAID(해외개발처)와 농무부, 재무부, 법무부, 국방부, CIA, FBI 등 정부 각 부처에서 구성한 관료들로 고도로 전문화된 팀을 꾸리기 시작했다. 여기에 시민 사회, 기업, 학계의 반체제 사상가들 등 외부 인사들도 추가했다. 이란계 미국인으로 중동 연구 학자인 발리 나스르가 홀브룩의 문자를 받은 것은 12월 어느 날의 한밤중이었다. 홀브룩 특유의 과장이 섞인 문자였다. "다른 사람을 위해 일한다면 다리를 가만두지 않겠소." 그는 나스르가 이란에 관련된 업무를 원하리라 짐작하고는 "이 문제가 더 중합니다. 대통령이 주시하는 임무란 말입니다. 당신이 원하던 업무가 바로 이 일이오." 아프간 역사와 문화의 권위자인 바넷 루빈 뉴욕대 교수도 홀브룩의 전화를 받았다. 아프간의 활동가로, UN과 열린사회연구소에서 일했던 리나 아미리는 워싱턴에서 뉴욕으로 향하는 델타 항공 비행기에서 홀브룩을 알아보고는 향후 아프간의 선거에 대해 다그치기 시작했다. 그녀의 태도에 깊은 인상을 받은 홀브룩은 자신이 새로 팀을 꾸리고 있다고 말했다. 그녀는 "알고 있어요"라면서 "하지만 저는 지금 로비하기 위해 여기 있는 겁니다"라고 대답했다. 이에 홀브룩은 "나는 효율성이 뛰어난 사람이라 이 로비를 면접으로 전환 하겠소"라고 응답했다.

내가 지켜 본 그 면접은 역시 범상치 않았다.

면접 중에 홀브룩은 샤워를 했는데 쏟아지는 물줄기 소리 너머로 "우리가 어떤 면에서 차별화해야 하는가?"라고 물었다. 샤워실 밖에서 나는 웃었다. 웃음을 참을 수 없었다.

그것은 그의 사무실에서 시작되었는데 국무부에서 조지타운의 홀브룩 자택에 이르기까지 몇 시간에 걸쳐 두서없이 진행되었던 면접 가운데 정점을 찍은 부분이었다.

나는 페어팩스에서 열린 취임 전 파티에서 힐러리 클린턴이 나에게 해준 조언에 따라 홀브룩에게 통화하기 위해 그의 비서에게 연락했다. 한 달 남짓 지난 2009년 3월 나는 홀브룩을 직접 만나기 위해 국무부로 갔다. 사무실에서 쏜살같이 나온 그는 내게 정책 관련 질문을 퍼부었다. 중앙아시아의 무역을 다시 활성화하려면 어떻게 해야 하는가? 파키스탄에 대한 원조의 효과를 어떻게 하면 극대화시킬 수 있는가? 내가 아프가니스탄이 아닌 아프리카에, 그것도 외교 정책을 맛만 본 애송이 변호사라는 사실은 안중에도 없었다. 나는 개발도상국에서 비정부 단체와 협업한 경력이 있었고 홀브룩은 그런 단체에 대한 미국의 역할을 확대하기를 원했다. 대다수의 정책이 강력한 미국의 계약자를 통해 집행되는 전쟁 지역의 문화에 변화를 시도한 것이다. 그는 정부 경험에 갇히지 않고 예상을 뛰어 넘는 답을 원했다.

워싱턴의 포기 바텀[01]에 위치한 국무부는 고전적 형태의 인상적인 건축물로 석회석을 입혔으며 건물 일부는 1930대, 1950년대에 세워졌다. 건물에서 가장 오래된 부분은 당초 제1차 세계대전 이후 규모가 커진 육군성으로 쓰기 위해 건축되었으나 국방성이 더 위엄 있게 건축되면서 군대의 본부로는 사용되지 않았다. 아이러니하게도 이 건물은 미국의 평화 중재 노력의 본거지가 되었다. 국무부 건물은 말 그대로 계층 구조로, 외국 고관들을 환영하는 호화로운 행사장이 8층에 있고, 7층에는 장관실이 있으며 아래층으로 갈수록 중요도가 떨어지는 형태였다. 홀브룩이 30대 중반에 차관보로서 고상하게 활동할 때는 6층의 사무실을 썼다. 이제 그의 사무실은 1층 카페테리아 옆으로 강등되었다. 나중에 로빈 래펠이 쓰게 될 사무실도 근처에 위치했고 홀 너머로 국무부의 뉴스스탠드가 있었다. 거기서 홀브룩은 회의가 없는 짬을 활용해 정크 푸드로 배를 채웠다.

우리의 대화는 그의 사무실에서 시작해 복도를 지나 7층의 화려한 목판 장식이 인상적인 사무실까지 이어졌다. 홀브룩은 모든 대화를 활기차게 이끌었고 가끔씩만 눈을 마주칠 뿐이었다. 직원들은 그의 뒤를 바삐 좇으며 서류를 건넸다. 그는 블랙베리로 걸려오는 전화를 받기 위해 내 답변을 자주 중단시켰다. 이런 모습은 자리에 앉아 지루한 회의를 이어가는 정부의 실제 모습과는 많이 달랐다. 아론 소킨의 드라마에서 극적으로 묘사되던 정부의 모습이었다.

---

01 Foggy Bottom, 포토맥 강변의 안개가 자주 끼는 저지대로 경우에 따라 국무부를 지칭 함- 역자

나와 홀브룩, 그리고 홀브룩이 팀에 합류시키기 위해 로비한 베테랑 CIA 요원 프랭크 아치발드가 장관실 밖에 위치한 대기실에서 힐러리를 짧게 만났다. 홀브룩은 우리가 수행할 역할에 대한 눈부신 비전을 설명했다. 그의 재포장과 솜씨 좋은 마케팅을 거쳐 모든 부하 직원들은 혁명적 인재로 거듭났다. 아치발드는 혼자 힘으로 국무부와 CIA 사이의 차이점을 해소할 예정이며, 나는 NGO에 대한 미국의 지원을 재편성했다. 아미리가 아프간 헌법을 작성했다고 홀브룩이 말하는 것을 여러 번 듣기도 했다.(언젠가 홀브룩이 흥분해서 말하는 동안 아미리가 내 쪽으로 몸을 기울이더니 "난 아프간 헌법에 대해 잘 몰라요"라고 속삭였다). 우리들 중 누구도 임무 수행을 위해 국무부 장관과 면접을 봐야 할 사람은 없었다. 그러나 홀브룩의 의지로 많은 사람들이 면접을 보게 되었다. 그렇게 함으로써 장관과의 친밀감을 높이고 자신의 팀에 대한 의미를 부여하기 위한 목적이었다.

홀브룩은 《타임》지의 스코티 레스턴부터 딘 러스크, 애버렐 해리먼에 이르기까지 쟁쟁한 인물들의 언론 지원도 요청했다. 홀브룩은 사람들이 자신이 바랬던, 그런 사람으로 말하기를 원했고 실제로도 그랬다.

장관과 만난 후 우리는 1층에 위치한 홀브룩의 사무실에 짐을 가지러 들어갔다. 홀브룩은 출장에서 막 돌아오던 참이었고, 오후에 회의를 하러 백악관에 가기 전, 집에 가서 옷을 갈아입어야 했다. 그는 내게 여행 가방을 건넸고 우리는 택시를 잡으러 나갔다. 그 와중에도 그는 질문을 쏟아냈다. 현지에서 미국해외개발처의 지원에 미국 브랜드를 명시적으로 나타내는 방안에 찬성해야 하는가? 선거의 투명성을 담보하기 위해 현지 감시 단체를 활용해야 하는가? 나는 몇 년 동안 휠체어 신세를 지다가 회복한 지 얼마 안 된 상태였다. 수단에서 근무할 때 골수가 감염됐는데 치료하지 않고 방치했다가 병을 키운 탓이었다. 홀브룩은 이를 알고 있었음에도 그 순간에는 특유의 망각을 발휘했다. 그의 짐을 든 나는 절뚝거리며 쫓아갔다. 조지타운에 위치한 홀브룩의 타운 하우스에 도착하자 그는 자연스럽게 말을 이어갔고 내게 묻지도 않고 위층으로 올라갔다. 그는 화장실 문을 약간 열어놓은 채로 소변을 봤다. "탈레반과 협상을 하는 건 어떤가?" 그는 점잖게 물었다. "진심입니까?" 내가 물었다. 열려 있던 문 사이로 그가 영문을 모르겠다는 듯 "뭐가 말인가?"라고 물었다. 마치 세상에서 제일 정상적인 일에 대해 묻는 듯했다. 그런 대화가 그에게는 정상이었다. 사실 모두가 화장실에서 홀브룩과 대화를 나눈 일화를 하나씩은 가지고 있는 듯했다. 그는 셔츠 버튼을 풀면서 문 밖으로 머리를 내밀었다. "이제 샤워를 해야겠네." 나는 문 밖에 서 있었다. 대화는 계속 이어졌다.

홀브룩에게 제안을 받은 많은 이들은 망설였다. 리나 아미리는 인권 문제에 대한 자신의 자유로운 의견이 묻힐까 걱정하면서 한 달 동안 버텼다. 바넷 루빈은 뉴욕대에서 파트타임으로 학업을 계속할 수 있는 조건을 내걸었다. 나 역시 확신이 들지 않았다. 국무부는 그다지 매력적인 경력이 아니었다. 로스쿨 동기는 "나라면 데이비드 포크로 가겠네"라고 말했다. 데이비드 포크는 내가 일자리 제안을 받은 로펌이었다. "그 기술관료 자리를 맡으려는 의도가 뭔가? 정말로 승진하려고 40년을 허비하는 인생을 살고 싶은 건가? 힘써 일해 봐야 고작 홀브룩의 자리로 올라가는 게 고작일 텐데. 집어치우게."

하지만 홀브룩은 현실적인 고려는 아랑곳 하지 않고 자신이 예지력을 갖췄다고 여기는 모든 업무에 손을 댔다. 그는 세상을 바꾸는 일에 대해 공공연하게 이야기했다. 헨리 키신저는 "만약 홀브룩이 전화해서 뭔가를 부탁하거든 알았다고만 하게"라고 조언했다. "아니라고 하면 결국 승낙을 할 때까지 아주 고통스러운 과정을 겪어야 할 테니." 우리 모두는 알겠다고 답했다.

여름이 되자 홀브룩은 그 나름의 '오션스 일레븐'라는 영화 제목을 본뜬 팀을 꾸렸다. 서로 다른 부처와 기관에서 약 서른 명이 모였다. 여기에는 정부 경험이 있는 사람도 있었고 없는 사람도 있었다. 파키스탄 언론에서는 팀의 구성을 면밀하게 살피고는 대체적으로 호평했다. 반면 암울한 전망을 하는 이들도 있었다. 한 고위급 군 인사는 내게 "홀브룩이 기이한 인물들을 자기 주변에 배치했던데 내 탓이 아니었네"라고 말했다. 힐러리는 "우리의 노력에 모종의 이해관계나 기여도가 있는 모든 기관을 대표하는 인력을 국무부에 모으려는 노력에 대해 나는 매우 탁월하다고 생각했다"라면서도 "나머지 모든 사람들은 이를 악물고 싸웠다"고 회상했다.

얼마 후, '아랍의 봄'이 진행되던 중 나는 클린턴의 글로벌 청년 문제 담당으로 보다 넓은 국무부 관료 조직에서 일할 기회가 있었는데 아프가니스탄 및 파키스탄 특별 대표부(정부의 모든 일이 그렇듯 곧 SRAP로 축약됨)에서의 경험이 얼마나 색다른 것이었는지 깨달았다. SRAP 사무실은 카페테리아 옆에 위치해 있었고 칙칙한 분위기에 천장이 낮았다. 실리콘 밸리의 화려하고 넓은 사무실과는 정반대였음에도 느낌만은 스타트업 같은 분위기가 있었다. 사무실에는 다방면의 예상치 못한 카메오들이 찾아와 위상을 높여줬다. 홀브룩은 이전 직장에서처럼 기자들과 친밀한 관계를 유지했고 덕분에 언론인들이 잇달아 방문했다. 저명한 의원들도 찾아왔지만 특히 홀브룩은 영화배우 안젤리나 졸리와 난민 문제를, 나탈리 포트만[02]과는 소액 금융에 대해서 논의했다. 그는 자신이 하는 일이 반체제적임을 알고 있었고 그것이 역사적인 일이라고 생각했다. 역사에서 우리의 위치를 그가 어떻게 인식하는지 상기시켜주는 물건이 도처에 걸려 있었다. 그의 사무실은 지나간 전쟁의 성지와도 같았다. 벽에 걸린 액자 속 에서 젊은 날의 홀브룩은 메콩강 삼각주에서 미소 짓고 있었다. 동티모르에서 빌 클린턴과 함께 찍은 사진, 사라예보에서 무장 경비대에게 둘러싸여 있는 사진도 있었다. 그는 내게 "저널을 계속 쓰는가?"라고 물었다. "언젠가 여기에 대해 기록할 날이 있을 것이네."

힐러리 클린턴은 홀브룩에게 데이비드 퍼트레이어스 대령을 민간 파트너로서 직접 상대하는 업무를 할 것이라고 알렸다. 당시 퍼트레이어스는 국방부의 실세로 이라크, 아프가니스탄, 파키스탄을 담당하는 미군 중부사령부CENTCOM의 사령관이었다. 나중에 홀브룩은 "대령은 내가 가진 전화기보다 더 많은 비행기를 가지고 있더군"이라며 투덜댔다. 퍼트레이어스는 체구가 작지만 매일 동트기 전에 하는 운동으로 다진 단단한 몸매의 소유자였다. 인

---

02 Natalie Portman, 영화 '레옹' 아역 출연_편집자

왼쪽부터: 2010년 카불에서 홀브룩, SRAP 군 연락 담당 더그 로즈(Doug Rose) 대령, 브라이언 램슨(Brian Lamson) 대령, 저자가 아프간 군의 NATO 훈련임무 지휘관이던 윌리엄 B. 콜드웰(William B. Caldwell, 사진의 뒷모습) 장군을 만나 이야기를 나누고 있다. -모건 J. 오브라이언 3세 제공

물 먼 기자들이 즐겨하는 묘사에 따르면 그는 날마다 8킬로미터를 달린 후 레그 레이즈를 신발 끈이 철봉에 닿는 수준으로 혹독하게 변형시킨 동작을 20번 수행했다. 이어서 팔굽혀펴기를 100회 했다. 2016년 드레스덴에서 열렸던 빌더버그 그룹 회의에서 당시 60대였던 퍼트레이어스에게 20대 기자들이 질문을 던졌다. 그러자 그는 뛰기 시작했고 기자들이 그를 쫓았지만 끝내 따라잡지 못했다. 퍼트레이어스는 실탄을 사용하는 훈련 중에 M-16에 가슴을 맞았다가 살아남기도 했다. 전설에 따르면 그는 하루에 한 끼만 먹고 4시간 이상 수면을 취하지 않았다. 언젠가 운 나쁘게도 뷔페식당에서 퍼트레이어스 옆에 선 적이 있었다. 내 접시에 담긴 햄버거와 치즈를 내려다보는 그를 향해 방어하는 말투로 "나중에…뛰러 갈 겁니다"라고 둘러댔다. 그는 한 손으로 내 어깨를 쳤다. "정말인가? 계속 뛸 수 있겠는가?" (나는 살면서 한 번도 달리기를 한 적이 없다).

홀브룩처럼 퍼트레이어스도 과장에 능했다. 그는 대중의 입에 오르내릴 만한 이야기를 만드는 방법과 이를 자신에게 이롭게 활용하는 방법을 잘 알았다. 또한 워싱턴의 모든 기자들을 움직이고 오피니언 란에 곧장 글을 올릴 수 있었으며, 자기 메시지를 정부 바깥으로 퍼뜨리는 데 도움을 줄 만한 전문가들에게 둘러싸여 있었다. 시선을 끄는 프로필에서는 그를 '학자이자 장군'으로 표현했는데, 아닌 게 아니라 그는 웨스트포인트(미 육군사관학교)의 우수 생도였으며 이후 프린스턴의 우드로 윌슨 스쿨의 공공 및 국제문제 대학에서 박사 학위를 받았다. 박사 논문 제목은 '베트남 전쟁에서의 미군과 교훈: 포스트 베트남 시대에 군대의 영향력 및 힘의 사용에 대한 연구'였다.

홀브룩과 퍼트레이어스 모두 베트남에서 미국이 저지른 과오에서 깨달음을 얻었으나 그 솔루션은 완전히 상반되었다. 홀브룩은 'COIN'으로 알려진 대반란진압 독트린counterinsurgency doctrine이 수렁에 빠져드는 지름길이며 현지인들의 미국에 대한 의존성을 키우는 전략이라고 믿었다. 반면 퍼트레이어스는 이 전략이 유용하다고 생각했고 부활시키는 방향으로 걸어왔다. 이라크에서 그는 전면적인 COIN 전략에 의지했다. 일반적으로 표현하자면 COIN은 군사의 대대적인 배치를 의미했으며, 장기간에 걸쳐 이라크 사회를 통합시키고 지역 사회를 지키면서도 나쁜 무리를 축출하는 전략이었다. 퍼트레이어스는 이라크 전쟁에서 영웅으로 떠올랐는데 비평가들은 그가 자신의 통제 범위를 벗어나는 사건으로 득을 봤다고 주장했다. 예를 들어 알카에다의 지도자 무크타다 알 사드르가 일방적으로 휴전을 선언해버린 사건이 여기에 해당한다. 또 다른 이들은 퍼트레이어스가 이룬 업적은 그가 떠난 후 무너졌거나 애초에 과장됐다고 지적했다. (힐러리 클린턴도 이런 비판에 가세했다. 2007년 상원 의원이었던 그녀는 자신의 이라크 투표에 거리를 두려고 시도할 당시 열린 의회 청문에서 퍼트레이어스에게 이라크의 군사 증강에 대해 지나치게 낙관한다고 비난했다. 힐러리는 "의회에 제공한 보고서에 대해 우리가 진정으로 '불신하는 문제에 대해서 자발적으로 중단할 의지'가 필요하다"고 말했다.) 퍼트레이어스는 이라크에서 대반란진압작전COIN이 효과를 냈다고 믿었고, 국방부의 수많은 퍼트레이어스 추종자들에게 이는 복음이었다. 그는 아프가니스탄에서도 COIN을 다시 시험할 계획이었다.

힐러리는 오바마의 국무부 장관 제안을 수락한 직후 퍼트레이어스와 홀브룩을 워싱턴 외교가 근처에 위치한 힐러리의 조지아 시대 양식의 대저택으로 초대했다. 세 사람은 벽난로에 둘러 앉아 와인을 함께 마셨다. 클린턴은 "홀브룩이 장군들과 관계를 맺도록 정말 열심히 노력했다"고 회고했다. "서로 만난 적이 없던 홀브룩과 퍼트레이어스를 집으로 초대해서 각자 해야 할 필요가 있다고 생각하는 일에 대해 대화를 나누게 했다." 힐러리는 얼마 전 중부사령부 사령관이 된 퍼트레이어스가 그녀 앞에 놓인 거대한 국제 문제에서 결정적인 역할을 할 인물임을 잘 알았다.

클린턴의 저택에서 보낸 그날 저녁 이후 두 사람은 저녁과 술을 함께 하는 일련의 만남을 가졌다. 언론에서는 두 사람의 굳건한 파트너십을 보여주는 사례로 종종 소개했다. 클린턴은 "홀브룩은 퍼트레이어스의 적극적인 대반란 전략에 흥미를 보였다"면서도 "카불(아프가니스탄) 정부의 신뢰도를 높이고 탈레반의 호소를 약화시키는 일에 주력했다. 리처드는 군대를 늘리면 이런 작업에 도움이 될지 확신하지 못했으며 선의를 훼손시킬 수도 있다고 우려했다"고 말했다.

사실을 말하자면, 퍼트레이어스와 홀브룩은 서로를 조심스러워했다. 체계적이고 자제력이 뛰어난 퍼트레이어스는 홀브룩의 자유분방하고 즉흥적인 모습을 불편하게 여길 때가 많았다. (몇 년 후 터진 스캔들을 보면 퍼트레이어스가 모든 분야에서 자제력이 강한 인물은 아니었음을 보여준다.) 나중에 《뉴욕타임스》의 마크 랜들러 기자는 홀브룩을 인터뷰하는 중에 퍼트레이어스가 회의를 하러 도착했는데 홀브룩이 기자를 계속 자리에 두자는 즉흥적인 제안을 했으며 커피 테이블에 신발을 벗고 발을 올려놓은 모습에 퍼트레이어스가 경악했다고 기억했다. "리처드, 신발을 신는 게 어떻겠소?" 충격을 받은 퍼트레이어스가 물었으나 홀브룩은 자신은 이게 편하다고 대꾸했다.

내가 퍼트레이어스를 처음 만난 것은 아프가니스탄에서 NATO 임무를 수행하는 국제안보지원군ISAF의 카불 본부에서였다. 나는 아프간의 시민사회에 대해 (군 인사들이 애용하는) 파워포인트로 발표를 했는데 홀브룩은 여느 때처럼 아랫사람들을 높여주려는 매너를 발휘해 장군에게 나를 소개시켰다. 퍼트레이어스는 자리에서 일어나 내게 악수를 청하면서 "자네가 내 외교 분야 윙맨을 위해 일하는 거로군"이라고 말했다. 퍼트레이어스는 사석에서나 기자들에게 홀브룩을 '윙맨(보조자)'이라고 종종 표현했는데 홀브룩은 그 표현을 싫어했다. 그는 누군가의 윙맨이 되는 것을 즐기는 사람이 아니었다. 힘의 불균형과 퍼트레이어스의 놀림은 홀브룩의 신경을 건드렸다. 이는 군의 힘은 외교 목표에 대한 지원 업무에 한정해서 사용해야 한다는 홀브룩의 신념을 거스르는 행위이기도 했다. 홀브룩은 팀원들에게 "사령관의 임무는 내가 그렇게 하라고 말할 때 폭탄을 투하하는 것이어야 한다"라고 짜증스럽게 말했다. 나중에 퍼트레이어스는 존경을 표현하는 의미에서 홀브룩을 '윙맨'이라고 불렀다고 해명했다. 그러면서도 두 사람의 관계가 우려할 만하다는 점은 인정했다. 퍼트레이어스는 "여러 번 홀브룩은 다루기 어려운 파트너였다. 그는 이런 저런 업무를 추가했는데 그를 목표에 집중하도록 하는 것이 무척 힘들었다"고 회고했다. "회의에 리처드는 '내가 리처드 홀브룩이다'라는 생각으로 오고, 정부 인사들은 '나는 버락 오바마다'라는 생각으로 왔다. 무척 명석한 사람들이다. 그들은 누구도 할 수 없었던 일을 해내야 하는 사람들이었다."

* * *

새 정부가 꾸려지자 오바마는 아프가니스탄과 파키스탄에서 미국의 역할을 전면적으로 검토하라고 지시했다. 무척 험난한 과정이었고, 밥 우드워드 기자가 이 작업에 대한 불만 섞인 일화로 책 한 권을 낼 정도였다. 총 열 차례를 넘는 회의가 25시간에 걸쳐 진행되었고, 대통령은 다양한 주장과 제안을 들었다. 실무진은 이보다 더 많은 회의를 진행했다. 가장 중요한 질문은 얼마나 많은 군사를 언제 어디에 배치해야 하는 가였다. 군대는 오바마가 임기를 시작할 때 이미 3만 명의 추가 파병을 요청한 상태였다. 검토 작업 중 군 지도부는 충분한 자원지원이 필요한 대량군사 작전을 위해 맹렬히 싸웠는데 최대한 많은 군사가, 최대한 신속히 배치되어, 최대한 오래 주둔하기를 바랐다. 퍼트레이어스는 "군사를 추가로 파병하지 않고는 우리의 목적을 달성할 수 없다"고 주장했다. 첫 번째 국가안전보장회의에서 추가 파병 문제를 언급한 이후 그는 계류 상태의 증파 문제를 밀어 붙이겠다고 말했다. 백악관의 람 이매뉴얼 비서실장이 그를 제지했다. 누출된 이야기에 따르면 이매뉴얼은 "잠시만요"라면서 "장군, 임무를 수행하시는 점은 인정합니다만 미국 대통령에게 그런 명령은 들은 적이 없습니다"라고 말했다.

검토 작업에서 홀브룩은 CIA 베테랑 브루스 리델과 더불어 명목상 공동 의장을 맡았다. 리델에 따르면 퍼트레이어스는 '공인되지 않은 세 번째 공동 의장'이었다. 하지만 정작 밀려난 사람은 홀브룩이었다. 홀브룩은 대통령에게 더 가까운 리델에게 그리고 여러 장군들에게 백악관으로부터 밀려난 것이었다. 검토 작업을 진행하는 중에 홀브룩과 오바마 사이의 세대적, 문화적 골이 더욱 두드러졌다. 2009년 2월 국가안전보장회의에서 홀브룩은 그 검토 작업을 린든 존슨 대통령이 베트남 전쟁 중 보좌진과 수행했던 작업에 비유했다. 그는 "역사를 잊어서는 안 됩니다"라고 말했다. 일순간 회의장에 침묵이 흘렀고 오바마가 중얼거렸다.

"유령이 지나가네."

몇 달 후 홀브룩이 베트남전을 또 다시 언급하자 대통령은 좀 더 목소리를 높였다. 그는 "리처드"라면서 말을 끊고 "사람들이 정말로 그렇게 말합니까?"라고 말했다. 당시 홀브룩은 자신의 경험을 오디오 일기로 남기고 있었는데 초점은 역사(와 회고록)에 있었다. 홀브룩은 기록에서 "대통령과 초창기 NSC 회의를 할 때 베트남을 언급했는데 대통령이 더 이상 베트남 언급을 원하지 않는다는 말을 힐러리에게 들었다"고 말했다. 테이프 잡음 너머로 들려오는 그의 목소리는 지쳐 있었다. "두 사례는 분명히 서로 관련이 있다고 생각했기 때문에 무척 충격을 받았다." 힐러리는 "홀브룩은 자신이 개인적으로 대접을 받는 방식에 불만이 컸다"고 말했다. "나 역시 불만스러웠는데, 홀브룩이 제안한 많은 내용이 가치가 컸기 때문이다. 하지만 그의 제안은 백악관의 세계관과는 어딘가 맞지 않았다." 홀브룩은 이야기를 귀담아 들어야 할 상대가 아닌 인내해야 할 상대가 되었다.

하지만 더 중요한 갈등은 군대와의 관계에 있었다. 홀브룩은 비둘기파가 아니었다. 그는 이라크 침공을 지지했고 검토 작업 초기에는 임시방편 삼아 아프간 선거 전에 군대를 배치하는 방안에도 찬성했다. 그러나 어디까지나 군사 개입은 정치적 합의를 달성한다는 목표를 위해 조직할 문제였다. 그는 미국 국가안보위NSC에서 군부가 완강한 요구를 하고 때로는 비군사적 해결책을 제외시키려는 모습에 놀랐다. 또 다른 테이프에서 홀브룩은 "데이비드 액설로드 백악관 수석고문에게 우리가 군사적 사고에 너무 오랫동안 지배당했다"고 밝혔다. 그리고 "군사적 사고와 군사적 지배, 그리고 군대를 무척 존경하고 퍼트레이어스가 탁월하다고 생각하며, 그들을 개인적으로 아끼고 위대한 미국인이라고 생각하지만 그들이 정치 전략을 좌우해서는 안 된다. 그런데 그런 일이 지금 일어나고 있다"고 말했다.

언젠가 회의에 참석했던 홀브룩이 기진맥진한 상태로 나타나서는 국무부의 중동외교 전문가인 발리 나스르에게 엉뚱한 말을 늘어놨다. 국방부 장관 로버트 게이츠가 자신보다 더 큰 폴더를 가지고 있고 지도와 도표의 색상도 더 화려하더라는 푸념이었다. SRAP팀도 적잖은 분량의 정책 문서를 만들어 내고 있었지만 대통령의 많은 보좌진은 우리 문서를 읽지 않을 것이다. 홀브룩은 언젠가 회의에서 "그래픽을 다룰 줄 아는 사람 있나?"라고 물었는데 모두가 나를 쳐다봤다. 내가 "연령차별이에요"라고 중얼거렸지만 결국 나는 정책 제안을 총천연색 파워포인트로 꾸미는 작업을 할 수밖에 없었다. 그는 세세한 부분까지 지시했는데 백악관에서 별 관심을 받지 못하고 있다고 느끼는 정치, 외교 해결책을 집중적으로 강조했다. 그가 생각하기에 미국의 개입 확대가 필요한 국제사회 지원기구, NATO 회원국, 인도나 중국 같은 신흥 국가 등 복합적인 대상에는 동심원 여러 개를 배치했다. 화살로 연결된 삼각형은 파키스탄, 인도, 미국의 삼각관계를 나타냈다. 순서도에는 '탈레반에 대한 파키스탄의 행동 변화'라는 제목을 붙였는데 세계에서 가장 까다로운 양자 관계에 대한 그의 계획을 동화책 수준으로 단순화시켰다.

1. 미국이 주도하는 새로운 국제 원조와 새로운 약속으로 모든 국가에 주력한다.

2. 그러면 친미 감정이 일어난다.

3. 이는 파키스탄 정부와 파키스탄 군대가 우리 쪽으로 기울게 하는 데 도움이 된다.

4. 파키스탄군이 탈레반과 알카에다에 더 많은 조치를 취하도록 만든다.

그래픽은 상황을 바꾸는데 별 보탬이 되지 않았다. 전면적인 병력 증가를 옹호하는 목소리가 더 많았고 경계의 목소리는 묻혔다. CIA의 리델은 대통령과 에어포스 원을 같이 탔으며 다른 사람들이 배석하지 않는 자리에서 대통령에게 브리핑을 했다. 게이츠 국방부 장관은 장군들과 병력 증강을 위해 로비를 지원했다. 국가안보보좌관이었던 퇴역 장군 짐 존스도, 존스 밑에서 아프가니스탄을 담당하고 있던 중장 출신의 더그 루트 부보좌관도 마찬가지였다. 홀브룩을 옹호하던 힐러리 클린턴도 근본적으로는 매파였다. 벤 로즈 국가안보 부보좌관은 "많은 비난이 있었다"고 회고했다. 홀브룩의 "가장 큰 방어자는 힐러리였으나 정책 논의에서는 계속 장군들 편을 들었다."

힐러리 클린턴은 "외교와 민간 분야의 노력을 증대해야 한다는 리처드의 주장이 옳다고 믿는다"면서도 "이를 위해 추가 파병을 할 필요가 없다는 주장에는 동의하지 않는다. 부시 정부가 이라크에 대해 지나치게 우려하면서 아프가니스탄이 관심에서 멀어졌고 덕분에 탈레반 세력이 급증했다. 우리가 그들을 억제하리라는 사실을 보여줄 필요가 있었다"고 말했다.

홀브룩은 잠자코 있을 수밖에 없었지만 무력만으로는 아프간의 위기를 해결할 수 없음을 알고 있었다. 그는 밥 우드워드와 식사하는 자리에서 "내 입장은 매우 분명했다"고 말했는데 우드워드는 이후 대화 내용을 녹음했다. "당신이 어떤 입장을 취하든 내 상관이니 당신의 입장을 지지하겠다. 하지만 내가 실제로 어떤 의견을 가지고 있는지는 알아야 한다. 나는 우리 군대가 지나치게 일을 벌이는 것이 우려스럽고, 특히 임무와 자원이 불일치하는 상황에 처하게 될까 우려가 된다. 많은 사람들은 내가 베트남전에 큰 영향을 받았다고 생각했다. 그건 내게 중요하지 않다. 최소한 나는 거기에서 경험을 쌓았던 사람이기 때문이다." 홀브룩은 베트남의 경험에서 빠져나오지 못하고 있었다.

벤 로즈는 "언제나 그 홀브룩 문제에 대해서는 유감이었다"고 말했다. "문제가 잘못 흘러갔는데 돌아보면 꼭 그럴 필요가 없었다는 생각도 든다." 그는 마치 "의자에 먼저 앉기 게임을 하는데 홀브룩이 앉을 의자가 없는 상황" 같았다고 돌아봤다.

그 시기에 벌어진 부조리 중 하나는 중복되는 것으로 보이는 검토가 무척 많았다는 점이다. 리델이 이끄는 백악관의 검토 절차뿐만 아니라 퍼트레이어스의 사전 평가, 아프가니스탄의 새로운 담당자인 스탠리 매크리스털 장군의 검토 등이 병행되었다. 매크리스털이 권고안을 발표하기 전에 홀브룩은 팀원들에게 절차가 정확히 어떻게 전개될지 일러줬다. 세 가지 선택사항이 있었다. 홀브룩은 눈썹 위로 손짓을 하며 "'리스크가 높은' 옵션은 그들이 항상 언급하는 사항인데, 매우 적은 군사가 필요할 수 있는 옵션이라네. 군사가 적고 리스크는 높은 옵션이라는 거지. 그리고 '리스크가 낮은' 옵션이 있다네"라면서 손을 아래로 내렸다. "이 옵션은 군대를 두 배로 증강하는 방안으로, 저들이 지향하는 사항이지. 그 중간에 저들이 원하는 옵션이 있네." 홀브룩은 이런 종류의 영화를 이미 시청한 적이 있었다. 리델 국가안전보좌관은 최종 보고서에서 아프가니스탄에 '완전한 자원을 갖춘' 대반란진압전략을 첫 번째로 권고했다. 여러 달 동안 망설임 끝에 대통령은 대반란진압전략을 선택했으며 3만 명을 추가로 파병하기로 결정했다.

오바마는 병력 증강과 함께 2년 뒤인 2011년 중순부터 철군한다고 못박았다. 리델 보고서나 대통령의 발표 어디에서도 테러리스트의 피난처 문제를 놓고 파키스탄이나 아프간의 탈레반과 협상한다는 의지는 찾아볼 수 없었다. 발리 나스르는 "외교와 정치 협상에 대해서는 전혀 논의가 없었다"고 회상하면서 "홀브룩은 대통령이 대화 옵션을 고려하기를 바랐지만 백악관은 받아들이지 않았다. 군대는 계속 주도권을 잡으려 했고 홀브룩은 군이 대통령을 약하게 보이도록 만드는 방안에 대해 맞서 나갔다"고 말했다.

9장

살얼음판 걷기

2010년 라마단 기간에 '우마르 치마'라는 파키스탄 기자는 한밤중에 기상했다. 수호르[01]를 기다리는 동안 친구들과 시간을 보내기 위해서였다. 이들은 다마네코 공원을 쏘다녔는데 공원은 낮에는 이슬라마바드의 멋진 풍경을 내려다볼 수 있는 장소였고, 밤에는 금빛 조명 아래 낭만적인 뜰과 정원의 미로로 변했다. 무리는 새벽 두시 반쯤 공원을 나와 치마 기자의 차에 올랐고 치마는 친구들을 하나씩 집에 내려줬다. 마지막 친구를 내려주고 집으로 돌아가던 중 차 두 대가 미행하고 있음을 알아차렸다. 바로 뒤에 흰 색 토요타 코롤라가 따라오고 있었고 또 다른 차인 검은색 지프는 그의 앞을 막아섰다.

치마가 차를 세우자 경찰복을 입은 세 남자가 지프에서 내렸다. 그들은 엉뚱하게도 치마가 한 남자를 치고 도주했다고 말했다. 치마는 파키스탄의 《더 뉴스》에 기사를 쓰고 있었고 '대니얼 펄 펠로우십Daniel Pearl Fellowship'의 해외 언론인 수상을 했으며 《뉴욕타임스》에도 기고했다. 자신이 범죄를 저지른 적은 없었으나 그런 범죄를 저지를 수 있는 권력에 대해 직설적인 기사

01 suhoor라마단 금식 기간 중 단식에 들어가기 전에 먹는 마지막 식사– 역자

를 여러 번 썼다. 가령 그는 군법 회의에 회부된 장교가 공정한 재판을 거부당했다는 혐의 등 군대 문제를 폭로했다. 파키스탄 정보부가 일련의 민간인 실종 사건의 배후라는 증거를 탐사 보도한 적도 있었다. 기사에서 치마는 정보 요원들이 주요 테러 공격의 용의자들을 풀어줬다고 보도했다. 치마는 사내들에게 사람을 잘못 봤다고 말하면서도 그들을 따라 차에 올랐다. 그러자 남자들은 그의 눈을 가리고 전화기를 빼앗았다.

안대를 풀어줬을 때 치마는 녹색 페인트가 벗겨진 시멘트벽으로 둘러싸인 방에 앉아 있었다. 방에 조명이란 백열전구 하나뿐이었다. 구석에서는 선풍기 한 대가 천천히 돌아가고 있었다. "여기가 어디냐"고 묻자 그를 감금한 사람들이 "닥쳐!"라고 말했다. 어둑한 불빛을 통해 세 사람이 있는 것을 알 수 있었는데 모두 얼굴에 아이들의 파티 마스크를 쓰고 있었다. 그들은 치마의 옷을 벗기고 바닥에 내동댕이치고는 나무 몽둥이로 매질을 시작했다. 이어 그의 머리와 눈썹을 깎고 그가 웅크리고 있는 모습을 촬영했다. 그들은 폭력을 휘두른 의도를 숨기지 않았다. 한 사람이 "넌 네가 썼던 기사 때문에 여기에 와 있는 거야"라면서 "말을 잘 듣는 법을 가르쳐 주지"라고 말했다.

치마는 내게 "실종된 사람들에 대한 기사를 써왔기 때문에 가족들이 얼마나 끔찍한 시간을 보낼지 잘 알고 있었어요"라고 말했다. "두 살짜리 아들이 생각나더군요. 내가 돌아가지 않으면 아비 없이 크겠다는 생각이 들었고요." 치마는 고통을 독하게 이겨냈다. "내 자신에게 '좋은 일을 하고 정직했기 때문에 이런 벌을 받는 구나'라고 말했죠." 치마를 감금한 사람들은 일곱 시간 가까이 그를 구타하고는 벌거벗은 채로 피 흘리는 그를 이슬라마바드 외곽의 도로변에 유기했다. 치마의 차가 거기에 있었다. 그들은 도시로 돌아가는 통행료를 내라면서 100루피를 던져줬다. 협박하는 솜씨가 예사롭지 않았다. 문득 그들이 이전에도 이런 짓을 해봤으리라는 생각이 스쳐 지나갔다. 다만 그의 사례가 이전의 협박 건과 다른 점이 있다면 협박의 효과가 없었다는 것이다. 그는 자신이 협박당한 사실을 즉시 알렸다.

공격의 배후가 누구인지에는 의문의 여지가 없었다. 그가 지옥에서 돌아온 밤 이전부터 기사를 작성하는 전후로 불길한 '조언'을 해주는 ISI(파키스탄정보부)와 여러 번 만난 적이 있었다. ISI는 반항하는 사람들을 '다룬' 전례가 있었고 이를 치마에게 상기시켰다. 파키스탄에서 기자로 활동하기란 죽음을 동경하는 것과 다름없었다. 이 나라에서 기자들은 구타당하거나 그보다 더한 일을 당하기 일쑤였다. 우마르 치마의 구타 사건이 있었던 이듬해에는 ISI와 이슬람 무장 세력의 관계를 보도한 시에드 살림 샤자드가 폭행으로 사망했다. 샤자드는 이슬라마바드 외곽의 수로에서 시신으로 발견되었다. 나중에 CIA는 샤자드의 사망이 ISI의 직접적인 지시로 이뤄졌음을 암시하는 전화를 감청했는데 파샤 장군이 직접 개입했을 가능성도 있었다. 1992년 이후 언론인보호위원회는 파키스탄에서의 취재와 관련하여 60명의 기자들이 살해된 것으로 집계했다. 인권, 아프간 전쟁, 부패에 대한 기사는 모두 위험했다. 하지만 그 중에서도 사망 사건의 67퍼센트가 연관된 가장 위험한 주제는 정치였고, 많은 경우 ISI나 군대를 다룬 기사였다. 파키스탄은 24시간 동안 수준 높은 TV 뉴스가 방송되는 나라라는 점에서 아이러니한 일이 아닐 수 없다. 파키스탄에서는 칼럼니스트와 평론가들이 활발하게 활동했지만 한편으로는 군대와 ISI가 여전히 철권을 휘두르고 있는 나라이기도 했다. 수많은 기자들이 당국에 우호적인 기사를 쓰도록 돈을 받았는데 이는 거친 기사를 쓰지 않도록 만드는 보험이기도 했다.

실종 외에 기자들이 다루다가 종종 사망에 이르는 초법적 처형 등 기자들이 당하는 고통은 미국과 파키스탄 관계에서 대화가 줄어들고 있음을 방증했다. 나는 국무부에서 실종된 기자와 금지된 이야기를 꺼내는 일이 얼마나 힘겨운 싸움인지 깨달았다. 대테러 협조가 득이 될 때 그런 주제는 굳이 꺼내들 가치가 없었던 것이다. 그런 도덕적 타협은 안보에 민감한 국가 관계에서 낯설지 않으며 혹자는 불가피하다고도 말할 것이다. 하지만 미국이 쉽사리 제기할 수 없는 주제의 목록이 늘어나는 것은 경계할 만 했다. 리처드 홀브룩이 임무를 맡았을 때 직면한 도전과제이기도 했다. 누구도 파키스탄과의 관계에서 전술 이외의 주제에 대해 말하려 들지 않았다.

치마는 자신의 경험을 국무부 일부 관료들에게 알렸다. 이들은 동정심을 보이면서도 관심을 쏟지 않았다. 그는 내게 "ISI와 CIA 간 긴장이 없을 때 이런 인권 침해에 대해서는 말 그대로 언급이 없었다"라고 말했다. "미국 정부는 자체적인 관심사항이 있다. ISI가 협조해주는데 굳이 문제를 들춰낼 이유가 있겠는가?" 인권 문제는 미국 정부의 권력 불균형을 도드라지게 만들었다. 미국과 파키스탄과의 양자 관계는 전적으로 정보기관과 군대 사이에서 진행되었다. 하지만 그 두 기관 중 인권 문제의 제기를 임무로 여기는 기관은 없었다.

헤이든 장군은 파키스탄과 살인, 실종에 대해 "대화를 나눈 적이 전혀 없었다"고 털어놨다. 그는 "이슬라마바드에 갈 때는 매우 구체적인 요청사항을 가져갔소. 나는 목적에 따라 '우리가 이 일을 하기 위해 가야 하는데 그러려면 당신들의 도움이 필요하다. 우리가 제안하는 바는 이것이다. 당신의 지원을 기대할 수 있겠는가'라고 물었다"며 한숨지었다. "우리도 ISI가 기자들을 살해하고 있음이 분명하다는 사실을 인지하고 있었소. 아시겠소? 이는 ISI에 대한 전반적인 견해에 영향을 미칠 수는 있어도, 와나Wana와 미르 알리Mir Ali지역에서 알카에다 정보원을 체포하기 위해 우리가 ISI와 진행하는 임무에 영향을 미칠 수는 없었소." 이는 파키스탄과의 관계를 담당하던 정보기관 및 군대 지도자들이 공통적으로 가지고 있던 인식이었다. 인권과 같은 광범위한 대화는 다른 누군가의 문제라고 그들은 생각했다. 하지만 미국의 정책 결정 과정에서 권력이 민간 지도부로부터 먼 곳에 기울어 있었기 때문에 과연 누가 의미 있는 수준으로 이 문제를 제기할지 파악하기란 어려웠다.

헤이든에 이어 CIA 국장에 오른 레온 파네타는 이런 문제에 직면하려는 시도가 절망적이라는 사실을 깨달았다. 파네타는 전직 정치인이자 행정부의 노련한 베테랑이었지만, 오바마 대통령이 정보 업무를 맡겼을 당시의 정보 집단에는 문외한이었다. 건장한 체격에 안경을 쓴 그는 삼촌 같은 태도로 사람 좋은 웃음을 지었다. 그는 인권 유린에 관여하는 군대에 지원을 중단하는 법적 요건, 소위 말하는 레이히 법Leahy Law에 대해 잘 알고 있다고 말했다. 그는 "그들이 초법적 살인을 저지르고 있음을 명백하게 알았을 때"라고 말하면서 싱긋 웃고는 "실제적인 우려가 제기되었소. 이에 우리는 파키스탄을 압박하기 보다는 그들만의 절차를 개선할 수 있는 방법이 있는지 보기로 했던 거요"라고 설명했다.

파키스탄인들은 결코 받아들이지 않으려는 경향이 있었다. 파네타 국장은 "그들은 '당신들이 이해하지 못하고 있다'고 말하려는 듯 묘한 표정으로 나를 보더군"라면서 더 크게 웃고는 "상대는 '당신들이 훌륭한 법과 규정을 갖췄는지 몰라도, 사실은 이 사람들은 살인자들이며, 사람들을 그리고 우리를 죽였고 우리는 같은 기준으로 이자들을 처벌하는 역사가 있다'고 대꾸합니다. 그러면 우리는 'F-16과 같은 최신 무기와, 우리가 제공할 수 있는 것을 받게 되기를 원하지 않소? 그렇다면 이 문제에 관심을 기울여야 합니다'라고 하지요. 그들은 곁눈질로 바라보면서 '농담이니 들어주기는 하겠지만 어디까지나 농담이라는 사실을 잊지 맙시다'라고 말합니다." 그는 또 다시 웃었다. 초법적 살인에 대해 이야기하면서 그렇게 많이 웃는 사람은 처음이었다.

그 지역의 긴박한 대테러 방지대책과 파키스탄의 핵전쟁 수행 능력은 미국의 힘을 약화시키는 역할을 했다. 파네타는 "그들이 무슨 짓을 하든, 그들이 무슨 사업을 벌이든 그리고 관계의 어려움에 대해 비난을 할 때 명심해야 할 점은, 당신이 핵무장 국가를 상대한다는 점이다"라고 말했다. "그들 자신의 부주의함 때문이든, 그들의 행동하는 방식 때문이든 간에 당신이 그들 편에서 벗어 나 버리면 그 결과 한 순간 테러 집단이 이런 무기에 손을 댈 수 있는 위험이 항상 존재했다"고 그는 덧붙였다. "파키스탄을 상대할 때는 언제나 살얼음판을 걷는 기분이었다."

양국 관계의 역학은 변화 없이 그 상태로 이어졌다. 뻔뻔한 거짓말이 밑바닥에 깔려 있었고, 대테러 전략에 협조한다는 전제 아래 그런 거짓말은 용인되거나 심지어 조장된 측면도 있었다. 알카에다 지도부를 제거하기 위해 사용된 드론 공격은 파키스탄인들이 정치적 필요에 따라 국민들에게 거짓말을 한다는 상호 이해를 전제로 했다. 양국 관계에서 기만의 문화를 배제하기란 때로는 불가능해 보였다. 훗날 앤 패터슨 대사는 남부의 느린 말투로 나지막하게 "도통 이해하기 어려운 장소였다"고 내게 말했다.

양국의 관계는 대체로 이런 식으로 흘러갔다. 파키스탄 정보부ISI가 파키스탄 언론에 미국에 대한 부정적인 내용을 흘리는데, 여기에는 의회나 백악관에서 벌이는 인도의 정보활동에 대한 음모론이 포함된 것이다. 그런 보도는 반미 감정을 불러일으킨다. 그러면 ISI는 미국인들에게 국내 여론 때문에 테러 집단의 피난처나 이슬람 무장집단 지원에 대한 접근법을 바꾸기가 어렵다고 둘러댄다. 패터슨은 "사실인 측면도 있었다"라면서도 "하지만 여론은 곧 저들이 스스로 꾸며낸 것"이라고 설명했다. 패터슨은 솔직하고 단도직입적으로 말했으며 외교관으로서는 드물게 기만적인 태도에 정면으로 맞서고자 했다. 어떤 회의에서 그녀는 자르다리에게 "대통령님, 제가 여기에서 말씀을 나누면 우리가 전혀 나눈 적이 없는 내용을 담은 언론 보도 자료가 나가겠지요"라고 말했다. 자르다리는 패터슨이 제정신인가 하는 표정으로 쳐다보며 말했다. "설마 우리가 나눈 대화가 공개되기를 원하는 건 아니겠지요!" 이런 관계는 이집트 등 미국이 까다로운 외국 군대에 의지해야 하는 분쟁 지대에서도 되풀이 되었다.

레온 파네타 정보국장은 파샤 장군과 ISI와의 회담을 하고 오면 동료들이 "자네는 그가 거짓말 하는 걸 정말 알고 있는 거지?"라고 종종 물었다고 말했다. "그럼, 내가 몰라서 그런 게 아니라네. 자네는 눈치가 꽤 빠르군. 사람들은 종종 내게 왜 작전이 기밀이냐고 물었지. 기밀인 이유는 파키스탄인들이 작전을 기밀로 하기를 원했기 때문인데 그래야 진짜 어떤 일이 벌어지고 있는지 알 필요가 없어지거든!" 파네타 국장이 다시 웃었다. 파샤 장군은 특유의 태도를 보이며 파네타의 발언에 답변하기를 거부했다. "미안하지만 로난(저자), 나는 끼지 않겠네. 파네타가 하고 싶은 말을 하도록 놔두게!!!!

* * *

미국이 파키스탄의 겉과 속이 다른 행동을 용인하는 것은 보호 차원에서의 협력이었을지 모르나 전술적인 측면에서 그런 관계는 우려할 만했으며, 그런 우려는 때로는 양쪽 모두에게 해당했다. 군 고위 인사로 익명을 전제로 발언한 파키스탄 육군 사령관은 합동 작전에 치명적인 소통 오류가 빈번했다고 나에게 털어놨다. 그는 2009년 초 스왓 계곡에서 실패한 대테러 시도의 초기 단계에서 보병 사령관으로 근무하는 동안 일어난 사건을 들려줬다. 때는 아직 겨울이었고 산악 지대의 공기는 얼어붙을 듯했다. 그는 서른다섯 명의 병사를 이끌고 험준한 지형으로 이동했는데 미국인들이 선별한 '매우 중요한' 테러리스트 목표물을 쫓는 중이었다. 얼마나 중요한 목표물인지 그는 알 길이 없었다. "현장에서 부대를 이끌고 작전을 수행할 때는 얼마나 가치 있는 목표물을 쫓는지 파악할 방법이 없다"라고 그는 말했다. "그저 상대방이 나를 제거하기 전에 내가 먼저 제거해야 한다는 생각뿐이다." 하늘에서는 미국의 드론이 그들을 추적하고 있었다. "미국의 기술팀이 함께 하고 있고 머리 위로 그들이 조종하는 드론이 다닌다는 사실을 아는 사람은 극히 드물었다"라면서 "당연히 파키스탄의 동의를 사전에 구한 것이었다"고 설명했다.

미국의 기술팀 일부가 스왓 전투작전이 전개되는 가까운 곳에서 드론으로 작전을 감시하고 있었다. 미국인들의 존재는 특급 기밀이었고 파키스탄 사령관 휘하에 있는 병사들조차 세부 내용을 알지 못했다. 하지만 사령관은 미군 장교와 무선 통신 연락을 했고 전력승수효과를 위해 드론 타격을 요청할 수 있다는 말을 들었다.

이 사령관에 따르면 작전 첫날 밤 그의 부대가 목표물에 근접했는데 그들이 진입해서는 안 된다는 명령을 받아 '목표물'이 도망치는 모습을 지켜봐야만 했다. 사령관은 좌표를 미국인들에게 전달했다. 드론은 여러 시간 동안 근접한 거리에 있었지만 공격을 실행하지 않았다.

다음 날 저녁, 또 다른 부대가 50킬로미터 남짓 떨어진 거리에서 작전을 수행하다가 목표물을 마주치는 유사한 경험을 했고 역시 타격을 요청했다. 이번에는 공격이 이뤄졌는데 엉뚱하게도 군이 쫓던 테러리스트들이 아닌 파키스탄 부대가 대상이었다. 파키스탄 사령관은 그의 앞에 놓인 탁자에 주먹을 내려놓으며 "공격이 우리 군을 향했소"라고 나에게 말했다. "우리는 작전 실패 때문에 서른 한 명의 군사를 잃었소. 그 이후 다시는 드론 공격을 요청하지 않았소." 파키스탄은 미국의 기술팀에게 협조하지 않겠다고 통보했고 2주가 채 지나지 않아 미국인들은 떠났다.

이 일화에는 파키스탄 군부와 대화를 나누다 보면 종종 등장하는 감정이 묻어난다. 지휘관은 양국 관계가 "진정성이 없었다"면서 서로 소통하지 않았기 때문에 벌어진 일이라고 원인을 진단했다. 그는 파키스탄인들은 목숨을 걸고 수행해야 하는 작전인데 미국은 그런 작전의 목적에 대해 정보를 거의 공유하지 않는다면서 짜증나는 일이라고 토로했다. "미국은 공식적으로 아프간의 최종 상태에 대해 우리와 전혀 정보를 공유하지 않았다"면서 불만을 늘어놨다. "이는 미국과 파키스탄 간의 전략적 상호작용이 어떤지를 보여주는 전형적인 사례라오. 우리는 작전에 공을 들였을 뿐 양국이 서로 의견을 교환해야 하는 광범위한 전략적 문제에 대해서는 대화하지 않았던 겁니다." 우리가 대화를 나누던 자리에 있던 또 다른 파키스탄 군 인사가 열심히 고개를 끄덕이며 맞장구를 쳤다. "누구도 우리 파키스탄에게 어떤 일을 수행하는 동기에 대해 묻지 않았지." 두 번째 인사가 덧붙였다.

타협적인 관계를 감내할 만한 가치가 있었느냐에 대해서는 의견이 엇갈렸다. 앤 패터슨 대사는 찬성하는 입장이었는데 "일부 CT(대테러) 문제에 있어서는 ISI와 끈끈한 협력을 했고 전 세계적으로 매우 특별한 관계였다"라고 평했다. 그녀의 의견에 많은 국무부, 국방부, 정보기관 인사들이 뜻을 같이 했다. 반면 심각한 의혹을 품고 있는 이들도 많았다. 퍼트레이어스는 CIA 국장으로서의 임기를 회고하면서 내게 "ISI는 정보의 거대한 출처가 아니었다. 중요한 사실은 우리 관계가 무척 거래에 국한됐다는 점이다"라고 말했다.

이런 논쟁은 파키스탄의 대테러 협조에서 결함이 드러날 때마다 불거졌다. 테러리스트들이 2010년 뉴욕 타임스퀘어에서 트럭 폭탄 테러에 간발의 차이로 실패했을 때 FBI는 주동자가 33세의 파키스탄계 미국인이라는 사실을 밝혀냈다. 그는 파키스탄 와지리스탄의 테러리스트 피난처에서 훈련을 받은 인력이었다. 정보 당국은 ISI가 위협에 대해 사전에 전혀 경고를 하지 않았음을 깨달았다. 분노한 백악관 관계자들은 파키스탄을 질책하면서 파키스탄에서 출국하는 승객 데이터를 포함하여 더 많은 정보를 공유할 것과, 미국인들에게 비자 발급을 지연시키지 말 것을 요구했다. 이에 파키스탄은 인지 부조화 반응을 보이면서 이미 모든 정보를 공유하고 있고, 항공편 정보는 제공할 수 없다고 거부했다.

비자 발급의 차단은 까다로운 문제였다. 2009년 내가 국무부에 도착했을 당시 파키스탄인은 미국 관료들의 여행 문서를 노골적으로 막았다. 이는 파키스탄 내부의 반미 감정 때문으로, CIA 요원이 파키스탄에 대량으로 잠입할지 모른다는 두려움도 있었다. 비자 문제는 민간 원조에 큰 영향을 미쳤다. 국무부 관료들은 아예 파키스탄 입국을 거절당하기 일쑤였다. 나는 이슬라마바드로 출장을 떠나야 하는 전날 몇 달 전에 요청한 비자가 아직도 안 나온 것을 알았다. 파키스탄에서는 민간에서 해결되는 경우는 거의 없었다. 나는 육군 무관 아메드 부트 중장과 약속을 잡는 데 성공했다. 중국 대사관 길 건너편에 위치한 파키스탄 대사관 4층에 마련된 중장의 거대한 사무실에서 그를 만났다. 중장은 정복을 제대로 갖춰 입고 옷깃에 별을 세 개 달고 있었는데 위엄이 느껴졌다. V자 모양의 회색 수염을 길렀으며 파키스탄인으로서는 드물게도 눈동자가 강렬한 파란색이었다. 그가 뒤로 기대 앉아 내

말을 귀 기울여 듣는 동안 비서가 분홍색 꽃잎이 담긴 티 포트에서 우려 낸 차를 잔에 따랐다. 나는 파키스탄 민간 사회와 협업을 하는 일이 얼마나 중요한지 최선을 다해 설명했다. 한 시간 뒤 나는 입국 비자 여러 장을 들고 대사관 문을 나섰는데 일 년은 족히 쓸 수 있는 정도였다. 하지만 모두가 이런 행운을 누리는 것은 아니었다. 어떤 경우에는 수백 명의 비자 지원자가 대기를 하고 있었고 파키스탄 군대나 정보부에서 직접 해결을 해줘야만 했다.

상황이 점점 심각해지자 결국 힐러리가 파키스탄의 길라니 총리에게 비자 문제를 제기하기에 이르렀다. 길라니는 후사인 하카니 미국 대사에게 파키스탄 정부를 거치지 말고 비자를 발급해주라고 은밀히 승인해줬다. 덕분에 하카니는 '비자 차르'에 등극했다고 표현했다. 이듬해 그는 미국인의 비자 신청을 대거 승인해줬고 양국의 관계가 적대적으로 흐르지 않도록 애썼다. 그가 보기에는 파키스탄과 미국 사이의 많은 문제가 미봉책으로 가려지고 있을 뿐이었다. 하카니는 자신의 행동이 파키스탄 정계에서 의혹을 사리라는 것을 알았다. 로빈 래펠의 외교적 노력이 세간의 오해를 샀듯 하카니가 상대편과 대화를 시도하는 것은 위험한 게임이 되고 있었다.

10장

농부 홀브룩

이른바 '군대식 사고'를 변화시킬 수 없음을 깨달은 리처드 홀브룩은 그런 사고를 피해가는 전략을 썼다. 그럼에도 그의 희망은 미국이 아프가니스탄과 파키스탄에서 전술작전 이외의 분야에서 역할을 성공적으로 확대하는 데 있다고 믿었다.

아프간 쪽 국경지역에서 그는 민간 주도의 원조를 새로 대거 지원하는 방안을 제안했다. 그의 주장에 힘입어 오바마 정부는 2009년 의회에 재건 사업 분야에 전년도 부시 행정부와 비교해 8억 달러 많은 금액을 요청했다. 홀브룩은 USAID(미국해외개발처) 프로젝트 역할을 개인적으로 승인하겠다며 통제권을 빼앗았다. USAID는 국무부에 보고하는 기관이었기 때문에 그가 통제권을 확보할 수 있었다. 그의 거대한 영향력은 관료들의 적의를 사는 원인이었다. 특히 탁발 수도승처럼 오지랖 넓게 행동하는 홀브룩이 통제권을 쥐고 놓지를 않으면서 프로젝트 승인이 몇 달 동안 지연되자 그를 향한 반감이 커졌다. 홀브룩은 그런 시도가 필요하다고 여겼다. 아프가니스탄은 자금 투입이 많은 곳이었고 난처한 USAID의 헛발질이 일어나는 온상이었다. 아프간 사람들이 낙타의 발에 상처를 입힌다고 생각하는 자갈 길 순화 프로젝트, 지하수의 염분 농도가 높아 작물의 재배가 어려운 토양개선을 위한 농경 프로젝트, 무심코 양귀비 재배를 지원하게 되고 결국에는 아프간의 마약경제를 부양하는 비료 공급 등이 그런 예였다. 홀브룩이 베트남에 머물 때 USAID는 농업 등의 분야에서 기술 전문가들이 모인 강력한 집단이었으나 오바마 정부에 이르러서는 수십 년에 걸친 예산 삭감의 결과로 인력이 줄고 전문성도 사라진 상태였다. USAID가 받는 기금은 간접비 지출이 많고, 현지 환경에 대한 이해가 부족한 미국의 대기업 계약자들에게 돌아가 프로젝트가 잘못 관리되거나 허투루 지출되기 일쑤였다. 이는 홀브룩을 외교 경력에서 괴롭혔던 불균형 가운데 하나였다. 오늘날 테러와의 전쟁에서 거의 대부분의 역량과 자원은 군대에 쏠려 있다.

홀브룩은 해결책이 농업에 있다고 확신했다. 현지에서 마약과의 전쟁을 이끌던 미군은 수익성 좋은 헤로인을 추출하는 양귀비의 재배가 탈레반 지원에 쓰인다고 오랫동안 주장했다. 이에 부시 정부는 양귀비 근절에 역량을 집중하고 아프간의 양귀비 밭을 베어내고 불태웠다. 홀브룩은 이 정책에 분개했다. 그는 파키스탄과 걸프 국가들에 대한 지원이 오히려 탈레반의 존속에 훨씬 중요한 기여를 했다는 정보기관의 평가를 내세웠다. 양귀비 재배의 중단은 빈곤한 농민들을 탈레반 무장 세력으로 내모는 결과로 이어졌다. 양귀비 재배를 할 수 없게 된 농민들에게 남은 일자리라고는 탈레반에 합류하는 길 뿐이었다.

홀브룩은 미국이 아프간 농민들을 지원하는 사업에 다시 역량을 쏟았다. "루스벨트가 대공황 기간에 농민들에게 지원했던 그런 포괄적인 농업 지원이 필요하다"고 말했다. 그는 이 업무에 완전히 몰입해 있었고 특히 한 때 아프간의 수익성 좋은 수출 품목이었던 석류에 집착하다시피 했다. 홀브룩의 요청으로 나는 석류를 주제로 다루는 회의를 수십 건 잡았다. 때때로 그는 전혀 관계없는 주제에서 내 말을 자르고는 "석류는 어떻게 되고 있는가?"라는 뜬금없는 질문을 던지기도 했다. 석류 사업에 매진한 첫 해가 저물 무렵에는 화분의 선인장도 제대로 키운 적이 없는 홀브룩이 석류에 필요한 습도, 잘 자라는 토양, 이상적인 수확 일정을 설명할 수 있는 경지에 이르렀다.

하지만 그렇게 노력했어도 민간 재건 사업은 국방부가 주도하는 프로그램과 규모 면에서 경쟁이 안 됐다. 조지 W. 부시 정부 초기에는 국무부가 재건 사업에 지출하는 금액이 국방부보다 열 배 정도 많았다. 홀브룩이 국무부에 근무할 당시에는 상황이 거의 역전되었고 그런 추세는 간과하기 어려울 정도로 뚜렷했다. 2008~2010년 국무부가 아프간에서 재건 사업에 지출한 금액은 22억 달러에서 42억 달러로 증가했는데, 유사한 사업에 국방부가 지출한 금액은 34억 달러에서 104억으로 3배 이상 뛰었다. 여기에는 기존에 국무부와 USAID가 관여하던 개발 프로젝트도 대거 포함됐는데 마약 퇴치 프로그램부터 교육, 포괄적인 전시 지휘관의 긴급사업예산도 있었다. 긴급사업예산은 도로 건설과 보수에 주로 사용되었다. 마찬가지로 육군 공병은 이 나라 전역에서 인프라 프로젝트를 추진했고 USAID는 이러한 사실을 가장 늦게 접하는 기관으로 전락했다.

USAID와 국무부의 기금에서 새로 승인한 프로젝트조차 개발 목적과 군사 목적을 구분 짓기 어려웠다. COIN(대반란진압작전)은 일반적으로 '제거, 장악, 구축'이라는 세 단계로 요약된다. 지역에서 적군을 제거하고, 우리 군이 장악하며 수용 시설을 짓는 것이다. 오바마 정부의 첫 해에 퍼트레이어스의 COIN 매뉴얼에서 가져온 COIN 용어가 USAID의 개발 계약서에도 등장하기 시작했다. 지역 사회 기반의 개발 계획 사업자를 선정하는 공고에서는 USAID 파트너 자선 단체가 "COIN에 집중하는 불안정한 지역 사회가 소규모 지역사회 수준 프로젝트를 직접 실행하고, 지역에서 적이 제거된 후 '장악'을 도와 지역 사회에서 군의 노력을 지원할 것"을 요구했다.

교전 지역에서 안보와 개발 목표를 완벽하게 분리하는 일이 불가능하더라도 역사적으로 개발은 전술에 얽매여서는 안 되며, 기술 전문가가 장기적인 목표 아래 주도해야 한다는 인식이 있었다. 계약 문구를 두드러지게 군사 용어로 변화시키는 것은 새로운 시도였고 다른 의견은 수용되지 않았다. 그러자 계약에 지원하는 비정부 기구가 들고 일어났다. 한 자선단체의 수장은 내가 직원들이 가시적으로 군과 동일시되면서 공격의 목표가 되었다고 토로했다. 또 다른 이들은 미국의 재건 사업에는 편안함을 느끼지만 미국 군대의 힘에는 불편함을 느끼는 아프간 지역 사회와는 신뢰가 깨졌다고 지적했다.

홀브룩은 부시 정부 시절, 군이 주도한 최소 범위의 지원이 시민 사회, 특히 지역 수준에서 관계를 위축시켰다고 주장했는데 그의 말은 옳았다. 미국의 대기업은 막대한 수수료를 취하고는 다른 집단에 하도급을 줬다. 하도급 업자가 재하청을 주는 경우도 있었다. 그 결과는 뻔했다. 비효율과 책임 부재였다.

우선, 미국이 현지 어느 곳에 어떤 기관이 활동하는지 모른다는 문제가 있었다. 이에 대해 홀브룩은 야심차게 반응했다. 그는 내게 아프간과 파키스탄에서 활동하는 모든 NGO를 추적하라고 요청했다. 나는 알고 지내던 컴퓨터 공학 천재를 영입했다. 질리안 코지라Jillian Kozyra라는 프로그래머였는데 곧 구글에서 낚아채간 인재였다. 우리는 U스트리트에 위치한 내 작은 지하방에 틀어 박혀 내가 디자인하면 그녀가 코딩하면서 여러 밤을 뜬눈으로 보냈다. 코지라는 루비Ruby라는 프로그램 언어를 사용해 스크래핑scraping, 정보 추출 애플리케이션을 만들었다. 인터넷 출처에서 데이터를 추출하는 자동화된 도구로 구글 지도와 연계하였고, 특정 지역에서 시민 사회의 활동 유형을 파이 차트로 나누는 기본 분석 도구와 결합시켰다. 개발 절차의 막바지에 우리는 십만 개의 현지 집단 활동을 하는 아프가니스탄과 파키스탄의 지도를 작성했다. 그리고 내가 구입한 공개된 비정부 URL에 자료를 올렸다. 홀브룩은 기술의 마법에 기뻐했고 백악관, 국방부, 아프가니스탄과 파키스탄의 미국 대사관에 가서 소개하라고 채근했다.

하지만 이 프로젝트는 세련되지 못한 홀브룩의 접근 방식이 얼마나 문제를 일으키는지를 보여주는 사례이기도 했다. 미국 계약자들은 홀브룩 때문에 밀려난 것에 격분했다. 그들은 홀브룩을 해고해야 한다고 로비했고 언론에는 그가 현지 NGO에만 주력하는 태도에 대해 불만을 제기했다. 여느 때처럼 군은 고압적이고 때로는 우호적이지 않은 상대였다. NGO 추적 기술을 처음 선보인지 2년이 지나지 않아 국방부와 CIA 변호인들이 내 사무실을 찾아왔다. 그들은 "도대체 이 이해 불가능한 기술이 어디서 났습니까?",

"데이터의 출처는 어디입니까?", "자금을 누가 댔습니까?"라고 캐물었다. 물론 나는 오픈 소스 데이터와 도구를 활용해 임시 솔루션을 구축했으며, 비용이라고는 도메인을 구입한 금액 정도 밖에 들지 않았다고 답했다. 양 기관은 애플리케이션의 소유권이 자기 기관에 있다고 주장하면서도 이를 활용하려는 어떤 시도도 하지 않았다. 약 4년 후 내가 국무부를 떠날 때 미국에는 홀브룩이 원하던 시민 사회 집단의 기초 데이터베이스가 여전히 마련되지 않은 상태였다.

나중에 나는 버지니아의 익명의 사서함에서 대형 마닐라 봉투를 받았다. 봉투 안에는 엄격한 기밀 속에 수행해야 하는 면접을 신청하는 양식이 들어 있었다. 시간제한이 있는 온라인 테스트를 거쳐 익명의 관료들과 호텔 바에서 여러 차례 면접을 봤다. 그들은 내가 국무부에서 일했던 경력에는 관심도 없었다. 그들은 내가 비공식 직함을 달고 변호사나 기자로 활동할 의사가 있는지 물었다. 한 면접관은 "이봐요. 거기에서 당신이 하고 있는 일은 모두 부차적인 일입니다. 우리가 하는 일이 진짜 일이지"라고 말했다.

홀브룩을 둘러싼 모든 일과 마찬가지로 SRAP(아-파키스탄 특별 대표부) 업무는 야심차고 짜릿했으며 많은 이들에게 소외감을 줬다. SRAP는 이방인들을 외교관보다 더 우선시함으로써 국무부 관료 체제 내에서 미움을 샀다. 홀브룩이 자처한 부처 간 중재는 전통적으로 백악관의 영역이었고 특히 그 일은 백악관을 장악해야 하는 일이었다. 이것이야말로 홀브룩의 원죄가 결코 속죄될 수 없는 이유였다. 우리 팀의 업무가 처음 시작된 순간부터 이 시스템은 마치 신체에서 이식된 장기가 거부 반응을 일으키듯 이 특이한

SRAP체제를 와해하려는 작업이 진행되기 시작했다. 이런 와해 시도가, 일부 사람들에게는 나라 전체가 값비싼 비용을 치를 수도 있다는 우려를 낳게 했다.

11장

약간의 대화

2009년 1월 벤 프랭클린 룸에서 리처드 홀브룩의 역할을 발표하는 행사가 있었고, 일주일 후 홀브룩과 후사인 하카니 파키스탄 대사는 헤이 애덤스 호텔의 라파예트 식당에 마주 앉았다. 홀은 천장이 높고 빛으로 가득했으며 벽은 크림색이었고 백악관이 보이는 자리였다. 한 때는 직업 외교관이자 T.루스벨트 정부의 국무부 장관이었던 존 헤이의 자택이었고, 워싱턴 정치 명문가들의 응접실이었다. 1920년대에 저택을 허물고 그 자리에 우아한 이탈리아 르네상스 양식의 건축물을 세웠는데 지금 하카니와 홀브룩이 점심을 들고 있는 그 건물이었다. 홀브룩은 하카니와 같은 외교관으로서 마주친 적이 있었다. 2008년 하카니가 미국 대사로 임명되었을 당시 아시아 소사이어티 의장이었던 홀브룩이 담당 지역에 선의를 알리고자 여행하면서 인연을 맺었다. 홀브룩이 맡게 될 새로운 역할이 발표된 날, 그는 하카니에게 전화를 걸어 점심 약속을 하면서 자신들이 눈에 띌 만한 장소를 예약했다며 씁쓸하지만 확신에 찬 목소리로 말했다. 물론 헤이 애덤스 호텔이 눈에 가장 잘 띄는 장소는 아니었지만 그런 발상을 한다는 사실 자체가 홀브룩을 다른 시대에서 온 인물로 보이게 만들었다. 홀브룩의 시대에서는 잘 알려진 현장에서 목격되는 것이 일종의 신호로 작용했으며, 그런 신호를 언제든 전달할 준비가 되어 있는 막후 인물과 관찰자 패거리가 활동했다. 하지만 사실을 말하자면 그날 누구도 두 사람에게 관심을 보이지 않았다.

홀브룩은 자신이 세운 목표를 제시했다. 그는 아프가니스탄에서 전쟁을 종식시키고 파키스탄을 안정시키기 위한 해결책을 원했다. 언제나 그렇듯 그는 예리한 질문을 던졌고 그 중 다수의 질문은 역내 당사자를 협상 테이블로 끌어내는 방법에 집중되었다. "미국이 인도, 파키스탄과 동시에 우방이 될 수 있는가?"라고 홀브룩은 물었다. 그는 파키스탄의 국익에 대한 진솔한 대화를 원했다. 하카니는 경험적으로 솔직한 대화를 얻기 힘들다는 것을 알고 있었다.

하카니는 홀브룩에게 "한 가지를 기억하시오"라고 경고했다. "여기는 유고슬라비아가 아닙니다." 그는 보스니아에 대해 홀브룩이 쓴 『전쟁 종식을 위해To end a War』의 구절을 인용했다. "3국의 모든 지도자들은 논쟁을 벌이는 동안 얼마든지 자국 국민들을 죽게 만들 용의가 있었다."

하카니는 "인도아(亞)대륙에서는 상황이 다릅니다. 국민들은 의지가 없고 타협이 무슨 의미인지 모릅니다. 생각하는 것만큼 쉽지 않을 것이오."

두 사람은 여러 이유에서 정계의 아웃사이더였고 세계에서 가장 까다로운 외교 정책 문제를 주시하고 있다는 공통점이 있었는데 한동안 서로를 응시했다.

홀브룩은 새로 선출된 오바마 미국 대통령이 이 지역으로 중심축을 옮기면 하카니의 삶 역시 힘들어질 것이라고 말했다. "관심과 자세한 검토가 늘면 손쉽게 답할 수 없는 질문이 제기될 테니까." 그는 하카니의 일이 부럽지 않다고 말했는데 그런 점에서는 하카니 역시 생각이 같았다. 이후 2년 동안 두 사람은 가깝게 지냈다. 홀브룩은 최신 외교 정책에 대해 말하기 위해 아침 7시부터 침대에 있는 하카니에게 전화를 걸어 정신이 번쩍 들게 만들었다. 두 사람은 홀브룩의 조지타운에 위치한 타운 하우스에서 산책도 했다. 주말에 홀브룩의 아내가 다른 도시로 가면 둘은 영화를 보러 가기도 했다. 2010년 3월에는 로만 폴란스키의 스릴러 〈유령 작가〉를 보러 E스트리트 극장까지 걸어갔다. 영화가 끝난 후 홀브룩과 하카니는 프로즌 요거트를 같이 먹었다.

홀브룩이 열망하던 지역을 아우르는 역할의 일부는 그가 손에 잡아보기도 전에 눈앞에서 사라져 버렸다. 이란의 경우 백악관으로 이첩 되면서 이란과의 협상을 이끄는 역할에 데니스 로스가 임명됐다. 그보다 더 큰 타격은 인도였다. 인도가 눈부신 경제 성장을 보이면서 파키스탄보다 외교적으로 더 중요한 중심지로 올라섰다. 게다가 인도는 파키스탄과 같은 불량국가로 홀브룩의 전쟁 포트폴리오에 묶였다는 데 언짢아했다. 이에 인도는 오바마의 인수팀에 로비하여 홀브룩이 연관된 특사를 비롯한 모든 인도 특사를 거부했다.

홀브룩은 내게 어떻든 방 안에 있는 인도라는 코끼리를 해결할 생각이라며 실제로 그 지역 외교 논의에 그 코끼리를 정기적으로 포함시켰다. 그의 목표는 인도뿐만이 아니었다. 2010년2월 그는 나를 포함한 직원들에게 업무와 관련된 자신의 해외 출장 목록을 작성하라고 지시했다. 출장은 지켜보

베나지르 부토 파키스탄 총리의 대변인을 맡고 있던 하사인 후카니가 1994년 이슬라마바드에서 부토 총리가 연설을 하는 모습을 보고 있다. 나중에 총리는 하카니를 위해 사진에 사인을 해줬다.
–후사인 하카니 제공

2010년 이슬라마바드의 파키스탄 외무부에서 힐러리 클린턴이 원조 프로젝트를 발표하는 동안 하카니가 리처드 홀브룩에게 속삭이고 있다. 하카니는 그 해 홀브룩이 앞날에 대해 "낙담한 상태였다"라고 회상했다. "어떤 사람들은 일을 마무리 짓느냐보다 누가 그 일을 하느냐를 더 중요하게 여긴다는 사실에 실망해 있었다." –AP 사진 / B. K. 방가시(B. K. Bangash)

기에도 지치는 일이었다. 그는 2010년 1~2월에만 수많은 나라의 20개 도시를 방문하는 셔틀 외교를 수행했다. 런던, 아부다비, 이슬라마바드, 카불, 뉴델리, 파리, 뮌헨, 도하, 리야드, 타슈켄트, 트빌리시, 베를린 등 목록이 이어졌다. 도시 목록과 더불어 우리는 그가 아프간이나 파키스탄의 해외 파트너로부터 얻어 낸 약속에 주목했다. 인도 정부는 아프가니스탄에 민간 지원을 이어가고 무역을 늘리겠다고 약속했다. 이와 더불어 '안보 분야에 획기적인 지원'도 약속했다. 한때 러시아는 파키스탄에 '기술적인 군사 훈련'과 헬리콥터를 지원하겠다고 제안했다. 이는 세계에 위협이었기에 홀브룩은 세계적인 해결책을 구축하고자 했다.

그의 꿈은 파키스탄과 인도의 관계를 개선시켜 파키스탄이 테러 집단을 지원하는 근본 원인을 제거하는 데 있었다. 홀브룩은 심지어 자신과 하카니, 파키스탄에서 근무했던 전 인도 위원장 S. K. 람바와 비밀회의도 진행했다. 회의에 대해 하카니는 "한 번 만난 적이 있기는 하다"라고 인정하면서 "홀브룩은 내가 인도인들과 대화를 나누도록 권했다"고 말했다. 하지만 하카니는 파키스탄이 의미 있는 협상에 비호의적이라고 판단했다. 그는 혼잣말로 "인도가 아예 존재하지 않으면 모를까 어떻게 파키스탄을 만족시킬 수 있겠는가?"라고 중얼거렸다. 인도-파키스탄 문제가 해결되기 위해서는 우선 협상 당사자들의 근본적인 태도부터 변화되어야 했다. 데이턴 3국 평화 회의에서 홀브룩이 당사자들의 태도 변화를 이끌어낼 수 있던 비결은 오로지 백악관이 그를 굳게 지지한 덕에 그가 실제로 군사 공격을 지시할 수 있다고 위협할 수 있었던 부분에 있었다. 인도-파키스탄의 경우 그는 인도와 대화할 수 있는 권한조차 없었고 파키스탄뿐 아니라 백악관을 자극하지 않기 위해 비밀리에 대화하는 경우도 많았다. 또한 이번 경우에는 군에서 개입을 주도하고 있었다. 때문에 그는 직무 분석표에 명시된 한계를 피해가며 일해야 했다.

또 다른 거대한 도전은 파키스탄과의 대화에 있었다. 양국 정보기관은 폭넓은 대화에는 눈가림을 한 채 오랫동안 대화를 이어왔는데 이런 태도는 소련과 아프간의 전쟁 중에는 효과가 있었다. 전쟁 중에는 파키스탄과 미국이 같은 편에 있었기 때문이다. 양국은 서로 다른 이유에서 침략군을 지역에서 몰아낼 필요가 있었다. 양국 관계는 파키스탄의 핵개발 등 다른 분야에서는 이미 기만행위로 점철되어 있었다. 그렇더라도 최소한 전략적으로 이해가 일치하는 방향에 서 있었다. 폭넓은 대화도 없었지만 대화를 할 만한 이유 역시 없었다.

테러와의 전쟁에서 미국은 파키스탄과 동일한 관계를 다시 맺으려 했지만 상황이 근본적으로 달랐고 극복도 거의 불가능했다. 이번에는 파키스탄이 미국과 다른 편에 있었다. 미국은 알카에다와 협력하는 무장 세력을 파키스탄 지역 밖으로 쫓아내기를 원했다. 하지만 파키스탄은 미국이 과거에 가르친 대로 무장 세력을 대리인으로 활용하는 방안을 택했다. 설사 파키스탄이 미국의 협력 요구에 응한 것처럼 보였더라도 언제나 그들은 미국의 요구에 반대하는 목표를 품고 있었다. 그런 파키스탄이 기본적인 우선순위를 다시 짜려면 광범위하고 진솔한 대화가 필요했다. 이를 위해 홀브룩은 대리전쟁의 불안한 거래를 진정한 외교적 협력, 혹은 그에 근접한 관계로 탈바꿈시켜야 했다.

홀브룩은 파키스탄이 폭넓은 대화에 응하도록 설득하려면 군사 지원 외에 이 지역에 대한 미국의 헌신을 보여줘야 한다는 사실을 알고 있었다. 행동이 필요했고, 안 되면 최소한 자금이라도 필요했다. 2009년 4월 그는 도쿄에서 열린 기부자의 콘퍼런스에 여러 국가를 소집했고 파키스탄에 대한 50억 달러 지원을 호소했다. 그는 "훌륭한 기업공개IPO"라고 농담했다. 약속된 금액이 충분한지 기자가 묻자 그는 "파키스탄에는 50억 달러가 아닌 500억 달러가 필요합니다"라고 답했다.

고국으로 돌아온 홀브룩과 데이비드 퍼트레이어스는 열렬히 로비에 착수했다. 퍼트레이어스는 내게 "홀브룩과 의회에서 무척 열심히 작업했다"며 "우리는 그 일을 위해 협력했다"고 회상했다. 블랙베리 전화기 위에서 홀브룩의 손가락이 춤을 추던 것도 이 때였다. 그는 모든 의원 사무실에 확보하고 있던 인맥을 총동원했다. 2009년 9월 상원은 향후 5년 동안 파키스탄에 75억 달러를 새로 지원하는 방안을 만장일치로 승인했다. 이 법안에는 발의자의 이름을 따 '케리-루거-버먼법Kenny Luger Berman'이라는 이름이 붙었다. 법안은 파키스탄에 제공되는 최초의 장기 민간 지원 패키지로서, 거의 전적으로 군 대 군 성격이었던 양국 관계에 변화를 주려는 신중한 계획이었다. 의회조사국의 앨런 크론슈타트 애널리스트는 파키스탄 지원에 대해 "미국이 파키스탄의 군부하고만 소통할 뿐 민주주의나 파키스탄 국민에는 상관하지 않는다는 인식을 해결하기 위한 거대한 전략적 시도였다"라고 평가했다. 하지만 그러한 인식의 개선은 예상보다 훨씬 어려운 일로 드러났다.

케리-루거-버먼법이 통과된 날 베나지르 부토의 로비스트인 마크 시겔은 자택에서 파티를 열었다. 그는 파키스탄 거래 관계를 당시 자신이 일하던 로크 로드(국제 로펌)로 가져왔고 많은 직원, 파키스탄 외교관, 정치인들이 성취를 축하했다. 24시간 지나지 않아 후유증이 나타나기 시작했다. 젊은 파키스탄 로비스트 모신 카말은 파티가 열린 날 시겔의 회사에 합류했다. 그는 양국의 분명한 관계 개선을 활용할 수 있으리라 기대했다. 하지만 그가 맡은 최초의 임무는 서둘러 수습책을 마련하는 것이었다. 파키스탄 언론에서 법안을 맹비난하는 기사를 쏟아내기 시작했다. 《더 네이션》은 "파키스탄의 주권을 약화시키는 악랄한 계획"이라고 표현했다. 《더 뉴스》에서 외교관 말리하 로드히는 "국민들이 보기에는 조국이 모욕을 당했다"라고 평했다. 파키스탄 육군의 수장인 카야니 장군 조차 분노를 표현했고 개인적으로는 미국 관료들에게 열변을 토했다.

문제는 안보 지원이 이어지기 위해서는 미국 국무부가 매년 파키스탄이 올바른 행동하는지 기준을 만족해야 한다고 요구한 부분에 있었다. 여기에는 핵무기가 테러 집단에 흘러가지 않도록 협력하고, 극단주의자와 테러 집단에 대한 지원을 중단하며 파타 및 쿠에타 지역의 피난처에 대한 조치를 돕는다는 조건이 포함되었다. 사실 이러한 의무사항은 무척 완화된 수준이었다. 지원 유지의 조건은 안보 관련 분야에만 국한되었고 이마저도 국가 안보를 이유로 면제될 수 있었다. 사실상 조건 없는 지원이었던 셈이다. 미국에서는 법안이 양국의 관계를 와해시키는 위협요인이 되리라 예상한 의원이 거의 없었다. 하지만 파키스탄에서 편집증은 국가적인 취미라고 할 정도다. 이 일화는 다른 모든 일과 마찬가지로 두 가지 반응을 끌어냈다. 일각에서는 이 사건은 인도가 개입한 증거라고 여겼다. 또 다른 사람들은 후사인 하카니의 잘못이라고 비난했다. 모신 카말은 이 사건에 대해 "후사인 하카니는 매우 어리석은 일을 저질렀다"라는 직설적인 평을 하면서 "그가 이러한 조항을 넣은 것"이라고 말했다.

분노가 커지자 홀브룩은 위기 세션을 발동하기 위해 직원들을 사무실에 소집했다. 그는 양말 차림으로 사무실을 맴돌았다. 홀브룩이 관심을 가지고 있는 기자들에게 전달할 반응이란 원조가 '조건 없이no conditions' 이뤄진다는 점이었다.(그는 농담으로 'C 단어[01]'라고 불렀다). 법안에 이름을 올린 존 케리는 파키스탄을 회유하기 위해 이슬라마바드로 건너갔다. 한 고위 관료는 "케리-루거-버먼과 사과를 하기 위한 출장을 갔고, 나와즈 샤리프 총리와 그 일당을 만났다"고 한 고위 관료는 말했다. 케리가 카야니 장군과 저녁 식사 자리에 다섯 시간 넘게 앉아 있던 적도 있었다. 케리는 장군에게 "우리는 이 자금의 지원을 원하고 양국 관계의 성격을 변화시키기를 원한다"라고 설명했다. "하지만 그렇게 하려면 파키스탄은 지금까지 해오던 나쁜 일이 계속 이어지면 외부에 어떻게 인식될지에 대해 민감해져야 합니다." 그러자 카야니는 "이보시오, 나도 정치인이오"라면서 "당신들의 정치를 이해하고 있고, 이 일이 얼마나 어려운지도 알고 있소"라고 답했다. 많은 일이 그렇듯

01 알파벳 C로 시작되는 금기어 cunt, cock 등- 역자

파키스탄 정부는 국민들과 미국인들에게 서로 다른 메시지를 전했다.

나는 외부의 관찰자들이 이 광기를 어떻게 이해할지 짐작해봤다. 동맹이라는 나라에서 75억 달러를 지원받는 데 분노하고 있고, 강대국은 그 지원금에 어떤 의무도 포함되지 않는다고 해명하느라 애를 쓰고 있다. 이 상황은 양국 관계에 자리 잡은 뿌리 깊은 문제를 비춰주는 거울과 같았다. 홀브룩은 광범위한 대화의 장을 마련하고자 애썼다. 하지만 파키스탄은 너무 오랫동안 미국의 군사 이익을 위한 대리자 역할을 했다. 정보기관 수장과 장군들은 서로 많은 대화를 했지만 그 사이 광범위한 관계는 방치되어 피해망상과 의혹만 커졌다. 이는 75억 달러로는 살 수 없는 것이었다.

로빈 래펠은 당시 주파키스탄 미국 대사였던 앤 패터슨의 제안을 받아들였다. 케리-루거-버먼법이 2009년 9월 하원과 상원에서 통과되기 전달에 래펠은 짐을 챙겨서 이슬라마바드로 향했다. 그녀는 이슬라마바드 마르갈라 언덕 바로 오른쪽에 위치한 안락하고 녹음이 우거진 F-6 구역에 2층짜리 회반죽 장식의 주택을 마련했다. 수리한 토요타를 얻어서는 직접 파티와 행사장으로 몰고 갔다. 나는 이슬라마바드에 머무는 동안 러시아 외교관과 영국 자선단체장이 자택에서 개최하고 파키스탄인들이 참석하는 행사에서 래펠이 종횡무진하는 모습을 목격했다. 로빈 래펠은 20대부터 그녀가 알고 지내던 이슬라마바드 지배층으로 다시 돌아왔다. 홀브룩과 퍼트레이어스가 의회에서 얻어 낸 새로운 지원 자금을 지출하는 업무가 그녀에게 떨어졌다.

래펠은 "당시에도 그렇고 지금도 나는 케리-루거-버먼법이 군대뿐만 아니라 국민들의 전반적인 생활수준을 높이려는 광범위한 시도이며 좋은 아이디어라고 생각한다"고 말했다. 하지만 자금의 지출은 지원을 발표하는 것 못지않게 우려스러웠다. 여기에서도 양국 간의 뿌리 깊은 거래적 관계가 일부 묻어났다. 그런 관계로는 연 15억 달러의 민간 원조에 협조를 얻기 어려웠다. 얼마 안 가 USAID가 효율적으로 지출할 수 있는 수준을 넘어서는 자금이 승인되었다는 사실이 분명해졌다. 그 결과 지원 계획은 많은 파키스탄 사람들이 보기에는 또 하나의 지켜지지 않은 약속이 되고 말았다. 부풀려진 숫자는 분노를 샀고 한 번도 제대로 실현되지 않았다.

아프가니스탄에서와 마찬가지로 파키스탄에도 기술 분야의 전문 지식이 부족했다. 수자원 인프라의 경우 USAID에 자격을 갖춘 전문가가 전혀 없었다. 나는 외부의 그룹을 섭외하여 파키스탄 정부, USAID와 연결시켰다. 하지만 외부 전문 기술로는 전시 입법으로 설정된 일정에 따라 미국의 지원을 수행할 수 없었다. 래펠은 "사실을 말하자면 우리는 크게 보탬이 되지 않았다"라면서 "일이 진척되는 데 매우 오랜 시간이 걸렸지. 기대가 무척 높았지만 이를 맞출 수 있는 방법이 없었다"고 토로했다.

아프가니스탄에서 홀브룩의 노력을 망쳤던 허술한 시스템은, 프로젝트가 파이프라인을 신속하게 통과하도록 만들려는 래펠의 노력도 좌절시켰다. 현지 NGO를 찾기 위해 수소문했지만 결국 케리-루거-버먼 자금은 겹겹의 하청업체를 사용하는 미국의 거대 계약자들에게 돌아갔다. 래펠은 담담하게 "우리는 대부분의 자금을 계약자들에게 낭비했다"고 말했다. 문제를 고칠 시간도 충분하지 않았다. 5년은 인프라 프로젝트에서는 눈 깜짝할 사이의 시간이었고, 홀브룩이 원했던 관계 변화의 시각에서 보면 그보다 더 짧은 시간에 불과했다. 나중에 래펠은 "처음에는 5년이 아닌 10년 프로그램으로 만들어야 한다는 생각을 하지 못했다"고 내게 말했다. "어떻게 자금을 제대로 지출할지 신속하게 파악할 수 없었기 때문이다." 이뿐만 아니라 군의 긴박한 요건과 국내 정치 압박의 영향 때문에 5년이라는 일정은 외교와 개발의 현실에 맞지 않았다.

그러던 차에 지원책임을 맡은 집단에서 반발이 일어났다. 이들은 아프가니스탄에서와 마찬가지로 미국의 전쟁 수행 노력의 일부로 비치려는 욕심이 없었다. 홀브룩과 퍼트레이어스는 케리-루거-버먼법을 단순 논리로 설득했다. 댐과 학교 건설에 거액을 쓰면 파키스탄인들은 미국 달러가 흘러 들어오는 것을 눈으로 확인하게 된다. "짠!"하고 마술 봉을 휘두르면 파키스탄은 은밀하게 수행되는 대테러 작전에서, CIA의 아바타 역할을 하던 나라가 아니라 미국의 우방으로 변신한다는 식의 논리였다. 파키스탄 원조에 대한 회의는, 고위 관료들이 수혜자의 마음과 정신을 얻을 수 있고, 당장 눈으로 결과를 확인할 수 있는 '상징적 프로젝트'임에도 불구하고 오히려 애걸하는 성격으로 변질되는 결과가 되었다.

홀브룩이야말로 그런 프로젝트를 간절히 원했다. 파키스탄 북서부의 난민촌에서 찍은 사진에서 그는 가부좌를 틀고 어린 딸을 무릎에 앉힌 수염 난 파키스탄 난민 옆에 구부정한 자세로 서 있었다. 선글라스를 벗은 그의 표정에 진심어린 연민이 묻어 있었다. 카키색 모자 밑으로 흰머리가 나왔는데 모자에는 'USAID' 아래 '미국 국민들의 지원'이라는 슬로건이 선명히 새겨 있었다. 그는 종종 그 모자를 쓰기 위해 가지고 나갔다. 국무부 소속의 이란계 미국인으로 중동 문제 전문가인 발리 나스르는 홀브룩과 그의 비서에게 보내는 이메일에 "파키스탄 언론은 RCH(홀브룩의 이니셜)의 야구 모자에 새긴 슬로건에 특별히 관심이 많은 것 같소"라고 다소 냉소적인 표현을 썼다. 그러자 홀브룩은 "어떤 깊은 뜻이 있을까요, 프로이드 박사님?"이라고 비꼬는 투의 답을 보냈다. "모자는 원조가 얼마나 임시적이든 미국 시민의 노력이라는 사실을 보여주는 사인에 불과한 것입니다. 여기에서 다른 나라의 원조를 보면 이란의 원조조차 우리보다 나은 브랜드를 갖추고 있습니다. 우리의 지원 흔적으로는 헬리콥터만 눈에 띌 뿐입니다. 중국의 야전병원, 터키, 사우디아라비아, 호주, 스위스, 영국 등을 보세요. 미국은 지원 사실을 숨기는 데 급급하고 있으니 NGO 파트너들은 우리가 기금을 댄다는 사실을 인정하려고 하지 않습니다"라고 답답한 심정을 전했다.

홀브룩이 옳았다. 폭력적인 반미 감정으로 물든 파키스탄의 민감한 지역에서는 NGO가 성조기를 최대한 드러내지 않기 위해 애쓰는 경우가 많았다. 구호 직원들이 공격을 받을 수 있기 때문이었다. 가장 불안한 지역에서 미국은 심지어 성조기와 USAID(해외개발처) 로고를 완전히 지우는 것까지 면제에 포함하도록 허용했다. 이는 오랜 신사협정이었다. 하지만 홀브룩은 이 문제를 공적으로나 사적으로 화두로 삼기 시작했다. 그는 관련 대화를 힐러리 클린턴의 보좌관 제이크 설리번에게 전달했고 설리번은 이를 클린턴에게 전달했다. 며칠 후 힐러리는 공개적으로 면제 문제를 제기하면서 "우리가 보낸 물자에 미 정부를 나타내는 표시가 붙도록 싸워야 한다. 많은 구호 기관

직원들과 우리 NGO 파트너들은 미 정부와 연관되는 것을 두려워하기 때문이다"고 주장했다.

일순간 우리는 아프간-파키스탄 전략의 중심부에서 원조 받은 물품의 많은 부분에 책임을 지고 있는 집단과 전쟁을 벌이는 입장에 처했다. NGO 연합인 인터랙션InterAction의 대표는 《워싱턴포스트》에 "우리는 파키스탄을 돕고 있다. 우리의 등을 겨냥하지 말라"라는 헤드라인으로 기고를 했다. 샘 워싱턴은 "라이베리아나 콩고 등에서는 미국 정부의 기금을 받는 미국 NGO가 '미국 국민들의 지원'이라는 사실을 홍보하는 경우가 일반적이다"라고 쓴 뒤, "하지만 구호 단체 직원들의 생명이 위태로운 파키스탄에서는 강요된 브랜딩 캠페인이 미국인과 파키스탄 동료들의 목숨을 위험에 빠뜨릴 수 있다"고 썼다. 논란을 잠재우기 위해 내가 나섰다. 나는 관련 기관들을 국무부로 소집했고 지원 거부가 일어나지 않도록 NGO 대표들과 회의를 마련했다.

양쪽 모두 단호했다. 디스커버리 채널의 CEO 출신으로 힐러리 클린턴의 공공 정책 담당 차관을 맡고 있던 주디스 맥헤일은 클린턴에게 칼럼을 이메일로 전달하면서 "미국의 도움을 받는 사람들이 미국이 도와준다는 사실을 모르는 상태에서 수십 억 달러의 원조와 지원을 계속 제공하는 것은 국익에 도움이 되지 않는다"고 적었다. 클린턴은 "고마워, 함께 일해서 얼마나 다행인지. 때로는 우리가 태어날 때 헤어진 쌍둥이 같다니까!"라고 답을 보냈다. 제이크 설리번은 맥헤일에 보낸 이메일에서 맞장구를 쳤다. "지원 사실을 숨기면 결코 안 됩니다. 은밀히 주고 있나요?" 그는 국무부 장관Secretary

을 뜻하는 약어(S)를 사용해서 덧붙였다. "S(장관)는 우리가 이런 정책을 파키스탄 너머로 확대해야 한다고 생각합니다. 미국 국민들이 지원한 것이라는 사실을 세계에 알리자는 거죠."

위기관리 이메일 목록이 길어지자 나는 USAID의 라지브 샤 대표의 이름으로 게재될 칼럼의 초안 작성에 참여하게 되었다.

우스운 일이지만 나는 직위가 낮았기 때문에 원조에서 발을 빼겠다고 위협하는 집단과 직접적으로 소통하는 유일한 직원이었다. 문득 구체적인 해결책을 마련해 보자는 생각이 들었다. 미국이라는 브랜드를 알릴지 말지 여부가 아니라 그 브랜드를 언제, 어디서, 어떻게 알릴지, 특히 기존에 시행되던 면제 정책의 조정을 놓고 구체적인 대화를 나눠 보는 것이다. 민감한 지역에서도 성조기를 사용하겠다는 의지를 표현한 현지 그룹과의 협력은 이미 파키스탄에서 논란이 많은 거대 서방 그룹에 집중하는 것보다 더 큰 영향을 미칠 가능성이 있었다.

나는 홀브룩에게 일련의 의견서를 보내고 단체에 메일을 보내 의견을 개진했다. 홀브룩은 불같이 노했다. 어느 날 밤, 위험 지역에서는 이미 허용되고 있는 브랜딩 삭제를 공개적으로 인정하는 방안에 대해 답장을 썼는데 홀브룩이 나를 사무실로 불렀다. 당시 그는 자신에게 불친절한 백악관을 거의 날마다 상대해야 하는 상황이었다. "정신이 나갔는가?" 그가 고함을 쳤다. 내가 가져간 의견서를 어찌나 세게 낚아챘던지 종이가 반으로 찢어졌다. 나는 손에 들린 나머지 반을 바라보다가 홀브룩의 이마에 튀어 나온 정맥을 주시했다. "자네가 스스로를 특별하게 여긴다는 것 아네." 그의 화는 누그러들지 않았다. "자신이 운명을 타고 났고, 대단한 일을 할 거고, 나라를 위한 변화를 만들리라 생각하는 것도 아네. 허나, 장담하는데 자네가……" 이 대목에서 그가 "베트남에 있을 때부터……"라고 말하려다 멈췄다는 느낌을 지울 수 없었다. 근처 벽에 걸린 액자에서는 메콩 강의 햇살 속에서 콜라가 든 잔을 들고 미소 짓는 젊은 날의 홀브룩 사진이 우리를 보고 있었다. "……하지만 주제를 알아야지. 누구와 싸울지를 정하게. 아무리 훌륭한 주장이라도 들으려는 사람이 없다면 좋은 주장이 아니라네. 지금 누구도 듣고 있지 않잖은가?!" "도나?" 홀브룩의 비서로 온화한 남부 할머니 같은 인상을 주는 도나 데즈반이 사무실 문가에 서서 멍한 표정으로 우리를 보며 훌쩍이고 있었다. "도나, 그만. 울음을 멈춰!" 그가 고함을 쳤다.

라지브 샤의 칼럼은 《허핑턴 포스트》에 게재되었고 브랜드 중단도 면제사항에 포함시키는 것에 대해서는 짧게 언급했다. 중요한 시행자 중 철수한 기관은 없었으며 원조는 계속 이어졌다. 하지만 파키스탄에 대한 포괄적인 민간 지원을 실시한다는 꿈은 한 번도 현실로 이뤄지지 않았다. 기금의 대부분은 의회에서 승인조차 안 됐다. 어떤 경우에는 불가항력적 사건이 훼방을 놨다. 홍수, 난민 위기에 대응할 때 원조에 승인된 기금을 사용한 것이다. 의회의 크론슈타트 연구원은 "인도주의적 지원이 기금을 상당 부분 유용했다"고 분석했다. 더 중요한 사실은 양국 관계의 이해를 급격하게 변화시킬 만한 사건이 진행 중이었고, 그 변화로 말미암아 지원에 책정된 금액이 급감했다는 것이다.

2010년3월 힐러리와 파키스탄의 외무 장관 샤 메무드 쿠레시는 벤 프랭클린 룸에 직사각형으로 길게 놓인 탁자 상석에 앉았다. 두 사람의 뒤로 미국과 파키스탄 국기가 교차하여 배치되었다. 빨간색, 흰색, 파란색의 국기가 초록색 바탕에 흰색 초승달이 놓인 국기와 나란히 서 있었다. 파키스탄의 대표단은 쿠레이시의 쪽에, 미국 대표단은 클린턴 쪽에 앉았으며 홀브룩은 클린턴과 가까운 자리에 앉았다. 홀브룩의 아프가니스탄과 파키스탄에 대한 민간 기금 증액 요구 때문에 불화가 이어졌지만 그는 당사자들을 협상 테이블로 끌어내기 위해 고군분투했다. 그는 클린턴에게 인도와 중국 등 다른 중요한 동맹처럼 파키스탄과도 매년 '전략적 대화'를 가져야 한다고 설득했다. 이는 고위급이 양국의 관계에서 가장 까다로운 문제를 놓고 형식적 대화를 진행하는 자리였다.

첫 번째 회의에서는 실질적인 진전이 거의 없었고 쿠레시가 확보한 약속이라고는 모두 대테러 협력 분야라는 전통적인 분야에서 이뤄졌다. (그는 기자들에게 "우리는 수개월, 수년 동안 지연되었던 군사 장비를 파키스탄으로 이동해 달라는 요청을 신속하게 해결하기로 합의했다"고 밝혔다.) 하지만 우여곡절 끝에 그런 회담이 개최됐다는 사실 자체가 작은 기적이라 부를 만했다. 회담 후 클린턴은 파란색 벽을 배경으로 코린트 양식의 기둥이 장식된 국무부의 트리티 룸Treaty Room에서 쿠레시와 함께 섰다. 그녀는 파키스탄의 우정에 감사를 표하고 "파키스탄은 그 자체로 중요한 나라입니다. 우리는 파키스탄을 단순히 동쪽의 거대한 나라나 서쪽의 전쟁에 찌든 나라에 인접한 기능으로 접근하지 않습니다"라고 말했다. 현실보다는 희망에 가까운 발언이었지만 중요한 첫 발을 뗐다는 데 의미가 있었다.

홀브룩은 그 시작을 최대한 활용했다. 그는 아프가니스탄과 3자 협상을 추가로 이뤄내기 위해 노력했다. 실무진은 구체적인 문제를 해결하기 위한 작업을 진행했다. 파키스탄과 인도 사이의 반감, 파키스탄의 어려운 경제 여건으로 인한 무역 규제 등 굵직한 문제를 홀브룩이 자신의 권한을 뛰어 넘어 해결할 수 있는 절호의 기회였다. 그는 인도를 협상 테이블로 끌어내는 데는 실패했으나 미국, 파키스탄, 아프가니스탄의 3자 대화를 적극적으로 추진했고 교역을 시작한다는 합의로 막을 내렸다. 사실상 1965년 이후 정체 상태였던 협상에서 첫 번째 돌파구가 마련되었다. 2015년에는 인도도 무역 협상에 참여하고 싶다는 의사를 전했다.

3자 실무 그룹의 또 다른 초점은 수자원 정책이었는데 홀브룩은 이 주제에 집착하기 시작했다. 세간에 잘 알려지지는 않았지만 그는 수자원을 둘러싸고 고조되는 갈등이 인도와 파키스탄 사이의 불안한 평화를 완전히 무너뜨릴 수 있다고 생각했다. 인더스 강은 인도를 통과하여 분쟁 지역인 카슈미르를 거쳐 파키스탄으로 이어진다. 즉 인더스 강은 인도와 파키스탄 모두의 젖줄이었다. 1960년 세계은행과의 협상으로 양국은 인더스 강을 나눴지만 기후 변화로 계약이 위험해졌다. 홍수는 경계 양쪽의 농가를 위협했고 영역 싸움이 벌어질 가능성이 높아졌다. 가뭄 역시 비슷한 효과를 낼 여지가 있었으며 이미 가시적인 영향이 나타나고 있었다. 한 연구에서는 빙하의 축소로 인더스 강의 유량이 2050년에는 8퍼센트 줄어들 것으로 추정했다. 홀브룩은 "이 문제를 무시하면 제3차 세계대전이 벌어질 수 있다"라고 말했다.

내가 믿지 못하겠다는 반응을 보였지만 그는 무척 진지했다.

홀브룩은 국가안전보장회의 세션에서 이 지역의 물 분쟁을 거론했고 고위급의 지원을 통해 자신의 역할 확대를 기대했다. 백악관 관료들은 믿지 못하겠다는 투로 지금 농담하느냐고 물었다. 하지만 최후의 승자는 홀브룩이었다. 2016년 인도는 인더스 강 조약에서 탈퇴하겠다는 불길한 위협을 시작했다.

자신이 밀려났음을 깨달은 홀브룩은 또 다른 관료를 설득하고 나섰다. 임시로 수자원 사절 역할을 맡고 있던 국무부 차관 마리아 오테로였다. (홀브룩은 언제나 자신을 제외한 다른 누군가가 일을 제대로 해낼 수 있을지 확신하지 못했다. 언젠가 오테로에게 브리핑하고 온 뒤 내게 "괜찮을까?"라고 물은 적도 있었다. "이 일을 해낼 수 있을 정도로 머리가 좋은가? 그게 중요한데 말이지.") 그는 대화도 계속 밀어붙였다. 나는 수자원 실무 그룹이 잠재적 위기에 제대로 대처할 수 있도록 외부 전문가들과 협력을 유도하기 위해 여러 달 동안 세계를 누볐다. 어느 시점에선가 우리는 카타르 도하의 화려한 리츠-칼튼 호텔에 앉아 인도, 파키스탄, 아프가니스탄 관계자를 모아 예수 전도에 준하는 대화를 시작하기 위해 사력을 다했다. 인공 석호 옆에 앉은 수염 난 아프간 대표들은 피냐 콜라다(칵테일의 한 종류)를 거절했다. 시간 낭비처럼 느껴졌다. 인도는 공식 사절의 파견도 거절했다.

하지만 홀브룩은 자신이 가상의 적과 싸우고 있다고 생각하지 않았다. 지역 당사자들의 대화는 드문드문 중단되더라도 근래 몇 년 동안 유례를 찾을 수 없는 수준으로 대화가 진행되었다. 파키스탄인들은 국경 내에서 일어나는 테러 집단의 활동에 대해 어느 때보다도 강하게 막았다. 퍼트레이어스는 나에게 "2009년 우리에게 이런 일이 실제로 효과를 나타내는 군"이라고 털어놨다. 홀브룩은 고무된 듯했다. 장애물이 있긴 해도 중요한 지점을 향해 다가가고 있다고 홀브룩은 말했다.

12장

에이로드(A-ROD)

2010년 추수감사절 직후 매끈한 팔콘 900EX 트리플 엔진 제트기가 눈 덮인 뮌헨 공항에 착륙했다. 카타르에서 이륙한 제트기는 독일의 CIA인 연방정보부 소속이었다. 제트기에는 아가Agha라는 남성이 타고 있었다. 30대 후반의 아가는 나이보다 젊어 보였고 검은색 수염은 단정하게 정리된 모습이었다. 그는 영어를 썼는데 신중하게 단어를 선택했으며 조용하고 침착했다. 그는 탈레반 지도자 물라 오마르를 오랫동안 보좌했으며 파키스탄의 탈레반 대사관에서 근무한 적도 있었다. 그는 2008년 아프간에 접근하는 등 외부 세계와 대화의 물꼬를 트기 위해 오랫동안 각별한 노력을 기울였다. 제트기가 독일로 향하면서 홀브룩의 독일 상대인 미하엘 슈타이너가 일 년 동안 공들여온 신중한 협상이 정점을 향해 다가가고 있었다. 마르고 위엄 있는 외양의 슈타이너는 선이 굵은 얼굴에 어깨가 굽었으며 보스니아 사태 때 홀브룩의 독일 측 상대였다. 공격적인 협상 전략과 허풍이 섞인 과장을 일삼는다는 점에서 홀브룩과 평판이 비슷했다. 슈타이너도 홀브룩처럼 대화를 통한 협상이 아프가니스탄 문제의 유일한 출구라고 믿었다. 독일 요원들은 위치를 비밀로 한 중재자를 통해 아가와 간접적으로 연락했다. 아가는 사전에 합의된 구체적인 메시지를 탈레반 공식 웹사이트에 게시하여 자신의 신원을 확인해줬다.

독일 정보부는 아가를 바이에른의 상류층 거주 지역에 있는 안가로 데려갔다. 도시에서 멀지 않은 곳이었다. 보안은 철저했고 안가 주변 지역은 통제됐다. 이튿날 추위를 뚫고 미국인 두 사람이 안가를 향해 걸어왔다. 한 사람은 백악관 소속의 제프 헤이스였고 또 한 사람은 홀브룩 팀의 프랭크 루지에로 부대표였다. 루지에로는 탈레반의 근거지인 칸다하르의 군에 민간 자문을 제공하고 있었다. 슈타이너와 아가 그리고 아가의 안전을 보장받기 위해 배석을 요청한 카타르의 왕자가 함께 두 사람을 맞았다. 미국이 탈레반과 대화한 것은 십년 만에 처음 있는 일이었다.

아가 입장에서도 큰 모험이었다. 그는 독일과 미국의 블랙리스트에 올라 있었고, 양국이 그를 체포하지 않는다는 약속을 받고서야 대화에 응했다. 만약 알카에다 혹은 파키스탄 정보부 내부의 친알카에다 집단이 회담 사실을 알게 되면 아가는 섬뜩한 운명에 처할 위험도 있었다. 미국 입장에서도 위험이 있었다. 불과 일 년 전, 알카에다를 요르단 정보기관에 밀고했던 이중간첩을 아프가니스탄 호스트 지역의 CIA 기지로 데려온 것이기 때문이다. 나중에 그는 삼중 간첩이었던 것으로 드러났는데 기지에서 폭탄을 터뜨려서 CIA 요원 일곱 명이 사망했다. 아프가니스탄에서 근무하는 요원들의 뇌리 속에 그 사건이 아직 생생하게 남아 있었다. 독일 정보부는 미국에 아가를 수색하고 조사했다고 확인해줬다.

이들은 11시간 동안 함께 시간을 보냈는데 몇 시간은 관광에 할애됐다.(탈레반 대표단은 독일의 전통 고딕양식의 성을 구경하면서 상기된 표정을 지었다.) 회담은 여섯 시간 동안 진행됐다. 아가는 탈레반의 주요 우려사항을 분명히 전했다. 탈레반 지도부는 알카에다와 명확히 구분되기를 원했다. 또한 탈레반의 이름을 UN 제재 목록에서 제외할 것, 현재 대사관이 설치된 파키스탄 외에 카타르에도 정치 사무소 개설을 허용할 것을 원했다. 이밖에 탈레반이 집착하다시피 하는 요구사항이 있었다. 아프가니스탄과 관타나모 수용소에 미국이 억류하고 있는 탈레반 포로를 석방하라는 요구였다. 미국도 조건을 분명히 했다. 탈레반이 무기를 버리고, 알카에다를 포기하고, 아프간 헌법을 수용하며, 여성들을 보호하라는 요구였다. 미국도 포로에 대한 요구가 있었다. 일 년 전 육군에서 이탈한 뒤 탈레반에 붙잡힌 보우 버그달 병장을 석방하라는 것이었다.

아가가 떠난 뒤 협상자들은 고무되었다. 멀리서 대화를 집요하게 모니터링 한 홀브룩은 이튿날 워싱턴 덜레스 공항에서 루지에로를 만났다. 공항 콩코스 B구역의 해리스 탭 룸에서 홀브룩이 치즈버거를 먹는 동안 루지에로는 진행 상황을 낱낱이 보고했다. 폭넓은 협상에는 아직 이르지 못했다. 하지만 아가는 미국이 내건 조건에 주저하지 않았다. 알카에다와 탈레반 사이를 벌여놓으려는 서방의 시도에 가장 중요한 돌파구가 마련된 순간이었다.

"이 순간을 기억하게." 한 달 전 홀브룩은 루지에로에게 출장 가능성을 언급하며 이렇게 말했다. "우리가 역사에 남을 순간에 있는지도 모른다네."

2010년 10월 어느 일요일 오후였다.

홀브룩에게 전화가 걸려왔을 때 루지에로는 일곱 살짜리 딸을 태우고

필라델피아의 벤저민 프랭클린 브리지 위를 건너던 길이었다. 홀브룩의 지시대로 그는 그 순간을 절대 잊지 않았다. 홀브룩은 공개 조사를 피하고, 접촉이 허위로 드러날 경우 후폭풍도 피하며, 백악관과의 껄끄러운 관계가 더 나빠지지 않도록 하기 위해서 등 여러 이유에서 첫 번째 회의에는 빠지기로 했다. 하지만 추가 협상은 그가 맡을 예정이었다.

홀브룩이 아가에 대해 처음 들은 것은 2009년 가을 카이로에서 정신없이 진행되던 국제 회의에서였다. 이집트인들이 홀브룩에게 탈레반 최고 지도자 오마르의 보좌관을 비롯한 탈레반 지도부가 찾아왔었다고 전했다. 역시 탈레반 측을 접촉한 슈타이너와 독일 외교관들은 아가에게 진실성이 느껴진다고 했다. 아가는 미국인들과도 대화를 원했다. 힐러리 클린턴은 처음에는 고위급 대화에 회의적이었으나 홀브룩에게 극비리에 대화 가능성을 타진해보라고 전했다.

홀브룩의 뉴욕 양키스 야구팀에 대한 사랑은 열다섯 살에 확고해졌다.(당시 홀브룩은 수업을 빼먹고 월드시리즈 5차전을 관람하려 했으나 아버지의 반대로 뜻을 이루지 못한 이 경기에서 돈 라센은 월드시리즈 역사에 길이 남을 퍼펙트게임을 기록했다.) 그는 비밀이 새어나가지 않도록 아가를 '에이로드A-Rod[01]'라고 불렀다.

그 때까지 탈레반과 협상을 통한 해결이란 홀브룩에겐 '에이헙[02]의 흰

---

01 에이로드는 뉴욕 양키스의 간판 타자였던 알렉스 로드리게스(Alex Rodrigez)의 별칭이다- 역자
02 에이헙은 소설 『모비딕』에서 자신의 다리를 앗아간 흰 고래를 잡기 위해 집착하는 인물이다- 역자

고래'와도 같았다. 국무부에서 내 자리와 가까운 곳에 앉던 바넷 루빈 박사는 서방 세계에서 탈레반 최고 전문가였기 때문에 특별히 발탁됐다. 2009년 초 홀브룩이 그를 채용하기 직전에 루빈은 카불과 사우디아라비아에서 탈레반 중개자들을 만났다. 이 여행에서 그는 대화를 진행하기 위해 충족되어야 할 조건이 무엇인지 파악했는데 나중에 에이로드(아가)가 제기한 우선순위와 동일함을 확인했다. 루빈은 실제로 대화가 진행될 가능성이 있다고 생각했다. 홀브룩은 취임 선서한 날 루빈을 만나 탈레반을 접촉한 내용과 협상 가능성에 대해 물었다. 홀브룩은 "이 일이 성사되면 어려운 문제에서 탈출할 유일한 방법이 될 것"이라고 말했다. 그는 더 많은 군사를 파병한다는 결정이 정치적 협상 가능성과 모순된다고 생각하지 않았다. 그는 극도의 군사적 압박이 가해지면 이를 지렛대로 활용하여 당사자들을 협상 테이블로 끌어낼 수 있다고 종종 말했다. 이는 발칸 반도에서 협상 효과를 극대화시키기 위해 그가 사용했던 전술이기도 했다.

탈레반과의 대화에 대한 두 가지 주장이 있었다. 먼저 온건한 접근법이다. 이는 소속 집단의 이념을 위해 목숨 걸고 싸우기 보다는 생활을 위해 전쟁에 뛰어든 하급 전사들부터 바텀 업bottom up 방식으로 통합하자는 방안이었다. 이보다 야심찬 접근은 홀브룩과 루빈이 논의하던 방안으로, 탈레반 지도부를 테이블로 불러 내 화해를 시도하는 계획이었다. 브루스 리델 CIA직원의 철저한 검토 끝에 하급 전사들의 통합 방안은 지지하기로 했으나 평화 절차는 단호하게 제외시켰다. 검토보고서는 탈레반 지도자들에 대해 "화해할 수 없을 뿐더러 그들을 포함하는 거래를 진행할 수 없다"고 결론 내렸다.

그런 대화의 시도는 부시 정부 동안 굳어진 '테러리스트와 대화하지 않는다'는 기본적인 원칙을 거스르는 것이었기 때문이다. 오바마 정부의 첫 2년 동안 우리는 기밀이 아닌 의사소통에서조차 아이디어를 참고할 수 없었다. 나중에 발리 나스르는 "화해는 금기시되는 단어였다. 군에서는 탈레반과 대화하는 순간 이미 패배를 인정하는 꼴이라고 말할 것"이라고 지적했다.

홀브룩은 자신의 의견을 대통령에게 전하고자 했고 회의 일정을 잡기 위해 로비했으나 기회가 전혀 생기지 않았다. 그러자 그는 정부에서 연락이 닿는 모든 사람을 접촉하여 외교적 접근이 필요하다고 주장했다. 가장 설득하기 어려운 집단은 군대였다. 중부사령부의 퍼트레이어스를 비롯한 군 지도부의 상당수는 탈레반과의 대화가 군비 증강에 방해가 된다고 생각했다. 하지만 카불에서 퍼트레이어스 상관이었던 매크리스털 사령관은 대화를 지지하는 쪽으로 기울었다. 그와 홀브룩이 편한 관계는 아니었지만 홀브룩이 거품을 물고 설득하자 매크리스털은 잠자코 귀를 기울였다. 드러내놓고 아예 무시하는 퍼트레이어스와는 달랐다. 매크리스털의 부하 중에 크리스토퍼 콜렌다 육군 대령은 지역 수준에서 반란군의 통합 시도를 타진하고 있었는데 대령은 탈레반이 어떤 면에서는 온건해지고 있다고 판단했다. 또한 협상에 효과가 있다는 홀브룩의 생각에 동의했다. 이에 매크리스털은 대화에 흥미를 가지고 홀브룩에게 연락했다. 두 사람은 협상의 장단점에 대해 토론하고 미국의 군사 작전과 어떻게 조화를 이룰 수 있을지 논의했다. 6월 초 매크리스털은 부하들에게 탈레반과 협상하는 방안에 '동의'한다고 밝히고 이 문제에 대해 카르자이 아프가니스탄 대통령에게 브리핑할 준비도 시작했다.

몇 주 뒤 홀브룩은 휴대폰 소리에 잠을 깼다. 새벽 2시 30분이었다. 당시 우리는 모두 카불의 미 대사관에 머물고 있었다. 그는 구색이 갖춰진 방문객 공간에서 자고 있었고 나는 '후치'라는 흰색 컨테이너에서 지냈다. 컨테이너에는 2단 침대와 소형 냉장고, 작은 개수대가 갖춰져 있었다. 개수대 옆의 벗겨지는 합판에는 '손을 씻으세요!'라는 문구, 오른쪽에는 '로켓 공격 시 안내사항'이 붙어 있었다. 안내사항에는 침대 밑으로 몸을 숨기라는 지시도 있었는데 그다지 믿음이 가지 않았다. 전날 홀브룩은 마르자Marja라는 지역을 다녀왔다. 불과 몇 달 전 탈레반에게서 되찾은 전술적으로 중요한 마을이었다. 그가 마을로 다가가자 탈레반 조직원들이 홀브룩이 탄 V-22 오스프리 군용기를 향해 총을 발사하며 위협했다. '틸트로터tiltrotor수직이착륙'를 갖춘 초현대적 기체로 말썽이 잦은 군용기였으나 홀브룩은 안전하게 착륙했고 모여 있던 기자들에게 탈레반의 위협사격에 대해 웃으면서 말했다. 그는 특유의 허세를 부리면서 "다른 나라에서는 총도 맞아봤답니다"라고 말했다. "사실 많은 나라에서 그런 일이 있었죠." 홀브룩의 짧은 방문기간 동안에도 총격이 이어졌고 그가 떠난 직후 인근에서 자살 폭탄 테러범 세 명이 폭탄을 터뜨리는 사건도 발생했다. 아프가니스탄에서 군이 거둔 승리가 얼마나 단기적일 수 있는지 상기시키는 사건이었다. 대사관에 남은 나는 매점에서 기름진 음식을 먹으면서 회의를 하고 있었다. 홀브룩은 지친 표정으로 돌아왔다. 새벽 두시 반에 그는 깊이 잠들어 있었다.

전화는 이웃 도시에 있는 ISAF(국제안보지원군) 본부의 스탠 매크리스털 사령관에게서 걸려온 것이었다. 홀브룩은 짜증이 났다. 이 새벽에 전화를 할 정도로 급한 일이 무엇인가? 매크리스털은 "《롤링스톤》 잡지에 기사가 실릴 것"이라면서 "기사에 내가 당황스러운 말을 했소"라고 전했다. 홀브룩은 "스탠, 걱정 마시오"라고 안심시켰다. 하지만 매크리스털이 걱정하는 데는 충분한 이유가 있었다. 마이클 헤이스팅스 기자가 보도한 '선을 넘는 장군'이라는 기사에는 매크리스털과 그의 부하들이 정부의 거의 모든 인사들을 험담한 내용이 담겨 있었다. 한 팀원은 매크리스털이 "상관의 말에 의하면 '홀브룩은 상처 입은 동물 같다'고 했다"면서 "홀브룩은 자신이 해고되리라는 소문을 계속 접할 정도로 점점 위험한 상황으로 빠져들고 있다. 똑똑한 사내이기는 하지만 무턱대고 아무 레버나 마구 당겨 버린다. 하지만 우리의 대반란 전략을 다른 누군가가 망치도록 내버려둘 수 없다"고 전했다. 또 언젠가 매크리스털은 블랙베리를 보면서 낮은 목소리로 중얼거렸다고 한다. "제발 홀브룩의 이메일이 아니기를. 열어보고 싶지도 않다니까." 이틀 뒤 오바마 대통령은 매크리스털의 사임을 수락했다. 대화에 대한 군의 지지는 매크리스털과 함께 사라져 버렸다.

오바마는 아프가니스탄에 매크리스털 대신 퍼트레이어스를 보냈다. 엄밀히 말하자면 매크리스털이 퍼트레이어스에게 보고를 하던 입장이니 퍼트레이어스가 좌천된 셈이었다. 하지만 퍼트레이어스는 전쟁에 대한 정책 결정에서 훨씬 더 직접적인 역할을 맡게 되었다. 협상에 대해 퍼트레이어스는 매크리스털처럼 열려 있지 않았다. 퍼트레이어스는 내게 "협상이 가능하다고 생각하지 않는다"라고 말했다. "물론 우리도 시도를 했고, 군이 협상 움직임을 지지했으며 잠재적인 대화 상대의 안전을 지켰네. 하지만 진짜 탈레반을 협상 테이블로 불러내고 진정한 협상을 해낼 수 있는지 의문이었다네. 탈레반의 협상 불가능한 레드 라인은 아프가니스탄과 미국으로서는 절대 수용할 수 없는 사항이었지. 진짜 탈레반 지도부를 불러내는 것이 아니라면 '하카니 탈레반'의 지도부나 우즈베키스탄의 이슬람 활동 그리고 알카에다 지도부 역시 상대할 수 없는 일이네." 퍼트레이어스는 아프가니스탄 국경 너머의 더 과격한 집단을 거론했다. "이 모든 테러 집단의 지도부는 국경 근처의 피난처에 머물고 있었고 당시 파키스탄은 그들을 쫓을 의지도, 능력도 없다는 사실이 분명했다네." 홀브룩과 국무부는 그에게 줄기차게 협상을 요청했지만 별 도움이 안 되고 방해만 된다는 것을 깨달았다. 그는 "어떤 브리핑에서는 우리가 조금만 더 노력하면 협상을 통한 해결이 가능했었다는 말을 들었다"라고 회고했다. 군에 전달된 메시지는 "군은 충분한 노력을 기울이지 않는다. 온 힘을 다하라. 군이 장애물이다. 당신들은 협상을 원하지 않고 있다"였다. 수년 후 퍼트레이어스는 이 문제에 대해 방어적인 입장을 보였다. 그는 아프간 내 탈레반 하급 조직원 수만 명의 '재통합'을 포함해 '인간적으로 할 수 있는 모든 가능성'을 시도했다고 주장했다. "하지만 아프가니스탄 외부에 있는 집단의 지도부는 압박할 방법이 없었다. 그들은 미국이 파병 군을 축소할 때까지 기다리면 된다고 생각하는 상황에서 협상에 임할 유인이 거의 없었다." 2010년 10월 홀브룩은 에이로드(아가)와 대화를 앞두고 퍼트레이어스에게 연락하여 "타협안에 대해 대화를 나눠야 한다"고 말했다.

"리처드, 그건 15초면 충분합니다" 퍼트레이어스가 대답했다. "궁극적으로는 'YES'이지만 지금은 'NO'요."

뮌헨에서 첫 번째 비밀 협상이 진행됐다는 사실은 홀브룩의 집념이 이룬 기념비적 사건이었다. 몇 번이고 홀브룩은 대화를 밀어 붙였고 그 때마다 퇴짜를 맞았다. 백악관은 협상에 대해, 더구나 홀브룩이 협상을 이끈다는 계획에 군보다 더 완강하게 반대했다. 2009년 7월 사우디는 오바마 대통령에게 그들의 정보기관이 탈레반 지도부와 접촉했으며 대화의 기운이 감지된다고 알렸다. 그들은 미국 측에 탈레반과 접촉할 대표를 파견하라고 요청했다. 홀브룩은 백악관에 요청을 수락하도록 밀어 붙였으나 백악관은 응하지 않았다. 나중에 홀브룩은 일부 탈레반의 이름을 UN 블랙리스트에서 제외시키려고 애썼는데 이는 아가가 뮌헨에서 처음 요청했던 사항이었다. 이 방안도 백악관, 군, CIA의 단호한 거절에 부딪쳤다. 아프가니스탄과의 대화에서 협상을 언급하는 것 역시 금지되었다. 홀브룩은 카르자이 대통령의 미국 방문 시 대통령의 어젠다Agenda에 탈레반과의 대화를 포함시켜 달라고 로비했지만 이런 요구도 막다른 길에 막혔다.

그럼에도 홀브룩은 계속 시도했다. SRAP(미국 국무부의 아프간-파키스탄 특별 대표국) 팀원을 힐러리에게 보내 화해의 이점을 설명하자 차츰 힐러리의 회의적 견해가 변해갔고 백악관도 바뀌기 시작했다. 2010년 초 대통령의 아프가니스탄 고문이었던 루트 중장은 타협을 위한 계획을 추진하기 시작했는데 홀브룩이 아닌 알제리의 UN 외교관 라흐다르 브라히미가 주도하는 안이었다. 이는 홀브룩을 정면으로 겨냥한 의도적인 무시였다. 클린턴은 불같이 노했다. 그녀는 우리 팀원들에게 "우리는 외교를 외부에 맡기지 않는다"고 말했다. 클린턴은 홀브룩이 "우리는 탈레반과 대화하고 알아가는 일에 열린 태도를 취해야 한다"고 말했던 것을 기억했다. "하지만 내내 어려운 싸움이었다."

그 싸움은 단순히 적과의 협상에 대한 이념적 분열의 산물이 아니었다. 사적인 정치에서 비롯된 부분도 있었다. 오바마의 이너서클에서 홀브룩의 터무니없는 행동에 대한 불만이 터져 나왔고 결국 홀브룩에게 모욕을 주는 대 활극이 시작되었다. 루트 중장처럼 국가안보보좌관 짐 존스 장군도 전쟁터에서 명령을 내리던 군 출신이었다. 이와 더불어 국가안보에 민감한 정책을 적극적으로 통제하는 백악관에서 일하고 있었다. 존스와 루트는 홀브룩이 아프가니스탄과 파키스탄 작전을 계속 좌지우지했다는 사실에 분개했다.

매주 월요일 오후, 국무부 7층에 위치한 목판 장식의 콘퍼런스 룸에서 어둑한 불빛 아래 홀브룩은 담당 지역을 주제로 기관 간 회의를 열었다. 그는 이 회의 명칭을 현지 용어로 '슈라'라고 불렀는데 이는 협의를 지칭하는 말이었다. 회의는 홀브룩의 작품이었지만 백악관과 그의 갈등이 고조되면서 표면적으로는 루트 중장과 함께 주재하는 형식이 되었다. 매주 두 사내는 세계지도, 주요 도시와 국무부 장관이 현재 위치한 지역의 시간을 표시하는 디지털시계를 배경으로 상석에 앉았다. 두 사람 사이에 흐르는 냉기는 스테이크도 얼릴 수 있을 정도였다. "여기에 계신 루트 장군과 공동으로 주재하게 되어 기쁩니다." 회의 초반에 홀브룩이 참석자들에게 말했다. 그러자 루트가 끼어들었다. "홀브룩 대사가 저와 공동으로 주재하기 위해 참여해 주셔서 감사합니다."

존스와 루트는 홀브룩의 과오를 수집한 서류를 작성했다. 또한 대통령이 처음으로 아프가니스탄을 방문할 때 홀브룩을 탑승자에서 제외시켰다. 홀브룩은 오바마가 아프가니스탄으로 떠난 후에야 그 사실을 알았다. 한편 백악관 직원들은 아프가니스탄에서 카르자이 대통령과 긴장감 넘치는 토론이 이어질 때 홀브룩을 지원하기는커녕 그를 자르기 위한 공작으로 홀브룩과 아프간 대통령 사이를 틀어지게 만들 궁리를 했다. 그리고 카르자이가 미국을 방문했을 때는 아프간 대통령이 백악관 집무실의 회담에만 집중하게 했으며, 또한 대통령이 방 안에 있는 참석자만 신뢰한다는 점에 착안하여 회의 참석자 명단에서 홀브룩을 배제하기도 했다. 또 오바마 대통령에게 쟁점을 전달할 때 홀브룩의 성과를 깎아내리는 데 치중했다. 그러자 클린턴이 개입하여 홀브룩이 참석해야 한다고 주장했다.

국무부에 길이 회자될 또 다른 촌극으로는 존스 장군이 카불 주재 미국 대사인 퇴역 중장 카를 아이켄베리에게 의견서를 보낸 사건을 들 수 있다. 의견서에서 존스는 아이켄베리에게 홀브룩이 곧 해고될 것이라고 약속했다. 아이켄베리 역시 홀브룩을 좋지 않게 보고 있었기 때문에 존스는 아이켄베리가 메시지를 보내도 안전한 편이라고 생각했다. 유감스럽게도 그는 의견서를 백악관의 공식 서신으로 잘못 발송했고 아프간 정책에 개입된 모든 기관에 자동으로 의견서가 복사되었다. 이 상황에 짐 존스 국가안보보좌관은 기민하게 움직였다. 그는 정부가 이에 대한 출구 전략을 세워야 할 것이라고 말했다. 힐러리 클린턴이 이번에도 개입했다. 그녀는 홀브룩의 성과를 수집한 서류를 작성하고 오바마 대통령에게 직접 가서 그를 해고하려는 모의를 중단시키라고 말했다. 그녀는 "백악관 보좌진이 내게 단도직입적으로 리처드를 제거하라고 했다"고 회상했다. "그들은 '그를 해고해야 합니다'라고 말했고 나는 '그렇게 하지 않겠다. 백악관이 그를 자르려거든 그에게 직접 말하시오'라고 답했다." 홀브룩은 해고되지 않았고 그는 지옥과도 같은 상태에 계속 남았다. 내부에 있는 모두가 그가 나가 주기를 바랐다.

"루트는 홀브룩을 정말로 싫어했다"고 한 직원이 내게 말했다. 홀브룩을 해고하려는 시도가 나중에 언론에 새 나가자 루트는 당황한 목소리로 "나는 누군가를 무엇에 대한 미움으로 움직이는 사람이 아니다"라고 해명했다. 그러면서도 "내게는 매우 개인적인 경험이었고, 여전히 그 일을 분석하는 중이다. 하지만 어느 시점에선가 그 갈등에는 개인적인 측면이 고려되었다고 생각한다"고 인정했다.

홀브룩이 따돌림을 당한 것은 누구에게 묻느냐에 따라 일부분, 혹은 상당 부분은 그 자신의 잘못 으로 인해 일어난다. 그는 클린턴 대통령 시절 어떤 이유에서 '불도저'라는 별명을 얻었는데 오바마 정부에서도 루트 장군을 비롯한 다른 사람들에게 독단적인 태도를 취했다. "그는 자기 마음대로 약속을 잡고 들어와서는 문을 닫고 발을 책상 위에 올리는 경우가 일반적이었다." 훗날 루트는 화를 내면서 회고했다. "그는 오만할 정도로 자신감이 넘쳤고 자기가 어디를 향하는지 알았으며, 누구도 그 길을 방해할 수 없었다." 언제나 홀브룩이 시대와 맞지 않는 인물이라는 의견이 있었다. 루트는 "잘 아시겠지만, 클린턴 정부 시절에 그는 무제한의 자유를 누렸는데 오바마 정부에서도 그런 자유를 기대했던 것 같소."

홀브룩과 언론의 관계만큼 그런 긴장을 더 잘 보여주는 사례는 없다.

보스니아에서 그는 언론을 활용해서 자신의 협상 전술을 크게 증폭시켰다. 존스와 루트가 홀브룩에 대한 반감을 표시할 때 어김없이 등장하는 불만이 그가 오바마 정부 초기에 케이블 방송에서 보도한 여러 폭로 기사의 정보원이라는 의혹이었다. 이는 사실이 아니었다. 나중에 《워싱턴포스트》의 라지브 찬드라세카란과 《뉴욕타임스》의 마크 랜들러는 홀브룩과 관련한 기사에서 그가 정보원이 아니었다고 밝혔다. 하지만 그가 존경했던 기자들과는 대화 나누기를 좋아한 것은 사실이었다. 그러나 나는 홀브룩이 배경을 설명하는 대화의 말미에 자신이 비밀을 절대 누설하지 않았으며 그저 다양한 논평을 제공했을 뿐이라고 덧붙이는 것을 들었다. 유감스럽게도 그런 배경 설명을 하는 통화에서는 정부에 대해 정치적인 발언으로 흐르는 경향이 있었다. 실제로 그의 입지가 약해지면서 그는 과잉행동을 교정하는 듯 보였고, 때로는 세상에서 가장 유쾌한 팀의 선수가 기뻐하는 소리처럼 말하기도 했다.

하지만 대화는 홀브룩과 오바마 팀 사이의 골을 더 깊게 만들었다. 홀브룩에게 언론은 극적으로 비위를 맞추거나 정적들의 약점을 압박하는 무대이자 공간이었다. 내부의 논쟁을 언론에 공개하고 상관이 스포트라이트를 받도록 한다는 데 자부심을 느끼는 '드라마 없는 오바마[03]'의 백악관을 분노하게 만들었다. (최소한 대통령이 선택한 친위세력은 그런 태도를 보였다. 하지만 시간이 지나면서 오바마의 핵심 참모들 모두가 과시 성향을 드러내기 시작했다.) 2009년 9월 《뉴요커》의 조지 패커는 그렇지 않아도 백악관과 홀브룩의 갈등이 깊어지던 시점에 폭탄을 던졌다. 패커는 이야기를 풀어가는

03 no drama Obama 극적 연출 없이 예측 가능한 정치를 한다는 뜻_편집자

솜씨가 비상한 예리한 기자였다. 홀브룩은 자신의 아프가니스탄과 파키스탄 정책에 대한 칭찬과 탈레반과의 협상을 위한 노력이 조명받기를 희망했지만, 기사에는 베트남에서의 홀브룩 행적에 대한 사진으로 채워진 완전한 전기(傳記)형식으로 흘러갔다. 기사가 지향하는 바가 분명해지자 홀브룩은 브레이크를 밟기 위해 애썼다. 그는 기사에 나갈 정식 사진은 찍기를 거부했다. (이에 《뉴요커》는 기존에 확보된 사진을 활용했는데 침울한 분위기의 인물 사진이었다.) 홀브룩의 아내 카티 마튼은 《뉴요커》의 데이비드 렘닉에게 전화를 걸어 보도를 자제해 달라고 간청했다. 렘닉은 "카티, 이런 전화 하면 안 됩니다"라고 말했다.

잡지가 국무부에 사실을 확인하는 전화를 걸자 정부에 경고음이 울려 퍼졌다. P. J. 크롤리P. J. Crowley 공보담당 차관보가 '중요도: 높음'이라는 이메일을 힐러리의 보좌관 제이크 설리번, 후마 애버딘, 셰릴 밀스, 필립 라이너스에게 보냈다. "리처드가 곧 조명을 받게 될 것이 분명하며 전략 논의가 필요합니다. 결국 리처드를 다룬 인물 기사가 되었는데 백악관에 알리겠습니다." 이미 홀브룩은 클린턴에게 경고를 받은 터였다. 그녀는 보좌관 밀스에게 "이 사안에 대해 알고 있네"라고 답했다. 이 일화는 오바마 백악관 내부의 보좌진이 홀브룩에 대해 어떻게 생각하는지를 확인시켜줬다. 남은 우리는 그의 이야기에 등장하는 인물일 뿐이었다.

아내 마튼은 "《뉴요커》 인물 기사는 이 정부에서 그의 운명을 결정지었다"고 말했다. "그들은 정부 초기에 그 어느 누구도 대통령이 받아야 할 관심을 가로채기를 원치 않았다." 그녀는 남편에게 걱정하지 말라고 말하면서 그가 팀의 일원이고 오바마의 이너서클도 긍정적인 기사를 요긴하게 여길 것이라고 안심시켰다. 홀브룩은 "당신은 그들을 몰라"라고 말했다. 그녀는 이해하지 못하고 있었다.

13장

전쟁을 끝내겠다고 약속하시오

우리가 포트 맥네어 육군기지에 도착한 것은 오전 7시 정각이었다. 2010년 9월, 홀브룩은 파키스탄 정책의 민간-군 검토 위원회에서 퍼트레이어스의 후임으로 중부사령부 사령관에 취임한 제임스 '매드독' 매티스James 'Mad Dog' Mattis 장군과 공동 위원장을 맡았다(후일 매티스는 트럼프 정부의 국방부 장관이 되었다). 홀브룩의 영국, 독일, 프랑스 상대와 주파키스탄 영국 대사를 포함한 225명 이상의 참석자가 국방대학의 조지 C. 마셜 홀에 질서 있게 입장했다. 조지 C. 마셜 홀은 벽돌과 콘크리트를 사용하여 대형 교회 양식으로 지었으며 회갈색 석조 장식에 내부에는 여러 층 높이의 아트리움이 있었다. 국방대학교 캠퍼스의 다른 건물과 마찬가지로 포토맥 강과 애너코스티어 강이 만나는, 워싱턴 D. C. 남쪽으로 뻗은 좁은 반도에 위치하고 있었다. 매티스는 홀브룩의 의제를 수용하는 듯했다. 내가 NGO 추적 기술을 빠르게 설명할 때 주의 깊게 듣더니 플로리다 탬파에 있는 중부사령부에서 자신의 팀원들에게 설명해 달라고 제안했다. 홀브룩과 백악관의 갈등은 최악으로 치달았고 흘러나오는 정보에 의하면 그의 공직 생활은 얼마 남지 않은 듯했다. 역경이 계속되었지만 홀브룩은 자신에게 기회가 있다고 생각했다. 홀브룩은 저번 달에 왜 '멍한 눈길'을 하고 있느냐는 아내의 지적을 듣고 당황한 적이 있었다. 그녀가 무슨 생각을 했냐고 묻자 홀브룩은 "이제야 이해가 되는군"이라며 "모든 조각이 어떻게 들어맞을 수 있는지 보이는 것 같다"고 답했다. 마튼과 홀브룩 모두 이야기를 지어내는 재주가 있었고 이 경우에는 빠진 부분이 정답이었다. 절대 깔끔하게 정리되지 않고, 거창한 해답이 아닌 가공이 필요한 무척 까다롭고도 복잡한 문제의 퍼즐을 맞출 수 있는 그런 방법이었다. 그럼에도 이후 몇 주 동안 그는 힐러리 클린턴에게 아프가니스탄, 파키스탄에서 미국의 관계가 잘못 설정된 부분이 무엇이며 어떻게 바로잡을지를 강하게 설명하는 의견서를 작성하기 시작했다. 홀브룩은 나에게 오바마 정부에서 그가 개진할 수 없도록 가로막혔던 의견을 남김없이 진술한 기록 문서라고 말했다.

정부 관료 조직에서 문서를 전달하는 일은 상당히 까다롭다. 국무부 장관에게 전달되는 의견서는 해당 문서가 상관의 책상에 전달되기 전에 관련된 모든 부서의 '확인'을 받는 '라인'을 거쳐야 한다. 이 경우에는 홀브룩의 제거를 꾸미는 관료 조직의 경쟁자들인 백악관과 대사관을 거쳐야 했다. 그는 자기 메시지가 직접 클린턴에게 전달되기를 바랐고 디지털 기록을 남기기를 원하지 않았다. 새 사무실의 직원들은 원래 그를 위해 일하던 신뢰할 만한 조수들과 달리 홀브룩보다는 시스템에 더 충성을 보인다고 그는 걱정했다. 그가 내게 의견서를 조합하여 힐러리 클린턴에게 전달하는 일을 도와줄 수 있는지 물은 것은 관료 조직에서 그가 얼마나 고립된 상태였는지 보여주는 징후였다. 홀브룩은 24시간 내내 블랙베리 전화기를 끼고 살았음에도 워드 프로세서를 사용하는 것은 한 번도 본 적이 없었다. 심지어 사무실 책상에 컴퓨터도 놓지 않았다. 그래서 워싱턴 D. C.의 포트 맥네어 육군기지로 이동하기 전날 그는 내게 초안을 작성하도록 지시한 것이다. 다음날 아침 그는 매티스와의 회의에서 빠져나와 여백에 의견서와 수정사항을 휘갈겨 썼다. 오로지 클린턴만 확인할 수 있도록 '눈으로만' 보게 하라는 지시였는데 홀브룩이 시스템을 우회하는 노력을 기울인 덕분에 전혀 공식적으로 분류되지 않았다. 당시 나는 규정을 우회하는 것에 대한 불안감을 담은 메시지를 친구에게 보낼 정도였다.

의견서는 '수신자: HRC(힐러리 클린턴), 발신자: RCH(리처드 홀브룩)'으로 시작했다. '제목: 기로에 서서' 일반 줄 간격에 '타임스 뉴 로만체'로 작성한 9페이지 이상의 의견서에서 그는 냉철한 용어로 주장을 펼쳤다. "저는 여전히 아프가니스탄과 파키스탄에서 미국의 국가 안보가 중요하며 전략적으로도 이 지역은 매우 높게 평가된다고 생각합니다. 하지만 우리가 현재 사용하는 전략은 성공할 수 없습니다." 9/11테러 이후, 우리는 냉전 체제 때처럼 대리 세력으로 활용했던 군부 지도자들이 아프간 정부를 차지했으나, 그 정부는 부패로 신음하고 있고 미국과 전략적으로 이해관계가 일치되는지도 보여주지 못하고 있었다. "대반란진압작전COIN에서 무슨 일이 일어나든 우리의 정책은 근본적인 원인으로 말미암아 위험에 처했습니다. 우리와 목표를 같이 하는 신뢰할 만하고 의지할 만한 동반자가 없습니다." 그는 의견서를 계속 이어가면서 이중 거래와 부패를 일삼는 카르자이 정부의 사례를 길게 지적했다. "미국의 외교 관계 역사상 그러한 태도로 행동한 전략적 동반자가 또 있었는지 모르겠습니다. 그런 자들을 우리는 용인했고 아량을 베풀었으며 용서하고 거의 모든 일을 마음대로 해도 좋다는 인상을 주었습니다."

아프간 검토 절차를 기록하면서 밥 우드워드 기자 등은 병력 배치에 대한 홀브룩의 견해를 폭넓게 다뤘지만 홀브룩은 자기 의견을 공개적으로 밝히거나 정부의 일반 채널을 통해 전달되는 문서로 알릴 때 항상 신중을 기했다. 그는 "장관님, 지난해 벌어진 논쟁에서 저는 의견을, 제 의견을 대통령과 공유하겠다고 말한 토마스 도닐런 안보보좌관에게만 제안사항을 말했습니다. 그 의견은 전혀 공개된 적이 없습니다." 이번 의견서는 그러한 제안사항을 홀브룩의 용어로 진솔하게 요약한 정도에 불과했다. "당시 저는 매크리스털 사령관에게 완전히 다른 구성(전투 여단 하나와 1만 명 정도의 지원군, 1만~1만 5,000명의 교관, 고문, 지원)으로 더 적은 병력인 2만~2만 5,000명을 제공하는 전략을 제안했습니다. 그렇게 하면 미국인과 민간인의 피해가 더 적고 (대규모 파병에 반대한) 파키스탄을 덜 자극하며 국내 여론에서 시간을 더 벌 수 있고 연간 150~200억 달러를 절감할 수 있다는 판단에서였습니다." 그는 오바마가 2011년 7월 철수 일정을 밝힌 데 대해서도 이견을 제기했다. "발표는 마지막 순간에 이뤄졌는데 우리가 그 영향을 제대로 평가하기에는 너무 늦은 시점이었습니다." 그 영향에는 탈레반과의 협상에서 미국이 사용할 수 있는 지렛대를 낭비한 것도 포함된다고 그는 내게 설명했다. 발표 내용을 접한 탈레반은 이제 기다리기만 하면 미군이 나가리라는 사실을 알게 되었다.

미국의 대테러 목표에서 대리인 역할을 한 파키스탄의 활용 역시 실패였다. 그는 인도를 협상으로 불러내는 시도 등 보다 폭넓은 외교가 필요하다고 주장했다. 오바마가 내달 인도를 방문할 예정이었는데 홀브룩은 파키스탄도 들를 것을 제안했다. 대통령의 방문에 파키스탄을 넣는 일은 언제나 곤란한 문제였다. 인도를 자극할 위험이 있고 파키스탄 입장에서도 짧고 내키지 않는 방문이 되면 오히려 심기가 불편해질 수 있었다. 그럼에도 홀브룩은 양국 관계가 도약을 할 기회라고 주장했다.

"지금이야말로 파키스탄 방문을 시도할 기회입니다. 타격을 받은 지역을 들르지 않고 지나치면 비판을 불러일으킬 수 있기 때문입니다. 이러한 독특한 환경에서는 관계에 균형을 이루는 일과 2000년 클린턴 대통령이 해냈듯, 양국을 방문하는 일은 능숙하게 수행할 수 있다고 생각합니다."

결국 대통령은 계획대로 인도만 방문했다. 홀브룩은 파키스탄 거래에 국한된 군 대 군 관계에서 폭넓은 파트너십으로 전환시키지 않으면 미국은 국경 일대의 테러 집단 피난처 문제를 영구적으로 해결할 수 없다고 강조했다. 그에게는 앞으로 향하는 하나의 길만 보였다. 홀브룩은 베트남에서 교훈을 끌어낸 다음, 단락을 굵은 글씨로 처리했는데 정부가 그리 듣고 싶어 하지 않을 제언이었다.

"하지만 결국 반군은 게릴라전에서 지지만 않으면 이기는 겁니다. 게다가 대반란 진압작전에 대해서 한 가지 지속되는 문제가 있습니다. 피난처를 확보한 적에게는 성공을 거둘 수 없다는 겁니다. 그러나 우리는 파키스탄이 인도 문제에 집착하고 파키스탄군이 전략적 정책을 장악하고 있기 때문에 파키스탄이 우리와 동일한 전략적 이해관계를 갖도록 만들 수 없습니다. 이러한 이유 때문에 우리는 레드 라인을 넘지 않는 선에서 탈레반과 정치적 합의를 이룰 수 있는 여지가 있는지 살펴야 하는 것입니다. 탈레반과 협상한다는 생각은 탐탁지 않은 것임에 틀림없지만 이 부분을 계속 무시하는 것은 무책임한 처사입니다."

곧 있을 에이로드와의 협력에 대해 홀브룩은 클린턴에게 설명하겠다고 전하고, 미국이 카르자이 정부로 하여금 알카에다를 등지는 모든 세력과 낮은 수준의 협상 진행을 지지한다고 공개적으로 밝힐 것을 제언했다. 그는 '파키스탄 국민을 지원하는 새롭고 중요한 노력'과 더불어 '인도에 대한 정당한 관심'을 약속하는 케리-루거-버먼법과 별개의 시도가 이어지기를 촉구했다. 또한 점진적으로 파병된 군사의 규모를 축소하는 방안을 지지했다. 3~5년 일정으로 권한을 (홀브룩이 그 능력을 암울하게 묘사한)아프간 군에 이양하고, "미국을 직접적으로 위협하는 테러 집단을 추적하는 데 필요한" 미군은 일부 남기기로 약속하는 방안이었다.

의견서에서 홀브룩은 미국이 외교를 통한 해결의 중요한 기회를 상실했다면서 그 원인으로 정책 결정 과정에서 시스템적으로 군이 장악하고 있는 문제를 정면으로 지적했다. 그가 언급한 문제의 목록에서 이는 첫 번째를 차지했다.

#. 검토 절차를 더 이상 군이 장악해서는 안 됩니다. '대반란진압작전'에 민간-군 전략의 혼합이 필요하다는 제의에 모두가 립 서비스를 했다하더라도 지난해 군은 선택을 장악하고 규정했습니다. 전쟁이 완전히 군사적 결과로 끝나지 않는다는 점에 모두가 동의한다 해도 국무부는 민간-정치 과정에서 NSC에 구체적인 기여를 할 수 없었습니다. 군과 달리 국무부는 장관님이 개인적으로 대통령과 다양한 사안을 논의하고 저도 한 번 참석한 적 있는 주간 세션을 제외하고는 대통령과 단독으로 회의를 한 적이 없습니다. 앞으로의 논의에서 우리는 이 불균형을 바로잡는 방안을 추진해야 합니다.

홀브룩은 군이 지상에서 펼쳐온 진전 상황에 대하여 '자체적으로 등급'을 매겨왔으며, 좀 더 '정확한 평가'를 확인하기 위한 여지를 남겨 두고 있다고 말했다. 베트남에서 그가 작성한 초기 의견서가 그대로 반복되는 것이었다. 군은 시간과 병사가 더 필요하다고 평가하지만 홀브룩은 아프간에서 COIN(대반란진압작전)을 근본적으로 옹호할 수 없다고 생각했다. 많은 이유는 베트남에서 이 전략을 옹호할 수 없었던 근거와 같았다. 홀브룩은 "퍼트레이어스와 매크리스털이 지난해 검토 과정에서 반복적으로 '전통적인 COIN'이라는 표현을 사용했다"며 "COIN은 반란군에 피난처가 있을 때는 성공할 수 없다"고 기록했다. 이 경우 국내 정치 문제로 미군과 NATO 군사를 철수하려면 아프간에 자급자족 가능한 정부와 자주적인 보안대가 있어야 하는데 이에 대해 홀브룩은 '비현실적'이라고 딱 잘라 표현했다.

그가 논의에서 배제되는 상황을 비롯해 민간의 의견이 개진될 공간이 사라지면서 군대의 사고에서 벗어나기가 어렵게 되었다. 이는 미국이 최대의 레버리지를 활용하려고 할 때 광범위한 전략적 선택지를 없게 만들었다. 그 결과는 암울한 예측으로 이어졌다. "용인할 수 있는 기간 내에 우리가 받아들일 수 있는 최선이란, 현지에서 폭력이 계속 일어나고 있으나 상당히 줄어든 수준에서 관리되는 정도다." 하지만 홀브룩은 여전히 지역의 합의에 파키스탄의 용인을 얻을 수 있다고 느꼈고 탈레반과의 협상이 현실적이라고 믿었다. 이는 "여성들을 최악의 '암흑 세월'에서 구출해 낼 수 있는" 방안이기도 했다. 그는 진지했다. 정부는 이미 중요한 기회를 놓쳤지만 그는 포기하지 않을 생각이었다.

그해 가을에는 불길한 기운이 감돌았다. 백악관과의 반감은 극에 달했고 날마다 홀브룩과의 이별을 알리는 듯했다. 홀브룩이 11월 말 '전원 소집' 회의를 요청하자 일부 직원들은 이제 끝난 것 같다고 털어놨다. 여기에는 홀브룩 자신의 문제도 있었다. 그는 점점 핼쑥해졌고 피곤해 보였다. 평소보다 자주 멈춰 서곤 했으며 숨이 가빠서 침묵하기도 했다. 클린턴에 보낸 의견서에서 그는 혹독한 일정의 셔틀외교를 강조했지만 계속된 출장으로 후유증이 찾아온 듯했다. 연초에 전원이 소집된 회의에서 홀브룩이 일어나 발언을 했는데 감정이 북받쳐 목소리가 떨렸다. 그는 건강 검진 결과 긴급한 처치가 필요한 심장 질환이 발견되어 아프간을 방문하는 중요한 일정을 취소할 수밖에 없게 되었다고 알렸다. 그러더니 이상하게도 일정대로 다시 출장을 떠났다. 추가로 검사를 받았는데 문제가 없었다고 그는 설명했다.

하지만 그 주변의 많은 사람들은 계속 걱정을 했다. 홀브룩이 베트남에서 인연을 맺은 베테랑 외교관 프랭크 위스너는 훗날 기자들에게 그해 가을에 있었던 일화를 전했다. 두 사람이 점심을 하던 중에 (식성이 까다롭지 않았던) 홀브룩이 관자요리에 코를 묻더니 피를 쏟아 냈다. "자네 대체 무슨 일인가?" 위스너가 물었다. 홀브룩은 심장 질환이 계속되어 쿠마딘Coumadin이라는 항응고제를 다량으로 복용하고 있었다. 홀브룩은 밤마다 녹음한 회고록에서 "오늘은 힘든 날이었다. 아침에 일어났을 때 무척 불편한 느낌이 들어서 심방세동이 재발했음을 깨달았다" 고 밝혔다. 그는 특유의 느릿느릿한 말투로 '불.편.한'을 한 음절씩 발음하여 강조했다. "주말에 했어야 하는 일을 하지 않았으니 당연한 일이다. 모든 방면에서 긴장과 압박이 더해지고 있다. 분명히 그걸 느낄 수 있다"고 그는 말했다. 위스너를 비롯한 몇몇 사람은 홀브룩에게 일을 그만두라고 조언했다. 국무부 정무국장 레스 겔브는 "한 주도 거르지 않고 홀브룩에게 일을 그만두라고 말했다"고 밝혔다.

홀브룩은 자기 인생을 놓고 싸움을 벌이고 있었다. 그는 자기 임무가 베트남에서처럼 또 다시 엉망이 되어가는 모습을 지켜봤으며 과거처럼 지금도 자신만이 냉혹한 현실을 솔직하게 평가할 수 있는 사람이라고 생각했다. 하지만 그 역사의 소용돌이 밑바닥에는 자존심, 나이, 두려움과 싸우는 나약한 인간이 있었다. 일을 그만두는 것은 홀브룩이라는 별이 얼마나 멀리 지는지 인정하는 것이었다. 힐러리는 홀브룩의 해고를 막아주었지만 그가 열외 취급을 받는 것까지 막지는 못했다. 홀브룩 역시 은신처가 있는 반란군인 셈이었다. 그 역시 패배하지만 않으면 승리를 거둘 수 있었다.

겔브 국장은 "그는 내일은 기적이 일어나고 오바마가 자신을 좋아하리라는 희망을 늘 버리지 않았다"면서 "모든 일이 괜찮으리라 생각했다"고 덧붙였다.

홀브룩과 내가 공방을 벌인 것도 바로 이 시기였다. 갈등을 벌인 이후 몇 주 동안 우리가 나눈 대화는 형식적인 수준에 그쳤다. 이런 종류의 냉각기는 리처드 홀브룩과 일하는 모두에게는 일상이었다. 그는 가까이 일하는 모든 직원들과 변덕스러운 관계를 이어갔고 나는 최악의 상태에 빠져 눈물을 보이는 직원들을 달래주어야만 했다. 11월 막바지에 에이로드와 첫 번째 대화가 진행될 즈음 카페테리아 근처의 복도에서 홀브룩과 마주쳤다. "자네, 떠날 거 아니지?" 그가 물었다. 나는 국무부에 들어간 첫 해에 밤마다 변호사 시험공부를 했는데 다행히 합격해서 얼마 전 뉴욕주 변호사 선서식에서 다녀온 터였다. "개업하지 말게. 아무 것도 아닌 일이니까." 나를 향해 웃을 때 그의 얼굴에 패인 주름이 푸른 눈가 주변에서 멈추었다. "어쨌든 자네, 바람이 들어갔구먼." 그리고 2010년 12월 8일, 그가 전화로 내게 부탁을 했다. 친구이자 《포린 어페어스》의 편집장을 장기간 지낸 제임스 호기가 그날 저녁에 열리는 행사에서 상을 받을 예정이었다. 홀브룩은 친구를 놀래 주고 싶었다. "'1970년대 언젠가'에 작성되었는데 그가 너무 잘생겨서 문제라고 지적한 기사를 찾을 수 있겠는가?" 그의 기억력은 언제나 그렇듯 초자연적인 수준이었다. 나는 일곱 시간 동안 의회 도서관 직원을 괴롭힌 끝에 결국 《에스콰이어》지 1979년 9월 발행본에서 제임스 호기를 다룬 기사를 찾아냈다. 제목은 '지나치게 훌륭한 외모가 일으키는 위험'이었다. 홀브룩이 뉴욕으로 가는 비행기를 타기 직전에 사본을 그에게 건넸다. "훌륭해, 로난!" 그가 이메일을 보냈다. "누군가 이 일을 할 수 있다면 바로 자네일 거라 생각했었지. 고맙네. 바로 내가 찾던 기사라네." 내가 그에게 받은 마지막 이메일이었다.

이틀 후 쌀쌀한 아침 홀브룩과 후사인 하카니는 조지타운의 포시즌스에서 아침을 같이 먹었다. 두 사람 모두 낙담한 상태였다. 홀브룩은 대통령을 만나 클린턴에게 제안했던 정치적 해결 방안을 설명할 준비를 하고 있었다. 하카니는 ISI로부터 점점 거센 비난을 받고 있었다. 그가 미국인들과 가까운 관계를 유지하면서 오랫동안 양쪽에서 논쟁의 대상이 되었다. 비자 적체 문제를 해소하고 더 많은 미국인들의 파키스탄 입국을 돕자 그런 논쟁은 정점으로 치달았다. 일각에서는 그가 간첩을 입국시켜 파키스탄의 국익을 훼손한다고 속삭였다.

"나는 ISI와 문제가 있고 당신은 NSC와 문제가 있으니 우리가 이 일을 얼마나 오래 할 수 있겠습니까?" 하카니가 물었다. 홀브룩은 "후사인, 우리가 변화를 만들 수 있는 한 계속 해야 합니다"고 답했다.

다음날 아침 홀브룩은 백악관 회의가 잡혀 있었다. 그 자리에서 그는 오바마와 가까운 데이비드 액설로드 고문에게 대통령을 접견할 기회를 마련해 달라는 마지막 간청을 했다. 클린턴이 먼저 탈레반과 대화하는 방안에 대한 의견서를 오바마에게 전달했고, 홀브룩은 기회가 주어지면 대통령과의 직접 대화를 통해 아프가니스탄에서 빠져나올 수 있는 방안이 있다고 설득할 생각이었다. 그는 한 녹음 파일에서 "힐러리는 이 일에서 협상 방법을 찾을 수 있는 중요한 의견서를 대통령에게 전달했다"라고 말했다. "마침내 대통령이 주목했다. 우리가 작성한 가장 중요한 의견서라고 돌아 볼 날이 올 수도 있겠지만 두고 봐야 할 것이다." 액설로드는 회의를 고려해 보겠다고 전했다. 홀브룩은 상기되었고 숨이 가빠 보였다. 액설로드의 비서가 그에게 물을 한 잔 권했다.

그는 백악관에 한참 머물다가 힐러리 클린턴, 제이크 설리번, 프랭크 루지에로와 만나기로 한 다음 회의에 늦게 참석했다. 에이로드와의 비밀 회담 이후 탈레반 협상에 대해 처음으로 논의하는 자리였다. 힐러리는 흰색과 금박을 입힌 목재 위에 술이 달린 파란색, 분홍색 커튼을 두르고 화려한 천을 씌운 의자와 소파가 늘어선 널찍한 대기실에서 기다리고 있었다. 클린턴이 그 소파에 앉은 것은 내가 나중에 힐러리에게 보고할 때 맞은편 큰 의자에 귀빈들이 앉아 있던 경우가 유일했다. 소파는 그런 날을 위해 남겨둔 자리였다. 훗날 클린턴은 "홀브룩이 뛰어 들어와서는 '아 정말 미안합니다, 미안합니다'라고 했었네"라고 회고했다. 홀브룩은 풀썩 앉아 코트를 벗으면서 백악관 방문 등 직전에 있었던 회의에 대해 장황한 설명을 늘어놨다. "원래 봐왔던 리처드 그대로였고 '수많은 일을 하고 있으며 그 일을 다 해내려고 노력 중이다'라고 말하는 듯했다"고 힐러리는 회상했다. 그가 말하는 도중에 '선홍색' 액체가 얼굴에서 뿜어져 나왔다고 클린턴은 기억했다. 그의 가슴이 들썩거렸고 홀브룩은 손으로 눈가를 눌렀다.

"리처드, 무슨 일입니까?" 클린턴이 물었다.

"뭔가 끔찍한 일이 벌어지고 있습니다." 그가 답했다.

몇 분 후 홀브룩은 바퀴 달린 들것에 묶여 근처의 조지 워싱턴 대학병원으로 향하는 앰뷸런스에 있었다. 클린턴은 자신을 진찰했던 내과 전문의에게 응급실을 마련해 달라고 부탁했다. 앰뷸런스에서 홀브룩은 언제나처럼 호들갑스럽게 더 먼 곳에 있는 시블리 메모리얼 병원으로 가자고 요청했지만 클린턴이 만류했다. SRAP팀의 부대표인 댄 펠드먼이 앰뷸런스에 같이 타서 홀브룩의 손을 잡았다. 펠드먼은 블랙베리를 가지고 있지 않아 의사의 진찰을 받던 홀브룩이 메시지를 받아 적으라고 시키자 국무부 지출 내역서에 휘갈겨 쓰기 시작했다. 메모는 개성이 뚜렷한 홀브룩의 비선형 의식의 흐름으로 이어졌는데 의학적 긴급 상황이 발생하면서 중간에 슬래시가 이어졌다. 첫 번째 줄은 '액설로드 사무실의 에릭에게 전화'라고 시작했다. 그 근처에는 '대동맥 박리 - A타입..... 수술 위험도 @ 〉 50퍼센트'라고 쓰여 있었다. 사망 가능성을 뜻했다. 그의 인생에서 중요했던 사람들을 향한 메시지가 이어졌는데 도중에 상태가 악화되면서 메시지 흐름을 방해했다. 클린턴 장관을 뜻하는 'S' -Secretary Clinton- "우린 왜 신체적 위기 상황이 있을 때마다 함께였을까요?"라고 쓰여 있었다(전년도에 클린턴이 국무부 주차장에서 콘크리트 바닥에 넘어져서 팔꿈치가 골절된 적이 있었는데 그 자리에 홀브룩이 같이 있었다). '아이들에게 – 너희들을 무척 사랑한단다 + 의붓 자녀들도'..... '최고의 직원들'..... '그를 여기서 죽게 두지 말 것'..... '혈관수술'..... '흐름 없음..... 다리에 감각 없음'..... '응고'..... 그리고 다시 '그를 여기서 죽게 하지 마소서... 가족들과 집에서 죽기를 원한다.' 홀브룩은 사태의 심각성을 깨닫고는 업무 인수인계를 했다. '프랭크에게 알릴 것(루지에로를 의미)' – '그가 대리임.' 그리고 '많은 이들을 사랑했고, 많은 할 일을 두고 떠난다. 나의 공직 생활은 여기에서 끝난다'고 끝을 맺었다.

홀브룩은 의료진이 수술대에 그를 눕힐 때까지 말을 남겼다. 의사가 "필요한 건 뭐든 말하세요"라고 말하자 그가 요청했다. "돼지의 심장, 댄의 심장."('댄'은 댄 펠드먼을 말함)

수술의 위험성에 대해 알리자 홀브룩은 "기분이 나아졌소. 지금 당신들이 나를 학대하는 것이 아니라는 걸 알아요." 예한 엘바유미라는 의사가 곧 편안한 기분이 들 것이라고 약속하자 홀브룩이 그에게 농담을 던졌다. "아프가니스탄에서 전쟁을 끝내겠다고 약속하시오." 홀브룩이 남긴 이 말이 여러 버전으로 회자되자 결국 국무부 대변인 P. J. 크롤리는 기자실 연단에서 홀브룩이 농담을 한 것이라고 분명히 알렸다. 하지만 그가 자신이 아닌 다른 사람에게 그런 부탁을 했다는 것 자체가 농담일 수 없었다.

사흘 밤 뒤, 벤 프랭클린 룸에 모인 수백 명의 방문객 앞에 마련된 연단에 힐러리 클린턴이 올랐다. 2년 전 힐러리가 리처드 홀브룩을 임명하던 그 자리였다. 미국 주재의 외국 대사들 외에 오바마 내각에서는 여섯 명이 참석했다. "리처드 홀브룩 대사는 50년 가까이 외교국의 거장이었습니다." 힐러리가 연설을 시작했다. "이번 주 그의 의사는 전 세계의 외교관과 독재자들이 익히 알고 있던 사실을 알게 되었습니다. 리처드 홀브룩보다 강인한 사람은 없다는 것입니다. 그는 맹렬한 협상가였습니다. 오늘 밤에 모인 분들 중에서도 그의 강압에 아직 얼얼함을 느끼는 분들이 있으리라 확신합니다." 힐러리는 홀브룩의 직원들과 자리에 참석한 고위 관료들에게도 경의를 표했다. "이제 곧" 이 대목에서 그녀의 목소리가 밝은 톤으로 올라갔다. "휴일의 기쁨을 즐기시게 될 겁니다. 마빈 햄리시와 J. 마크 맥베이의 환상적인 음악 연주를 감상 하시죠!" 그녀가 자리를 뜨자 무대 뒤편에서 반짝이는 검은색 그랜드 피아노가 모습을 드러냈다. 햄리시와 맥베이가 '덱 더 홀스Deck the Halls'를 밝게 연주하기 시작하자 세계 어린이합창단이 등장했다. 무대 주변에 TV 스타일의 밝은 조명이 들어오면서 행사장을 밝혔다. 외국 대사들을 위한 연례 국무부 크리스마스 파티를 홀브룩을 기리는 행사와 함께 하면 좋겠다고 누군가가 생각한 모양이었다. 내가 거기 서서 들었던 음악이 캐럴이었는지 모르겠다.

오바마 대통령이 도착하여 캐롤에 맞춰 고개로 밥bop 댄스를 짧게 추다가 몇 마디 발언을 했다. 클린턴의 초당적인 매력이 자신보다 뛰어나다는 우스갯소리(당시의 일반적인 평이었다) 후 말을 이어갔다. "우리의 친구이자 동반자 리처드 홀브룩은 조국을 위해 50년 가까이 훌륭하게 임무를 수행했습니다. 그는 절대 멈추지 않았고 그만두지 않았습니다. 우리가 계속 집중하면, 상호 이해를 위해 행동하면 진전이 실제로 일어날 수 있다고 믿었기 때문입니다. 전쟁을 멈출 수 있고 평화를 이룰 수 있습니다." 대통령은 무리 속에 모여 어안이 벙벙해 있던 우리 팀을 불렀다. "SRAP(아프간-파키스탄 특별 대표)팀 여러분, 어디 계시죠? 리처드가 이 팀원들을 뽑았고 가르쳤습니다. 우리가 회의를 할 때마다 그는 여러분들에게 공을 돌렸습니다. 홀브룩은 여러분이 하는 일을 무척 자랑스러워했습니다." 대사들이 박수를 치면서 여러 언어로 감사의 말을 읊조렸다. 우리는 대통령을 바라봤다. 홀브룩에 대해 대통령이 이렇게 좋은 추억을 떠올리게 될 줄 알았다면 그는 좀 더 일찍 자진해서 대동맥을 파열시켰으리라.

"리처드 홀브룩 대사의 업적으로 미국은 더 안전해졌고 세계도 안전해졌습니다." 오바마가 말을 이었다. "그는 무척 강한 사람이니 이겨내리라 믿습니다." 이어 대통령은 클린턴의 여행 일정에 대한 농담으로 넘어갔다.

세 블록 떨어진 곳에서 리처드 홀브룩은 가슴이 절개된 모습으로 인위적인 코마 상태에 있었다. 20시간에 걸친 수술을 마친 의사는 그가 "버티고 있다"는 모호한 말을 남겼다. 파티 전날에는 순환을 회복시키기 위해 추가 수술이 있었다. 그의 발에서 미약한 맥이 감지되었지만 그의 악명 높은 뇌의 상태는 전혀 알 수 없었다.

가슴이 계속 절개된 상태였기 때문에 누구도 병실에 출입할 수 없었다. 다만 팀원들이 사흘 동안 2교대로 병실 문가를 지켰다. 병실을 지키는 동안 직원들은 홀브룩에게 경의를 표하기 위해 찾아오는 저명인사들을 보며 눈이 휘둥그레졌다. 내 경우는 조 바이든 부통령, 유명 방송인 주디 우드러프, 나중에 재무 장관에 오르는 잭 루, 그리고 클린턴의 비서실장 셰릴 밀스와 마주쳤다. 그들은 가까운 탁자에 의사가 대동맥이 파열된 모습을 그려 놓은 스케치를 보면서 겁에 질린 듯한 모습을 보이지 않으려 애썼다. 사람들은 '긍정적 에너지'가 '느껴진다'며 홀브룩에 대해 아리송한 말을 했다. 하지만 어쩐지 초상집에서 밤을 지새우는 느낌을 지울 수 없었다.

우울한 크리스마스 캐럴을 참기 힘들어 1층 사무실로 돌아왔다. 그 때

SRAP의 홀브룩 보좌관으로 있던 리나 아미리가 들어와 소파에 몸을 묻고는 흐느꼈다. 홀브룩의 생명 유지 장치를 제거하기 시작한 것이었다. 나는 홀브룩의 냉철한 비서로, 홀브룩과 보스니아 사태 때부터 일해 온 로즈마리 폴리와 병원을 향해 터덜터덜 걸어갔다. 추위가 매서웠고 세찬 바람이 불었다. 로즈마리는 "아프간"이라고 중얼거리면서 코트를 여미고 바람을 맞으며 걸음을 옮겼다. "너무 드라마틱해." 거리의 표지판이 덜거덕거렸다. 병원에 도착한 우리는 그의 생명 유지 장치를 제거하는 동안 로비에 서 있었다.

힐러리 클린턴은 국무부 파티에서 나와 백악관 만찬에 참석하러 이동하는 길에 전화를 받고 병원으로 달려왔다. 신속하게 방향을 바꾼 덕분에 제시간에 그의 마지막을 함께할 수 있었다. 그녀는 두 줄 단추가 달리고 주름이 있는 피터 팬 깃을 댄 금은 색 줄무늬의 재킷 차림이었는데 마치 선물 포장을 두른 것처럼 보였다. 힐러리는 병원 불빛 아래 서서 울고 있는 우리 팀에 합류했다. 내가 휴지를 건넸다. "NGO에서 온 신사가 늘 도와주네." 힐러리가 애써 말을 건넸다. "제게는 아버지와 같은 분이셨어요." 낮은 소리로 속삭이는 내 자신에 놀랐다. 그녀가 나를 안아줬다. 오랫동안 사귀었던 친구를 잃은 클린턴은 자비로웠다. "여러분에 대해 잘 모르지만 우리 가까운 바bar로 자리를 옮길까요."

바깥에 눈이 날리기 시작했고 우리는 인근 리츠칼튼 호텔의 로비에 있는 바에 모였다. 추모객이 점점 더 늘었다. 자본가이자 오바마의 고문 스티븐 래트너의 아내 모린 화이트가 비용을 계산했고, 클린턴은 모임을 주관했다. 모두가 감히 모방할 수 없는 리처드 홀브룩에 대한 일화를 나눴다. 홀브룩이 숨을 거둘 당시 미 정부는 첫 번째 '4개년 외교 및 개발 검토 보고서(QDDR)' 발표를 앞두고 있었다. 국무부와 USAID가 더 효율적이고 국가 안보 목적의 폭넓은 변화에 발맞추도록 재정비하는 장기 계획이다. (예를 들어 첫 번째 절차는 관료조직 내에서 대테러전담을 격상시켰다.) 이 프로젝트의 목표는 청년 홀브룩이 《포린 폴리시》 창간호에 게재한 글에서 지적한 사항과 별반 다르지 않았다. 당시 홀브룩은 국무부 관료를 '실패한 기구'로 묘사하며 재편성을 요구했다. 하지만 목표와 달리 현실에서의 계획은 홀브룩이 그토록 비난했던 통제하기 어려운 비효율적인 관료제의 성격이 반영되었다. 여러 해에 걸친 내분은 그저 미미한 조직 변화로 이어질 뿐이었다. "오, QDDR이 있었지." 클린턴이 생각에 잠겨 말했다. "홀브룩은 그 문서를 싫어했었지. 보고서를 그에게 헌정해야겠네." 클린턴은 그 말을 지켰다.

"리처드가 살아 있었다면 정부에 어떤 형태로든 평화 협상을 선물했을 것이네." 클린턴이 말했다. "정말 그렇게 생각하네. 정부가 그걸 받아들일지는 모르겠지만 그가 했던 모든 일들과 프랭크 루지에로 특별대사가 한 모든 일이 진행되던 회의들을 생각해보면 그렇다네. 리스본, NATO 콘퍼런스에서 우리가 진행한 회의에서 리처드가 주도하는 평화 노력을 구축할 수 있으리라고 무척 기대했네. 물론 12월에 그에게 일어난 끔찍한 일 때문에 현실로 이뤄지지는 않았지만." 클린턴의 기대는 사실이었을 것이다.

새벽 2시에 바에서 나가는데 근처 테이블에서 혼자 앉아 술 취해 있던 여성이 나를 불렀다. 흰 생머리의 여자는 우리를 곁눈질하면서 "당신 누군지 알지"라고 중얼거렸다. "당신들 모두 누군지 안다니까."

자리를 떠나면서 내가 "좋은 밤 보내세요"라고 말했다.

낯선 그녀가 "너무 괴로워하지 말게"라고 답했다. 어깨 너머로 그녀를 바라봤다. 활짝 웃는 미소 사이로 와인에 물들어 핏빛으로 변한 치아가 드러났다. "모든 것은 끝이 있기 마련이지."

14장

바퀴 빠진 버스

리처드 홀브룩이 숨을 거두고 난 다음 달, 흰색 혼다 시빅(Civic)이 파키스탄 라호르의 교차로를 향해 가다가 빨간 불에 멈춰 섰다. '모장 충이' 정류장이라고도 알려진 이 교차로는 인도의 동일 지명으로 이어지는 무역로인 페로즈푸르 도로가 시작되는 지점이었다. 가까운 곳에는 고대의 성곽 도시의 일부로서 부스러지는 아치가 있는데 무굴 제국의 권력 중심지 역할을 했던 라호르Lahore가 얼마나 유구한 역사를 지닌 곳인지를 짐작케 했다. 하지만 교차로는 라호르의 현대적인 면을 상징하는 장소이기도 했다. 도시가 무분별하게 뻗어나가고 있었고 비즈니스 지구가 빠른 속도로 확산되고 있었다. 때는 오후 시간대였고 오토바이, 인력거, 지나간 시대의 고물차가 뒤엉켜 대기에 오염물질이 자욱했다.

혼다에는 가슴이 탄탄하고 어깨가 넓은 미국인이 타고 있었다. 희끗희끗한 모발은 가늘어지고 있었고 턱에는 수염이 짧게 자라 있었으며 격자무늬 작업복에 흰색 티셔츠 차림이었다. 버지니아의 쇠락한 탄광촌인 빅 스톤 갭에서 유년기를 보낸 그는 파월 밸리 고등학교에서 싸움을 잘해서 친구들은 그를 '단단한 근육', '아메리칸 람보'로 기억되었다. 그는 육군 특수부대를 거쳐 민간 군사업체에서 용병으로 일했다. 노스캐롤라이나 포트 브래그의 상관은 기자들에게 "여기서 그를 기억하는 사람이 아무도 없다"고 말했다. 파월 밸리 고등학교의 전직 축구 코치도 "50명 사이에 그가 끼어 있으면 눈에 띄지 않을 것"이라고 말했다. 몇 년 후 이 고등학교는 은행으로 매각되어 허물어졌다. 빅 스톤 갭과 같은 탄광촌을 한 때 사로잡았던 아메리칸 드림의 기운이 빠져나가는 또 하나의 사건이었다. 서른여섯 살의 레이몬드 데이비스는 어느 곳에도 흔적을 남기지 않는 사내였지만 그날 오후 라호르에서는 예외였다.

데이비스가 멈춰 서자 파키스탄 남성 둘이 탄 검은색 오토바이 한 대가 반대 방향에서 다가오더니 혼다 앞에서 방향을 틀었다. 뒤에 탄 남자의 손에 총이 들려 있었다. 운전석의 데이비스가 9밀리미터 반자동 글록을 들어 다섯 발을 발사했다. 앞 유리가 구멍이 나면서 안전유리에 거미줄처럼 가늘고 긴 금이 갔다. 데이비스가 쏜 총알은 두 명 중 한명을 맞혔는데, 열아홉 살짜리인 거리의 범죄자 모하메드 파힘의 복부와 팔에 박혔다. 파힘은 바닥으로 쓰러져 곧 숨을 거뒀다. 그러자 오토바이에 타고 있던 나머지 한명인 파이잔 하이더가 도망치기 시작했다. 10미터 가량 달아났으나 차에서 내린 데이비스가 쏜 일곱 발의 총알을 등에 맞고 역시 사망했다. 데이비스는 차에 있던 무전으로 도움을 요청하고는 휴대전화로 시신의 사진을 촬영했다. 한 구경꾼은 "무척 평온하고 침착한 태도였다"고 회상했다. "두 사람을 죽인 후 어떻게 저럴 수 있을까 의아할 정도였다."

몇 분 후 토요타 랜드크루저 한 대가 붐비는 거리를 고속으로 역주행하며 돌진했는데 이 과정에서 행인 한 사람이 사망했고 나머지는 흩어졌다. 랜드크루저가 교차로에 도착했을 당시 데이비스는 이미 사라지고 없었다. 미국인 운전사는 구경꾼들에게 라이플을 휘두르며 비키라고 소리치고는 미국 영사관으로 돌아갔다. 데이비스는 3킬로미터 남짓 도망치다가 파키스탄 경찰에게 붙들리고 말았다.

흐릿한 동영상에는 데이비스가 라호르의 코크 라크파트 수용소에서 심문을 받는 모습이 담겨 있었다. "내 위치를 대사관에 알려야 합니다." 그는 경쾌한 남부 억양으로 말하면서 주머니의 워키토키를 건네줬다. "미국인인가?" 한 조사관이 물었다.

"그렇소." 데이비스는 목에 걸려 있던 신분증을 손으로 가리켰다. "USA" 그는 자신이 영사관에서 근무한다고 말했다.

"직책이…?" 조사관이 물었다.

"아, 그냥 컨설턴트요." 데이비스가 답했다.

컨설턴트치고는 레이몬드 데이비스의 총 솜씨는 보통이 아니었다. 교차로에 남은 탄약, 칼, 장갑, 눈가리개와 같은 흔적은 그가 단순한 컨설턴트가 아님을 시사했다. 데이비스의 휴대폰에는 몰래 촬영한 파키스탄의 군사 시설 사진으로 가득했다. 레이몬드 데이비스는 스파이가 분명했다. 더 구체적으로 말하자면 CIA 직원일지도 몰랐다. ISI(파키스탄 정보부)가 그런 결론을 내릴 즈음 이미 파키스탄 대중도 같은 판단을 하고 있었다. 그를 사람이 붐비는 교차로에서 코크 라크파트 수용소로 그를 몰래 데려간 순간부터 파키스탄에서는 가두시위가 일어났고 시시각각 언론 보도가 이어지면서 몸살을 않았다.

2주 뒤 오바마 대통령은 데이비스가 '우리 외교관'이라면서 빈 협약에 명시된 '매우 간단한 원칙'에 따라 그를 석방할 것을 촉구했다. "우리 외교관이 외국에 나가 있을 때는 해당 국가의 기소 대상이 아닙니다." 레온 파네타 국방부 장관도 유사한 메시지를 파샤 장군과 ISI에 은밀하게 전달했다. 파샤 장군이 단도직입적으로 데이비스가 CIA 요원인지 묻자 파네타는 "아니다. 우리 쪽 사람은 아니다"고 답했다. 파네타는 구체적인 대화 내용에는 답을 하지 않았으나 "우리가 국민을 보호한다는 사실을 분명히 하기 위해 어느 편과도 손을 잡아야 한다면 그렇게 할 것"이라는 모호한 답변을 내놨다.

* * *

이튿날 케리-루거-버먼 난국이 시작되면서, 모신 카말은 워싱턴의 차이나타운 인근에 위치한 로비 회사 로크 로드Locke Lord에 있었다. 그는 로비스트 마크 시겔과 고용 관계에 있었다. 카말의 사무실은 특색 없는 가구로 장식되어 있었고 창밖으로는 버라이즌 센터의 음침한 모습이 보였다. 오전 11시가 막 지났을 때 전화가 울렸다. 내가 전년도에 비자 문제를 해결하기 위해 찾아갔던 부트 장군이었다. 두 사람은 몇 년 전 카말이 육군에서 복무할 때 처음 만난 이후 가까운 관계를 이어가고 있었다. "자네 어딘가?" 부트가 물었다. 카말은 상대가 어떤 일로 전화를 했는지 이미 알고 있었다. 레이몬드 데이비스의 총격사건이 미국과 파키스탄 언론에서 24시간 동안 헤드라인을 장식하고 있었다.

한 시간 뒤 그는 파키스탄 대사관 4층에 위치한 부트의 사무실로 갔다.

비서가 차를 따라주자 카말은 잔에 우유와 설탕을 넣었다. 부트는 "데이비스에게 면책 특권이 없음을 의회에 분명히 말해야 해"라고 말했다. "그는 CIA 소속 직원이었어." 데이비스 사건은 파키스탄을 크게 자극했고 주권에 대한 근본적인 자존심을 건드렸다. 부트는 이 혼란을 틈타 파키스탄 정부가 CIA의 활동 강화 요구를 거부할 가능성이 있다고 암시했다. 그는 카말에게 비자 승인의 장애물을 제거했던 후사인 하카니 대사가 걱정이라고 말했는데 아닌 게 아니라 하카니는 의혹에 찬 시선을 강하게 받고 있었다. 그는 데이비스의 입국에 책임이 있을까? 어쩌면 또 다른 레이몬드 데이비스가 여럿 존재하지 않을까? 그는 파키스탄에 있는 미국 스파이 소탕을 도우려 하는가?

"여기서 후사인 하카니는 어떤 역할을 하게 되는가?" 부트가 물었다.

카말은 "우리들 누구도 추측할 수 없는 역할입니다. 그는 가장 예측할 수 없는 사람이니까요."

카말과 마크 시겔 두 로비스트는 파키스탄에서 일고 있는 분노에 대해 미 정부 측에 알리고 ISI 조사에 드러난 충격적인 사실을 전했다. 데이비스는 다른 스파이들과 안가에서 생활을 한 것으로 알려졌다. 미국의 요원들이 안가를 '라호르La Whore 하우스'라고 불렀다는 카말과 시겔의 정보는 의회 관계자들을 충격에 빠뜨렸다.(지명 '라호르Lahore'와 발음이 유사한 '라호르La Whore'에는 '매춘'이라는 뜻도 있다). 두 사람은 CIA가 중요한 동맹과의 관계를 흔들 만한 위험을 노출하고 있었다고 주장했다. 파키스탄과의 거래가 필요했다.

존 케리가 라호르로 건너 가 거래를 시도했다. 그가 떠나기 전 시겔은 케리의 고문인 조나 블랭크에게 파키스탄 내부의 시각을 상세히 전했다. 케리는 파키스탄 로비스트들이 바라던 사항을 그대로 수행했다. 케리와 파키스탄 주재 미국 대사 카메론 먼터가 전한 메시지는 파샤 장군을 대화로 끌어냈다. 부트의 예상대로 후사인 하카니는 미국이 해결책을 제시하도록 도왔다. CIA가 데이비스 사건으로 사망한 희생자들의 유족에게 230만 달러를 지급한다. 이와 더불어 ISI의 고위급 두 명은 내게 미국이 파키스탄에서 CIA의 활동을 영구적으로 대폭 축소한다는 약속을 했음을 확인시켜 줬는데 이 부분은 전혀 외부에 공개된 적이 없는 사실이었다. 모신 카말은 부트가 자신에게 협상에 대해 그렇게 설명했다고 전했지만 미국 측에서는 누구도 명시적인 약속이 있었는지 확인해 주지 않았다. 그 협상의 결과인지, 아니면 사건이 발생하면서 자연스럽게 양국 관계에 변화가 생겨서인지 알 수 없으나 CIA는 파키스탄에서 활동하던 정보원들 수십 명을 조용히 국외로 이동시키기 시작했다.

퍼트레이어스는 내게 "이 시점에 위키리크스WikiLeaks 사건으로 문제가 터지고 밥 우드워드가 저서에서 파키스탄에 대해 비호의적으로 평가하면서 양국 관계가 틀어지기 시작했다"고 말했다. 오바마 정부는 양국 간의 모든 고위급 회담을 중지시켰고 여기에는 홀브룩이 열심히 추구했던 전략적 대화, 아프가니스탄과의 3자 실무 협의체의 대화도 포함되었다. 힐러리는 쿠레시 파키스탄 외무 장관과의 회담을 취소했다.

이후 몇 달 동안 도미노 현상이 연달아 일어났다. 2011년 5월 초 어느 날 저녁 11시, 레이더 감지를 피하는 최첨단 스텔스 기능을 갖춘 블랙호크 헬리콥터 두 대가 아프가니스탄 동부의 잘랄라바드에서 이륙했다. 블랙호크의 임무가 틀어질 때를 대비해 두 대의 치누크가 따라 붙었다. 항공기에는 미국 특공대원과 총 79명과 군견(이름: 카이로, 품종: 벨기에 말리노이즈) 한 마리가 타고 있었다. 그 다음 이야기는 세간에 알려진 대로다. 파키스탄의 아보타바드에 내린 해군 특수부대 네이비실은 C4 폭약을 터뜨려 벽으로 둘러싸인 주거지에 침입했고 오사마 빈 라덴의 머리와 가슴을 명중시켰다. 미군은 시신을 신속하게 옮겨 확인을 위한 골수 샘플을 채취했다. 작전 초기에 하강하다가 파손된 블랙호크 한 대는 나중에 파키스탄이 관련 기술을 확보하지 못하도록 폭파시켰다. 현장에는 연기를 피우는 헬기 꼬리날개와 숱한 의문이 남았을 뿐이었다.

레이몬드 데이비스 사건으로 미-파키스탄 관계가 마비되었다면, 빈 라덴 사살로 관계는 파국으로 치달았다. 세계적인 지명 수배자가 파키스탄 국경의 무법 피난처가 아닌, 이슬라마바드 지배층의 별장이 즐비한 교외 도시에서 발견되었다. 빈 라덴의 저택은 파키스탄의 웨스트포인트 격인 카쿨 사관학교에서 수백 미터 거리에 있었다. 파키스탄이 무능했거나 빈 라덴이 거기에 은신해 있음을 알고 묵인했거나 둘 중 하나였다. 습격은 파키스탄의 동의 없이 진행되었고 최소한 지도자급은 사전에 공지를 받지 못했다. 며칠 후 미 국방부 차관 미셸 플루노이는 "우리는 파키스탄과 계속 대화를 하고 있고, 그들이 무엇을 알고 있었고 무엇을 모르고 있었는지 파악하기 위해 노력 중"이라고 설명했다. 이는 오늘날까지도 이어지고 있는 논쟁거리다. 파키스탄에서 정치적인 대혼란이 일어난 가운데 파샤 장군은 파키스탄 의회에서 사임 의사를 밝히면서 자신은 빈 라덴의 은신에 대해 몰랐다고 해명했다. 사직서는 결국 수리되지 않았다. 몇 달 후 CIA 수장을 맡은 퍼트레이어스는 파샤의 주장을 받아들이는 것으로 보였다. "하급 직원들이 알았을 가능성이 있기는 하나 그 조차도 확실하지 않다"라고 그는 말했다. "사람들은 파키스탄이나 국민들이 자기들 이웃에 대해 잘 몰랐다는 사실을 이해하지 못한다. 거기에 누군가가 은신하는 일은 충분히 가능하다." 하지만 빈 라덴 사건을 맡았던 몇몇 CIA 분석가는 ISI는 다면적인 기관이며 친알카에다 성향의 S 총국처럼 외부에 잘 알려지지 않은 조직임을 감안 할 때, 빈 라덴에 대해 얼마나 알고 있는지는 그저 짐작만 할 수 있을 뿐이라고 설명했다.

언제나처럼 파키스탄인들은 뒤에서는 조용히 사임하고 공개적으로는 거친 말로 공격했다. 작전이 성공하고 몇 분 뒤 파네타 국방장관은 마이크 멀런 미 합참의장이 상황실 밖에서 파키스탄의 카야니 육군 참모총장과 통화하는 모습을 지켜봤다. 파네타는 "그들이 우리에게 가장 솔직했던 순간은 빈 라덴을 급습한 그날 밤"이라면서 "무슨 일이 벌어졌는지 그들 자신이 가장 잘 알고 있었기 때문"이라고 말했다. "카야니 장군은 '여기서 무슨 일이 벌어졌는지 알고 있으니 당신이 세계에 공표하는 것이 나을 것'이라고 말했다. 양국 관계에서 가장 진솔했던 순간이었을 것이다. 이후에는 정치가 개입되었고 그들은 빈 라덴이 거기에 거주하고 있던 것이 자기들의 잘못이 아님을 알리기 위해 온갖 노력을 다 했다."

공개적으로 카야니는 미군에게 파키스탄 주둔 병력을 '최소한 필수' 수준으로 감축할 것을 요구했고 향후에 공격이 일어날 수 있음을 엄중히 경고했다. 백악관은 파키스탄을 엄하게 다룰 방법을 논의하기 위해 회의를 했다. 파키스탄은 과격분자들과의 광범위한 싸움을 벌이는 데 있어 여전히 중요한 국가였지만 빈 라덴은 신성화 될 정도의 무게가 있는 인물이었다. 실제로 빈 라덴이 제거되자 과격분자들 사이에 태도 변화가 있었고 이는 미국에서도 감지될 정도였다. 미국은 파키스탄을 어느 정도나 필요로 하는가? 헤이든 장군은 "사람들은 '빈 라덴 급습으로 ISI와의 관계가 엉망이 되었다'고 말하는데 전혀 그렇지 않았다. 그저 양국의 관계가 얼마나 어려운지 실체를 보여줬을 뿐이다"라고 회상했다.

공습이 일어난 다음 달, 오바마는 파네타와 국가안보보좌관 짐 존스를 이슬라마바드로 보내 파키스탄의 배신행위를 강하게 비난했다. 파네타는 미국이 작전을 수행하기 전에 ISI 내부 조직이 알카에다 무장 세력에게 정보를 흘렸음을 알고 있었다. 이제는 정치권에서도 이에 맞설 의지가 생겼다. "당시 부국장이었던 스티브 캡스는 이 문제를 조사한 적이 있었고 파키스탄의 이중적인 행동에 대해 우리가 확보한 정보를 제시했다. 그들은 바로잡는 조치를 취하겠다고 말했지만 실제로는 그렇게 하지 않았다. 이에 대통령은 가장 높은 수준으로 경각심을 전달하여 이 문제를 마주 앉아 밝혀내는 것이 중요하다고 생각했다. 그는 파키스탄이 관여하고 있는 많은 행위를 미국이 방관하는 입장에 놓일까 크게 염려했고, 우리가 그저 무시한다거나 그런 식의 행동을 용인한다는 사실이 알려지면 관련지역에서 미국의 입지가 훼손될 것으로 생각했다."

나는 "대통령이 화를 냈습니까?"라고 물었다.

파네타는 "그렇소. 짜증이 났다고 표현하는 게 좋겠군"이라며 또 껄껄 웃었다.

오바마뿐만이 아니었다. 멀린 합참의장은 오랫동안 카야니와 관계를 돈독히 하기 위해 공을 들였고 합참의장으로서 회유책을 조언한 적도 많았다. 파네타와 파샤가 갈등을 벌이고 한 달 뒤 멀린 은 의회 대표단이 모인 회의실에 앉아 역대 최고 수위의 원색적 비난을 공개적으로 쏟아냈다. 그는 하카니의 정보망은 "파키스탄 정보부ISI와 한편으로 움직인다"면서 "테러 지원은 국가적 전략의 일부"라고 말했다.

공격은 이어졌다. 2011년 11월 26일 쌀쌀한 한밤중에 탈레반에 대항하는 작전을 수행하는 아프간 주둔 미군이 양국 경계를 지키던 파키스탄군을 향해 공격을 가했다. 퍼트레이어스에 이어 아프가니스탄 사령관에 오른 존 앨런 장군은 최초의 보고를 받은 사람 중 하나였다. "밤사이에 우리는 스물넷을 사살했다"라고 회상했다. "지금 많은 비난이 쏟아지고 있지만 중요한 사실은 우리 병사들이 스스로를 방어했고 이 과정에서 국경을 지키던 파키스탄의 병사 스물 네 명이 목숨을 잃었다는 것이다." 파키스탄은 신속하게 대응했다. 이틀 뒤 파키스탄은 미군에 매우 중요한 '지상 병참선GLOC'을 차단해 버렸다. 이는 아프간에 주둔하는 미군에 공급되는 보급품의 80퍼센트를 전달하는 데 사용하는 NATO 경로였다. 앨런은 "15만 명의 병사와 10만 명의 민간인이 거주하는 작전 구역에서 하룻밤사이에 보급품의 80퍼센트가 차단된 것을 상상해보라"고 말했다. 그에게는 60일치의 보급품 밖에 남아 있지 않았고 더 큰 문제는 뾰족한 해결책이 없다는 것이었다.

이 사건은 애초에 파키스탄을 대리전을 치를 중요한 세력으로 고른 이유가 무엇인지에 대한 전략적 현실을 상기시켜줬다. 또 한편으로는 미국의 태도가 어느 정도로 변화했는지를 보여주는 사건이기도 했다. 양국 관계가 경색되자 앨런은 파키스탄을 우회하는 전략을 선택했다. "모든 물자를 항공편으로 수송하거나 북쪽의 중앙아시아에서 가져와야 했다. 베를린 봉쇄[01] 수준으로 항공기를 통해 재보급을 했다. 미국을 제외한 어떤 나라도 그런 일을 할 수 없었을 것이다. 하지만 우리는 해냈다." 이 작전으로 미국은 한 달에 무려 1억 달러의 비싼 비용을 지출했지만 효과는 있었다. 나중에는 힐러리 클린턴이 사과하는 국면이 되면서 파키스탄 달래기에 나섰다. 파키스탄과 관계를 개선한 날 클린턴은 웬디 셔먼 국무부 차관에게 이메일을 보냈다. "'구출'의 철자를 어떻게 쓰나요? 'GLOC'입니다."(지상병참선 문제가 해결 됐다는 의미). 기발한 표현을 한 번만 쓰고 넘어갈 성격이 아니었던 힐러리는 20분 뒤 빌 번스 차관에게도 같은 이메일을 보냈다. "'구출'의 철자를 어떻게 쓰나요? 'GLOC'"

앨런 장군은 미국과 파키스탄 관계에서 최악의 결과는 전략적 기회를 상실한 것이며, 이는 절대 되돌릴 수 없는 것이라고 지적했다. "그 일이 있고

01 제2차 세계대전 후 소련이 독일의 수도 베를린을 봉쇄하자 서베를린을 빼앗기지 않기 위해 연합국이 수송기로 생필품을 공수한 사건– 역자

9개월 동안 파키스탄과 교류가 없었고 그 사이 내게 있는 숫자는 줄었다." 지상군의 감소를 의미한 것이었다. "우리가 파키스탄과 다른 편에 서 있던 9개월 동안 국경 피난처에 진정으로 결정적인 영향을 미칠 수 있는 능력이 상실되었다. 우리가 피난처 추적을 얼마나 해낼 수 있었나를 돌아보면 솔직히 아쉬운 상황이었다."

빈 라덴이 사살된 후 의회는 파키스탄 지원에 별 관심을 보이지 않았고 지상병참선GLOC이 폐쇄된 오랜 기간 동안 파키스탄군의 활동을 배상하기도 거부했다. 홀브룩이 야심차게 추진했던 5개년 지원 계획도 축소됐다. 그가 세상을 떠나고 일 년 뒤, 그가 필사적으로 변화시키려던 양국의 관계도 함께 무덤으로 들어갔다.

힐러리는 대선 기간 중 국무부 활동을 추억한 회고록에서 "보급로와 관련한 협상과 최종 합의는 미국과 파키스탄이 공동의 이해를 추구하기 위해 향후 어떻게 협력할 수 있는지 교훈을 남긴 사건이었다"고 밝혔다. 하지만 이 사건은 미국과 전략적 이해가 일치하지 않는 군사 정권에 의존하는 일이 얼마나 위험한지를 알려주는 교훈을 남겼다고 결론내릴 수도 있을 것이다.

2011년 2월 나는 힐러리 클린턴이 아시아 소사이어티의 연단에 오르는 모습을 지켜봤다. 아시아 소사이어티는 리처드 홀브룩이 오래 머물렀던 기관이었는데, 이날 힐러리는 탈레반과의 대화를 포함해 아프가니스탄에서 정치적 해결을 위한 미국의 지원을 공식적으로 발표했다. 프랭크 루지에로 특별대사는 탈레반의 비밀 연락책인 에이로드와의 잇단 회의를 위해 파견되었다. 신뢰 구축 조치의 일환으로 미국은 UN에 테러리스트의 블랙리스트에 탈레반을 알카에다와 분리할 것을 요구했다. 이 역시 홀브룩의 제안이었다. 하지만 아프간의 카르자이 정부는 대화 시도를 좌절시켰다. 에이로드가 처음에 요청했던 대로 탈레반은 2013년 카타르에 정치 사무소를 열었으나 한 달 뒤 폐쇄했다. 탈레반이 '아프가니스탄의 이슬람 토후국Islamic Emirate of Afghanistan' 국기를 내걸었는데 자신들을 단순한 정치 파벌이 아닌 망명 정부로 내세웠기 때문이었다. 이번에도 카르자이 대통령은 불같이 화를 냈다. 대화는 수 년 동안 얼어붙었다. 2016년과 2017년에야 아프간이 이끌고 미국이 한 차례 이상 공식적인 비공개회의를 열어 대화의 불씨가 살아나기 시작했다. 앞으로 어떻게 진행될지는 알 수 없는 일이다.

오바마 정부에서 홀브룩에 공감했던 일부 관료들은 홀브룩이 외교를 앞세우는 주장에 반감을 가지면서 관련 지역에서 미국이 최대한 발휘할 수 있었던 잠재력이 낭비되었다고 생각했다. 미군의 파병 규모가 증가했을 때야 말로 탈레반과 파키스탄 모두 협상 테이블로 나와 험난한 대화에 응할 명분을 가질 수 있었다. 하지만 미군이 철수한다면 협력할 이유가 없었다. 홀브룩의 파키스탄에 대한 외교적 접근을 백악관이 지원해주지 않으면서 양국의 관계가 굳건해질 기회는 사라졌고 취약한 관계는 곧 무너지고 말았다. 2012년 파키스탄 대사로 취임한 리처드 올슨은 홀브룩이 숨을 거둔 그 다음해를 '끔찍한 해'라고 불렀다. 우리는 그 전쟁에서 패배했고, 이것은 외교적 접근이 무시되면서 잉태되기 시작했다.

15장

메 모

후사인 하카니 주미 파키스탄대사는 아침에 일어나서 휴대폰부터 확인하는 습관을 없애려고 노력했지만 '상황이 나쁠 때는 예외였다.' 2011년 10월 10일 파키스탄 대사관의 주거 구역에서 아침 일찍 눈을 뜬 그는 아직 밖이 어스름할 때 옷을 입고는 침실 옆에 있는 서재로 발걸음을 옮겼다. 교수에 걸맞게 서재에는 책이 많았다. 그는 거대한 사무 의자에 앉아 신문을 훑어봤다. 연어색의 《파이낸셜타임스》를 넘겨보던 중에 한 칼럼이 눈에 들어왔다. '파키스탄의 지하디스트 스파이를 고용해야 할 때'라는 헤드라인이었다. 기고자는 그도 알고 지내던 만수르 이자즈였다.

칼럼은 "미국 특수부대가 오사마 빈 라덴의 은신처를 급습하여 그를 사살하고 일주일 뒤에 있었던 일이다. 파키스탄의 한 고위 외교관이 나에게 전화를 걸어 긴급한 요청을 했다"로 시작했다. 그러면서 이자즈는 그 외교관은 파키스탄의 자르다리 대통령이 미국 멀린 합참의장에게 보내는 메시지를 파키스탄정보부 모르게 전달해 주기를 요구했다고 주장했다. 이자즈는 "빈 라덴이 파키스탄 영토에서 발견된 당황스러운 상황은 자르다리가 이끄는 불안한 민간 정부에게는 수치스러운 사건이었고 대통령은 쿠데타가 임박한 것이 아닌지 두려움을 느꼈다"고 썼다. 그리고 "대통령은 참모총장이 잘못된 쿠데타 음모를 계획하지 못하도록 미국이 신속하게 개입해 주기를 바랐다"고 했다. 이자즈는 일련의 전화 통화를 거쳐 그 외교관이 요청한 대로 메모를 작성했다고 주장했다. 또 그는 미국이 파키스탄의 참모총장 카야니 장군에게 "파키스탄 군-정보기관에서 물러날 것"을 명령해 달라고 그 외교관이 미국에 요청했다는 것이다. 내용은 더 있었다. 자르다리 대통령이 새로운 국가안보팀을 구성하여 권력을 장악하고 ISI 내부의 강경파를 제거한다는 계획이었다. 출처가 어디든 이자즈는 메모를 작성하여 최근 떠난 짐 존스 국가안보보좌관에게 전달했고 존스는 이를 멀린 장군에게 보냈다. 여기서 언급한 그 외교관은 후사인 하카니를 의미하는 것이 분명했다.

레이몬드 데이비스 총격 사건과 빈 라덴 사살로 하카니의 본국 충성심에 대한 의구심이 증폭된 상황이었다. 그는 전년도에 파키스탄으로 가는 비자 발급을 완화해준 장본인이었다. 불법 비자로 파키스탄에 잠입한 스파이와 해군 특수부대에 대한 이야기가 파키스탄을 휘저었고 비난의 화살이 하카니로 향했다. 하카니는 나에게 "ISI가 나를 비난하는 이유는 현장에서 빈 라덴 사살을 도왔던 사람들에게 내가 ISI 모르게 비자를 발급해줬으리라는 짐작 때문"이라고 말했다. "그들은 음모를 꾸미는 자들의 시각에서 바라보기 때문에 그렇게 추측하는 것이다." 하카니가 미국인들과 결탁하여 스파이 세력의 입국을 도왔다는 음모론이 파키스탄에서 퍼졌다. 그런데 2017년 3월 파키스탄 정부가 하카니에게 별도의 보고 없이 비자를 발급하도록 권한을 부여한 총리실 서신 사본이 언론에 공개되었다. 이는 독단적으로 행동하지 않았다는 하카니의 주장에 신뢰성을 부여했다. 하지만 곧이어 또 다른 폭로가 제기되었다. 이번에는 외무부가 하카니에게 보낸 서신이었는데 CIA 요원들에게 비자를 승인해주지 말라는 경고가 담겨 있었다. 군에서 보기에 하카니는 변절자로서 파키스탄의 국경을 침입자들에게 열어주는 인물이었다.

하카니는 그런 시각을 가진 사람들이 《파이낸셜타임스》의 칼럼을 어떻게 받아들일지 잘 알고 있었다. 칼럼에 묘사된 외교관이 친밀하고 미국의 이념에 익숙한 '파키스탄 고위 외교관'으로 하카니가 아닌 다른 인물을 떠올리기란 쉽지 않았다. 칼럼을 읽은 후 그는 그날 처음으로 블랙베리를 들고 만수르 이자즈의 런던 휴대전화 번호를 눌렀다.

"이게 무슨 일인가?" 하카니가 물었다.

이자즈는 "내가 알고 지내는 유일한 파키스탄 외교관은 자네가 아니야"라고 웃으면서 이렇게 답했다.

웃을 기분이 아니었던 하카니는 "칼럼은 정치적인 위기를 불러일으킬 수도 있다"고 말했다.

그러자 이자즈는 "이런, 그런 일이 일어나기야 하겠는가? 칼럼의 나머지 내용이 더 중요하지"라고 말했었다.

그날 일을 떠올리던 하카니는 고개를 저었다. "그는 정말 이해할 수 없는 사람"이라고 말했다.

만수르 이자즈에 따르면 그가 요트를 타고 있던 중에 후사인 하카니에게서 전화가 걸려왔고, 하카니의 요청에 따라 메모를 작성했다는 것이다. 이자즈는 아가사 크리스티 소설에 등장하는 조연의 특징을 지닌 인물이었다. 아마 이자즈 자신이 그런 식으로 계획을 꾸몄을 것이다. 파키스탄계 미국 기업인인 이자즈는 헤지펀드 매니저로 일하면서 거부가 되었고 프랑스의 리비에라 지역을 휘젓고 다녔다. 그는 기자들에게 무일푼에서 거부가 된 일화를 부각시켰다. 플로리다에서 태어나 버지니아 플로이드 카운티의 농장에서 유년기를 보낸 그는 역도 장학금으로 버지니아대학교 학비를 보탰다. 그는 재산에 대한 이야기도 빼놓지 않았다. 스캔들이 터졌을 때 이자즈는《워싱턴포스트》와의 인터뷰에서 "신은 내게 이 세상에서 많은 것을 주셨는데 세상에 남기고 가는 유산이 활주로의 제트기, 항구의 요트, 전 세계의 주택 10채, 아내의 구두 5,000켤레뿐이라면 내 임무를 다했다고 할 수 없다"고 말했다. 이자즈의 아버지는 그에게 "신이 너에게 훌륭한 두뇌를 주셨지만 인성은 형편없다. 정계로 진출하여 겸양을 배워야 한다"고 말했다고 한다. 이자즈는 금융업에서 막대한 돈을 번 후 민주당에 수십 만 달러를 기부했고 폭넓게 인맥을 쌓았다. 칼럼을 쓰면서 국제적 갈등을 파고들었다. 1990년대에는 자신이 오사마 빈 라덴을 체포하기 위해 당시 빈 라덴이 체류하고 있던 수단 정부와 협상하고 있다며 클린턴 정부에 접근했다. 한 보고서에 따르면 클린턴 정부의 관료들은 이자즈가 '터무니없는 공상을 하는' 유형이라며 '개인적 환상을 행동에 옮기는 자'라고 무시했다. 이후 그는《폭스 뉴스》평론가로 활약했고, 급진적인 이란의 시아파 성직자들이 이라크로 화학 무기를 밀반입한다는 깜짝 놀랄 만한 주장을 제기했다. 나중에 그는 '잘못된' 정보였다고 시인했다. 방송과 칼럼에서 그가 폭로한 일련의 주장은 다채로웠지만 팩트가 없었다.

하지만 최근 그가 쓴 칼럼만큼 국제적 관심을 일으킨 주장은 없었다. 《파이낸셜타임스》 칼럼이 게재된 지 며칠 후 파키스탄 언론에서 반응이 시작됐다. 비판자들은 자르다리가 악마와 거래를 했다며 민간 정부가 미국인들과 한통속이 되었다고 비난했다. 하카니는 자르다리 대통령으로부터 전화를 받았다. "무슨 일인가? 군이 이 문제를 심각하게 여기고 있다네." 문제의 칼럼에서 하카니의 이름이 명시적으로 언급되지 않았지만 정치인 임란 칸Imran Khan이 뒤이어 쓴 칼럼에서 하카니를 주범으로 지목하자 그는 어느덧 이 소란의 주범이 되어 있었다. ISI가 조사에 착수했고 파샤 장군은 런던에서 이자즈와 만나 그의 블랙베리에서 증거 자료를 다운 받았다. 이자즈의 통화와 문자 기록이 법원에 제출되었는데 두 사람이 여러 차례 연락을 주고받았던 것은 사실이었다. 다만 통화는 짧았고 문자를 주로 보낸 쪽도 하카니가 아닌 이자즈였다. 하카니는 자신이 예의를 차리다가 희생자가 되었다고 주장했다. 그는 메시지를 "보내줘서 감사합니다"라는 형식적 문자를 보낸 것이 스스로에게 화가 되었다고 설명했다. 칼럼이 게재된 지 두 달 후 자르다리가 다시 하카니에게 전화를 걸어 귀국하라고 명령했다. ISI와 여론은 피를 원하고 있었다.

하카니는 미국인들에게 귀국을 말리는 전화를 여러 통 받았다. 홀브룩의 후임인 마크 그로스먼 특사, CIA 부국장 마이크 모렐 등은 "가지 말라"고 조언했다. 하카니는 모렐이 "ISI 놈들이 앙심을 품고 있다"고 말한 것으로 기억했다. 하지만 하카니는 도하를 경유해 이슬라마바드로 향하는 비행기에 올랐다. 그는 "나를 향한 허위 혐의를 근거로 민간 정부가 어려움을 겪는 모습을 오랫동안 지켜봐야 했다"라며 "군이 선출된 정부를 전복하려는 시도를 그냥 두고 보지 않겠다"고 말했다. 아내와 아이들에게는 혹 자신이 돌아오지 않으면 그건 자신의 신념을 지킨 최종 대가를 치렀기 때문이라고 전했다. 비행기에서는 해리 후디니Harry Houdini-위기 탈출 마술사를 다룬 영화가 상영됐는데 하카니는 ISI와의 마지막 결전에서 그가 참고해야 할 전략이라고 눈여겨봤다. "그들이 나를 결박할 수도 있고 무슨 짓이든 할 수 있겠지만 나는 후디니처럼 이 위기를 헤쳐 나가겠다. 해 볼 테면 해봐라, 내가 간다."

이슬라마바드에 도착하자 하카니는 여권을 압수당했고 대통령의 궁으로 불려갔다. 궁에서 자르다리는 그의 안전을 보장해줬다. 하카니는 사흘 머물 분량의 옷가지를 챙겨왔지만 결국 두 달 넘게 머물렀다. 파키스탄 군과 정보기관의 실력자인 카야니와 파샤가 그를 조사했다.

"이 사건에 대해 할 말이 있는가?" 카야니가 물었다.

하카니는 "말도 안 되는 일이오"라고 답했다. 그는 휴대폰 단축키에 멀린 합참의장의 번호가 저장되어 있는데 왜 군이 리비에라에 머물고 있는 못 믿을 기업인을 중간에 거치겠냐고 반문했다. 신이 난 언론은 하카니가 카야니 그리고 파샤와 나눈 대화에 대해 장시간에 걸친 취조가 이어졌다는 식으로 보도했다. 시간이 흐를수록 하카니는 불안해졌다. 그의 사건은 민간이 목소리를 낼 수 있는 의회가 아닌 군부의 영향력 아래 있는 대법원으로 전달되었다. 법원은 출국 금지 명령을 내렸다. 그러던 중 자르다리에게 뇌일혈이 찾아와 치료차 두바이로 이동했다. 보호자가 사라지자 하카니는 거처를 총리 관저로 옮겨졌는데 그곳은 군이 지키고 있었다. 한밤중에 군화 발걸음 소리가 들려오자 결국 군부가 자신을 끌어내기로 결정했다는 생각을 했다. 알고 보니 경비병의 교대 시간이었다.

그의 걱정은 1월 말 어느 금요일 저녁에 최고조에 달했다. 느닷없이 대법원은 돌아오는 월요일에 재판을 열겠다고 발표했다. 재판 일정이 한밤중에 발표되는 경우는 없었다. 누군가가 문을 두드렸다. 사정상 지면에 이름을 밝힐 수 없는 한 기업인이 들어와 하카니에게 지침을 전달했다. 다음날이 토요일이기는 하지만 오전에 잠시 대법원이 열린다는 정보였다. 그는 하카니에게 파키스탄을 떠난다는 신청서를 제출하고 재판이 열리기 전에 바로 출국하라고 전했다. 하카니가 사라진 상태에서 법원은 일방적으로 진행되었고 시종일관 하카니를 주범으로 지목했던 이자즈의 증언만을 토대로 문서를 작성했다. 하카니가 출석하지 않았기 때문에 공식적으로 판결은 내리지 않았다. 이는 파키스탄에서 반복되는 전형적인 정치극이었다. 군과 정보기관의 실력자들은 이렇다 할 결론은 내지 않으면서 미국의 앞잡이를 처리했다는 인상을 남겼다.

후사인 하카니는 만수르 이자즈가 파키스탄 정보부ISI의 명령으로 메모를 조작했을 가능성이 있다고 의심했다. 하지만 이자즈 머릿속에서 몽상가가 활개를 쳤을 가능성이 더 크다고 봤다. ISI와 군은 그 기회를 십분 이용해 정적을 제거한 것이다.

이러한 파키스탄 군부의 음모에 대해 어떤 면에서 그는 왕따로서의 인생을 자초한 측면이 있었다. 하지만 대화를 향한 그의 신념, 장군들 끼리 거래를 기반으로 맺어진 두 나라 관계에 대한 회의감을 언젠가 고국이 이해해 주리라는 희망의 끈을 놓지 않았다. 그는 여전히 그의 상상 속에 크게 자리 잡고 있는 '메모 게이트' 관련 대화를 시간 순으로 상세하게 읊더니 서류를 내게 건넸다. 헐렁한 회색 양복에 흰색 삼지창 무늬가 있는 청록색 타이를 맨 그는 지쳐보였다. "바로 잡을 필요가 있어요." 그가 무겁게 말했다. "파키스탄의 많은 국민들은 나를 애국자로 보지 않아요."

이에 나는 "인생 전체를 정부를 위해 바쳤는데 힘든 일이겠습니다"라고 말했다.

"그렇소. 내 나라, 내 조국의 민주주의를 위해 일했을 뿐인데. 뼈아픈 일이지요."

그는 자신이 고국으로 돌아가야 하는지 계속 궁금하게 여기면서도 언제나 다시 생각에 잠겼다. "정말로 사람들이 내가 변절자라고 생각하고 총을 쏘면 어떻게 하지?" 그러고는 고민에 빠졌다. 망명 생활은 좋은 면도, 슬픈 면도 있었다. 하카니는 목숨을 건졌지만 일생을 바친 일, 즉 두 나라의 관계를 지속 가능하고 거래에 덜 의존적인 형태로 변화시키기 위해 기울인 노력은 끝나 버렸다. 포시즌스 호텔에서 나눈 마지막 대화에서 하카니는 환경이 허락하는 한, 뿌리 깊게 자리 잡은 군대식 사고에 맞서 싸우는 투쟁을 끝까지 해내기로 다짐했다. 홀브룩의 투쟁이 끝난 지 일 년 뒤, 하카니의 투쟁도 막을 내렸다.

16장

스파이 혐의

악몽 같은 2014년 어느 날, 로빈 래펠은 현관에 서서 스파이 조항이 적시되어 있는 영장을 응시했다. FBI 요원 두 사람이 그녀를 바라봤다. 그 중 하나가 "아는 외국인이 있소?"라고 물었다. 눈이 휘둥그레진 래펠은 "천 명 정도 됩니다만......"라며 "난 외교관이에요"라고 답했다. 그러자 요원들은 파키스탄 사람들을 아는지 물었다. 그녀는 후사인 하카니와 하카니의 후임으로 주미 대사가 된 잘릴 압바스 질라니의 이름을 댔다. 요원들이 서로를 쳐다봤다.

"집에 기밀 문서가 있소?" 또 다른 요원이 압박했다.

래펠은 "당연히 없죠"라고 답했다.

그러자 그들은 래펠에게 '기밀'이라고 표시된 국무부 외교전문 몇 건을 내밀었다. 그녀가 차관보 시절에 작성한 문건으로, 요원들이 래펠 집의 지하실의 서류 캐비닛에서 찾아냈다. 래펠은 그 서류를 캐비닛에 넣던 순간을 기억해내고는 아차 싶어 주먹으로 이마를 쳤다. 몇 년 전 사무실을 비우면서 몇 가지 물건을 집으로 가져왔는데 외교전문을 파기하는 것을 잊었다. 요원들이 '거기에 있으면 안 되는 문서'라고 말하자 래펠은 재빠르게 잘못을 인정했다. 그녀는 "이건 내게만 해당되는 말인데, 사무실을 떠날 때 모든 물건을 훑어보고 나올 시간이 없었지 뭐에요"라고 해명했다. 사실 그녀는 저명한 관료들 중에서 이보다 더 나쁜 습관을 가진 사람들을 여럿 알고 있었다. 누군들 그렇지 않겠는가.

요원들의 질문 강도가 높아질수록 래펠은 오해가 있음을 알리려 애썼다. "내 말은, 내가 완전히 멍청한 짓을 저질렀다는 거예요. '충분히 설명할 수 있는 문제야!'라고 생각했으니까요." 두 시간 정도가 지나서야 그녀는 변호사를 접촉해야 한다는 생각을 했다. 알고 지내던 한 변호사에게 연락했는데 '캐시디 앤 어소시에이츠'에서 로비스트로 근무할 당시 알게 된 정부 계약 전문가였다.

몇 시간 뒤 래펠과 딸 알렉산드리아는 집 근처의 이탈리아 레스토랑 더카를로스DeCarlo's에서 아이들이 '마피아 자리'라고 부르던 색 바랜 녹색 카펫에 놓인 테이블에 앉아 막대 빵을 먹고 있었다. 주민들에 따르면 CIA 요원들이 종종 회의를 하던 장소였다. 두 사람에게 변호사 둘이 찾아왔다. 그녀가 전화를 걸었던 변호사 외에 현장에 빨리 도착하기 위해 우버 택시를 이용해 달려온 젊은 변호사였다. 알렉산드리아는 빨간 머리에 키가 작았는데 잔뜩 심술이 나 있었다. 그녀는 래펠에게 "어떻게 집에 서류를 둘 수가 있어?"라고 소리쳤다. "대체 무슨 생각을 한 거야?" 래펠은 무슨 일이 일어났는지 생각을 정리하기 위해 애쓰면서 와인을 한 잔 시켰다. 나중에 그녀는 "의학적인 '쇼크' 상태였다"라고 내게 털어놨다.

다음날 국무부 보안국 직원들이 래펠의 집으로 와서 블랙베리와 업무용 신분증을 압수했다. 국무부 인사부에 불려 간 그녀는 비밀취급 인가가 정지되었으며 검토되고 있던 고용계약은 파기될 것이라는 통보를 받았다. 신분증 없이 국무부 건물을 걸어 나가기는 오랜만에 처음 있는 일이었다. C 스트리트 건물 입구의 경비가 래펠의 운전면허증에 적힌 이름을 확인하고는 눈에 띄게 당황하는 것이 느껴졌다. 며칠 후 래펠은 《뉴욕타임스》 1면에 'FBI, 퇴직한 미 외교관 수사 중'이라는 기사로 장식했다. 국무부 대변인은 기자들에게 법 집행 당국에 협조하고 있다고 해명하고 "래펠과의 계약은 만료되었다"며 "더 이상 그녀는 직원이 아니다"고 밝혔다. 로빈 래펠은 다시는 사무실에 출입할 수 없었다. FBI 요원들이 그녀의 책상을 샅샅이 뒤지고는 사무실 문을 봉쇄했다.

그 사건이 벌어지기 몇 주 전, 래펠은 댄 펠드먼에게 임무를 받고 이슬라마바드에 도착했다. 댄은 홀브룩이 농담 삼아 가져다 달라던 그 심장의 주인으로, 최근 아프간·파키스탄 특별 대표SRAP에 올랐다. 파키스탄에서는 시위대가 거리를 점거하며 부정 선거를 규탄하고 있었고 2013년 나와즈 샤리프가 다시 정계에 복귀하게 되었다. 일부 평론가들은 샤리프가 군에 조용히 권력을 넘기는 '연성 쿠데타soft coup'가 진행 중이라고 주장했다. 누구도 따라오지 못할 인맥을 자랑하던 로빈 래펠은 정부가 실제로 전복될 가능성이 있는지 알아보기 위해 이슬라마바드를 향한 것이었다. 그녀는 여러 만찬에 참석하여 들은 가십을 의견서로 남기고, 이를 댄 펠드먼과 이슬라마바드에 있던 리처드 올슨 미국 대사에게 전달했다. 올슨은 내게 "그녀가 하던 업무는 외교였다"라고 말했다. '끔찍한 해'였던 2011년(9/11) 이후 3년이 흘렀음에도 양국 관계는 여전히 냉랭했다. 그런 상황에서 국무부의 동료들은 래펠이 파키스탄과 대화할 수 있는 귀한 자산이라고 생각했다.

그녀는 이슬라마바드 출장 중에 자신의 일거수일투족을 FBI가 감시하고 있으리라고는 상상도 못했다. 래펠이 구사하던 전통 외교는 군부의 외교 장악뿐 아니라 9/11 테러 이후 업그레이드된 정보기관과도 경쟁 관계에 있었다. 옛날 방식으로 얼굴을 마주하는 대화는 '신호정보'나 감청을 통한 정보수집 앞에 빛을 잃었다. 2013년 파키스탄 정치인들의 통화 내역을 엿듣던 NSA(미국 국가안보국) 분석가들은 대화에 등장하는 한 미국인에 주목하기 시작했다. 바로 로빈 래펠이었다. 그들은 FBI에 '811 참조'를 보냈다. 기밀 자료에 대한 대화가 의심된다는 의미였다. 래펠이 나중에 자택에서 마주치게 되는 FBI 요원 둘이 선발되어 '65작업', 즉 스파이 사건을 파고드는 수사를 시작했다. 그들은 래펠의 연락망, 국무부의 인사 기록, 개인적 파일을 살폈다. 몇 달 후 요원들은 래펠이 파키스탄 관료들과 주고받은 스카이프Skypes인터넷상 음성통화 메시지와 통화 내역을 감시하기 위해 외국정보감시법원에서 영장을 발부 받았다.

국가 기밀자료를 폭로한 미 정보요원 에드워드 스노든의 내부고발사건이 터지고 일 년이 지난 후였고 당국은 스파이와 정보 누설자 색출에 한창이었다. 래펠을 주시하던 당국은 대어를 낚게 되리라 기대했다. 그녀의 배경은 그렇게 판단할 만한 모든 조건을 갖추고 있었다. 수십 년 동안 해외에서 주로 생활했고, 등록 로비스트로 활동했으며, 수상하기 짝이 없는 파키스탄을 대담하게도 지지하고 있었다. (래펠에게 그런 감정이 수사를 편향적으로

했다고 보는지 묻자 "완전히 그랬다"라며 "모두가 파키스탄을 싫어했으니 왜 아니겠는가"라고 말했다.) 래펠과 말을 섞은 파키스탄인들은 때때로 그녀를 '정보원'이라고 칭하면서 뛰어난 정보력을 칭찬했다. 수사를 진행할수록 래펠에 대한 경고등이 커졌다. 기밀 취급 문서를 두고 다니거나 컴퓨터를 잠그지 않는 등 사소한 위반 사항도 적발되었다. 게다가 지하실 캐비닛에서 외교전문까지 발견되었다. 이 문제는 스파이 행위보다는 덜 심각했지만 형사고발이 가능했다.

하지만 FBI 수사에는 오해가 겹겹이 쌓여 있었다. 스파이 색출에 혈안이 되어 있던 정보 당국과 법 집행 기관은 파키스탄 외교의 특이점에 대해 알지 못했다. 이슬라마바드에서 열리는 디너파티에 5분만 참석해본 사람이라면 래펠이 입에 올렸던 드론 타격 등 '기밀' 주제를 공공연하게 논의할 수밖에 없음을 알 것이다. 또한 정보의 출처가 미국인이라며 과시하는 행위는 파키스탄인들이 부리는 전형적인 허세였다.

이와 더불어 래펠은 일반적인 혼란과도 맞서고 있었다. 그녀는 평생 동안 한담을 통해 사람과 관계를 맺어왔는데 이는 유행에 뒤떨어진 방식이었고 감청시대에 자라난 세대에는 생소했다. 그녀가 합류한 홀브룩의 SRAP팀의 경우 여러 기관을 아우르는 직원들이 모여 있었고 담당하는 지역에 대해 대화를 줄이기는커녕 확대한다는 목표를 가지고 있었다. 이 역시 시대에 어울리는 발상이 아니었다. 래펠은 "사람들은 SRAP팀을 이해하지 못했는데 자네에겐 그리 놀라운 일이 아닐 거라 생각하네"라고 말했다. "관료 구조를 이해하지 못했던 거지. 이 사람들 대체 뭐지? 누구에게 보고를 하는 것이며,

무슨 일을 하고 있는 거지? 직무 권한 범위가 어떻게 되는 거지?" 대화의 가치는 분명하게 드러나는 성질의 것이 아니었다. 어떻게 그렇겠는가? 파키스탄 같은 장소에서 대화를 이어가는 행위는 장군들과 정보 요원들의 세계에서는 부차적인 일에 불과했다.

2017년 도널드 트럼프의 취임식이 열리기 일주일 전쯤의 어느 밤, 워싱턴 D. C.의 추위를 뚫고 온 로빈 래펠이 가든 카페로 들어와 코트를 벗었다. 국무부 가까운 곳에 위치한 조용한 식당으로, 복숭아색 벽에 별 특징 없는 꽃 그림으로 실내를 장식했다. 어디선가 재즈 선율이 가냘프게 들려왔다. 늘 그렇듯 그녀는 파키스탄에서의 시절과 같은 스타일이었다. 은색 자수를 놓은 회갈색 파시미나를 회색 재킷 한쪽 어깨 위에 걸쳤고 금발은 프렌치 스타일로 꼬아 올렸다. 그녀는 쇼비뇽 블랑을 주문했다. "이제 돌아보니 재미있는 구석이 있네"라고 말했지만 진짜 재미있어 하는 말투는 아니었다. 그녀는 변한 것이 없어 보였다. 입술은 단단하게 오므린 모양이었고 뺨은 팽팽했으며 오만해 보이는 태도도 여전했다. 하지만 로빈 래펠을 둘러싼 모든 것이 변한 상태였다.

FBI의 수사는 갈수록 열기가 식었다. 수사관들은 여러 달 동안 래펠을 맴돌았지만 국무부 동료들과 대화 나누기를 꺼렸다. 혹시 동료들이 그녀에게 언질을 줘서 현장에서 잡을 기회를 놓칠까 두려웠기 때문이었다. 래펠의 업무에 익숙한 관료들과 대화만 했어도 당시에는 범죄 행위로 보이던 래펠의 행보가 사실은 관계를 중시하는 전통 외교의 방식일 뿐이라는 점을 이해했을 것이다. 래펠 사건을 다루던 미 검찰은 2015년 초 래펠의 변호인에게 스파이 혐의에 대한 고소를 취하한다고 알렸다. 그래도 검찰의 체면을 잃고 싶지 않은 듯했다. 스파이 혐의보다는 가볍지만 기밀 취급에 관련하여 사유서 등을 원하는 듯했다. 래펠은 꼼짝하지 않았다. 그런 수준의 위반이 흔히 일어나는 일이고 중대한 형사 소송을 밟을 근거가 되지 못함을 알았기 때문이다. 결국 2016년 3월 검찰은 사건을 완전히 종결시켰다. 래펠의 집에 요원들이 닥친 후 17개월 만의 일이었다. 그 동안 그녀는 10만 달러 이상의 소송 비용을 지출했다. 친구들이 어느 정도 도움을 주기는 했지만 그녀는 재정적으로 큰 타격을 입었고 일자리도 잃었다.

래펠은 내게 "2년 동안 일을 하지 못했는데 아직도 아이들, 소송 등에 들어갈 돈이 많다"고 털어놓더니 차갑게 웃었다. "40년 동안 열심히 일했는데 이런 사건이 일어나다니 상상도 못할 일이지." 래펠은 일거리를 찾고 있었지만 그녀를 따라다니는 의혹 때문에 일자리를 구하기가 어려웠다. "FBI에게 스파이 혐의로 기소됐다는 기사가 《뉴욕타임스》 1면 상단에 나면 누구도 일을 주려고 하지 않는다네." 조사에 착수한다는 발표는 떠들썩했지만 그 결과에 대해서는 간략한 언급조차 없었다. 나중에 그녀는 특이한 상담 업무를 시간제로 맡았다. 생활을 위해 무슨 일이든 한 것이다.

바깥에서의 삶은 적응하기 어려웠다. 래펠이 기억하는 한 그녀에게는 일이 곧 삶이었다. 그녀는 "나는 일하는 여성이지 주부가 아니라네. 요리 같은 일을 할 줄은 알지만 집에 있기를 즐기는 유형은 아닌 거지." 그녀는 과거 자신이 살아온 세계의 겉모습을 유지하기 위해 아등바등했다. 날마다 아침 일찍부터 식탁에 앉아 낡은 노트북을 켜고 일감을 찾았다. 가령, 아프가니스탄에서 협력 업무를 하는 비정부 집단에게 조언을 제공하는 일도 했는데 미국 정부가 고사시켜버린 또 다른 프로젝트였다. 틈이 나면 방대한 글을 읽었는데 주로 정치와 파키스탄에 대한 내용이었다. 싱크탱크와 남아시아 등에 관련된 해외 정책을 다루는 행사에도 빠짐없이 얼굴을 내비쳤다. 나는 2016년 초 파키스탄의 영화 제작자 오바이드 치노이Obaid-Chinoy를 인터뷰한 적이 있는데 미국평화연구소의 일부 청중 앞에서 명예 살인을 주제로 한 그녀의 다큐멘터리에 대해 대화를 나눴다. 앞줄에 로빈 래펠이 앉아 메모를 하고 있었다. 일부 참석자들이 그녀를 흥미롭게 바라보다가 자기들끼리 속삭였다.

래펠의 가족들도 이런 상황에 적응이 필요했다. 알렉산드라는 계속 "창피하게 생각했고 그 사건으로 엄청난 충격을 받았다"고 래펠은 털어놨다. 딸은 약혼자가 있었는데 약혼자 가족들에게 스캔들에 대해 해명하는 일을 두고 위기가 찾아왔다. "딸은 그 당황스러운 사건으로 사람들이 (결혼식에) 안 올까봐 두려워했는데.....사건을 떠올릴까봐" 결국 래펠은 버스를 타고 뉴욕으로 가서 신랑의 부모님을 찾아갔다. 아버지는 성공한 투자 은행가였고 어머니는 세련된 분위기에 요가를 즐기는 여성이었다. 래펠이 "나는 스파이가 아닙니다"라고 말하자 그들은 놀란 표정으로 "그렇군요!"라고 답했다.

그날 밤 가든 카페에서 래펠이 흰색 식탁보에 놓인 빨간색 매니큐어를 칠한 손톱을 긁자 '득득' 거리는 소리가 났다. "누군가 이 문제를 당국에 고해 바쳤다면 그자는 미국인일 것"이라고 그녀는 말했다.

나는 "가깝다고 생각한 미국인"이라고 덧붙였다.

래펠이 목소리를 낮추더니 "맞아"라고 답했다. "정보기관 쪽에는 파키스탄에 적대적인 인도계 미국인들이 득실거리지. 그들이 거기에 있는 건 언어 능력 때문이라네. 국무부 정보조사국INR에서 나온 사람들이 브리핑을 하는데 멍청하기 짝이 없더군. 건방진 태도를 보였지만 아는 게 아무 것도 없다니까!" 다시 등을 뒤로 기대면서 쇼비뇽 블랑이 든 잔을 흔들자 와인이 꿀렁거렸다. 나는 조사에 대해 묻기 위해 래펠의 동료들을 열 명 넘게 만났는데 그녀를 스파이라고 생각하는 사람은 아무도 없었다. 일부는 그녀가 신뢰할 수 없는 파키스탄 정권과 편안하게 지낸 것에 의문을 제기했다. 대화에 '의존국에 대한 과신'이라는 단어가 간혹 등장하기도 했다. 로빈 래펠은 충성스러운, 어떤 면에서는 애국심이 강한 미국의 공직자였다. 하지만 그녀의 몸에는 파키스탄인들의 태도가 배어 있었고 인도를, 때로는 인도계 미국인들을 비난하기까지 했다.

래펠의 방식은 불완전했다. 외교를 활용해 자신이 당면한 관계의 전략적 근본을 변화시키려 했던 리처드 홀브룩과 달리 래펠은 규정을 지켰다. 그녀는 외교를 활용하여 현상 유지를 도왔다. 수십 년 동안 파키스탄에서 현상은 군과 정보기관의 협력이 계속될 정도로 유지되었다. 때때로 이는 유화정책처럼 보일 수 있었고 리처드 홀브룩이 최전선의 도구라고 주장한 외교력 강화와는 무척 달라 보일 여지가 있었다.

하지만 래펠은 "절대 대화를 멈추지 말라"는 전통적 외교 금언을 신봉했다. 탈레반을 옹호하던 시절을 거슬러 올라가보면 그녀는 이 정신을 실천한 전형이었다. 이제 미국의 가장 민감한 관계에서 종류를 불문하고 외교 자체가 등한시되는 시대에 래펠과 같은 행동은 범상치 않았고 심지어 범죄로 인식되기까지 했다. "래펠은 미국의 국익을 위해 일했고 우리 모두가 중요하다고 생각한 일을 했다"고 고위 관료가 내게 말했는데 래펠 사건이 아직 법집행 당국에게 아픈 상처였기 때문에 익명을 요청했다. "그녀를 스파이로 몰아갈 때의 위험은 외교를 범죄시하는 것이다."

《월스트리트저널》은 래펠 사건을 조명하면서 '마지막 외교관'이라는 제목을 달았다. 래펠이 자리에서 일어나면서 자신을 향한 묘사에 대해 고개를 저었다. "해외 정책을 다루는 사람들이 내게 '당신은 옛날 방식으로 일을 했고, 이제 우리는 새로운 방식으로 일을 한다'고 말하지. 로난, 이거 하나 분명히 할 수 있을까?" 그녀의 파란 눈이 나를 응시했다. "나는 잘못된 일을 하지 않았네. 한물 간 일을 하고 있었던 것도 아니고. 진정한 일을 하고 있었던 거지." 로빈 래펠이 코트를 당겨 입고는 다시 추위 속으로 사라졌다.

PART 2

먼저 쏘되 질문은 절대 하지 말 것

2016년 시리아
2002년 아프가니스탄
2006년 아프리카의 뿔
2013년 이집트
2006년 컬럼비아

속지 말라 악한 동무들은 선한 행실을 더럽히나니

-고린도전서 15장 33절

17장

국제 규범

리처드 홀브룩이 유명을 달리한지 7년 후, 나는 한 때 SRAP(아프간·파키스탄 특별대표)팀이 쓰던 사무실의 앞문을 지나쳐 갔다. 병원에서 쓰는 흰색 페인트를 칠한 벽이나 벌꿀 색의 착색제를 바른 나무문은 예전과 그대로였다. 하지만 사무실에는 '반ISIL(이하 'IS'-이슬람국가) 국제연대 대통령 특사'라는 새로운 간판이 걸려 있었다. SRAP팀과 홀브룩이 꿈꾸던 탈레반과의 대화는 도널드 트럼프의 임기 첫해에 조용히 자취를 감췄으며 남아 있던 직원들도 그만뒀다. 2018년 초 렉스 틸러슨은 내게 팀의 미래에 대해 최종 결정을 내리지 않았다고 말했으나 그 문제를 깊게 생각하지 않은 것은 분명했다. "우리에게 SRAP가 필요한지 아닌지 고려중이오." 틸러슨은 전통적으로 아프간과 파키스탄을 담당해온 대사들과 남아시아 및 중앙아시아 담당 차관보가 "SRAP보다 훨씬 낫다"라고 주장했다. 하지만 2018년 초까지도 남아시아 및 중앙아시아 담당 차관보 자리는 공석이었다. 누가 이 지역의 외교적 해법을 적극적으로 대변하고 있는지 분명치 않았다.

홀브룩이 생애 마지막 순간에 사력을 다해 작성한 의견서에 드러난 '외교의 군대화에 대한 우려'는 그가 예상하지 못한 수준으로 전개되었다. 트럼프 대통령은 국방부에 그 어느 때보다 더 많은 권한을 부여했다. 한 때 국무부를 비롯한 여러 기관이 조율한 정책 분야에서 국방부가 거의 독자적인 권한을 얻었다. 백악관은 이라크와 시리아의 파병에 대해서도 은밀하게 군에 더 많은 결정권을 줬다. 예멘과 소말리아에서는 야전 사령관이 백악관의 승인 없이도 공격에 나설 수 있는 권한이 있었다. 아프가니스탄의 경우 트럼프는 제임스 매티스 국방장관에게 파병 수준을 정할 수 있는 획기적인 권한을 부여했다. 공식 성명에서는 이러한 움직임을 가볍게 여기면서 국방부가 여전히 백악관이 정한 광범위한 정책을 준수해야 한다고 강조했다. 하지만 실질적으로는 외교적 갈등의 불씨가 있는 곳에서 군사 수천 명의 운명이 최근 역사에서 처음으로 완전히 군의 손으로 들어갔다. 외교관들은 더 이상 아프가니스탄 논쟁에서 잃을게 없었다. 아예 논쟁에서 배제되었기 때문이다. 2018년 초 군은 공개적으로 증파를 위한 행동에 나섰다. 기존의 1만 4,000명 외에 최대 1천 명의 군사를 새로 보낼 계획이었다.

한편 미국 내 백악관에서도 군의 입김이 커졌다. 트럼프 정부가 들어서고 몇 달 만에 국가안전보장회의에 참석하는 고위직 25명 중 10명 이상이 현역 혹은 퇴역 장교로 채워졌다. 대량 고용과 해임이 이어지는 사이 군 출신은 더 늘었고 심지어 백악관의 비서실장에 퇴역 장군 존 켈리가 임명되기에 이르렀다. 또한 백악관은 더 이상 국무부 관료에게 국가안전보장회의에 참석 시키는 '특별 임무'를 부여하지 않았다. 정책 결정 과정에 외교가의 의견을 반영하는 경우는 갈수록 줄어들었다.

미국과 세계의 관계 역시 군의 입맛에 맞게 재편되었다. 2018년 초 트럼프 정부는 '바이 아메리카Buy America' 전략을 수행하는 계획을 전달했는데 전 세계에 나가 있는 국무부 외교관들에게 새로운 임무가 부여되었다. 국방 분야의 계약자들을 위해 무기 판매를 늘리라는 임무였다. 미국의 무기 판매는 이미 최근 5년 동안 증가한 상태였다. 그럼에도 트럼프 정권에서 새로운 계약이 대거 체결된 것은, 무기 판매와 그 판매에 맥락과 방향을 제시하는 외교 사이에 골이 깊어짐을 의미했다. 2017년에 트럼프가 카타르 정부와 테러 집단의 연계를 맹비난하면서 카타르와 걸프만의 나머지 국가 간에 외교 갈등이 빚어졌는데, 이 와중에 국방부는 카타르에 120억 달러 규모의 F-15 전투기를 판매한다는 소식을 발표했다. 국방부 매티스 장관이 카타르의 국방 장관을 만나 계약을 체결했다. 복수의 국방부 관계자들에 따르면 이 일에 국무부 관료들은 거의 개입하지 않았다.

이전 정권에서 그런 무기 계약을 체결할 때 장애물로 작용했던 우려사항은 군의 긴급 사안 앞에 중요성을 잃었다. 바레인 정부가 살인과 고문 등 인권 탄압을 자행하고 있는데도 국무부는 인권문제 개선에 관련된 어떠한 조건도 없이 바레인 왕실에 F-16 전투기 판매를 재개한다고 발표했다. 2017년 5월 말 국무부에서 한 기자가 스튜어트 E. 존스 차관보 대행에게 정부가 역대 최악의 인권 탄압을 자행하는 사우디아라비아와 1,100억 달러에 달하는 사상 최고치의 무기 계약을 체결하는 상황을 어떻게 받아들여야 하는지 물었다. (외교관이 임명되는 차관보 자리는 아직 공석이었다.) 존스는 크게 한숨을 쉬었다. "음, 음……"하며 얼버무리고 주변을 둘러보면서 손가락을 쥐었다, 폈다 했다. 약 20초 간 머뭇거리던 그는 먼 곳을 응시했다. 극단주의와 맞서 싸워야한다는 것에 대해 제대로 말을 잇지 못하고 계속 더듬거리더니 고개를 숙이고 서둘러 연단을 내려갔다. 마치 꿈에서 벌거벗고 있는 자신을 발견한 모습이었다.

트럼프 대통령은 반복적으로 독재자들을 향해 찬가를 불렀다. 이집트의 압델 파타 엘시시Abdel Fattah el-Sisi는 이집트 역사상 최악의 인권 탄압을 자행하고 있었는데도 트럼프는 "환상적", "우리는 (그를) 지지한다"라고 말했다. 필리핀의 로드리고 두테르테는 정적 살해에 동의하고 군인들이 여성을 강간한 혐의를 조장한 인물이었으나 "믿을 수 없이", "훌륭한" 일을 하고 있다고 추켜세웠다. 트럼프는 두 사람을 개인적으로 백악관에 초대하며 이전 정권과 다른 태도를 취했다. 전직 국무부 장관들 중에서 그런 밀월 관계를 지지한 사람은 아버지 부시 대통령 때의 제임스 베이커 밖에 없었다. 베이커는 "이집트, 필리핀, 터키는 모두 미국의 역사적 동반자이며 그곳의 지도자들을 상대하는 일은 매우 중요하다"고 말했다. 그러면서 "종종 프랭클린 D. 루스벨트 대통령이 썼다고 인용되는 발언이 이 현상을 제대로 표현하고 있지. 루스벨트는 니카라가의 독재자 소모사에 대해 '그는 개자식일 수도 있겠다. 그러나 우리에게는 확실한 개자식이다.'" 오바마 정부의 존 케리 국무장관는 보다 일반적인 관점에서 말했다. 그는 "현 대통령이 국제 규범을 어기고, 소속 당을 불문하고 어떤 미국 대통령의 입에서도 나온 적이 없던 긍정적인 표현을 쓰고, '강자' 운운하면서 대체 무엇을 얻으려 하는지 이해할 수 없다"고 개탄했다. 한 때 민감한 관계를 조율하는 업무를 수행했던 외교관들도 다른 사람들 못지않게 놀랐다. 이번에도 그들은 미리 정보를 듣지 못했다.

직업 외교관 크리스 라빈은 "외교의 군사화가 심해지는 세태를 누구보다 가까이에서 목격했다"고 말했다. 그는 홀브룩이 이끌던 SRAP팀에서 특별보좌관을 지냈으며 예산 삭감과 해고 소동의 소식을 들었을 당시 국무부에서 시리아 업무를 담당하고 있었다. 그는 IS에 관련된 임무를 연이어 처리하면서 미국의 시리아 정책을 혼돈에 빠뜨린 두 가지 역학관계를 목격했다. 하나는 국무부 내부에 존재했다. 홀브룩의 옛 사무실에 붙은 새 간판은 우연히 붙은 것이 아니었다. 반IS 활동은 국무부의 자원과 활동을 점점 빨아들이는 블랙홀이 되고 있었다. 반IS 특사인 브렛 맥거크는 국무부 건물에서 일하는 최고 실세 중 하나로 떠올랐다. 두 번째 변화는 외부에서 불어오고 있었다. 국무부는 점점 더 많은 권한을 군에 넘겨줬다. 맥거크는 "우리는 탬파Tampa의 국방부에서 반IS 활동을 수행하는 자들에게 많은 정책적 기반을 제공했다"고 말했다. 플로리다에 위치한 미군 중부사령부CENTCOM를 지칭한 것이었다. "외교의 단단한 기반을 완전히 양도하는 가운데 인권 문제, 경제, (터키와의) 양자 관계와 같은 다른 정책 문제에서는 진전이 거의 없었다."

외교관이 이끄는 대화가 사라지고, 오바마 정부부터 트럼프의 백악관에 이르기까지 미봉책이 난무하는 가운데 CIA와 국방부가 미국의 시리아 정책을 만들었다. 양 기관은 서로 별개의 정책을 만들었고 때로는 지상군에 대해 상충하는 입장을 취해 문제를 일으키기 시작했다. CIA는 자유 시리아군(FSA)의 '온건한' 반대자들로 구성된 느슨한 연합체를 은밀히 무장시키고 훈련시켰다. 반면 국방부는 쿠르드족 인민수호부대Kurdish YPG-People's protection

Units가 주도하는 시리아 민주군SDF을 설립하고 무장시키기 시작했다.

두 기관이 개별적으로 관계를 형성하면서 문제가 불거졌다. 자유 시리아의 무기는 자브하트 알누스라Jabhat al-Nusra 같은 테러 집단의 손으로 들어갔다. YPG는 쿠르드 노동자당PKK이라는, 미국이 테러 집단이라고 명명한 혁명 집단과 뗄 수 없는 관계였다. 직업 외교관 라빈은 "그들은 조직 이름을 가지고 협잡을 했지만 사실상 쿠르드 노동자당은 하나의 조직이다"라고 말했다. 국방부와 쿠르드족 인민수호부대YPG의 방만한 관계 역시 골칫거리였다. 쿠르드족은 투르크족과 원수지간이다. "IS의 위협을 제거한다는 한 가지 목적에 몰두한 나머지 투르크 보안대와 쿠르드 노동자당 사이에 35년 간 지속된 갈등을 악화시켰다. 두 세력 간의 분노가 더 오래 지속될 가능성이 높아졌다"라고 그는 진단했다.

한때 시리아의 도시였다가 통폭탄barrel-bomb 공격으로 폐허가 된 알레포Aleppo지역에서 자유 시리아 사령관 압둘라 알무사는 직설적으로 말했다. 그는 "미국이 시리아 민주군과 펼치는 정책으로 향후 아랍과 쿠르드 사이에 내전이 일어날 것"이라며 "미국은 매우 큰 실수를 저지르고 있다"라고 밝혔다. 그가 언급한 큰 실수는 이미 지상에서 현실이 되었다. 몇 차례에 걸쳐 쿠르드족, 투르크족, 시리아 반란군이 전쟁에 휘말렸는데 이들 모두 미국에서 무기와 공중 지원을 받고 있었다. 2016년 8월 어느 토요일, 한여름의 불볕더위가 이어지는 가운데 북부 시리아에서 터키 탱크 두 대가 미사일에 맞아 터키의 병사 한 명이 사망하게 되면서 미국의 복잡한 동맹 관계가 어지럽게 흐트러졌다. 터키는 신속하게 쿠르드족 인민수호부대를 비난하면서 반격에 나섰고, 이 공격으로 이튿날 터키 국영 방송은 쿠르드 인민수호부대 전사들 25명과 민간인 20명이 목숨을 잃었다고 보도했다. 자유 시리아군은 이날 쿠르드 마을 열 곳을 점령했다고 발표했다. 인터넷에서는 미국이 지원하는 자유 시리아 무장전투원들이 또 다른 미국의 지원을 받는 자유 시리아 군인들을 잔인하게 폭행하는 동영상이 유포되었다.

한 달 뒤 압둘라 알무사 자유 시리아 사령관은 알레포 외곽의 야영지에서 피신하고 있었는데 "한밤중에 창문을 닫고 있어도 폭격 소리가 들렸다. 말 그대로 아수라장이었다"고 그는 말했다. "미국이 시리아 대통령 알 아사드와 싸우지 않는 쿠르드 집단을 지원하는 것은 엄청난 실수다." 당연히 그는 자유 시리아군이 미국에게 더 적합한 동맹이라고 생각했다. 다만 미국의 요구에 따라 IS와 싸우기에 앞서 시리아 정권과 싸우는 것이 그의 최우선 과제라는 사실은 인정했다.

자유 시리아의 변호인 오사마 아부 자이드는 CIA가 자유 시리아를, 국방부는 시리아 민주군과 쿠르드 관련 단체를 지원하면서 시리아 내전에서 혼란이 벌어지고 있다고 전했다. 그는 "국방부와 자유 시리아군은 서로 직접적으로 소통하지 않는다"라고 밝혔다. 미국 기관이 서로 분열을 일으키면서 합동 지휘부와 훈련 센터 내부에서 기이한 상황도 벌어졌다. 국방부 관료들이 CIA의 지원으로 무장된 자유 시리아 사령관들과 대화하기를 거부한 것이다. 아부 자이드는 때로 미국인들이 긴장 상태를 즐기는 듯 보인다고 말했다. "이곳의 CIA 인사들은 국방부의 프로그램이 빗나갈 때 종종 희열을 느낀다." 전략 없는 전술은 치명적인 촌극으로 전락할 수밖에 없는 것이다.

2017년 상반기에 트럼프 정부는 선택을 내렸다. 처음에는 터키의 반대에도 불구하고 국방부가 쿠르드족 지원을 지지하도록 승인하고 CIA가 은밀하게 반군 집단을 지원해온 행위를 가로막았다. 이를 기회로 국방부는 이 지역에서 꼭 필요하지만 껄끄러운 동맹인 터키와의 관계를 유지해야하는 중요한 권한에서 국무부를 사실상 차단시켰다. 라빈은 외교를 군의 대리전으로 대체한 것은 전략적 관점에서 보면 "완전히 좀먹는" 행위였다고 말했다. 그는 "터키와의 관계를 유지하는 데 공을 들여왔는데 미국이 공공연하게 쿠르드족 인민수호부대를 무장시키면서 터키와의 양국관계가 훼손됐다. 터키 입장에서 이는 마치 터키가 미국 텍사스에 기반을 두면서 멕시코 최대 마약조직인 '시날로아Sinaloa카르텔'을 무장시키는 행위와 같은 것이다." 정부의 태도는 다양한 문제에서 투르크와 대화를 이어가려는 민간의 노력을 약화시켰다. 라빈은 "터키의 인권 문제, 시민 사회의 탄압, 2016년 7월 쿠데타 시도와 관련된 대규모 숙청, NATO 동맹과의 양자 문제 진전 등 우리가 꼭 해결해야 했던 공동의 관심사에서 목소리를 제대로 낼 수 없었다"고 덧붙였다. 그리고 "대신 시리아 쿠르드족과의 협력이 대화를 지배했고 외교를 수행하려는 우리의 노력은 제약을 받았다"고 말했다.

힐러리는 자신이 시리아에 관련된 정책 결정에 관여하지 않았다는 지적에 반감을 드러냈다. 그녀는 보다 강력한 개입을 요구하는 군과 정보 당국의 입장을 지지했다. 힐러리는 "알 아사드 대통령에 대한 정당한 반대를 지원하는 데 더 많은 노력을 기울여야 한다고 생각했다"면서 "그런 면에서 CIA와 국방부의 의견에 찬성했다"고 설명했다. 하지만 여러 실무진은 국무부가 지나치게 많은 권한을 양보하는 바람에 국방부나 CIA의 요구에 휘둘리지 않을 민간 측 의견과 균형을 맞출 수가 없었다고 토로했다. 라빈은 "이 시점에는 대부분 군 대 군의 접촉이 이뤄졌다"고 말했다. "국방부가 다른 나라의 군과 대화를 나눴다. 국무부는 외교에서 중요도가 네다섯 번째 정도밖에 안 되는 것으로 느껴졌다." '마호가니 로 사건'을 돌아봐도 대안이 되는 견해는 사라진지 오래였다. 국무부에서 주된 의견은 "지역에서 미국의 장기적인 외교정책의 목적을 희생시키면서 반IS 캠페인을 실시하는 사령관들에게 맞추는 것이었다. 국무부에서는 군복을 입은 세력의 의견에 반대하는 정직한 정책을 펼치는 일이 점점 불가능해졌다. 그렇지 않으면 논의에서 완전히 배제될 위험을 져야 했다."

'브루클린 출신으로 9/11을 목격하면서 국가에 헌신하려고 결심한' 라빈은 원래 2010에 아프가니스탄 및 파키스탄 임무가 종료되면 국무부를 떠날 생각이었다. 하지만 홀브룩이 세상을 뜨기 얼마 전 국무부에 남아 싸움을 이어가겠다고 한 약속을 지키기 위해 잔류를 선택했다. 그러나 그는 2017년 중반 국무부의 예산 삭감과 해고 광풍이 불면서 십년 이상 일했던 부처를 떠났다. 라빈은 "시스템에 의한 결정과 행동을 취하지 않으면 문제를 해결하기 보다는 더 많은 문제를 양산해 내는 것이 분명했다"고 회고했다.

냉전의 중심축이었던 외국군대와 협력하고 독재자들을 지원하는 시대가 되살아나면서 바야흐로 신 냉전의 르네상스를 맞이했다. 2001년 9월 11일 테러가 일어난 이후 20년 가까이 흘렀다. 군과 독재자에 기대는 이런 관계는 얼마간 테러가 자행된 직후인 조지 W. 부시 대통령 시절에 긴박한 상황에서 형성되었다. 하지만 많은 관계가 이후에도 이어졌고 오바마 정부 시절에는 확대되기까지 했다. 모순적이게도, 그런 전략에 몰두하도록 만든 것은 오바마 정부의 불간섭주의자들이 외교에서 군이 '어리석은 개입은 하지 않겠다'는 식의 접근이었다. 오바마의 정부는 지상군 개입을 최소화하는 유산을 남기기 위해 애썼지만 한편으로는 그 유산의 중심에 드론을 활용한 외국군과 민병대와의 동맹이 자리 잡고 있었다. 2014년 오바마는 뉴욕 웨스트포인트의 육군사관학교에서 전통에 따라 회색 제복을 입고 졸업을 맞는 천 명 이상의 생도들 앞에서 세계에서 미국의 개입에 대한 새로운 시대의 비전을 제시했다. 이 비전의 중심에는 대리전이 자리 잡고 있었다. 그는 미국의 요구에 따라 움직이는 외국의 군이나 민병대를 가리켜 '동반자partner'라는 단어를 여러 번 사용했다. 예멘인과 파키스탄인이 스스로 값을 치를 수 있는 지역에 왜 미국의 아들, 딸을 보내야 하는가? 정권이 바뀌면서 동기도 바뀌었지만 기본적으로 2001년 이후에 미국을 통치한 세 명의 대통령 모두 동일한 원칙을 고수했다.

하지만 라빈이 미국의 시리아 정책에서 목격했던 대로 이러한 관계는 인권과 광범위한 전략적 관계에서 막대한 타협으로 이어졌다. 그 타협의 결과는 분명했다. 이미 전 세계에서 벌어지는 갈등에서 미국이 취해온 궤적에 재앙적인 영향을 미쳤다. 미국 정부는 외교를 밀어내고 군, 현지 군벌과의 직접적 거래를 선택하면서 아프가니스탄에서 내리막길을 걸었다. 아프리카의 뿔(아프리카 북동부 지역)에서도 유사한 선택을 했고 이는 새로운 테러 위협이 부상하는 데 기여했다. 독재자를 중심으로 마련된 정책으로 인해 미국은 이집트에 혁명이 일어났을 때 제대로 대처할 수 없었고, 이후 벌어진 악행을 중단시키는 데도 무기력했다. 물론 예외는 있었다. 라틴 아메리카의 코카인 삼각지대에서 미국의 개입은 외교적 관심사와 군 대 군 동맹이 균형을 이룬 보기 드문 사례였다.

이처럼 경각심을 울리는 여러 사례에도 불구하고 이미 군 주도의 외교에 치우치기 시작한 트럼프 정부에게는 별다른 영향이 없어 보였다. 하지만 아프가니스탄을 비롯한 많은 지역에 파견된 외교관들은 자신의 업무가 점점 군사 동맹으로 인해 잠식당하는 상황에서 경고음을 인지할 수밖에 없다. 일각에서는 군벌과 그리고 풀리지 않는 의문의 살인으로부터 그런 경고음을 들었다.

18장

도스툼: 진실을 말하고 모든 거짓을 좌절시키는 자

공동묘지는 시각으로 확인하기 전에 이미 후각을 통해 그 존재를 알아차릴 수 있다. 제니퍼 리닝은 검은색, 파란색, 빨간색 실로 짠 니트 스카프를 단단히 여몄다. 검은색 마모트 재킷은 사이즈가 너무 커서 그녀의 작은 체구를 가려줬고 멀리서 보면 남성이라는 착각이 들 게 만들었다. 위험한 임무에서 자신을 지킬 수 있는 보잘 것 없는 보호 장치였다. 모자도 있었지만 현지에서 통역을 돕던 열여덟 살 정도의 아이에게 줬다. 아이는 추위도 추위지만 내가 어디를 가려고 하는지 알 수 없다는 두려움에 떨고 있었다. 한낮이었고 아프가니스탄의 여느 1월처럼 매섭게 추운 날씨는 아니었지만 바람이 찼다. 바람에 실려 어디선가 악취가 풍겨왔다. 코소보에서 소말리아까지 분쟁 지역의 의사로 활동할 때부터 리닝의 의식 속에 스며있던 죽음의 쓰레기 냄새라는 것을 알 수 있었다. 악취는 어느 한 방향에서 오는 것이 아니었다. 땅 자체가 썩은 듯했다. 거대한 회색 하늘 아래서 리닝은 무방비로 노출된 느낌을 받았다. 사막은 평평했고 수평선이 끝없이 이어져 숨을 곳이 없었다. 땅에 지뢰가 매설되어 있을 가능성이 있었기 때문에 조심스럽게 발걸음을 옮겼다. 그러다 눈에 띄는 장소를 발견했다. 주위를 둘러싼 사막, 새로 파헤친 흙, 큰 타이어가 지나가면서 색이 어두워지고 패이고 십자형 교차 모양이 새겨진 장소였다.

땅에는 검은색, 흰색, 빨간색 뭉치가 어지럽게 흩어져 있었다. 그게 무엇인지 알아차리는 데 잠시 시간이 걸렸다. 바로 터번, 옷, 슬리퍼, 묵주였다. 리닝은 얼어붙었다. 해골 조각과 흉곽 일부가 눈에 들어왔다. 틀림없는 사람 뼈였다. 함께 조사를 나온 존 헤퍼넌이 사진을 찍기 시작했다.

2002년 초 아프가니스탄 북부 외진 곳에서 일어난 일이었다. 리닝과 헤퍼넌은 '인권을 위한 의사회'라는 감시기구에서 테러와의 전쟁으로 포로가 된 사람들의 처우를 조사하기 위해 파견한 조사관들이었다. 두 사람은 원래 조사하러 온 사항보다 더 심각하고 위험한 미스터리에 맞닥뜨렸다. 이 미스터리는 이후 십년 이상 비난을 불러일으켰고 세계에서 가장 권력이 강한 사람들에게 관련 보고서가 제출되었으나 두 나라의 정부가 은폐를 시도했다. 조사자들이 목격한 장면은 9/11 이후 외교관이 아닌 군인과 정보 요원들이 외교 정책을 주도했던 초기에 발생한 사건이 남긴 흔적이었다. 표식 없는 무덤은 외교관의 활동이 밀려나고 공백이 생기자 미국이 그곳 군벌과 관계를 맺으면서 생긴 결과물이었다. 그 결과는 단순히 인권 문제에 그치지 않았다. 아프가니스탄에서는 지방 독재자들에 대한 미국의 지원으로 나라가 재편되었고, 미국 역사상 최장 기간의 전쟁으로 기록될 갈등의 조건이 이 때 마련되었다.

조사자들은 무덤의 규모를 가늠하려 애썼으나 마땅히 비교할 만한 대

2002년 1월 다슈트 이 레일리에서 인권을 위한 의사회의 조사관 제니퍼 리닝 박사와 함께 공동묘지를 발견한 직후 존 헤퍼넌이 촬영한 사진에 불도저로 밀어낸 땅에 사람의 뼈가 흩어져 있는 모습이 보인다. 리닝은 "쓰레기장을 들쑤셔놓은 듯 썩고 너저분하고 악취가 진동했다"고 기억했다.
-존 헤퍼넌 / 인권을 위한 의사회

상이 떠오르지 않았다. 전쟁 범죄 전문가들은 먼 곳에서 시체 수를 눈짐작하지 말라고 훈련을 받았으나 거대한 매장지라는 사실은 충분히 알 수 있었다. 축구장 정도의 면적에 시신이 즐비했다. 헤퍼넌이 촬영하는 동안 리닝은 메모를 작성하기 위해 중학생들이 즐겨 사용하는 노트를 꺼냈다. 표지가 단단해서 무릎 위에 놓고 중심을 잡기가 편했고 줄 간격이 넓어서 휘갈겨 쓰기에도 적당했다. 메모를 남길 시간은 충분치 않았다. 십 분 정도 지났을까, 저 멀리 수평선에서 먼지 구름이 일더니 어두운색 차량이 모습을 드러냈다. 리닝이 보기에는 지붕 덮인 지프나 도요타 랜드 크루저 네다섯 대 정도였는데 빠른 속도로 다가오고 있었다.

리닝과 헤퍼넌은 서둘러 물건을 챙겨서 그들이 타고 왔던 찌그러진 도요타에 올랐다. 통역사의 얼굴은 잿빛으로 변했다. 50대의 반백인 운전사는 엔진의 회전속도를 올렸다. 운전사 역시 사막의 이 지역을 두려워했기에, 리닝과 헤퍼넌이 조사하는 동안 긴장한 모습으로 사이드 미러를 흘끔거리면서 수평선을 살피던 중이었다. 지프가 추격해 오자 운전사는 액셀러레이터를 힘껏 밟았다. 조사자들이 주(州)수도인 셰베르간으로 돌아가는 동안 지프가 800미터 가량 쫓아왔다. 조사자들은 셰베르간에 진입하고도 쉬지 않고 달려 마자리샤리프의 더 큰 중심지를 향해 동쪽으로 내달렸다. 리닝과 헤퍼넌은 차안에서 무거운 침묵을 지켰다. 차에 탄 모두가 실탄 한 발을 피했는지, 아니면 여러 발을 피했는지 궁금하게 여길 뿐이었다.

무덤은 아프간 현대사에서 가장 두려우면서도 신화적 대상이 된 군벌들의 근거지에서 가까웠다.

그곳은 말을 타고 검을 휘두르던 우즈벡 전사 압둘 라시드 도스툼Abdul Rashid Dostum이 라는 이름의 군벌이 있는 곳이었다. 그는 냉전 당시 모두에게 동맹이자 반역자였다. 9/11 공격 이후 수개월 내에 그는 미국이 아프가니스탄에서 작전을 전개한 새로운 전략의 중심에 섰다. 도스툼의 기병들은 미국의 지원으로 무장하고 특수부대의 호위를 받아 아프가니스탄 북부의 탈레반 근거지를 완파했다. 인권을 위한 의사회 조사자들이 찾고 있던 포로들은 도스툼과의 전쟁에서 항복한 이들이었다. 조사관들이 탄 지프는 도스툼 근거지의 문을 빠져나갔다.

* * *

그로부터 14년 뒤, 도스툼 장군의 궁전에 들어 선 나는 순록을 바라보면서 놀라지 않은 척하려고 애썼다. 나는 순록이 왜 거기 있는지 혼란스러웠고 순록 역시 자신이 왜 거기 있는지 혼란스러워 보였으리라. 어쨌든 정원에는 무게가 90킬로그램은 족히 나가 보이는 순록이 있었다. 뿔 한 쪽은 부러진 상태였는데 머리에 묶인 밧줄을 풀기 위해 허우적댔다. 나는 순록의 뿔에 받히지 않도록 한 걸음 물러났다. 부하가 밧줄의 다른 쪽을 부여잡고 애쓰는 동안 도스툼이 순록에게 양손을 내보였다. 마치 〈휠 오브 포춘〉 상을 수여하는 바나 화이트Vanna White 같았다. 그는 순록을 향한 후 다시 나를 향해 미소를 지어 보였다. '봤지, 순록을 데려온 사람이 나야'라는 듯한 득의양양한 미소였는데 세상에서 가장 평범한 인터뷰를 앞둔 것처럼 느껴졌다. 내가 한동안 입술을 오므리고 있자 그가 내 반응을 기다렸다. "장군님, 근사한 동물이군요" 군벌의 궁정에서는 단어를 신중하게 선택해야 한다. 특히 가슴에 M4 카빈총을 걸치고 있는 부하들이 진치고 있는 경우라면 더더욱 입조심을 해야 한다. 게다가 이 경우에는 순록까지 있었다.

때는 2016년 8월이었다. 반미 군벌이었던 도스툼은 미국의 대리전 전사로 나선데 이어 아프가니스탄 부통령에 오른 인물이었다. 미국 외교 정책의 군사화를 단적으로 보여주는 살아 있는 화신이었다. 미국의 협조를 등에 업은 그는 미국이 아프간에 구축한 새로운 권력구조의 정점에 올라간 인물이었다. 2016년 그날 밤 우리는 카불의 부통령궁에 있었다. 도스툼은 궁 전체에 잔디를 깔았고 틈이 있는 구석마다 식물을 배치했다. 수백 그루의 나무와 관목이 어울리지 않는 적갈색 화분에 담겨 궁에 빼곡하게 들어서 있었다. 가지마다 크리스마스트리 전구가 달려 있는 모습이 누군가가 홈디포Home Depot 매장의 한 구역을 쓸어 담아 온 듯했다. 차례대로 불을 밝히는 큰 전구, 물이 흘러내리는 모양의 가짜 고드름 전구, 곳곳에 무지갯빛 불을 발산하는 전구가 걸려 있었다. 정원 중앙에 위치한 의자까지 가려면 나뭇잎과 전구를 헤치고 가야만 했다. 의자가 놓인 단에는 어울리지 않게도 라탄 파티오(등나무 테라스) 컬렉션과 인조가죽을 씌운 레이지보이 안락의자가 놓여 있었다. 조화를 담은 화병과 험멜 양식으로 만든 기병 자기 조각품이 루이 14세 양식의 작은 탁자 위에 장식되어 있었다. 새장 안에서는 살찐 메추라기 닭이 애절하게 울었다. 물론 이게 끝이 아니었다. 상어가 가득 찬 거대한 수조도 있었다. 과연 군벌다운 궁전이었다.

한 기자는 도스툼 장군을 다음과 같이 묘사했다. "키가 180센티미터 이상으로 우람한 이두근을 자랑하며 덩치가 크다. 우즈베크인들은 그의 걸

걸한 웃음소리가 사람의 오금을 저리게 만들 정도로 두려움에 빠뜨린다고 전했다." (이 기사를 쓴 라시드 아메드는 북아프가니스탄의 도스툼 근거지를 방문하기 직전에 절도를 저질러 붙잡혀온 한 병사를 도스툼이 러시아제 탱크의 트랙에 묶은 후 고기 조각이 될 때까지 끌고 다녔다고 주장했다. 나중에 도스툼은 이 혐의를 부인했다.) 도스툼은 자신이 동물 애호가라는 사실을 여러 번 상기시켰다. 그는 한껏 감동스러운 목소리로 "사람들이 내게 먹으라면서 새나 양, 도축할 다른 동물을 가져오면 그들에게 '제발 가져가시오. 이 새, 양, 염소를 어찌 죽인단 말이오'라며 거절한다"고 말했다. 도스툼 장군은 평범한 사람이 애묘인이나 애견인이 되는 것과는 다른 방식으로 동물을 아끼는 사람이었다. 그는 어디까지나 우즈벡의 권력 있는 군벌로서 수백 마리의 사슴, 말, 수렵조를 기르는 동물 애호가였다. 내가 그와 시간을 보내던 기간 중 적어도 하루에 한 번은 상처 입은 말이나 사슴에 대해 언급했다. 그럴 때면 장군의 눈가에 눈물이 맺혔고 아랫입술을 삐죽 내밀었다. 마치 가족들에게 햄스터가 더 좋은 곳으로 갔다는 말을 들은 어린 아이 같았다.

도스툼 장군은 "내가 기자들의 인터뷰 요청을 받아들이는 경우는 무척 드뭅니다"라고 말했다. 장군이 우즈백어로 말하면 조언자 겸 통역사가 최선을 다해 말을 옮겼다. 우즈벡어의 상당 부분이 목구멍 뒷부분에서 소리가 나는 데다 도스툼은 특히 깊은 곳에서 소리를 끌어 올려 쉰 소리를 냈다. 0.5배속 테이프를 듣는 양 느린 속도에 약간 불분명한 발음으로 말을 이어갔다. "인터뷰를 하라고 추천하는 지인들이 있었지만 지금까지 전혀 응한 적이 없었소"라고 말을 이었다. 실제로 언론을 상대로 도스툼이 직접 발언한 경우는 극히 드물었고 설사 발언을 하더라도 전화를 통해서였다. 오로지 학자와 그의 전설을 얼빠진 칭찬으로 기록해줄 모험가들 정도만 그와 마주앉아 대화할 기회를 얻었다. "당신은 우방에서 온 훌륭한 사람이기 때문에 오늘 인터뷰를 승낙한 거요." 도스툼이 말하면서 나를 의혹에 찬 눈빛으로 빠르게 훑어봤다.

하지만 내가 그곳에 간 이유는 도스툼 장군의 이야기를 전하기 위해서도, 도스툼 장군의 무서움을 설명하기 위한 방편으로 인터뷰를 하러 간 것이 아니었다. 카불의 잔디 깔린 도스툼 궁을 방문한 이유는 땅 끝에 위치한 묘비 없는 무덤에 대해 질문하기 위해서였다.

도스툼의 본명은 압둘 라시드로 우즈베크 소작농의 집안에서 아홉 남매 중 하나로 태어났다. 집은 아프가니스탄 주즈잔 지역의 사막 평원에 있었다. 가명인 '도스툼'은 우즈베크어로 '내 친구'라는 뜻인데 나중에 군 지휘관으로 세력을 결집하는 과정에서 따라붙었다. 그의 가족은 단출한 진흙 벽돌로 만든 집에 살았다. 방 3칸에 바닥은 진흙이었고 전기도 들어오지 않았다. 북아프가니스탄의 황량한 지방에서 살아남으려면 특별한 재주가 필요했는데 특히 도스툼은 회복력이 남다른 아이였다. 그가 주장한 바로는 유아 시절에 고향집 일대의 눈이 녹으면서 홍수가 발생해 휩쓸려 내려갔지만 빙해 속에서 나뭇가지에 매달려 있다가 구출됐다고 한다. 마을 사람이 파도 위로 나온 작은 손을 발견하고는 그를 건져냈다. "이게 뭐야?" 도스툼이 연극조로 구출자의 말을 연기했다. "이거 아기의 손 아니야!" 마을 사람은 그를 인근

모스크로 데려가 흙벽에 거꾸로 매달았다. 뱃속의 물이 몸 밖으로 빠져 나가자 아이는 의식을 회복했다.

유년기의 또 다른 일화는 도스툼의 다른 성품도 엿보게 했다. 학창시절부터 그는 싸움에 재주가 있었다. 도스툼은 "늘 다른 아이들과 싸웠다"고 인정했다. "지금의 나 역시 같은 사람이고……" 장군은 잠시 말을 멈추고는 아쉬운 듯한 목소리로 "그래도 평생 동안 다른 누군가를 공격한 적은 없소. 상대가 나를 공격하면 내 자신을 방어했을 뿐이지"라고 부연했다.

시기를 막론하고 도스툼이 가장 좋아한 취미는 고대 중앙아시아의 전통 놀이인 부즈카시였다. 말하자면 '염소 잡기'라는 놀이인데 말을 탄 열다섯 명의 기사들이 목 없는 염소를 차지하기 위해 싸우는 경기다. 경기장 한쪽 끝의 장대에서 출발해 반대편에 분필로 그린 원에 염소를 넣는 편이 이긴다. 경기는 격렬하고 소란스럽기로 유명하다. 겁에 질린 종마는 기수들이 채찍을 휘두르고 주먹으로 치고 서로 짓밟으면 전력 질주하고 힝힝 운다. 심판이 소란을 벌이는 기수들이 규칙을 지키도록 소총을 들고 다니는 모습은 경기장에서 흔히 볼 수 있다. 도스툼은 부즈카시 경기에는 '강한 사내를 위한 강한 말'이 필요하다고 설명했다. 그러더니 "나는 말을 무척 아낍니다. 말에 얽힌 좋은 기억도 있소"라고 덧붙였다. 이번에도 그의 눈가가 촉촉해졌다. 나는 그에게 경기 방식을 가르쳐달라고 말했다. 그는 굳이 내 경기 능력을 평가하지 않았다. 다만 나를 훑어보는 회의적인 눈빛에서 속으로 좋은 평가를 내리고 있지 않음을 알 수 있었다. (퍼트레이어스처럼 도스툼도 내 운동신경을 정확하게 간파했다.) 그럼에도 도스툼은 셰베르간에 경기를 보러

오라고 초청해줬다. 도스툼은 그의 팀이 때로는 자신을 이길 정도로 강해졌다며 진지하게 의지를 불태웠다. 한창 때는 그를 이길 자가 아무도 없었다고 한다.

도스툼은 한동안 정유소 근로자, 배관공, 레슬링 선수 등으로 일했지만 그의 재능이 가장 빛난 곳은 전쟁터였다. 그는 십대 때 육군에 징집된 이후 승진을 거듭했다. 전통적으로 내려오던 평이한 기병 전투 기술을 어렵지 않게 익혔다. 나중에는 아프간 군대에 들어갔고, 반소련 무자헤딘(이슬람 전사)이 세력을 얻을 때도 아프간 정부군과 소련 편에 섰다.

1980년대에 반소련 전사들에게는 미국에서 지원받은 자금과 무기가 넘쳐났다. 로널드 레이건 대통령은 이들을 '자유의 투사'라고 불렀으며, 공산주의 위협에 사로잡혀 있던 미국인들 사이에서 유명한 쟁점이 되었다. 인조 속눈썹에 풍성한 헤어스타일, 그리고 성경 인용으로 유명한 조앤 헤링이라는 텍사스 사교계 명사는, 당시 자신의 애인이던 알코올 중독자 찰리 윌슨 의원을 부추겨 의회에서 아프간의 무장전투원들에 대한 지원을 이끌어냈다. 친무자헤딘 열풍이 정점에 있을 때 의회는 CIA가 원하는 것보다 더 많은 자금을 전사들에게 지급했다. 반소련 무자헤딘은 급진 강경파들이었고 당시에는 걸림돌이 아닌 기능의 일부로 인정받았다. 1980년대 중반에 CIA는 쿠란을 현지어로 번역하도록 의뢰하기까지 했으며, CIA의 참모로 무자헤딘과의 관계를 중개했던 밀트 비어든은 나중에 그런 시도를 옹호했다.

"한 가지 분명한 사실은 온건파는 아무 것도 얻지 못한다는 것이다." 그는 내게 이렇게 말하면서 "온건파는. 전쟁에. 이기지. 못한다"라고 강조했다.

도스툼은 급진주의자가 아니었다. 하지만 냉전 말미에 그는 다른 측면에서 위험한 인물임이 증명되었다. 도스툼에게 종교란 생존과도 같은 것이었으며 그는 투항과 배신을 거듭한 아찔한 줄타기 끝에 성공을 보장 받아 왔다. 소련군의 편에 서서 가장 강력한 부대를 지휘하던 시기에도 그는 전쟁터 반대편의 무자헤딘 지휘관들과 연락을 계속했고 상대편으로 전향하는 방안을 공공연하게 검토하기까지 했다. 실용주의적인 태도를 취한 보람이 있었다. 아프간에서 소련의 세력이 약화되자 미국의 총애를 받던 무자헤딘인 아메드 샤 마수드는 도스툼에게 소련 정부가 도스툼의 인기에 위협을 느끼며 그를 축출할 계획을 세우고 있다고 전했다. 도스툼은 소련에게 배신을 당하기 전에 먼저 소련을 배신하기로 결심했다. 4만 군사를 이끌고 자신이 전장에서 수년 동안 맞서 싸워온 무자헤딘에게 투항한 것이다. 힘의 균형이 소련에 불리하게 기울었다.

소련이 철수한 뒤 자유의 전사들은 카불로 이동하여 피의 잔치를 벌였는데 도스툼이 최전방에 섰다. 그가 이끄는 군사들이 강간과 살인의 배후에 있었던 것으로 알려졌다. 하지만 아프간의 새 정부가 구성되기 시작했을 때 그는 주변부로 밀려나 있었다. 장관직은 다른 지휘관들에게 돌아갔고 도스툼은 북부에 위치한 자기 영지로 후퇴했다. 그의 권력은 탈레반이 잠식하면서 쪼그라들었다. 게다가 1997년 부사령관이 그를 배신하고 탈레반에 투항하자 도스툼은 아프가니스탄을 떠나 터키로 갔다. 그러다 2001년 초 아프가니스탄으로 돌아와 탈레반에 맞서기 위해 자신의 흩어진 병사들을 끌어 모았다. 이내 그는 미국이 아프간에서 마주친 문제를 해결하기 위한 손쉬운 해결책으로 떠올랐다.

9/11 테러 이후 이 지역에서 미국이 선택할 수 있는 옵션은 제한적이었다. 도스툼을 비롯한 다른 군벌들을 무장시키기로 한 결정은 외교의 공백이 낳은 결과였다. 이념적 반대, 타성, 부주의가 어우러지면서 아프가니스탄에 빈 라덴을 은신시킨 탈레반 정권과 오랫동안 의미 있는 대화를 추진하는 사람은 아무도 없었다. 미국 관료들은 1990년대에는 탈레반과 여러 차례 만났지만 모두 겉치레뿐이거나 탈레반에게 빈 라덴을 넘기라는 한정된 요구에 집중하는 데 그쳤다. 로빈 래펠 같은 대화 지지자들의 주장에도 불구하고 이러한 회의는 실질적인 협상으로 발전하지 못했다. 2001년 초 이 지역이 심각한 위협을 제기하자 미국은 무기 금수조치와 탈레반 자산의 동결을 수반하는 UN 안전보장 이사회 제재를 주장하고 나섰다. 제재는 탈레반을 협상으로 끌어내기 위한 시도가 아니었다. 잔혹한 정권을 와해시키기 위한 목적이었다.

9/11 공격 이후 협상을 통한 해결의 기회는 묵살되거나 기반이 약화되었다. 미군과 손잡은 도스툼 장군의 군대는 쿤두즈의 탈레반 근거지를 포위했다. 사흘간의 협상이 이어졌는데 도스툼 외에 십여 명의 미군 특전사, 정보 요원들이 참여했다. 평화롭게 투항한 탈레반에게는 관대한 조건이 제시되었다. 무기를 내려놓는 대신 고향으로 안전하게 돌아갈 수 있도록 보장한 것

인데, 다만 미국이 선택한 정보 가치가 높은 대상은 예외였다. 대신 도스툼은 탈레반의 모함마드 파즐, 누룰라 누리 장군에게 사면을 약속하면서 향후 폭넓은 화해의 징표로 사면 소식을 공개적으로 발표했다. 하지만 두 사령관 모두 관타나모(쿠바에 있는 미국 해군기지) 수용소로 이송되었다. 여러 해 동안 이 사건은 미스터리로 남았고 이후 아프간을 혼돈으로 빠뜨린 절망적 사건이기도 했다. “파즐과 누리는 당신 편이었고 사면을 약속했는데 관타나모로 가게 되었습니다.” 내가 도스툼에게 질문을 던졌다. 그가 앓는 소리를 내더니 “질문은 짧게. 기분이 좋지 않네”라고 답했다.

“미국이 그들을 넘기라고 압박했습니까?” 나는 질문을 이어갔다.

도스툼이 껄껄 웃었다. “나는 그들을 미군에게 넘겨주지 않았네. 하지만 그들이 무력으로 데려간 것도 아니었지. 그들이 와서 데려간 거고 나는 그들에게 ‘저들은 탈레반이고, 무슬림이오. 나 역시 무슬림이지만 당신들은 무슬림이 아니오. 내가 그들을 당신네에게 인도하면 나는 비난을 받을 거요’라고 말했네. ‘도스툼은 무슬림이면서 탈레반을 미국인들에게 넘겼다’는 비난을 받겠지. 그건 내 신뢰도에 타격을 주는 일이었네. 부시는 TV에 나와서 포로들에게 어떻게 대우할지에 대해 발언했지.” 도스툼은 제네바 협정을 존중하겠다는 부시의 초기 발언을 언급했다. “그런데 미군이 내게 와서 ‘우리는 명령을 수행해야 하고 부시가 뭐라고 말하던 상관없소. 내가 데려가겠다면 데려가는 거요’라고 하더군.” 도스툼이 어깨를 으쓱였다. 그는 쉬지 않고 다리를 떨었다. “그래서 나도 ‘좋소, 원하는 대로 하시오’라고 말한 거지.” 아프간 전쟁이 발발하고 처음 몇 달 동안 그런 일이 반복적으로 일어났다. 가령 칸다하르에서는 하미즈 카르자이가 화해를 시도했으나 도널드 럼스펠드에게 묵살 당했다. 럼스펠드는 탈레반과 협상을 한다는 발상에 발끈했다.

9/11 공격의 직접적인 여파로 미국이 군사 행동을 위해 탈레반과의 대화를 피한 것은 놀랄 만한 일이 아니다. 9/11 가해자를 숨겨준 정권을 상대로 무력이 아닌 외교력을 발휘하는 것은 마치 학교에서 식인 행위를 국가적으로 장려하는 행위나 다름없었다. 하지만 탈레반이 전장에서 패배한 후에도 강경한 태도가 오랫동안 이어졌다. 군대의 이익을 위한 큰 그림의 전략적 맥락으로 접근하려는 노력은 전혀 없었다. 뿐만 아니라 그동안 명백해진 사실, 즉 탈레반의 완패와 제거란 가능하지 않으며 평화는 외교를 통해서만 얻을 수 있다는 점을 인정하려는 정치적인 공간도 오랫동안 마련되지 않았다.

대신 테러리스트들이 민간 비행기를 납치해서 미국 뉴욕과 펜타곤을 타격하고 난 후 몇 주 동안 어떻게 대응할 것인가에 대한 논쟁이 거의 대부분 군과 정보 집단에서 이뤄졌다. CIA 이슬라마드 지부장을 비롯한 일부는 미국과 파키스탄의 군사 동맹에만 의지하려 했다. 오사마 빈 라덴을 넘겨받기 위해 미국이 여러 해 동안 지원했던 탈레반 정권을 파키스탄을 활용해 압박하는 작전이었다. CIA의 대테러센터 등은 더 단순한 제안을 했다. 탈레반과 싸울 수 있는 모든 세력에게 미국의 무기를 공급하자는 아이디어였다. 미 정부에서 일관성 있는 정책이 도출되기도 전에 후자의 주장을 제기한 무리가 은밀히 실행에 나섰다. '탈레반과 싸울 수 있는 모든 세력'에는 북부동맹의 군벌과 약탈자들도 포함되었다.

오랫동안 탈레반과의 협상을 위해 애써온 로빈 래펠은 그런 선택에 좌절했다. "우리는 탈레반과 싸울 필요가 없었다. 그들은 우리가 누구인지, 우리가 어떤 힘을 가지고 있는지를 깨달았다. 그들은 집으로 돌아가기를 원했다. 우리에겐 필요 없는 일이었다. 우리는 강한 사람들 아니었던가?" 그녀가 곁눈질을 하며 "우리는 북부동맹과 함께 당나귀 등에 올라탔다. 세상에 그런 난센스가 또 없었다. 안타깝지만, 사실이었다"고 말했다.

2001년 12월 UN은 새로운 아프간 정부를 건설하려는 요식적인 시도에 나섰고 독일 본에서 협상을 진행하기에 이르렀다. 탈레반은 전쟁에서 완전히 패배했으나 지속 가능한 정치적 합의를 위해 필수적으로 대화에 참여시켜야 하는 당사자였으나 협상에서 배제되었다. 대신 협상은 미국이 초기 군사적 공격에서 의지할 상대인 북부동맹 전사들이 주도했다. 대화를 주장해온 외교관들에게 이는 근본적인 실패였다. 나중에 래펠은 "처음부터 탈레반이 본 협정에 반드시 참여해야 한다고 강조했다" 며 "탈레반의 배제는 우리가 저지른 가장 큰 실수였다"고 설명했다. UN 팀으로서 협상을 조직한 (홀브룩의 국무부 사무실에서 내 자리 근처에 앉았던) 바넷 루빈은 탈레반의 배제가 광범위한 영향을 미쳤다고 종종 말했다. "본 협정은 아프간 정부와 정치를 보다 포괄적으로 만들기는 했지만 탈레반 배제를 주도한 미국의 대테러 정책을 극복하지 못했다"고 그는 나중에 기록했다.

협상이 타결된 직후 탈레반 지도부는 새로 지명된 아프간 임시 대통령 하미드 카르자이에게 사면을 대가로 휴전을 제안했다. 하지만 도널드 럼스펠드 국방 장관과 미국인들은 제안을 즉시 묵살했다. 새로운 중앙 정부에 충성을 맹세하고 고향으로 돌아간 탈레반 지도자들은 색출되어 붙잡혔고 많은 경우 북부동맹 군벌이 이 일에 앞장섰다.

도스툼이 언제, 어떻게 미국과 손잡았는지는 논란의 여지가 있다. CIA에서 새로 구성된 특수 활동국의 수장 행크 크럼튼은 9/11 이후 초기 대응을 감독했는데 9/11이 터지기 전에 한동안 CIA가 데이브 타이슨이라는 우즈베크어가 유창한 요원을 통해 군벌과 관계를 맺은 적이 있다고 알려줬다. 하지만 도스툼은 타이슨이 9/11 공격 이후에나 연락했을 뿐이라고 주장했다. 양자가 언제 관계를 맺었든 CIA팀이 접근했고 이어 육군 제5 특전단의 대원들, 암호명 '595'팀이 접근했다는 사실은 분명하다. 독특한 조합이 아닐 수 없었다. 폴 에번스 병장은 "먼지가 가라앉으면 먼지 사이로 모래 사람들이 걸어 나왔다"고 회상했다. "적군의 옷차림을 하고 AK를 든 남자를 발견하면 다가가 '뭐요?'라고 물었는데 상대가 악수를 위해 손을 내밀지 총을 쏠지 전혀 판단할 수 없었다." 그런 '모래 사람들' 중에는 도스툼 장군도 있었다. "도스툼 장군과 그의 보안대는 말을 타고 왔다." 마크 너치 대위는 말했다. "그가 말에서 뛰어 내렸는데……."

이 때 선임준위 밥 페닝턴이 크게 동작을 취하면서 끼어들었다. "말은 계속 달렸지만 장군이 다시 그 말에 올라탔다. 대단했다"라고 말했다.

너치 대위는 "도스툼 장군은 나와 우리 팀을 자신의 전방지휘소로 데려가는데 동의했다"고 말을 이었다. "그렇게 해서 우리는 전투에서 처음으로 말을 타게 된 것이었다."

'하늘의 전함'으로 알려진 AC-130 건십gunship의 타격 기능을 점검하기 위해 며칠 뒤 합류한 바트Bart라는 공군 통제관은 이곳의 느낌이 타임머신을 타고 온 기분이었다고 말했다. "'지금 몇 년도에 와 있는 거지?'하는 생각이 들었다. 정교한 전자 장비를 갖춘 21세기 첨단 헬리콥터에서 내렸는데 시간을 거슬러 와 있는 것 같았다." 아프간인들이 당나귀에 보급품을 맬 동안 그와 다른 미군들은 말에 올랐다. 잠은 얼어붙은 산악 동굴에서 잤는데 오직 양초와 전등만으로 칠흑 같은 어둠 사이에 길을 냈다. 도시의 불빛에서 무척 멀리 떨어진 곳이었다. "산악 지대에서 말을 타고 이동하다 보면 마치 별이 얼굴로 쏟아지는 느낌이었다"고 바트는 말했다. "별을 헤치고 말을 타는 그런 기분이 들었다." 무엇보다 그는 도스툼의 위세에 깊은 인상을 받았다. 그는 풍채가 좋기도 했지만 숭배심을 불러일으키는 아우라가 있었다. "그는 상남자였고 진짜 지도자였다. 북부동맹군들은 그에게 텐트를 쳐주고 안에 침대를 넣어줬다. 그런 짐을 장군을 위해 당나귀에 싣고 다녔다. 그가 편안하게 쉬는 동안 우리는 도랑에 누웠다."

미군은 하늘에서 보급품을 떨어뜨렸는데 대부분은 수백 정의 총이었다. 일반적으로 미군이 사용하는 정교한 무기가 아니라 러시아제 칼라시니코프였다. 현금도 지원됐지만 도스툼은 필요한 수준에 못 미쳤다며 콧방귀를 뀌었다. 특히 그는 미군이 말에게 먹이라고 보낸 식량과 가방을 열어 보니 여물이 들어 있었다며 불쾌한 기색을 숨기지 않았다. 이론상으로 가축이 먹을 수 있는 음식이었지만 도스툼의 말은 그 여물을 거들떠도 보지 않았다. 도스툼은 "미국은 위대한 나라이고 국민들도 위대한데, 돈 주는 일에 그토록 인색한 이유가 뭐요?"라며 낄낄거렸다.

군벌과 협력하면서 벌어지는 문제도 있었다. 바트와 다른 미군들은 보급품을 지키기 위해서 불침번을 서야 했다. 특히 랭글리(버지니아주에 있는 CIA본부)에서는 골치 아픈 문제가 겹쳤다. 행크 크럼튼은 "(CIA 요원) 데이비드는 도스툼과도 함께 했지만 아타 군벌과도 협력하고 있었는데 그 자들이 서로를 죽이지 않도록 막는 것도 우리 임무였다"라며 진저리를 쳤다. "그 자들은 전사들이었고 세계에서 최악의 장소에서 일평생 사람들을 죽여 온 자들이었다." 그래도 미군 다수가 도스툼의 매력에 넘어갔다. 크럼튼은 도스툼에 대해 "소년과 같은 매력이 있다"고 평했다. "그에게는 무자비한 능력을 가려주는 유머 감각이 있었고 그와 대화를 나누는 일이 솔직히 즐거웠다." 그는 "도스툼의 파트너십과 지도력, 그리고 아타 등과 함께 전장에서 이룬 성취에 감사한다"고 말했다.

북부동맹의 군벌들이 전장에서 이룬 성취는 전술적 측면에서는 압도적인 성공이었다. 10월부터 시작된 폭격이 11월까지 이어졌고 그들 군벌은 아프간 북부의 마자리샤리프Mazar-i-Sharif에 이어 카불을 접수했다. 북동부의 쿤두즈에서는 12일 간의 포위 끝에 탈레반의 항복을 받았다. 전투에서 승리할 때마다 포로의 숫자도 늘었다. 일부는 파키스탄과 걸프만에서 흘러와 오사마 빈 라덴에 합류한 골수 전투원들이었다. 하지만 많은 수가 아프간의 평범한 남성과 소년들이었다. 보병들은 중세의 가치를 지닌 탈레반 정권을 위해 전쟁에 참여했을 뿐 사우디의 돈 많은 열성분자들이 벌이는 글로벌 지하드에는 별 관심이 없었다. 11월 말 도스툼 장군과 너치가 이끄는 미군은 탈레반 무장세력 수천 명이 지키던 마지막 보루인 쿤두즈를 점령했다. 미군의 추정에 따르면 3,500명이 평화롭게 투항했고 전체 포로 숫자는 그보다 두 배 많았다.

억류자들은 여러 집단으로 나뉘었다. 바트에 따르면 일부는 도스툼의 군사들에 이끌려 "의문의 또 다른 장소인" 군사시설로 데려갔다. 일부는 쿤두즈 외곽에 위치한 사막의 투항 지점에서 도스툼의 근거지인 셰베르간의 감옥으로 직접 이송되었다. 또 다른 이들은 19세기 성채인 칼라이장이Qala-i-Jangi로 끌려가 미군의 심문을 받았다. 칼라이장이의 높고 진흙으로 쌓은 흉벽은 영국에서 소련에 이르는 점령군과 맞서 싸운 수백 년의 전쟁을 모두 목격한 증인의 흔적과도 같았다. 이제는 새로운 테러와의 전쟁에서 미국의 첫 번째 희생자들이 생겨나게 될 것이다.

요새의 포로들은 극적인 매복 공격으로 봉기를 일으켜 미군 심문자들을 제압했으며 CIA 요원 마이크 스팬을 살해했다. 피 튀기는 포위전이 사흘 동안 이어졌다. 쿤두즈에 있던 도스툼이 마크 너치와 다른 595특수팀원들과 돌아와 보니 뒤틀린 금속과 갈가리 찢긴 시체가 빚어낸 지옥 같은 광경이 펼쳐졌다. 도스툼은 "시체는 누가 내 병사인지, 누가 알카에다인지, 누가 탈레반인지 알아볼 수 없을 정도로 훼손됐다"며 고개를 저었다. 미국 입장에서는 새로 벌어진 전쟁에서 최초의 미군 사상자가 발생하자 "극히 적은 수의 지상군으로 성급하게 작전을 벌인 대가가 어떤 희생을 치렀는지 뼈아프게 깨달은 계기"였다고 CIA 요원 크럼튼은 회고했다. 이 문제는 얼마 안 가

다시 제기되었다. 도스툼의 군사들이 칼라이장이의 생존자들을 트럭에 몰아 넣고 서쪽으로 다시 이송하여 셰베르간의 나머지 포로들과 합류시킬 때 사건이 벌어진 것이다.

2002년 1월 이 억류자들이 어떤 운명을 맞았는지에 대한 질문이 아프간 국경과 해외 뉴스를 달구기 시작했다. 이 시기에 제니퍼 리닝과 존 헤퍼넌이 아프간에 도착했다. 일반적으로 적십자는 공평함을 유지하고 도움이 필요한 포로들에게 접근하기 위해 구호 도중 목격한 사항에 대해 함구하는데 그런 적십자조차 신호를 보냈다. 카불의 한 적십자 변호사는 두 사람에게 "북쪽으로 가시오"라고 말했다. 리닝이 변호사를 채근했다. "쿤두즈에서 온 포로들을 말하는 겁니까?" 변호사가 고개를 끄덕였다. 헤퍼넌은 "우리에겐 그 정보뿐이었지만 그걸로 충분했다"고 기억했다. 조사자들은 요새를 무단점유해서 만든 수용소를 찾아갔다. 진흙 벽돌 위에 바른 흰 페인트가 벗겨져 있었고 창문은 녹슨 쇠창살에 막혀 있었다. 그때까지 외국의 방문객들은 환영받지 못했다. 리닝과 헤퍼넌이 듣기로는 앞서 적십자에서 진입을 시도했다가 미군 두 사람에게 제지를 당했다. 다행히 리닝과 헤퍼넌은 수용소의 낡은 벽 안에서 벌어진 일을 목격하고 괴로워하던 수용소 관리인과 가까워졌고 은밀하게 진입할 수 있었다.

두 사람은 익히 들어온 소문이 사실이었음을 간파했다. 포로들은 파키스탄 통역을 통해 기아, 과잉수용, 의료 문제에 대한 고통을 호소했고 음식, 물, 치료를 요구했다. 하지만 리닝과 헤퍼넌은 또 다른 문제를 감지했다. 숫

압둘 라시드 도스툼 장군과 미 특수부대가 2001년 12월 1일 셰베르간 수용소에서 탈레반과 알카에다 포로들을 만나고 있다. -로버트 영 펠튼(Robert Young Pelton) 저작권 소유

자가 예상치와 맞지 않았던 것이다. "셰베르간에 수용된 포로들의 수는 쿤두즈에서 잡혔다고 들은 포로들의 수와 일치하지 않았다"고 리닝이 말했다. "최대 7,000~8,000명의 포로가 잡혔을 텐데 우리가 본 건 3,000명 정도였다. '나머지는 어디에 있지?'라는 의문이 들었다."

그런 의문을 풀기 위해 다음날 두 사람은 다슈트 이 레일리Dasht-i-Leili 사막을 조사하기 위해 떠났고 거기에서 수천 구는 될 법한 시체를 목격한 것이다.

사라진 포로들에게는 무슨 일이 벌어진 것일까? 어떻게 성인 남성과 소년들은 그런 장소에서 무덤에 들어가게 된 걸까? 이후 십 년 이상 미국 정부의 누구도 그 질문에 손대기를 원치 않았다. 땅을 파고 무덤을 수많은 시체로 채우는 동안 지상의 미군들은 무엇을 알았고 무엇을 봤을까? 우리는 도스툼이 우리를 위해, 그가 차지할 수 있는 영토를 위해, 공동의 적이 피를 흘리도록 도스툼과 거래를 했다. 그 비용은 무엇이었는가? 우리가 그의 손을 잡음으로써 무엇을 포기했는가?

사막에서 풍겨오는 악취처럼 점점 더 무시하기 어려운 질문이 되었다. 조사관들이 사막에서 무덤을 발견하고 몇 년 후 군벌과의 동맹 관계가 아프간을 재편했다. 미국의 지원으로 무장한 반소련 무자헤딘 전사들은 북부동맹의 사령관들로 변신했다.

여기에 도스툼 장군을 빼놓을 수 없다. 그는 국방부 차관을 거쳐 부통령에 올랐다. 9/11 이후 처음으로 아프가니스탄 대사를 지낸 로버트 핀Finn은 군벌들과의 관계에서 진땀을 흘렸는데 특히 도스툼과 아타의 사이가 나빴다고 전했다. 둘의 관계를 극명하게 보여주는 일화가 있다. 두 군벌들은 구 소련 시대에 수백 만 달러 규모의 원유를 생산하는 매장지에 올라 앉아 있었다. 원유를 활용하면 아프간 재건을 더 손쉽고 발전적으로 이룰 수 있었다. 핀은 "도스툼과 아타에게 부자가 될 수 있다고 설득했지만 그들은 차라리 서로를 죽이는 방안을 선택했다"고 말했다. 덕분에 아프간을 재건할 기회도 물 건너갔다.

미국은 그 땅에 가서 '누가 우리를 도와줄 수 있는가?'만을 고려했다. 그렇더라도 군벌들과 영원히 관계를 유지할 필요는 없었다. 미국이 군벌들과 지나치게 오래 관계를 이어갔다는 생각이 든다. 한 번 관계를 맺고 나면 그들을 제거하는 일이 쉽지 않았다."

미국은 아프가니스탄에서 관계를 재편하여 깊게 뿌리내린 군벌주의에 대항할 만한 민간 정치인들과 새로운 관계를 정립하지 못했고 이는 더 고질적인 문제를 일으켰다. 아프가니스탄에서 미국의 목표는 정복에서 개발로 변했다. 하지만 목표의 변화를 뒷받침해야 할 외교적 역량은 오히려 위축된 상태였다. 대사관을 폐쇄하고 전 세계에서 외교부의 영향력을 축소한 결과는 미국이 수행한 가장 중요한 전쟁에서 곪아 터졌다. 외교관들이 충분치 않았고 현장에서 활동하는 외교관들에게는 아프간 문제를 해결하는 데 필요한 자원과 경험이 부족했다. 핀은 "경험이 풍부한 인력이 부족했다"면서 "외교관들은 단기간 머물 뿐이어서 해마다 업무를 새로 배우는 일이 반복됐다"고 토로했다. 현지의 도스툼과 군벌 등은 "미국인들을 이용하는 방법을 알았고, 정확히 어떤 말을 해야 할지, 미국인들이 어떤 말을 듣기를 원하는지 알았다."

미국이 지지한 권력 구조에 뿌리 내린 군벌들에게 책임을 지우기란 쉽지 않았다. 도스툼의 근거지에서 실종된 포로들의 미스터리가 대표적 사례였다. 미국의 두 대통령은 이 문제에 관련된 의문을 효과적으로 피해 갔다. 부시 정부는 무덤을 조사하려는 다양한 기관의 시도를 세 번 이상 저지했다. 관타나모 수용소의 한 FBI 요원은 생존한 탈레반 포로들로부터 대량 학살에 대해 듣고선 이를 보고했지만 한 발 물러나 문제를 군에 넘기라는 지시를 들었다. 이후 국방부는 595팀의 팀원들에게 목격한 바가 있는지를 묻는 '정보 조사'만을 실시하고는 사건을 전면 부정했다. 훗날 국방부의 한 고위 관료는 "국방부 내에서 이 문제에 별 관심이 없었다"고 기억했다. 국무부에서는 콜린 파월이 피에르 프로스퍼 전쟁 범죄 특사에게 조사를 맡겼지만 이내 특사는 아프간과 미국 관료들의 반발에 부딪쳤다. 프로스퍼는 "그들이 '수십 년 동안 전쟁 범죄'를 벌였는데 어디서부터 시작할 것인가?"라고 물었다. 결국 조사팀은 조사를 접었다.

오바마 대통령이 취임했을 때 새로운 희망이 싹텄다. 2009년 CNN과의 인터뷰에서 오바마는 대본에서 벗어나 포로 사건을 조사하겠다고 약속했다. 인터뷰를 하던 앤더슨 쿠퍼는 대범하게 질문을 이어갔다. "부시 정부는 도스툼 장군이라는 CIA가 고용한 아프간 군벌을 조사하라는 요청을 거부했던 것 같습니다. 그런데 수백 명의 탈레반 포로들이 이 군벌의 지휘 아래 살해당한 것으로 드러났죠." 오바마는 "그렇습니다"라고 답했다. 코퍼는 공동묘지의 미스터리를 언급하며 전쟁 범죄 가능성에 대해 조사를 요구할 것인지 물었다.

대통령은 "이 문제가 제대로 조사되지 않았다는 징후를 최근에 포착했습니다. 그래서 국가안보팀에 알려진 사실을 수집하라는 요청을 했습니다. 모든 자료가 취합되면 어떤 접근을 택할지 결정을 내릴 수 있을 겁니다"라고 말했다.

쿠퍼는 "명확하게 조사에 반대하는 입장은 아니시죠?"라고 질문을 계속했다.

"그렇습니다. 아무리 전쟁 중이라도 모든 국가가 져야 할 책임이 있습니다. 어떤 식으로든 미국의 행위가 전쟁법 위반을 지원한 면이 있다면 그 사실에 대해 우리가 알아야 한다고 생각합니다."

하지만 오바마의 백악관에서도 이 문제를 다루려는 사람이 없었다. 나는 국무부에서 비정부 단체와 소통을 맡고 있었기 때문에 '인권을 위한 의사들'과 같은 단체의 요청을 직접 들었다. 이에 백악관 직원에게 어떤 정보라도 알려 달라고 여러 번 요구했다. 그래야 포로들의 무덤에 대한 회의를 열고, 대화까지는 아니어도 최소한 의견을 청취할 수 있었다. 하지만 돌아오는 반응은 언제나 같았다. 할 말이 없으며 회의도 열지 않는다는 것이었다. 2010년 3월 나는 홀브룩의 공보관이었던 애슐리 보머에게 "온종일 국가안전보장회의NSC와 통화했지만 인권 단체와 약속한 회의를 중단하라고 말할 뿐이었다. 백악관은 다슈트 이 레일리Dasht-i-Leili 학살에 대한 질문이 나올까 우려했고 대통령이 조사를 약속했는데 이를 어겼다는 사실에 대해 조명 받는 것을 원치 않았다"는 글을 전했다. 같은 달의 브리핑 문서에서는 '나의 인권 단체 지원 활동 란'에 '인권을 위한 의사들과 다슈트 이 레일리 건(NSC와 협의해 분명한 입장 수립)'이라고 쓰여 있었다. 열 달 후 작성된 의견서에서도 해당 문장은 그대로 들어가 있었다.

정부의 반대에 실망한 인권 단체는 의회 쪽으로 공략했다. 2010년 초 인권을 위한 의사들의 또 다른 조사관인 너대니얼 레이몬드는 쿤두즈와 칼라이장이에서 미군통역 일을 담당하다가 나중에는 미국으로 망명한 인물의 증언을 확보했다. 그는 포로들에게 벌어진 일을 목격했다고 주장했고, 미군들이 그 자리에 있었는지 여부도 밝혔다. 레이몬드는 이 정보를 상원 외교위원회와 당시 조사 팀장이던 CIA 전 요원 존 키리아코에게 전달했다. 나중에 키리아코는 CIA 전 요원의 신원을 공개했다는 이유로 30개월 형을 선고받았다. (그는 글로벌 테러와의 전쟁에서 정부가 고문을 한 것에 대해 내부고발한 것은 원칙에 따른 행동이었다는 신념을 유지했다.) 그는 무덤에 대한 이야기에 폭발력이 있다고 생각했다. 키리아코에 따르면 정보위원회의 위원장인 존 케리 의원을 포함한 상관들도 격렬한 반응을 보였지만 그가 기대했던 방향은 아니었다는 것이다. "당시 부서장이었던 프랭크 로웬스타인이 소문을 듣고는 나를 사무실로 불러서 조사를 '당장 그만두라'고 말했다." 아연실색한 키리아코는 케리 위원장에게 직접 문제를 제기하겠다고 말했다. "나중에 존 케리가 사무실에 들러 '아프가니스탄에 대해 소문이 들리던데 대체 내용이 뭔가?'라고 물었다." 키리아코는 "그에게 내막을 설명하자 '프랭크와 대화해 봤는가?'라고 물었고 '그렇습니다. 프랭크가 불러서 무시하라고 했습

2002년 1월 아프리칸 북부에서 제니퍼 리닝 박사가 셰베르간 포로 수용소의 포로들을 인터뷰하고 있다. "무척 아프고 마른 상태였다"고 박사는 말했다. –존 헤퍼넌 / 인권을 위한 의사회니다'고 말하자 '알겠네'라고 답변했다. 내가 '어떻게 할까요?'라고 묻자 그는 '무시하게'라고 말했고 나도 '그럼, 무시하겠습니다'라고 답했다. 그렇게 사건이 마무리되었다"고 회고했다.

키리아코는 존 케리와 프랭크 로웬스타인 입장에서는 실용적인 결정을 내린 것이라고 판단했다. "로웬스타인은 일평생 존 케리를 보호하는 일에 헌신했고 존 케리는 그저 국무부 장관이 되기만을 바라고 있었다. 그러니 아무리 역사적인 사건이라도 공연한 소란을 피우는 위험을 자초할 수 없었고 논쟁이 될 만한 사안은 무시한 것이다. 부끄러운 태도였고 나는 무척 실망했다." 이에 대해 존 케리는 "그 사안에 대해서는 전혀 들어 본 일이 없다"면서 외교위원회에 있는 동안 아프간 인권과 관련하여 "소극적으로 접근한 적이 결코 없다"고 주장했다. 처음에는 프랭크 로웬스타인도 키리아코와 대화했던 기억을 부인했다. 그러다가 "(키리아코가) 그렇게 받아들였을 수는 있다. 아니면 대화가 끝났을 때 내가 그 사안에 별다른 관심이 없다는 인상을 받았을지 모른다. 하지만 무시하라고 그에게 말한 적은 없었다"고 단정적으로 말했다.

2009년 인터뷰에서 오바마 대통령은 학살에 대한 새로운 조사를 실시하겠다고 약속했다. 이후 백악관은 때때로 이 사안에 대해 기자들에게 답변하기를 거부했으며 대통령이 약속하고 4년이 흐른 시점에는 조사를 마쳤지만 비밀에 부치기로 결정했음을 조용히 시인했다. 대변인은 미군이 개입됐다는 증거를 찾지 못했다고 언급했으며 백악관은 더 이상의 부연 설명을 거부했다. 조사관 레이몬드는 "비겁하다"면서 "조사의 일환으로 NSC와의 인터뷰에 응했지만 그들이 원하던 답이 아니었기 때문에 아무런 성과를 내지 못했다"고 밝혔다.

그럼에도 인권을 위한 의사들은 포기하지 않았고 결국에는 고위급 관료들과 몇 차례에 걸친 회의를 잡았다. 이들은 정부 각 부처의 관료들에게 십여 통의 서신을 보내기도 했다. 의사들의 인내심이 분명한 성과를 내지는 못한 반면 그 결말은 실제적이고 구체적이었다. 의사들은 법의학적 조사를 몇 차례 수행한 뒤 전면적인 발굴을 하러 추가로 팀을 파견했다. 하지만 발굴 팀이 도착했을 때는 이미 공동묘지가 사라진 뒤였다. 2008년 UN의 팀은 묘지가 있던 자리에서 일련의 거대한 구덩이를 발견했고, 어디에서도 이전에 보고됐던 시신의 흔적을 찾을 수 없었다. 인권 단체에서 그토록 막으려고 애썼던 사태가 벌어진 것이다. 인권을 위한 의사회의 수잔나 서킨은 "처음부터 이 사안이 누설되면 현장이 파괴될 가능성이 매우 높다고 판단했다"고 말했다. 실제로 정보가 흘러 나갔지만 세계의 권력자들은 증거를 보호하려는 조치를 취하지 않았다. 서킨은 나에게 "이제 또 다른 위법이 발생한 것"이라며 "(미 정부는) 조사를 방해하고 정보의 공개를 억제했다"고 말했다. 그런 무관심의 고리를 끊을 수 없다는 무기력감이 나를 짓눌렀다. 수년 후 나는 카불을 향하면서 '답을 가지고 돌아오겠노라'고 결심했다.

* * *

약 15년 동안 도스툼 장군은 실종된 포로와 공동묘지에 대한 인터뷰에 응한 적이 없었다. 하지만 몇 달에 걸친 대화 끝에 그는 나와의 대화에 관심을 보이기 시작했다. 도스툼 장군과 인터뷰를 하기까지는 기나긴 기다림이 필요했다. 자문단이 도스툼을 대신하여 뉴욕과 워싱턴을 방문했고 일 년에 걸쳐 나와 대화를 나눴다. 모두 충성스러운 우즈베크족 아프간인들이었으며 일부는 도스툼의 셰베르간 근거지에서 자란 청년들이었다. 이들은 도스툼의 영웅적 전설을 들으며 자란 세대였다. 나는 도스툼의 아들들도 소개받았는데 바투르Batur의 경우 정계 입문을 준비 중이었고 바부르Babur는 아프간 공군에서 복무 중이었다. 그러던 중 갑작스럽게 인터뷰를 하겠다는 요청이 왔다. 내일 카불행 비행기를 탈 수 있습니까? 도스툼 장군이 나를 만나기 원한다고 했다. 나는 인터뷰를 승낙하고는 친구에게 이튿날 저녁에 예정된 결혼식에 참석할 수 없게 됐다고 이메일을 썼다. 아프간에서 외교가 진행되고 있었던 것이다.

약속한 날 카불에 도착했으나 도스툼 장군을 만날 수는 없었다. 그의 보좌관은 도스툼 장군이 피곤한 상태이고 감기에 걸렸다고 근엄하게 알려줬다. 나는 마치 나이트클럽을 찾은 게이 탈리스[01]처럼 하염없이 기다렸다. 카불의 먼지 날리는 거리를 산책하기도 하고, 벙커 같은 미 대사관에서 정부 관계자들을 만나기 위해 보안 검색대를 통과하기도 했다. 카불의 세레나 호텔에서 8월 말의 무더위를 견디며 도스툼의 보좌관들과 커피를 마셨다. 마침내 도스툼 장군이 아프간 각지의 여성 운동가들을 만나는 자리에 참석하겠느냐는 제의를 받았다. 도스툼은 나에게, 더 나아가 서방 세계에 이러한 면모를 알리고자 했던 것이다. 그는 냉전시대의 다른 인물들과 달리 여성에 대해 진취적인 견해를 가지고 있었다. 나중에 도스툼은 자신이 "아프간에서

01 Gay Talese, 뉴저널리즘의 선구자로 불리는 《뉴욕타임스》 기자– 역자

여성 인권과 여성을 보호하는 일에 가장 큰 노력을 기울이는 몇 안 되는 사람들 중 하나일 것"이라고 말했다.

이러한 확신에는 진정성이 느껴졌고 그는 이 부분을 인터뷰하는 며칠 동안 여러 번이나 강조했다. 하지만 도스툼 장군은 여성 운동가들과의 회의에도 나타나지 않았다. 그의 보좌관이 대신 나타나서 나를 회의장에 데려갔는데 휑뎅그렁한 정부 회의실에 만만치 않아 보이는 여성들 무리가 모여 있었다. 회의실에 그려진 벽화에는 "알라는 사람들이 스스로가 변화지 않는 한 환경을 변화시켜 주지 않는다"라는 글귀가 적혀 있었다. 여성들마다 각각 차별화되는 부분이 있었다. 임금 인상을 요구하는 교사에서부터 정부에 더 많은 여성의 참여를 요구하는 변호사에 이르기까지 참석자들의 면면이 다양했다. 도스툼 부통령이 행사에 참석할 수 없다는 이야기를 듣자 놀람과 실망이 섞인 속삭임이 회의장에 오갔다. 로가르주에서 몇 시간을 이동해서 도착했다는 한 의사는 눈물을 보이기까지 했다.

도스툼 장군이 나를 만날 준비가 됐다는 기별을 받은 것은 저녁 늦은 시간이었다. 바리케이드와 무장 경비병들을 지나 부통령궁의 황금 문에 이르렀다. 하지만 기이한 잔디 카펫이 깔린 접견실에서 또 한 시간을 기다려야 했다. 도스툼 장군은 밤 10시에야 접견실에 들어왔다.

경외감을 불러일으키는 전사는 이제 60대에 접어들었다. 모발은 가늘고 희게 변했으며 배가 도드라지게 나온 모습이었다. 그는 우즈베크의 전통 로브 위에 양복 재킷을 입고 있었는데 의상 덕분에 체구가 실제보다 더 커 보였다. 그는 방으로 느릿느릿 들어와서는 문양을 새긴 높은 등받이에 백합

문장을 수놓은 금색 덮개 천을 씌운 화려한 왕좌에 앉았다. 도스툼은 아시아인 특유의 몽고주름에 가는 눈을 하고 있어 그 뿌리를 엿볼 수 있었다. 그는 자신의 혈통이 칭기즈칸까지 거슬러 올라간다고 주장했다.

도스툼은 눈가를 문지르더니 하품을 했다. 보좌관에게 들었던 대로 감기에 걸린 듯했다. 하지만 주아프가니스탄 미국 대사 출신을 비롯해 여러 사람들이 귀띔했듯 장군이 늦은 시간에 일과를 시작하는 데는 다른 이유가 있었다. 앞전의 대사는 "그는 기질이 무척 난폭하고 알코올에 중독된 상태라 몸이 제 기능을 하지 않는다"고 전했다. "이곳에서는 술을 끊을 수 없기 때문에 치료를 하려면 해외로 나가야만 한다." 그와 몇 번 만나 인터뷰하는 동안에도 금과 라인석으로 샤넬 로고를 큼지막하게 새긴 값비싼 디자이너 머그잔을 들고 있었는데 내용물이 무엇인지 알 수 없었다. 머그잔을 보고 있으면 혹시 인터뷰하기 전에 킴 카다시안(미국 모델 겸 배우) 등을 만나고 온 건 아닌지 의문이 들 정도였다.

"가끔은 왜 언론이 사실을 쓰지 않는지 도통 모르겠소." 도스툼은 불만을 내뱉었다. 이 때 내가 휴대전화의 '녹음' 버튼을 누르자 그의 참모가 즉시 중단하라며 제지했다. 내가 녹음을 해야 한다고 우기면서 실랑이가 이어졌다. 도스툼은 불만에 찬 모습으로 전화기를 바라봤다. "유감스럽게도 요즘 기자들, 《뉴욕타임스》는 너무 많은 걸 씁니다." 그의 찡그린 얼굴에서 상처 입은 표정이 드러났다. "'그는 대학살을 저질렀다, 인권을 유린했다, 탈레반 포로들을 죽였다, 이랬다, 저랬다' 운운하는데 내 집에 왔던 CIA의 지인들과 다른 사람들은 '기자들이 미국에서 이런 식으로 보도하고 있지만 장군님은 그렇지 않다는 걸 안다'고 말합니다."

도스툼 장군은 서방 언론이 자신을 어떻게 묘사하는지 정확히 알고 있었다. 인권 단체는 공들여 작성된 문서를 통해 1990년대에 도스툼이 대량 잔혹행위와 살인을 저질렀다는 혐의를 제기했다. 기자단은 그가 정적들과 그 가족들을 대상으로, 때로는 충성심을 잃은 동맹들을 향해 폭력적인 보복을 했다고 비난했다. 국제인권감시기구는 내가 도스툼을 만나기 며칠 전 그의 준비쉬Junbish 민병대가 반탈레반 작전을 가장하여 민간인을 살해하고 공격했다는 혐의를 제기했다. 아프간의 우즈베크족에서 변함없는 지지를 받고 있는 도스툼의 '표밭'을 끌어들이기 위해 그를 러닝메이트로 선택한 아슈라프 가니Ashraf Ghani 대통령조차 도스툼을 '모두가 아는 살인자'라고 부른 적이 있었다. 미 국무부도 가니 대통령의 의견처럼 도스툼을 '전형적인 군벌'이라고 불렀고 한 발 더 나아가 미국 입국 비자를 발급해주지 않았다.

그는 자신이 비판을 받는 주된 이유가 정치 때문이라고 주장했다. 그는 "정적들은 미국 대중에게 그릇된 인상을 심어주기 위해 나에 대한 많은 것을 날조 한다"고 말했다. 정적을 공격했다는 혐의는 "부당한 혐의이며 정치적인 동기가 있소. 그 이유를 말하자면 우선, 내가 무척 궁핍한 종족 출신이기 때문이오. 둘째로는, 비천한 가문 출신이기 때문이고 셋째로는, 내겐 아프간에 대한 비전이 있기 때문이오. 나는 정의, 분권화된 체제, 연방 체제, 우리 종족을 포함한 아프간의 모든 국민이 동일한 권리를 누리기를 원합니다. 그래서 저들이 나를 부당하게 비난하는 거요"라고 그는 덧붙였다. 도스툼의 병사들이 광기를 부린다는 비난 역시 마찬가지라고 그는 주장했다. "아프간 북부에서 우리는 인근의 주를 안정시키기 위해 아프간 보안대와 함께 싸웠소. 사람들은 기뻐했고 우리는 그들에게 많은 선행도 베풀었소!" 그러더니 다시 미간을 찌푸렸다. "하지만 우리에게 감사하고 고맙다는 말을 하기는커녕 또 다시 정치적인 주장을 하기 시작한 거요. 국제인권감시기구와 다른 인권 단체도 그저 순수한 인권 단체는 아니라고 봅니다. 정치적이고, 원하는 바에 맞게 날조합니다."

비자가 거부된 일은 도스툼에게 개인적인 상처가 된 듯했다. 그는 탈레반에 맞서 자신을 무장시켜 준 미국인들을 여전히 피를 나눈 형제로 여겼다. "미국의 지인들에게 배신을 당했다는 생각도 듭니다. 우리는 함께 싸웠고 이 모든 일을 했는데 결국 배신을 당한 거요. 하지만 미국에는 도스툼 같은 막강한 친구가 또 없을 것이오." 그는 미국인들이 자신을 '화장실 휴지'처럼 이용했다고 느꼈다. 분개한 그는 아직도 자기편을 들어주는 지인들의 이름을 나열했는데 여기에는 뉴욕시 경찰국장, 아놀드 슈워제네거, 여성 인권 문제로 인연을 맺었다는 힐러리 클린턴이 포함되어 있었다. "클린턴 여사는 상원 의원 자격으로 카불을 방문했었는데 나를 미국에 초청해줬소. 힐러리에게 쿤두즈에서 누가 공군 작전을 조직했는지 이야기를 들려줬더니 웃으면서 내게 미국을 방문해서 여성 조종사들에게 그 이야기를 해달라고 요청했소." 그는 말을 멈추더니 다시 나를 응시했다. 그는 내가 혹여 듣지 못했을까봐 걱정이 됐는지 "힐러리는 내게 미국을 방문하라고 초청했다"고 반복했다. (힐러리 클린턴이 카르자이의 취임식에 참석하기 위해 카불을 방문했을 때 리처드 홀브룩은 그녀가 도스툼과 악수하지 못하도록 끼어들었다).

사정이야 어떻든 사망한 CIA 요원의 아버지[02]도 도스툼에게 앨라배마 원필드시를 방문하라며 열쇠를 건넸다. 도스툼은 코웃음을 치면서 "비자 같은 것 필요 없소. 내게 열쇠가 있으니 원하면 언제든 갈 수 있는 것 아니겠소!"라고 말했다.

그럼에도 그는 이미지를 쇄신할 필요성을 느낀 듯했다. "미국인들에게 우리가 미국에 얼마나 좋은 친구인지 말하지 못한 건 우리 잘못이오." 그는 한숨을 지었다. 그에게 진정한 이야기는 늘 단순했다. "미국에는 알카에다처럼 강하고, 악질적이며 국민을 향해 테러를 가하는 적이 있는 반면, 도스툼 같이 그 적들에 맞서 싸울 준비가 되어 있고, 미국에서 테러당한 무고한 시민들을 위해 피의 복수를 해주는 좋은 친구가 있는 거요." 도스툼은 종종 자신을 3인칭으로 칭했다. 그는 "우리는 친구요"라면서 "대의를 위해 같은 적에 맞서 싸웠지 않나"라고 덧붙였다.

이는 도스툼 장군이 스스로를 바라보는, 혹은 나 같은 기자들이 봐주기를 바라는 방식이었다. 그는 국민들의 오해를 받는 영웅이었고 동물 애호가로서 상처 입은 사슴을 위해 눈물도 흘렸다. 순수한 마음을 지닌 군벌이자 국민들을 위한 군벌인 것이다. "군벌이라는 용어를 들으면 기분이 나쁩니까?" 내가 도스툼에게 물었다. 그는 "전쟁은 내게 지워진 임무다"고 답했다. "적이 집에 침입한다면 무슨 일을 하겠소? 자기 자신을 방어해야만 합니다" 그러더니 잠시 생각에 잠겼다.

마침내 그는 "군벌 말고, 평화의 왕이라고 합시다"고 말했다.

---

02 탈레반 포로의 매복 공격으로 사망한 마이클 스팬 요원의 아버지를 지칭– 역자

그 말에 도스툼의 충성스러운 통역사가 눈썹을 치켜떴다.

장군에게 다슈트 이 레일리의 공동묘지에 대해 묻자 처음에 그는 미국인들의 입에서 여러 해 동안 나왔던 답을 되풀이했다. 그는 "원래 많은 무덤이 있었고, 많은 시신이 있었다"며 머리를 흔들었다. 그는 그런 무덤과 시신은 다른 시대, 즉 9/11 이전에 그가 부사령관에게 배신을 당해 터키에서 망명 생활을 하던 시기부터 존재했다고 맹세했다. 그는 사막에서 발견되는 시신 대다수는 말렉이라는 사령관 책임이라고 돌렸다. 나는 "특별히 칼라이장이에서 봉기가 일어난 후 쿤두즈에서 이동한 포로들에 대해 묻고 싶습니다"라고 말했다.

도스툼은 지친 표정으로 '끙' 소리를 냈다. 그는 이 순간이 언젠가 올 것이라고 예상했던 것이다. "사실을 말하자면 쿤두즈에서 포로들을 셰베르간으로 가는 대형 트럭에 태웠소." 도스툼은 포로들이 차에 오르는 모습을 직접 봤다고 말했다. 끔찍한 과정이었다. "일부는 도망쳤고 일부는 숨었다"고 그는 설명했다. 하지만 자신이 지켜볼 당시에 포로들은 오픈된 트럭에 올랐다고 설명했다. 일부 포로 이송의 경우에는 그의 말이 사실일 가능성이 높았다.

하지만 다수의 목격담에 따르면 포로들은 쿤두즈에서 셰베르간으로 곧바로 이송되지 않았다. 칼라이장이의 봉기에서 살아남은 포로들은 다시 칼라이자이니Qala-i-Zeini라는 요새에 멈춰 섰다. 2002년 언론 인터뷰에 응한 트럭 운전사는 폐쇄된 컨테이너 트럭을 운전하도록 고용되었다고 밝혔다. 일반적으로 가로 12미터, 세로 2.5미터 크기로 화물을 적재하며 금속판을 두른 컨테이너를 뜻했다. 이 운전사 뿐 만아니라 다른 운전사들과 생존 포로들도 도스툼의 부하들이 고함을 지르는 억류자들을 컨테이너에 밀어 넣었다고 전했다. 어떤 경우에는 포로의 사지를 묶어 컨테이너에 던져 넣었다. 살아남아 관타나모만Bay까지 이동한 포로 열 명은 FBI 요원들에게 포로들이 "장작처럼 쌓였다"고 묘사했다. 도스툼의 부하들은 수백 명을 트럭에 몰아넣고는 컨테이너 문을 잠갔다. 한 마을 사람은 기자들에게 신속하게 움직이지 않는 포로는 무자비하게 폭행당했다고 전했다. 작전의 "유일한 목적은 포로들을 죽이는 것"이었다고 그는 전했다. 생존자들이 전한 끔찍한 이야기는 이후 도스툼을 끈질기게 따라다녔다. 포로들은 고함을 치고 벽을 두드렸으며 탈수 증상을 막기 위해 땀과 오줌을 먹었으며 굶주림이나 광기 때문에 서로의 사지를 물어뜯었다.

이는 아프간의 사막에서 종종 벌어지던 처형 방법이었다. 컨테이너에 포로들을 가두고 계절에 따라 산 채로 화형을 시키거나 질식사하도록 방치했다. 사건이 일어나던 시기는 11월이었기 때문에 가해자들은 포로들을 냉기로 질식시키고 탈수시키는 방법을 선택했다. 도스툼의 부하들이 전체 작전을 수행한 것으로 알려졌다. 트럭 운전사마다 군인 한 사람씩 배치되었다. 운전사들은 환기를 시켜주거나 몰래 물병을 넣어주려고 컨테이너에 구멍을 뚫으려 시도했다가 도스툼의 병사들에게 폭행을 당했다고 주장했다. 생존자들은 군인들이 고함소리를 잠재우기 위해 트럭에 직접 불을 지르는 경우도 있었다고 알렸다. 운전사들은 포로 이송이 며칠 동안 이어졌다고 기억했다. 국무부의 정보조사국이 보낸 일급기밀 전문에서는 "셰베르간으로 이송하는 도중 사망한 탈레반의 숫자가 일반적으로 알려진 1,000명보다 훨씬 많았을 것"이라고 결론 내렸다. 정보 공개법 요구에 따라 공개된 전문에서 명칭이 삭제된 미국의 정보기관은 "사망자 수가 1,500명 이상, 실제 사망자 수가 2,000명에 육박할 수 있다"고 추산했다.

도스툼은 내가 문제를 제기하자 한숨을 지었다. 과거에 도스툼의 한 대변인은 원래 부상을 입고 있던 포로들이 도중에 우발적으로 사망했을 뿐이라고 해명했다. 하지만 도스툼은 내게 이와는 다른 이야기를 들려줬다. 그는 "도로는 막혀 있었다"면서 "탈레반이 봉기를 일으켰기 때문에 침탈 도로와 발흐의 도로 역시 폐쇄된 상태였다"고 말했다. 그는 대다수의 포로들이 오픈된 트럭에 타고 있었다고 주장했다. "하지만 한 컨테이너 정도에는 탈레반이 있었을 것이오."

"한 컨테이너요?"라고 나는 물었다. 이는 목격된 장면을 가장 보수적으로 반영한 추정치와 비교해서도 6분의 1에 불과했다.

도스툼의 통역사가 "컨테이너 하나"라고 분명히 말했다. 그가 말하는 동안 도스툼이 고개를 앞뒤로 흔들었고 다시 생각하는 듯 입술을 앞으로 내밀었다.

"아니면 컨테이너 두세 개였을 것이오." 그가 말했다.

"포로를 직접 컨테이너에 들여보냈습니까?" 내가 물었다.

"포로들의 이송을 맡았던 현지 지휘관들은 칼라이장이에서 있었던 봉기가 또 일어날까봐 두려워했소. 게다가 침탈과 발흐의 도로는 폐쇄된 상태였소. 포로들이 도망쳐서 공격할 수도 있다는 생각에 그 포로들을 컨테이너

두세 개에 태운 거요."

나는 그 지휘관들의 이름을 물었다. 도스툼이 초조한 듯 무릎을 흔들기 시작했다. "지휘관들 중 한 사람의 이름은 카말 칸이었소." 도스툼은 얼굴 한 쪽에 손을 댔다. "또 다른 지휘관은 하자라트 준타였는데 아마 그가 불을 놨을 거요." 도스툼과 보좌관들은 두 지휘관 중 어느 누구도 그 사건으로 처벌받지 않았음을 시사하면서 여러 해가 흘렀기 때문에 그들의 행방을 알 수 없다고 말했다.

도스툼이 포로 사망에 대해 얼마나 알았는지는 모르지만, 확인할 수 있는 정보에 따르면 그는 이후 사건을 은폐하는 데 개입했다. 국무부의 기밀이 해제된 전문에 따르면 증인들이 실종되고 있어 보호하는 노력이 필요하다는 보고가 있었다. 거기에는 "도스툼과 한 지휘관이 다슈트 이 레일리 사막 현장의 사건과 관련된 몇몇 증인들을 상대로 행한 학대와 연관됐다. 현장에서 시신을 묻는 불도저를 운전했던 증인은 살해됐으며 그 시신이 사막에서 발견되었다. 공동묘지에 관계된 작업에 참여했던 아프간인 세 명 이상은 폭행을 당하거나 실종 상태"라고 되어 있었다. UN은 또 다른 증인이 도스툼의 군사들에게 감금당하고 고문을 당했다고 밝혔다.

나는 "증인들이 사건 이후 살해당하고 협박을 당했다는 의혹이 실제로 일어났을 가능성이 있습니까?"라고 물었다.

그는 어깨를 으쓱했다. "나는 모르오. 기억이 나지 않소." 특히 마주하기 곤란한 질문은 얼마나 많은 미군이 사건을 목격했느냐였다.

도스툼은 "내가 칼라이장이를 떠났을 때 미국인 동료들은 내내 나와 함께했다"고 말했다. 그는 이 문제에 대해 단호한 태도를 보였다. 승리를 위해 자신을 이용했다가 이제 등을 돌리려는 나라와의 관계가 멀어지고 있음에도 자신은 이를 두둔하고 있다는 사실에 자부심을 느끼는 듯했다.

도스툼에게 미국인들이 얼마나 알고 있었고, 얼마나 알고 있어야만 했는지를 캐묻자 도스툼은 점점 달아올랐다. 그는 자신이 감기에 걸렸다는 점을 상기시켰다. 어느 시점에는 내 질문에 끼어들어 "보시오, 학교에서도 한 시간 수업하면 휴식을 줍니다"며 불만을 내비치고는 주제를 전환했다. 그러자 참모가 서둘러 "여성, 어린이에 대한 질문도 있지 않습니까?"라고 끼어들었다. 내가 미국인들 문제로 다시 돌아가자 도스툼은 눈을 가늘게 뜨고 나를 응시했다. "질문이 참 많군. 질문하는 방식이 흥미롭다는 생각이 드는데 책을 내거나, 시나리오를 쓰기 위한 것도 아닌데 왜 그리 구체적으로 이 문제를 캐묻는 거요?" 부통령궁의 따뜻한 공기가 무겁게 가라앉았다. 도스툼은 한계에 도달한 듯했다. 그는 "나는 친구들에게 언제나 신뢰할 만한 사람이었고 헌신했다. 절대 배신하지 않았다"고 말했다. 그러고는 손에 M4를 들고 차렷 자세로 서 있는 아들 바부르에게 시선을 보냈다. "하지만 내게 그와 똑같은 짓을 저지르지 않기를 바랍니다." 나는 이 말에 어떻게 답을 해야하나 우물쭈물했다. 그러자 도스툼이 웃음을 터뜨렸다. "당신은 내게 30분만 질문하겠다고 했소!" 그가 이렇게 부연하자 나는 안도하며 웃었다. "시간이 넘었소! 약속한 일정을 어긴 거요!" 도스툼 장군은 어색한 분위기에 대해 군벌다운 농담을 구사할 줄 아는 사람이었다.

내가 도스툼의 궁을 떠나고 몇 달 후 그는 세베르간의 눈보라 속에 서서 부즈카시 경기를 참관하고 있었는데 염소를 도축하기에 앞서 현지 음악인들이 탈레반과의 전투에서 희생당한 이들을 기리는 시간을 가졌다. 가락이 심금을 울렸다. 한 달 전 탈레반이 도스툼의 호송대를 습격한 사건으로 도스툼은 상처를 입었고 준비쉬Junbish 민병대원들 일부는 사망했다. 경기 동영상에서 도스툼이 사이드라인에 앉아 있는 모습이 보였는데 눈을 감고 있었고 입술이 떨렸으며 말없이 흐느끼고 있었다. 그가 흰 손수건을 꺼내 두 눈가를 닦는 동안 큼지막한 눈송이가 소용돌이쳤다.

경기가 시작되자 말 열다섯 필이 경쟁을 벌였고 일반 관중들은 이해할 수 없으나 칭기즈칸 시대부터 전해오는 득점 규칙에 따라 점수를 올렸다. 경기 중 연단에서는 또 다른 다툼이 일어났다. 도스툼이 오랜 정적인 아마드 이쉬치에게 일격을 가한 것이었다. 상황은 점점 나빠졌다. 도스툼 부통령은 천 명의 관중이 지켜보는 가운데 이쉬치를 넘어뜨린 다음 목을 밟았다. 나중에 이쉬치는 도스툼이 "네 놈을 지금 당장 죽여도 왜 그랬냐고 묻는 사람은 아무도 없어!"라고 말했다고 주장했다. 목격자들은 도스툼의 부하들이 피 흘리는 이쉬치를 트럭에 싣고 도스툼과 함께 어디론가로 향했다고 말했다. 훗날 이쉬치는 도스툼과 부하들이 닷새 동안 자신을 감금하고 무자비하게 폭행하고는 칼라시니코프 소총을 사용해 고문했다고 주장했다. 언론에 제공된 법의학적 증거에 따르면 이쉬치는 심각한 내상을 입은 것으로 확인되어 그 주장에 신빙성을 더했다. 이에 대해 도스툼 장군은 자신을 권력에서 끌어내기 위한 음모라고 맞섰다. 그는 8년 전 또 다른 정적에게 신체적 학

2016년 8월 카불의 부통령궁에서 도스툼 장군이 아끼는 사슴 한 마리가 영빈관에서 난동을 피우고 있다. -로난 패로우 자료사진

2016년 8월 카불의 부통령궁에서 도스툼 장군(오른쪽)이 중앙아시아 지역의 무술인 쿠라쉬 경기를 준비하고 있다. 저자(중앙)가 도스툼 장군의 요청으로 우즈베크족의 전통 의상인 차판을 걸친 상태로 메모를 하고 있다. -도스툼 부통령실 제공

대를 가한 혐의를 받았을 때와 무척 비슷한 방식으로 대응했다.

6개월 동안 대치가 이어졌고 이 과정에서 군벌을 정부 고위직에 앉힐 때의 위험성이 다시 드러났다. 언젠가 군인들과 경찰은 부통령궁을 에워싸고 도스툼과 참모들의 체포를 시도했다. 하지만 도스툼은 자신의 민병대를 일으켰다. 경찰은 카불 인근 지역이 전쟁 지대로 변할 수 있다는 우려가 들자 결국 빈손으로 포위를 풀고 말았다. 나중에 가니Ghani 대통령이 유럽에서 안보 컨퍼런스에 참석하기 위해 아프가니스탄을 비우자 도스툼과 무장 집단은 대통령 집무실에 난입하여 대통령이 없는 동안 자신이 대통령 대행이라고 선언하면서 국제 사회를 놀라게 만들었다. 가니 대통령은 도스툼의 무력시위가 행동으로 옮겨지기 전에 아프가니스탄으로 급히 돌아갔다.

2017년 아프간에서는 9/11 이후 미국이 만든 불안정한 정부 구조가 군벌들을 약화시켰고 결국 문제가 터졌다. 타하르주에서 저명한 이슬람 정당과 연계된 군벌인 바시르 카넷이 자체 경찰국가를 설립하여 중앙 정부의 지지자들을 공격한 것이다. 마자리샤리프Mazar-i-Sharif에서는 아시프 모흐만드Mohmand라는 주의원이 아타 모하메드 누르와 소셜 미디어에서 설전을 벌이고는 페이스북에 "네 머리통에 총알 30개를 박아 넣고 마음껏 먹어 치우겠다"고 협박했다. 아타가 모흐만드를 체포하기 위해 병력을 보냈을 때 모흐만드는 자체 민병대의 보호를 받고 있었다. 이어진 총격전에서 두 사람이 사망하고 열일곱 명이 부상을 입었으며 마자리샤리프 국제 공항은 아수라장으로 변했다. 탈레반도 부활했으며 탈레반의 전투원들은 미국인들에게 더 골치 아픈 상대인 호라산Khorasan지역의 IS연계 단체와 손을 잡았다. 알카에다

보다 작은 조직이었지만 2017년에는 아프간 산악지대에서 끊임없는 게릴라 전을 수행하며 건재함을 과시했다.

미국 국내에서는 도널드 트럼프라는 대선 후보가 미군 철수라는 덕목을 전했다. 그는 "아프간에서 당장 철수해야 한다"고 외쳤다. 전쟁은 "우리 돈을 낭비하는" 일이며 "완전히 재앙"이라고도 표현했다. 하지만 트럼프의 임기가 시작되자 장성들로 구성된 국가안보팀은 증파를 주장했다. 리처드 홀브룩은 생애 마지막 순간에 오바마 정부의 아프간 문제를 장성들이 장악한 것에 경고음을 울렸다. 하지만 트럼프는 이 현상을 패러디 수준으로 극단화시켰다. 매티스 장군이 국방부 장관으로, H. R. 맥마스터 장군은 국가안보보좌관에 올랐으며 퇴역 장군인 존 F. 켈리가 트럼프 정부의 아프간 문제에서 중심축이 되었다. 트럼프는 버지니아 알링턴의 포트마이어 육군 기지에서 장병들로 가득한 행사장 앞에 서서 미군의 깃발을 배경으로 미국이 아프간 임무를 더욱 열심히 수행할 것이라고 발표했다. 한 달 후 매티스 장군은 아프간에 수천 명의 미군을 추가로 보냈다. 이는 필연적인 결말이었다. 트럼프가 취임하기 일 년 전 군은 이미 대중들의 반응을 보기 위해 보내는 메시지를 은밀하게 검토하면서 미국이 수년이 아닌 수십 년 동안 아프간에 주둔할 것임을 알렸다. 발표 이후 동일한 메시지가 불쑥 등장했다. 이번에는 트럼프의 대리인들이 아프간 임무를 다른 대테러 작전이 아닌 한국, 독일, 일본에서 미군의 임무에 비유하기 시작했다. 아프간에서 존 니콜슨 주니어 사령관은 아프간 청중들을 향해 "우리는 이 전쟁에서 여러분과 함께 합니다"라며 "여러분과 함께 머물 것입니다"라고 밝혔다.

오바마가 '민간의 역량 확대'를 제안하고 최소한 이 지역에서 미국 외교를 확대하는 일이 중요하다고 인정한 반면 트럼프는 국방부가 정책을 마련할 것이라고 밝힐 뿐이었다. 그가 협상을 언급하긴 했지만 협상은 현실이 아닌 먼 곳에 있는 신기루 같았다. 그는 포트마이어에서 "효과적인 군사적 노력을 수행한 후 언젠가 아프가니스탄에서 탈레반 집단을 아우르는 정치적 합의를 이룰 수도 있을 것"이라며 "하지만 그런 일이 벌어질지, 언제 일어날지는 누구도 알지 못한다"고 말했다. 국무부의 상황을 따져 보면 그럴 법도 하다. 아프가니스탄 및 파키스탄 특별 대표팀SRAP은 사라졌으며 남아시아와 중앙아시아를 담당하는 차관보도 아직 임명되지 않은 상태였다.

한편 미국 역사상 최장 기간의 전쟁은 종식의 희망도 없이 이어졌다. 도스툼 장군이 잔디 깔린 홀의 깜박거리는 크리스마스 전등 아래에서, 상어가 들어 찬 수조를 배경으로 내게 했던 말이 떠올랐다.

어릴 적 그는 무척 소란스러운 아이였는고 결국 그의 어머니는 밧줄로 내손을 묶은 후 "사라지지 말라"고 경고했다. 말이 끝나기가 무섭게 도스툼은 밧줄을 풀고 사라졌다.

"지금도 제어가 어렵나요?" 내가 물었다.

그는 "물론"이라고 답했다. "어린 시절은 어린 시절일 뿐이지만, 나는 현실적으로 어떤 일이 옳다고 판단하면 지지합니다. 옳은 일이라면 논리가 있소. 하지만 부당하면 논리가 없고 사실이 아니지. 그럴 땐 누구도 나를 막지 못하오."

그는 다리를 벌리고는 턱을 쳐들었다. 장난스러운 미소를 짓더니 "나중에 책 제목을 『도스툼: 진실을 말하고 모든 거짓을 좌절시키는 자』라고 붙여 보시오"라고 제안했다. 어떤 측면에서 그의 말은 옳았다. 압둘 라시드 도스툼과 그가 남긴 유산은 미국이 어떤 나라인지, 그리고 지구의 끝에서 무한히 계속되는 전쟁에서 어떤 결말을 맞는지에 대한 냉엄한 진실을 알려준다.

19장

흰 짐승

수염 색깔이 빨간색, 흰색, 검은색 등으로 다양했을 뿐 모여 있는 남성들에게는 수염을 길렀다는 공통점이 있었다. 늦은 오후 햇빛 아래 앉아 차를 마시는 사내들은 머리에 무늬 있는 스카프나 기도 모자를 쓰고 있었다. 그들은 아프리카 에리트레아의 수도 아스마라Asmara에 위치한 엠바소이라Embasoira 호텔 근처의 철제 커피 탁자 주변에 모여 있었다. 2008년 초였고 아프리카의 뿔[01] 지역은 혼돈의 나락으로 빠져들고 있었다. 그 와중에 아스마라는 평온한 신기루 같았다. 드넓은 거리 옆으로 키 작은 야자나무가 이어졌고 로마네스크, 데코, 바로크, 입체파 등 다양한 양식이 뒤섞인 진귀한 건축물이 깔끔하게 보존된 채로 늘어서 있었다. 아스마라는 티그리냐어로 '그들이 서로를 통합시켰다'는 의미였는데, 당시 소말리아 내전에서 쫓겨 온 무리들로 북적이고 있었으니, 무척 기만적이면서도 적절한 이름이었다. 엠바소이라에서 차를 마시던 사내들도 그런 무리였다. 통역사가 내 쪽으로 몸을 기울이더니 모의하는 듯한 목소리로 말했다.

"저기 있네요!"

---

01 아프리카 동북부 소말리아 지역- 역자

"누구 말이요?" 내가 물었다.

그가 고개를 젓는 모양새가 문젯거리라고 말하는 듯했다. 통역사는 "이슬람 법정 사람들 말입니다." 소말리아에서 이슬람법정연합군Islamic Courts Union, ICU으로 알려진 샤리아[02] 법정연합체는 한 때 소말리아의 내전을 잠재울 수 있는 유일한 세력이었다. 소말리아는 군벌의 각축장이었고 투항과 배신이 끝없이 이어졌다. 법정은 시대에 뒤떨어지는 집단이기는 했지만 폭력적인 목표를 추구하지 않았다. 그럼에도 미국은 소말리아가 또 다른 아프가니스탄이 될지 모른다는 두려움에 사로잡혀 ICU를 축출하기 위해 현지의 무장집단을 지원했다. 도스툼과 그의 사령관들을 무장시키기로 결정한지 얼마 지나지 않아 CIA는 소말리아의 군벌과도 유사한 동맹을 맺었다. 나중에 그 동맹이 처절한 역효과를 내고 오히려 ICU의 인기가 치솟는 상황에 이르자 국방부는 에티오피아 군부로 눈을 돌렸다. 에티오피아 군의 습격으로 ICU 법정 지도자들은 아스마라 등의 도시로 흩어졌는데 이 과정에서 과격분자들이 남았고 알샤바브al-Shabaab와 같은 테러 집단이 부상하는 계기를 만들었다. 일 년 뒤인 그날 오후 내가 엠바소이라 외곽에서 망명한 ICU 관계자들을 목격했을 때 그런 변화는 이미 진행 중이었다. 미군은 현지의 불량 집단을 포섭했고 이는 국제 안보를 저해하는 새로운 위협거리로 만들었다.

9/11 이후의 과도기에 아프가니스탄에서처럼 아프리카의 뿔에서도 미국무부 외교 정책을 통제하려는 시도가 전개되었다. 두 사례 모두 군과 정보 당국이 내놓은 해법이 적용되었고 미국은 이들 지역에 민주주의가 싹틀 기

---

02 이슬람 법- 역자

회를 저버렸다. 두 지역을 불안정한 상태로 빠뜨리게 되자 이러한 영향은 다른 대륙과 다른 문화에서도 감지되었다.

* * *

잉글랜드 버킹엄셔의 우번 그린Wooburn Green은 런던에서 서민층이 거주하는 지역으로, 소말리아와 가장 동떨어진 지역처럼 보였다. 특히 샐리 에번스Sally Evans는 아프리카의 뿔에서 일어나는 혼란의 영향을 받을 성싶지 않은 인물이었다. 내가 에번스를 처음 만난 것은 2016년으로 우번 그린의 낮은 벽돌집 좁은 거실에서였다. 쉰여덟 살의 그녀는 회색머리칼의 단발머리 스타일로 짧게 다듬었으며 편안한 신발을 신고 있었다. 에번스는 내게 인스턴트 커피를 권하고는 주위를 서성거렸다. "우리는 그저 평범한 사람이에요"라고 말하면서 창밖의 울타리 쳐진 거리를 내다봤다. "그런 일이 일어나리라고는 상상도 못했죠. 전혀." 하지만 샐리 에번스는 우번 그린 지역의 다른 어머니들에게는 전혀 상상도 못할 비밀을 품고 있었다.

에번스에게는 토머스와 마이클이라는 두 아들이 있었다. 홈 비디오를 통해서 본 아이들은 구분하기 어려울 정도로 비슷한 모습을 하고 있었다. 해맑고, 비쩍 마른 아이들이 웃고 장난을 쳤는데 갈색 머리칼이 흐트러진 모양까지 똑같았다. 동생 마이클은 "우리는 모든 일을 함께 했어요"라고 말했다. "자랄 때 친구들도 같이 만났고요." 토머스에게 변화가 찾아온 건 열아홉 살 때였다. 그가 이슬람으로 개종한다고 밝혔을 때 어머니는 오히려 긍정적으로 받아들였다고 한다. 아들이 인생에 도덕적 체계를 원하는 징표라고 여겼기 때문이다. 하지만 그건 토머스가 강경한 보수 성향의 모스크를 찾기 전까지 해당하는 말이었다. 이후에는 "조금씩 달라지기 시작하더군요. 외양을 예로 들면 수염을 길렀어요. 더 이상 음악을 듣지도 않았고 내가 만든 음식은 먹지 않더군요. 할랄 고기가 아니어서 자신에게 맞는 음식이 아니라고 했죠. 그렇게 아들은 우리들에게서 고립되었어요"라고 에번스는 회상했다. 어떤 변화에서는 모순적인 면도 드러났다. 토머스는 연휴 기간에 크리스마스트리가 장식되어 있으면 거실에서 시간을 같이 보내지 않았다.

토머스가 문을 굳게 닫고 점점 더 컴퓨터 앞에 앉아 보내는 시간이 늘었다. "언제나 위층의 침실에 있었죠." 어머니가 회상했다. "형이 거기에 앉아서 페이스북 등에 접속해서 이리저리 검색하고 있었다는 사실을 믿을 수가 없었어요." 마이클이 거들더니 말을 잠시 멈추고는 "형은 특별히 보라고 지시 받은 내용을 둘러보고 있었어요"라고 설명했다.

그러던 어느 날 토머스가 출국을 시도했다. 2011년 2월 히드로 공항에서 케냐행 비행기에 탑승하려 했지만 대테러 경찰에게 제지를 당했다. 하지만 몇 달 후 이집트행 비행기에 오르는 데 성공했다. 처음에는 어머니에게 아랍어를 공부하러 여행한다고 둘러댔다. 하지만 이후 여러 달 동안 소식이 없었고 2012년 1월에야 전화를 걸어 소말리아에 있다고 전했다. 그는 알샤바브(이슬람극단무장세력)에 들어갔다고 했다. "걔가 그렇게 말했었지?" 어머니가 마이클을 보며 물었다. "인터넷에 가서 그들을 찾아보고는 어떤 단체인지 알게 되었어요. 그때야 아들이 어떤 상황에 놓였는지를 알게 되었죠." 샐리는 아들에게 집으로 돌아오라고 간청했다. 그가 하고 있는 일은 "옳지 않다"고도 말했다. 토머스는 그저 알라의 이름을 입에 올릴 뿐이었다. "내가 '아니,

아니야'라면서 어떤 신도 너에게 이런 일을 하라고 시키지 않는다고 말했죠."

이후 두 모자의 관계는 어색해졌다. 토머스는 압둘 하킴으로 개명했고 '흰 짐승'이라는 별명으로 불렸다. 몇 주에 한 번씩 집으로 전화를 걸어 흰 짐승으로서 살고 있는 삶에 대해 들려줬는데 에번스는 자신이 키운 아들이라고 믿을 수 없을 정도로 거리감을 느꼈다. 언젠가 아들은 전화로 열셋 혹은 열네 살짜리 소녀와 결혼을 했는데 영어를 못 한다고 알려줬다. 또 다른 통화에서는 새로운 삶에서 펼쳐지는 폭력에 대해서 대화를 나눴다. 에번스는 대화 내용을 일기로 남겼다. 2012년 어느 날에는 "토머스에게 전화가 왔다. 누군가를 해쳤는지 물었더니 답이 없었다"고 기록했다.

그런 일이 있은 지 일 년 뒤, 나는 케냐의 나이로비 골목에서 탄피를 주워들었다. 내 뒤로 겉에 회반죽을 바른 웨스트게이트 쇼핑몰이 있었는데 최근에 일어난 총격사건의 흔적이 아직 남아 있었다. 당시 나는 샐리 에번스가 토머스에게 물었던 질문에 명확한 답이 될 만한 최근의 사건을 보도하는 방송국 관계자와 함께 있었다. 에번스의 아들이 다른 이들을 해친 것이 아니라면 분명 그의 동료들 소행이었을 것이다.

나는 몇 주 전 알샤바브의 정교한 공격에서 살아남은 목격자들을 골목에서 만나 여전히 생생하고 고통스러운 기억을 들었다. 프리얌 세미라는 화가는 약혼자와 작별 키스를 한 뒤 일을 마치고 집 근처의 근사한 몰에서 친구를 만나 커피를 마셨다. 세미와 친구는 한 시간 정도 세미의 작품에 대해 대화를 나눴고 오후 12시 30분쯤 계산을 하러 자리에서 일어났다. 잔돈을

토머스 에번스(왼쪽, 당시 16세)와 어머니 샐리(중앙), 남동생 마이클(오른쪽, 당시 14세)이 토머스가 집을 떠나기 한참 전인 2006년 런던 트라팔가 광장에서 포즈를 취하고 있다. 토머스는 "배려심이 많은 아이였다"고 샐리는 전했다. "아들이 어쩌다가 그런 사람이 되었는지 모르겠다."
-마이클 에번스 제공

받으려고 기다리는 중에 건물에서 큰 굉음이 들리면서 폭발이 일어났다. 무슨 일이 벌어지고 있는지 짐작조차 할 수 없었다. “사람들이 의자와 탁자 위로 날아가는 모습을 봤다”고 그녀는 기억했다. 그러더니 “모두가 바닥에 붙어 있었다”고 했다. 안전을 위해 기어 다니는 사람들도 있었고 미동하지 않거나 죽은 사람들도 있었다. 그녀는 그날의 일을 “영화 속 한 장면처럼” 슬로 모션으로 기억했다. 세미는 가까운 옷가게로 몸을 피하고는 잇단 총소리와 비명을 피해 귀를 막았다.

평범한 옷차림을 하고 더러 두건을 쓰고 있는 청년들이 기관총을 들고 쇼핑몰로 들이 닥쳤다. 수류탄을 던지고는 남성, 여성, 아이들을 향해 총을 쐈다. 초반의 공격에서 살아남은 이들은 인질로 붙잡혀서 고문을 당하거나 신체를 절단 당했다. 공격자들은 진입을 시도하는 케냐 당국에 맞서 사흘 동안 쇼핑 몰을 점거했다. 세미는 운 좋게 달아난 사례였다. 여섯 시간 동안 숨 막히는 도피를 하다 경찰이 용케 몰 밖으로 도피시켜줬다. 이 총기난사 사건으로 72명이 사망했는데 그 중 61명이 민간인이었다.

알샤바브는 즉시 자기 단체의 소행이라고 밝히면서 소말리아에 외세가 개입한 데 대한 보복이라고 알렸다. 이 집단은 소말리아 나라 밖에서도 테러를 저질렀는데, 2010년 우간다에서 폭탄 테러로 76명이 사망했다. 쇼핑몰 총기난사 사건은 국제적으로 경각심을 불러일으켰다. 미국은 이 사건이 안보에 ‘직접적인 위협’이 된다고 보고 잔해에서 단서를 찾기 위해 FBI 요원을 파견했다.

토머스는 가족들에게 쇼핑몰 공격에 직접 개입하지 않았다고 밝혔지만 먼 곳에서 축배를 들었다. 이런 이유에서 알샤바브에 합류했다고도 털어놨다. "2013년 11월 14일 토머스와 대화를 나눔. 좋은 소식은 아님" 샐리 에번스는 사건이 일어난 직후 일기에 이렇게 기록했다. "우리는 케냐 쇼핑몰 테러 사건을 놓고 언쟁을 벌였다. 이기적이게도 나는 아들이 개입되지 않았다는 데 안도했지만 무척 화가 났다. 아들이 무고한 남성과 여성, 아이들을 쇼핑몰에서 죽여도 문제없다고 말한 것 때문이었다."

* * *

샐리 에번스 가정의 붕괴와 토머스와 같은 전 세계에서 모여든 청년들이 자행한 폭력은 미 외교 정책에서 오랫동안 지속되어온 현상과 무관하지 않았다. 아프가니스탄과 소말리아에서 미국이 취한 정책의 유사성은 수십 년 전부터 시작되었다. 수년 동안 소련과 미국은 전략적으로 중요한 위치에 있는 소말리아를 장악하기 위해 독재자 시아드 바레Siad Barre의 환심을 사고자 애썼다. 바레가 축출된 후 소말리아는 혼돈에 빠져들었고 미국과 리비아의 카다피, 인근의 에티오피아 등에서 후원한 무기가 대거 유입됐다. 인권을 보호하려는 국제적인 노력은 절망적인 실패로 막을 내렸다. 대다수의 미국인들에게 '소말리아'라는 단어는 영화 '블랙호크다운'을 떠올린다. 1993년, 일부 미군이 사망한 모가디슈 전투에 대해 마크 보우든Mark Bowden이 쓴 책 제목이며 할리우드에서 영화로 제작되었다. 서양의 병력은 철수했고 소말리아는 군벌의 통치 아래로 들어갔다.

이후 십 년 동안 군벌에 유일하게 맞설 수 있는 세력은 샤리아의 법정뿐이었다. 샤리아의 법정은 2000년대 초 이후 세력이 커졌고 조직화되었다.

경쟁국가인 에리트레아에서 자금을 지원 받아 무장한 샤리아의 법정은 세력을 규합하기 시작했고 2004년에 열두 곳이 연합해서 ICUIslamic Courts Union 이슬람법정연합라는 이름으로 합쳐졌다.

1998년 케냐와 탄자니아의 미국 대사관이 폭파되고 이후 9/11 테러가 일어나면서 ICU는 미국 지도자들이 주시하는 대상이 되었다. 하지만 아프리카 지역의 복잡한 역학관계에 정통한 전문가에 따르면 소말리아가 미국이 새로 추진하는 테러와의 전쟁에서 초점이 될 만한 근거는 거의 없었다. 아프리카에서 대사를 두 번 지내고 오바마 정부 시절 수단 특사였던 프린스턴 라이먼은 "9/11 이후 소말리아가 제2의 아프가니스탄이 될지도 모른다는 우려가 있었다. 테러 집단의 훈련지가 되어 전 세계 테러 집단에 새로운 인력 공급처가 되리라는 걱정이었다"고 설명했다. "하지만 소말리아는 테러에 가담하지 않았다." 국무부와 UN에서 대테러 컨설턴트로 활동한 켄 멘카우스 분석가는 2002년 기준으로 소말리아 국민들 중에서 알 카에다와 '유의미한 연관'이 있는 사람은 열 명 미만이었다고 추정했다. 데이비드 신이라는 은퇴한 미국 외교관은 "소말리아에 주력할 이유가 없었다"라고 동조했다.

ICU는 심지어 지역을 안정시키는 힘을 발휘하기도 했다. 이들은 매우 보수적인 단체로 절도를 저지른 사람의 사지를 절단하고 강간범은 사형에 처했으며 스포츠는 악마를 숭배하는 불법 행위라고 선포했다. 하지만 소말리아에서 이슬람법 준수 이외의 극단적인 목표를 제시한 적은 없었다.

하지만 미국의 군과 정보기관은 ICU를 전복시키는 일에 몰두했다. 블랙호크다운 사건이 일어난 지 얼마 안 된 시점에서 직접적인 개입은 정치적으로 무리수였다. 이 때문에 또 다른 비공개 대리전이 추진되었다. 2004년 CIA는 세속적인 성향을 지닌다고 알려진 군벌에게 은밀히 접근하여 대테러 협조를 얻어내는 대가로 동맹을 제안했다. 이후 2년 동안 CIA는 소말리아의 부족 지도자들과 군벌에게 자금을 지원했다. 나이로비의 CIA 지부에서 수행된 작전은 소규모의 대리전이었다. 미국 달러로 주머니를 불린 군벌들은 ICU와 잠재적인 무장 집단과 싸워줄 것이었고, 상대가 알카에다와 진짜 연관성이 있느냐는 문제가 되지 않았다. 이 지역에서 무기 흐름을 감시하는 UN 단체를 이끌던 매튜 브라이든은 미국의 지원을 받은 열 명 정도의 무장 집단 지도자들 단체가 형성될 때까지 작전이 지속되었다고 회상했다. 미국이 지원한 군벌들에게 평화회복과 대테러 동맹The Alliance for the Restoration of Peace and Counter-Terrorism이라는 홍보용 이름이 주어졌으나 명칭이 워낙 거추장스러워 ARPCT라는 약어로 불리게 되었다. CIA는 아프가니스탄의 북부동맹 군벌을 포용할 때와 거의 유사한 접근법을 취했다. 군벌은 훌륭한 자들은 아닐지라도 표면상으로는 더 나은 사람들로 보였고, 세속적이지 않지만 최소한 다른 대안들에 비해서는 비교적 세속적이었다.

소말리아 군벌들의 속성이 '복합적'이라고 표현한다면 문제를 지나치게 단순화하는 것이다. 모순적이게도 대다수의 군벌이 1993년 모가디슈 거리에서 미군과 싸운 경험이 있었다. 유수프 무함마드 시아드의 경우 전투에서 '하얀 눈'으로 불렸다. 1990년대 소말리아 일대를 장악하여 공포 정치를 펼칠 당시에는 '백정'으로도 불렸으며 오랫동안 알카에다와 긴밀한 연계를 맺어왔다. 1998년 탄자니아와 케냐의 폭격 사건 배후로 악명을 날린 파줄 압둘라 무함마드가 CIA를 피해 도망칠 때 피난처를 제공한 사람이 바로 유수프 무함마드 시아드였다. 9/11 이후 시아드는 반미 감정을 목소리 높여 외쳤다. 그런 시아드조차 언론 인터뷰에서 CIA가 자신에게도 접근했었다고 주장했다. 2011년 시아드는 CIA가 "돈을 주겠다고 제안하고 내가 통치하던 지역에 자금을 대겠다고 했다"라고 밝혔다. 하지만 처음 그런 제안을 받았을 때 시아드가 거절한 것으로 알려졌다.

CIA는 다른 쪽에서 진전을 봤다. CIA는 2002년 말 모가디슈 인근에 위치한 모하메드 칸야레Mohammed Qanyare의 개인 비행장을 이용하고 휘하의 전투원 1,500명을 활용하고자 칸야레에게 접근했다. 미군과 정보기관은 2003년 칸야레와 계약을 체결했고 이후 정기적으로 회의를 가지며 값비싼 동맹을 이어갔다. 칸야레의 추정에 따르면 그의 비행장과 충성스러운 전투원들을 활용하는 대가로 CIA는 월10~15만 달러를 지급했다. 칸야레는 CIA의 명령을 받거나 암묵적으로 이해해주는 군벌의 하나였으며 이슬람 테러 집단을 포획하여 사살하는 작전을 수행하기 시작했다. 때로는 군벌이 펼치는 작전 대상을 즉결 처형했으며 미군에 인도하는 경우도 있었다.

CIA와 군벌이 손을 잡으면서 소말리아는 불안정한 상태에 빠졌다. 2000년대 중반에 군벌의 통치는 소말리아 전국에서 인기가 없었다. 군벌은 국제 테러 집단과 분명한 연계가 없는데도 성직자들과 현지 예배 지도자들을 사로잡아 사살한 작전은 이슬람주의자들의 감정을 자극하기 일쑤였다. 모가디슈 시장은 미국의 군벌 지원에 대해 "시한폭탄이었다"고 표현했다. "그들은 각자 영토를 차지하기 위해 때를 엿보면서 정부가 취약해지고 전복될 시기를 기다렸다." 2004년 소말리아에 불안정한 임시 정부가 새로 구성되어 군벌에 대항했고 압둘라히 유수프 아메드Abdullahi Yusuf Ahmed 대통령은 미국 대사를 만나 "도대체 왜 미국이 모가디슈에서 전쟁을 하려는지" 물었다.

이후 수년 동안 군벌 연합은 미국의 발목을 붙잡았다. 조지 W. 부시 2기 행정부 당시 아프리카 담당 차관보였던 젠다이 프레이저는 국무부가 CIA의 정책을 계승했으며 그 정책에 변화를 줄 여지도 거의 없었다고 말했다. 그녀는 "2002~2005년 소말리아에서 CIA가 수행한 작전은 제한된 경로를 통해서만 논의되었고 기관 간 논의나 토론의 대상이 아니었다"고 설명했다. 마침내 백악관 대테러안보그룹의 리처드 A. 클라크를 통해 CIA 외부에서 논의가 시작되자 CIA를 제외한 모든 관계 기관의 참석자들이 크게 놀랐다. 프레이저는 CIA가 미 외교관들이 (실제로는 그렇지 못했지만) 미리 사안을 접했다고 인정해 주기를 바라면서 외부 논의를 시작한 것으로 짐작했다. 그녀는 "솔직히 말하자면 그들이 NSC(미국 국가안전보장회의)에서 어떤 식으로든 논의를 시작한 것은 제대로 알아듣는 사람이 없으리라 확신했기 때문이며, 그저 참석자들이 사전에 사안을 인지하고 있었다고 주장할 구실을 만들려 했다"고 말했다.

그럼에도 프레이저와 외교 지휘 계통의 다른 외교관들은 군벌과의 관계에 대해 알게 된 후 이를 방어해주는 입장을 보였다. 군벌을 활용하는 방안에 반발한 외교관이 있으면 신속하게 진압되었다. 나이로비 미 대사관의 정치참사였던 마이클 조릭의 경우 이 사안에 반대하는 전문을 보냈다가 곧바로 차드로 재배치되었다. 대다수는 너무 많은 것을 알려고 하는 것에 대한 처벌이라고 받아들였다.

행여 외교적 옵션이 구체화될 때 다루기 불편하고 사전에 싹을 잘라야 할 대상으로 간주되었다. 2004년 소말리아의 인접국은 군벌 또는 법정에 대한 대안을 마련하기 위해 강도 높은 외교적 노력을 기울였다. 소말리아의 새 임시정부가 한 줄기 희망의 빛이었지만 모가디슈 이외의 지역에서 영향력이 미미했고, 미국을 등에 업은 독재자들에게 맞설 능력도 부족했다. 역내 에티오피아, 지부티, 에리트레아, 수단, 케냐, 우간다로 구성된 무역 공동체인 동아프리카 정부 간 개발기구IGAD는 2004년 10월 회의를 열어, 새로 구성된 소말리아 정부가 제 기능을 발휘할 수 있도록 소말리아에 아프리카 군을 파병하는 방안을 만장일치로 결의했다. 두 달 뒤 임시정부, UN, 아프리카연합, 유럽연합, 아랍 국가 등의 대표자들이 케냐에서 모여 구체적인 계획을 논의했다. 2005년 초 아프리카연합이 나섰고 국가수반들이 '평화적인 지원 임무'를 환영하는 결의안을 채택하기에 이르렀다. 연말에는 UN 안보리도 공식적으로 평화적 해결책을 지지했다.

협상에 참여했던 에티오피아의 베테랑 외교관 테케다 알레무는 지역의 평화유지군이 재앙을 막을 가능성이 있었다고 판단했다. 그는 "에티오피아 대표단의 단장을 맡고 있었는데 우리는 제안을 만장일치로 받아들였다"고 말했다. 알레무는 눈썹을 치켜 올리며 에티오피아의 숙적인 에리트레아조차 협조적이었다고 전했다. (에티오피아와 에리트레아가 공동으로 평화유지 계약에 조인한 것은 마치 이스라엘과 하마스가 손을 잡은 상황에 비유할 수 있을 정도로 엄청난 관계 발전이었다.) 알레무는 매력적인 외모의 소유자로 희끗희끗한 머리를 짧게 잘랐으며 교수 같은 분위기의 안경을 착용해 아프리카 신흥 부자 같은 느낌을 풍겼다. 큼지막한 금반지, 거대한 눈금판 주위로 스와로브스키 크리스털을 두른 손목시계가 눈에 띄었다. 그와 이야기를 나눈 에티오피아 재외 공관은 뉴욕 맨해튼 중간 지대에 위치한 낡은 사무실이었는데 아프리카의 뻘과는 판이하게 다른 환경이었다. 우리는 레이무어&플래니건 같은 가구점에서 할인가에 판매할 법한 풍성한 스웨이드 소파에 앉아 대화를 나눴다. 알레무의 등 뒤로는 플라스틱 나무가 드리워져 있었다. 그는 "당시에는 미국과 문제가 없었다"며 한숨을 짓더니 "문제는 나중에 벌어졌다"고 말했다.

아프리카 각국이 소말리아 임시정부를 군벌로부터 보호하려는 노력을 기울일 당시에는 이미 미국은 다른 편에 서 있다. CIA와 국방부는 이슬람주의자들로부터 감지 된 실질적인 위협을 막는다는 단 하나의 목표에 집착했다. 이 지역에서 광범위한 외교 전략을 펼치는 것은 힘을 분산시키거나 더 나쁘게는 미국이 손잡고 있는 세력과 충돌할 여지가 있었다. 미국의 외교정책은 국무부의 프레이저 관리가 언급했듯이 명목상 분명한 언질을 주지 않는 다는 것이었다.

하지만 미국은 평화유지군의 파병을 방해하기 위한 외교전에 돌입했다.

2005년 초, 수개월 동안의 강도 높은 협상을 거쳐 국제평화유지군이 파병될 채비를 마쳤다. 미국은 국무부 관리들을 통해 은밀하게 파병에 반대 의사를 내비쳤지만 이에 대한 실질적인 정책은 정보기관에서 마련한 것이었다. 2005년 2월 브뤼셀의 미국 대사관에서 인구난민 이주국을 대표하던 마크 메즈나는 EU 측 마크 부시를 만나 미국은 평화유지 노력에 반대한다는 의사를 분명히 밝혔다. 당시 EU 측은 나이로비에서 평화유지 계획을 지원하기 위해 사실 조사를 수행하고 있었고 며칠 뒤면 국제 평화유지군의 진군을 돕기 위해 모가디슈로 이동할 예정이었다. 그런데 마크 부시가 회의에서 돌아온 직후 EU 팀은 돌연 모가디슈 출장 일정을 취소한다고 밝혔다. 국방부도 작업에 나서 테레사 웰란 정보 분석가를 EU의 매튜 리스 관리와 접촉하도록 했다. 접촉 이후 리스는 한 때 EU가 지지했던 평화유지 계획이 '무모한 계획'이라고 밝혔다. 그러나 몇 주 뒤 각 EU 동맹국의 관료들이 평화유지에 대한 지지 의사를 밝히면서 혼선을 빚기 시작하자 당시 이탈리아의 미 대사관에서 정치 업무를 담당하던 톰 컨트리맨 공사참사관은 지지 발언을 저지하기 위해 이탈리아 관료들을 만났다.

작전 수행을 위한 국제적 지원이 결집되었고, 이제 평화유지군이 병사들을 훈련시킬 수 있도록 1992년 소말리아에 부과됐던 무기 금수조치를 해제하는 작업만 남았다. 막판에 미국은 이 절차를 무산시키면서 파병 계획을 세운 국가로 구성된 각료이사회에 간단한 성명서를 전달했다. "소말리아의 동아프리카 정부 간 개발기구IGAD에 군 파병에 필요한 기금을 지원할 계획이 없으며 IGAD 파병에 대한 UN 안보리 위임사항에 동의할 준비가 되어 있지 않다"는 내용이었다. 나중에 미국은 소말리아에 평화유지군을 파병하는 모든 계획을 거부한다는 의사를 공개적으로 밝혔다. 결국 파병안은 좌초되었다

당시 국방무관이었던 릭 오스 대령은 미국의 반대를 간결하게 해명했다. "미국은 부차적인 일에 역량을 분산시키기를 원치 않았다." 최소한 일부 이슬람 법정연합ICU 지도자들이 알카에다와 연계를 맺고 있었기 때문에 "기관은 일부 개인을 추적하는 작전을 수행했다. 포괄적인 해결책을 세우려는 시도가 아닌 구체적인 목표물을 쫓고 있었던 것"이라고 설명했다.

에티오피아의 외교관 테케다 알레무는 처음부터 미국의 반대를 감지할 수 있었다고 회고했다. 그는 반대 의사가 "매우 분명했다"라면서 "미국은 우리가 세운 계획이 효과가 있을지 없을지, 좋은지 나쁜지 보려고도 하지 않았다. 기회조차 주어지지 않았다"고 기억했다. 비서가 알레무의 앞에 에티오피아 블랙커피가 담긴 잔을 놓고 갔다. 그는 잔을 들면서 미간을 찌푸리더니 잔을 내려놓고는 실패로 돌아간 외교적 노력을 회고했다. 그는 "미국인들이 나름의 계획을 가지고 있었던 것이 분명했다"면서 "협조하고 있던 군벌들을 (활용해) 모가디슈에서 몇 사람을 사로잡으려 했다. 이 때문에 다른 세력이 미국의 계획을 망치는 상황을 원치 않았던 것이다. 미국은 나름의 프로젝트가 있었고 어떤 식으로든 방해를 받고 싶지 않았다"고 말했다. 알레무는 커피 잔을 다시 들면서 "강대국은 그렇게 행동한다"고 말하고는 커피를 한 모금 마신 뒤 미소를 지었다.

미 관료들은 반대할 만한 정당한 이유가 있었다고 주장했다. 비용 문제와 더불어 아프리카 군사 파병국의 역량 부족을 들었다. 무엇보다 '최전방 국가', 즉 소말리아와 국경을 맞대고 있는 에티오피아와 같은 인접국이 군사를 파병하면 지역의 긴장을 촉발시킬 수 있다는 점을 들었다. 하지만 이는 근거

없는 주장이었다. 파병 안은 소말리아와 인접하지 않은 국가에 파병을 요청했기 때문이다. 그럼에도 미국은 에티오피아의 간접적 지원조차도 소말리아에서는 더 크고 강한 국가가 권력을 쥐려는 시도로 해석할 수 있다고 주장했다. 미국의 주장은 얼마 안 가 위선으로 드러나게 된다.

군벌에 대항할 평화유지군의 활동이 가로막히자 이슬람법정연합이 유일하게 균형추 역할을 했다. 예상대로 이슬람법정연합은 인기와 세력을 얻었고 2004~2006년 소말리아 전역에서 영토를 차지했다. 결국에는 몇 달 간의 잔혹한 전투 끝에 미국이 지원하던 군벌들로부터 모가디슈를 빼앗았다. "모가디슈 사람들은 이슬람법정연합을 존경하기 시작했다"고 테케다 외교관은 설명했다. "이슬람법정연합이 강대국의 지원을 등에 업은 군벌 집단을 무찌르자 추앙받기 시작했다. 바로 그런 이유로 세력이 커졌고 완전히 통제 불가능해졌다."

CIA와 동맹 관계였던 군벌들이 패배한 직후 국방부는 이슬람법정연합을 축출하기 위한 또 다른 계획을 세우기 시작했다. 여전히 직접적인 개입을 꺼리던 미국 측은 오랜 동맹국이자 소말리아의 경쟁국인 에티오피아로 눈을 돌렸다. 미국은 에티오피아의 최대 지원국이었다. 미국의 지원에 힘입어 에티오피아 군대는 지역에서 가장 강력한 군사력을 갖추고 있었다.

2006년에 미국은 에티오피아와 점차 미국의 대리전으로 인식되는 전쟁으로 비춰지자 에티오피아가 수행한 역할에 거리를 두기 위해 신중한 입장을 취했다. 당시 CIA 국장이었던 헤이든 장군은 침공에서 미국이 어떤 역할을 했는지 묻자 주저하며 "우리가 거대한 NSC 회의를 열어 '에티오피아를 끌어들이면 어떨까'라고 논의한 건 아니다. 우리가 아닌 에티오피아가 자진해서 한 것이다"라고 답했다. 하지만 헤이든 조차 이런 전략이 미국의 목표와 제대로 맞아 떨어졌음을 인정했다. 그는 "당시 소말리아의 혼돈을 고려하면 무척 환영할 만한 임시 처방임이 분명했다"고 말했다.

많은 이들은 에티오피아의 소말리아 침공이 국방부와 CIA에게 저절로 굴러들어온 행운이라는 주장에 반론을 제기한다. 케냐의 군 출신으로 대테러 전문가인 시미유 웨룽가는 "이 지역에서는 이슬람 연합의 해체는 미 정부의 자원과 지원이 아니었다면 불가능했을 것이라는 생각을 일반적으로 가지고 있다"고 전했다. 양국 간 은밀한 공조의 배경은 이러한 짐작에 설득력을 준다. 9/11 이후 CIA와 FBI는 인권 침해, 고문, 재소자들의 원인을 알 수 없는 사망 등으로 악명 높았던 에티오피아 비밀 수용소에 수감된 19개국 출신의 테러 용의자들을 심문했다.

2006년부터는 작전에서 미국이 어떤 역할을 했는지를 알려주는 증거가 늘어났다. 미국은 공개적으로 이슬람법정연합의 인권 유린을 비판하면서 에티오피아의 개입을 옹호했다. 이 기간에 작성된 국무부의 기밀문서는 에티오피아의 침공을 후원하는 결정이 이미 내려진 상태였으며 미국이 "'지하디스트-이슬람근본주의자'가 점령할 경우 에티오피아를 지원할" 의사가 있다고 암시했다. 그 중 한 보고서에서는 "소말리아에서 에티오피아의 모든 활동을 미 정부가 승인할 것 임"을 분명히 했다.

2006년 12월 에티오피아가 수천 명의 군사를 소말리아로 보내 침공하자 미국은 단순히 침공을 승인한 정도가 아니었다. 미 특수부대가 은밀하게 에티오피아군과 움직이면서 훈련자와 조언자 역할을 했다. 미 해군은 추가적인 지원을 제공하기 위해 해안에 집결했으며, 미 공군은 공습으로 에티오피아 공군을 도왔다. 국방부의 한 고위 관계자는 작전이 비밀리에 수행된 점을 들어 익명을 요구하면서 "'에티오피아가 무엇을 원하는지 살펴보면서 지원한다'는 것이 미국의 입장이었다"고 전했다. 그는 "작전의 많은 부분이 정보와 특수 활동의 지원이었다. 지원 인력은 자문 이상의 역량을 갖췄다고 들었으며 기본적으로 에티오피아 특수 부대와 팀을 이뤘다"고 밝혔다.

전술적 측면에서 평가하자면 작전은 성공이었다. 에티오피아 군에 미군의 지원이 더해지면서 이슬람법정연합은 분열되었고 이듬해에는 모가디슈에서 쫓겨났다. 2007년 1월 어느 저녁에 아부다비의 왕세자 무함마드 빈 자이드 알 나하얀은 미 중부사령부의 존 아비자이드 사령관에게 가벼운 칭찬의 말을 건넸다. "소말리아 작전은 환상적이었습니다."

에티오피아의 침공으로 이슬람법정연합의 구조는 와해됐지만 이슬람주의자들에게는 새로운 기회로 작용했다. 침공이 단행되자 새로 등장한 에티오피아군에 대한 저항이 시작된 것이다. 침공은 소말리아의 에티오피아를 향한 오랜 적대감과 맞물렸고 극단주의자들은 이런 반감을 파고들었다. UN의 전 감독관인 브라이든은 "침공은 알샤바브의 명분에 정당성을 부여했고 소말리아 내부와 외부 디아스포라들로부터 지원을 이끌어냈다. 침략군에 저항하는 정당한 지하드(성전)를 요구할 수 있었기 때문"이라고 설명했다. 프레이저조차 "선동의 관점에서 보면 침공은 (알샤바브에게) 분명 도움이 됐다"고 인정했다.

알샤바브가 선동하는 가운데 에티오피아의 침공으로 이슬람법정연합ICU 지도부의 상당수를 차지하던 온건한 성향의 지도자들이 소말리아 밖으로 도망쳤다. 소말리아에 남은 자들은 알샤바브 지도부를 비롯해 남아서 싸우겠다는 의지가 굳은 강경파인 경우가 많았다. 에티오피아의 침공 이후 알샤바브는 영향력이 제한적인 변방의 집단에서 소말리아 국경 너머까지 미치는 전술적으로 중요한 세력으로 부상했다. 전 세계에서 전투원을 모집했으며 이들이 보낸 피의 메시지는 런던 근교에 살고 있던 불안하고 분노에 찬 청년에게까지 닿았다. 그 메시지는 청년의 가족들이 결코 이해하지 못할 내면의 상처를 건드렸다.

알샤바브는 반미 감정을 능숙하게 활용했다. 한 성명서에서는 미국의 '유대인들'이 소말리아를 '더럽히기' 위해 에티오피아군을 보낸 것이라고 주장했다. 그러한 서사가 지닌 힘을 익히 알고 있던 알카에다는 소말리아의 극단주의 집단을 굳건하게 지원했고 덕분에 전투원이 급격히 증가했다. 브라이든은 침공 이후 2007~2009년 동안은 "알샤바브가 가장 큰 폭으로 성장한 기간"이라면서 "(이유는) 그들이 반란군이었기 때문"이라고 지적했다.

2008년 미국은 알샤바브를 테러 집단으로 지정했다. 몇 년 후 알샤바브는 알카에다와의 공식적인 관계를 천명하여 초점을 소말리아 정치가 아닌 글로벌 지하드로 옮겼다.

이것은 미국이 소말리아를 알샤바브의 협공으로부터 해방시키기 위해 2004년 이후 그토록 피해왔던 평화유지군과 매우 유사한 해결책을 선택할 수밖에 없도록 만들었다. 아프리카연합 소말리아평화유지군African Union Mission in Somalia, AMISOM이라는 다국적군이 혼돈을 진압할 유일한 해결책으로 떠올랐다. 프레이저는 평화유지군의 활동이 안정을 찾으면서 "에티오피아의 가시적인 역할은 줄어들었으며, 점령에 반대하는 알샤바브의 선전도 의미 있는 수준으로 차단하면서 에티오피아 군이 철수할 공간을 만들었다"고 말했다.

이후 미국은 새로운 세력을 배후에서 지원했다. 2012년 2월에는 우간다로 해병대를 보내 AMISOM 전투 공병을 훈련시키는 한편 지뢰 탐지기부터 방탄조끼에 이르기까지 미국의 장비로 무장시켰다. 여기에 미국으로부터 급여를 받는 민간 군사기업의 훈련이 더해져 세력이 강해졌다. 평화유지군 설립에 대해 그토록 오랫동안 반대해왔던 미국은 역내 외교의 산물인 평화유지군의 활동을 지지했고 수년 만에 처음으로 지역이 안정을 되찾는 징후가 포착되었다. 알샤바브와 정부군의 전투로 사망하거나 불구가 된 아동의 숫자가 줄어들었고 선거도 다시 실시되었다.

하지만 아프가니스탄에서와 마찬가지로 미국의 실수는 상흔을 남겼고 군벌의 세력은 더 강해졌다.

'하얀 눈'과 같은 일부 군벌은 정부의 고위직에 오르기까지 했다. 다국적 평화유지군을 지원하는 최적의 노력조차 때로는 역효과를 냈는데, UN 보고서에 따르면 미국이 소말리아의 아프리카연합에 제공한 무기 절반이 알샤바브의 수중으로 들어갔다는 것이다.

알샤바브의 위협은 되돌리기 어려운 수준이었다. 어떤 측면에서는 알샤바브 세력이 약화되고 진압되기도 했지만, UN의 전 감독관인 브라이든의 말을 빌면 이 집단이 "축소되었다기 보다는 차라리 변화한 것이라고 표현하는 것이 맞다"고 했다. 알샤바브는 소말리아에서 영역이 줄어들자 "게릴라 전술을 버리고 은밀한 테러 조직으로 돌아가" 암살과 사제 폭탄 공격에 집중했다. 그는 "역량과 전술 면에서 보다 정교해졌다"고 설명했다. 내가 아스마라에서 망명 중이던 이슬람법정 지도자들이 차를 마시면서 다음 단계를 모의하던 모습을 목격한 후 십년 동안 알샤바브는 점점 더 많은 사상자를 냈다. 2017년 9월 항구 도시 키스마요 인근의 소말리아 군 기지를 공격했을 때는 소말리아 군 20명 이상이 사망했다. 미국은 2017년 후반에 연이어 공습을 실시했다.

알샤바브의 국제적인 영향력에 대해서는 의견이 엇갈린다. 전직 FBI 요원으로 알샤바브 대책에 태스크포스로 활동했던 앤더스 포크는 미국에서 성공적인 공격을 수행할 가능성이 "있다"고 전망했다. 그는 "알샤바브에게 미국의 무고한 시민들을 대상으로 폭력적인 테러 공격을 수행할 의사가 있는지에 대해 그들의 반응을 살펴보면 분명히 그런 의사가 있다"라고 부연했다.

* * *

일부는 수년 동안 알샤바브의 국제적 영향력을 뚜렷하게 감지했다. 2015년 6월 14일 저녁, 런던의 샐리 에번스에게 생애 최악의 전화가 걸려왔을 때 그녀는 거실에 혼자 앉아 있었다. "일요일 밤 9시 35분이었어요"라고 에번스는 기억했다. "한 기자가 전화를 해서는 아들의 사망 소식에 어떤 기분이 드는지를 묻더군요." 그녀는 기자에게 아들이 죽지 않았다고 말했다. "그러자 기자가 다시 질문을 했는데 '상대가 모르고 있는 이야기를 꺼냈다'는 생각을 하는 것 같았어요." 한 시간 후 둘째 아들인 마이클이 집으로 돌아왔다. "현관에 들어섰을 때 엄마가 거실 탁자에 앉아 있더라고요. 뭔가 좋지 않은 일이 일어났다는 걸 바로 알 수 있었어요." 마이클은 트위터에 접속해서 토머스를 검색했던 것으로 기억했다. 그러다 형의 새 이름, 가족들은 진정으로 이해할 수 없다고 느끼던 사내의 이름인 압둘 하킴으로 다시 검색했다. "처음에 케냐 군에서 올린 사진이 뜨더군요. 거리의 진창 속에 여러 시신이 널브러져 있는 사진이었는데 거기에 형이 있었습니다." 분명 아들의 모습이었지만 에번스는 자신이 키운 아들이라는 사실과 조화시킬 수 없었다. "꼭 아들의 모습을 하고 땅에 누워있는 것을 보니 마음이 무너졌습니다." 그녀는 잠시 말을 멈추고 마음을 가다듬고는 "무척 말라보이더군요. 내 아들 토마스 같지가 않았어요"라고 덧붙였다.

토머스가 촬영했던 동영상이 그가 사망한 후 알샤바브의 선전용으로 공개되었는데 변방에서 생활하는 지하디스트로서의 마지막 순간이 담겨 있었다. 2015년 6월 초 어둠 속에서 토머스와 동료 테러리스트들은 케냐 북부의 군 기지를 공격했다. 동영상에는 어둠 속에서 총성이 울리고 붉은색, 분홍색, 파란색 불꽃이 일면서 폭발하는 장면이 보였다. 그러다 토마스는 총에 맞았고 지니고 있던 카메라가 땅으로 떨어졌다. 샐리 에번스는 "그 영상을 봤다는 걸 인정해요"라고 말했다. "세상의 어떤 어머니도 보면 안 되는 영상이었어요. 끔찍했지요. 아들의 마지막 순간을 귀로만 들을 수 있었는데 어미로서 아무 것도 해줄 수가 없더군요."

토머스의 사망은 가족에게 감정적인 역설을 불러일으키는 사건이었다. 샐리 에번스는 "하나님이 저를 용서하시기를 바랍니다"라면서 "그래도 하킴이 사라졌다는 사실에 마음이 놓여요. 이제 누구에게도, 아무 짓도 못할 테니까. 어떤 고통도 일으키지 못할 테니까요." 에번스의 집에는 여전히 아들의 사진이 놓여 있었다. 그녀는 마이클과 함께 앨범을 넘겨보면서 빼빼 마른 두 사내아이의 사진을 발견하고는 미소를 지었다. 에번스는 "저들이 토머스의 99퍼센트를 가져갔는지 모르지만 내 아들인 부분이 1퍼센트는 남아 있었어요. 그걸 놓을 수가 없었습니다"라고 말했다. 아들이 압둘 하킴이 되었을 때도 "늘 '사랑해요, 엄마'라고 말했죠."

에번스가 출근을 위해 버스를 탈시간이 되었고 나를 우번 그린의 도로로 이어지는 문까지 바래다줬다. 나는 시간을 내 준 것에 감사하면서 아들을 잃은 슬픔에 위로의 말을 건넸다. 그녀는 힘겹게 미소를 지으며 말했다. "그래도 영영 떠나버린 건 아니겠지요?"

20장

짧디 짧은 봄

보안대원들은 시위자들이 떼를 이루어 무장한 험비를 추격해오자 방향을 급히 틀었다. 먼지와 파편이 자욱하게 피어올랐고 차량은 카이로의 10월 6일 다리 난간을 들이 받았다. 신호등이 뽑혀 15미터 아래의 콘크리트에 떨어져 산산조각 났다. 험비는 불안정하게 움직이더니 추락했다. 차체가 뒤집힌 상태로 바닥에 세게 부딪쳤고 차 밖으로 피가 흘러 나왔다. 다리 아래에 있던 군중은 잔해에 몰려들어 돌을 던지고 고함을 쳤다. 2013년 8월 14일의 일이었다. 다리는 이집트 군사 정권에 대항하는 시위자들로 가득 찼다. 이들에게는 벽에 난 구멍이 희망을 상징했다. 점점 심해지는 군의 탄압을 향해 시민들이 펀치를 날린 셈이었다.

이탈리아의 사진작가 테오 부투리니Teo Butturini는 다른 기자에게 전화를 받고 아침 일찍 일어났다. 그는 경찰이 라바 알 아다위야Rabaa al-Adawiya 광장에서 열리는 대규모 집회를 진압할 예정이라고 알려줬다. 광장과 기자Giza지역의 알 나흐다에서 시위자들은 6주 전 민주적으로 선출된 무슬림형제단의 무함마드 무르시Morsi 대통령을 군부가 축출한 데 저항하며 거리를 점거했다. 시위대의 점거는 장기화되었고 군부의 분노는 커졌다. 군대의 진압은 예견된 결과였고 나중에 정부는 시위대에게 사전에 경고했음을 강조했다.

부투리니와 수천 명의 시위자들이 다리에 도착했을 때는 경찰이 사고 현장을 에워싸고 있었다. 부투리니는 험비가 바닥에 부딪치는 굉음을 들었고 시위대가 몰려드는 모습을 목격했다. 이 때 이집트의 보안대가 군중을 향해 실탄을 발사했다. 그는 "군이 우리를 향해 총을 쏘기 시작했고 내 주변에 있던 사람들이 쓰러졌다"고 기억했다. 부투리니는 다리 아래의 철탑 뒤로 몸을 숨겼다. 얼마 안 있어 군대가 최루탄을 쏘기 시작하자 도망가야겠다는 생각뿐이었다. 그는 지붕이 있는 가까운 건물을 향해 뛰었다. 하지만 멀리 가지 못했다. "나를 향해 다섯 발이 발사되었고 왼쪽 부분에 총을 맞은 것 같았다." 부투리니는 피를 흘리며 비틀거렸고 지나가는 차를 향해 손을 흔들었다. 마침내 차 한 대가 멈춰 서서 그를 병원으로 옮겼다.

응급실 의사들이 실탄으로 파열된 신장을 거의 제거하다시피 하여 그를 살려냈다. 그 밖의 일은 멍한 상태였다. 기억이 흐릿했지만 그가 가장 또렷하게 기억하는 것은 시체였다. 수십 구의 시체가 군용 트럭에 쌓여 있었고 그보다 훨씬 더 많은 수의 부상자가 병원으로 몰려들었다. 그는 "크게 소리를 치려 애썼지만 목소리가 나오는지 알 수 없었다"고 말했다. 부투리니는 다른 폭력 현장에서도 꼼꼼하게 사진을 촬영했던 베테랑 작가였지만 그날만은 많은 사진을 남기지 못했다. 병원에 도착해서 부츠 안에 메모리카드를 숨겼지만 이집트 보안대가 들이 닥친 후 사라졌고 생존한 시위자들은 억류됐다.

살아남아 그날 목격한 장면을 증언할 수 있는 사람들에게는 이집트판 '천안문 사태'와 다름없었다. 기사에 따르면 라바 알 아다위야 광장에서만 817명이 사망했다. 많은 이들은 그날 하루에만 이집트 전역에서 실시된 진압 과정에서 천 명 이상이 사망했을 것으로 추정했다. 국제인권감시기구는 일 년 이상 심도 있는 조사를 거쳐 "이집트 경찰과 군대가 조직적이고 의도적으로 과도하게 치명적인 무력을 사용했으며, 그 결과 이집트에서는 전례 없는 수준으로 시위자들이 사망했다"고 결론 내렸다. 지붕에는 시위자들을 향해 총을 발사할 저격수들이 배치되었고, 병사들은 사람들이 필사적으로 도망치기 위해 달려간 출구를 봉쇄했다.

미국은 학살의 기운을 감지하고 있었다. 내가 파키스탄에서 만났던 앤 패터슨은 2013년 8월에 이집트 미국 대사로 자리를 옮긴 상태였는데 "정부가 엄청난 병력을 투입해 현장에 들이 닥치리라는 것은 비밀이 아니었다"고 말했다. "사건이 일어나기 몇 주 전부터 우리는 사태를 염려하고 있었다." 이 기간 중 미국은 패터슨 등 국무부 외교관들과 의회 지도자들을 중심으로 외교적 해법을 찾기 위해 애썼다. 존 케리 국무부 장관은 빌 번스 차관을 파견해 무슬림형제단의 시위 규모와 범위를 제한하는 합의를 추진했다. 의회도 외교 분야의 매파인 존 매케인과 린지 그레이엄 상원 의원을 보냈다. 의원들은 이집트의 장군들, 모하메드 엘바라데이 부통령, 하젬 엘 베블라위 임시정부 총리 등에게 압박했고 이에 이집트 내각이 회의를 열어 개입 방안을 논의했다.

나중에 그레이엄은 기자들에게 자신들의 노력이 낙관적인 기대로 이어지지 못했다고 말했다. 그는 "사람들이 싸우기 위해 안달 난 것을 알 수 있었다"라고 회상했다. 특히 베블라위의 시위대를 향한 태도를 설명하며 "최악이었다"고 말했다. "베블라위 총리는 '이런 자들과는 화해할 수 없다. 저들은 거리에서 내쫓겨야 하며 법치를 존중해야 한다'고 계속 말했다." 그레이엄은 엘 시시 장군에 대해서는 "권력에 취한 듯했다"라고 기억했다. 패터슨 대사는 "당시 우리는 군에게 지속적으로 경고했다"고 설명했다. "워싱턴에서도, 나도 그들에게 전화를 했지만 당시에는 마땅히 취할 조치가 없어 보였다. 진압 전날에도 시시와 대화를 했는데 그는 자제하겠다고 말했다."

결국 국방부 지도부까지 거들고 나섰다. 당시 척 헤이글 국방부 장관은 엘 시시 장군에게 수 주일에 걸쳐 여러 번 전화를 걸었는데 한 때는 날마다 전화를 걸 정도였다. 존 케리는 미국과 이집트 관계에서 오랫동안 중심축 역할을 해왔던 군 대 군의 관계가 위기를 방지하는 가장 강한 통로였다고 말했다. 케리는 "미국이 수십 년 동안 이집트 군비 증강에 투자했기 때문에 무바라크의 경우 시위대에게 발포를 하기 전에 다시 한 번 생각하도록 만들 수 있었다"고 설명했다. 정부가 타흐리르 광장에 모인 시위대를 초기 진압하던 시기를 가리킨 것이다. 과거에는 "막후에서 군 대 군의 대화가 진행됐는데 우리는 무바라크가 광장에서 아이들 1만 명을 살해하라는 명령을 내리면 군에서는 따르지 않겠다고 말하라고 권할 수가 있었다." 하지만 엘 시시 정권이 라바 광장에서 학살을 자행할 때는 미군 지도자들의 호소가 먹히지 않았다. 이집트 정부의 누구도 귀를 기울이지 않았던 것이다.

나는 패터슨에게 "진압이 시작된 후 강력한 항의 전화를 했습니까?"라고 물었다.

그녀는 "아니다"라면서 "그 시점에는 이미 우리가 할 수 있는 말을 다 했다고 생각했다"라고 덧붙였다.

학살이 일어나기 며칠 전 이집트 내각은 타흐리르 광장의 정부 청사에 모여 시위대에 어떤 조치를 취할지 논의했다. 미국의 호소는 이날 대화에서 고려 대상에 들지 못했다. 베블라위 과도 정부 총리는 "매케인과 그레이엄을 만났지만 우리 과도정부가 국민의 안전을 보호하는 데 얼마나 중요한 역할을 하는지 이해하지 못한다는 느낌을 받았다"고 말했다. 그는 "누군가가 무력으로 수도 한복판을 점거하리라고 판단되면 국민의 안전을 담보할 수도 없고 안전에 대한 믿음도 자신할 수 없다"고 말했다. 나중에 베블라위는 패터슨 미국 대사와 통화하면서 의견을 들었다고 하면서도 "어떤 압력도 느끼지 못했다"고 말했다.

나는 워싱턴 D. C.의 국제통화기금에 있는 베블라위의 사무실에서 인터뷰를 진행했다. 그는 작은 체구를 감싸는 녹색 의자에 구부정한 자세로 앉아 있었고 어깨에는 비듬이 쌓여 있었다. 라바 학살이 일어나고 3년이 지난 뒤였다. 그는 "후회는 없다"라며 "이런 일이 일어나 무척 유감이다. 어떻게 이런 식으로 끝났는지 모르겠지만 만약 진압하지 않고 그대로 방치했다면 사태는 더 악화됐을 것이다"고 말했다. 그는 희끗희끗해진 눈썹을 찡그렸다. "값비싼 비용을 치렀고 누구도 큰 문제가 되리라 예상하지 않았다. 또한 사건에 대한 유언비어도 많았는데 상당수는 이집트 외부에서 제기된 것"이라며 회의적인 태도로 말했다. 베블라위 전 총리는 진압 배후에 있던 대다수의 관료들과 마찬가지로 복잡한 반응을 보였다. 인명의 손실은 유감스럽지만 완전히 나쁘게 볼 수도 없다는 태도였다. 옳은 결정을 내리긴 했지만 별달리 손을 쓸 수 없는 상황이었다는 설명도 이어졌다. 그는 경찰과 군은 "당시에 통제할 수 없었다"고 지적하면서 어찌됐든 먼저 공격을 시작한 건 시위대였다는 점을 강조했다. "그들은 정부에 도전하고 있었고, 그것도 무력을 사용해 도전했다. 라바와 에나다Enada에서 모두 무슬림형제단이 먼저 실탄을 쐈다. 무기를 먼저 사용한 쪽은 분명 그들이었다." 나는 대다수 국제 인권단체에서 그러한 진술을 반박한다고 말하자 베블라위는 어깨를 으쓱이며 "그들이 이 문제에 대해 똑같이 그렇게 물었다"고 답했다. 미국의 영향력이 실제로 효과를 발휘했는지 묻자 그는 간단히 "NO"라고 단언했다.

과도정부의 엘바라데이 부통령은 무슬림형제단 시위대와의 협상을 이끌었고 그레이엄, 매케인과도 연락을 담당했다. 당시 자리에 있었던 여러 관계자에 따르면 엘바라데이는 시위자들과 거래의 여지가 있다며 무장 개입에 반대했다. 과도정부 외교 장관을 지낸 파미도 엘바라데이를 거들었던 것으로 알려졌지만 내가 입장을 묻자 확인해주지 않았다. 파미는 "라바 진압 결정은 내각에서 내린 것"이라면서 마지막 중요한 시기에 자행된 진압에 대해 구체적 설명을 꺼렸다. 나중에 파미는 베블라위 처럼 방어적인 자세를 취하면서 시위대를 비난했다. "그들은 모든 거리를 점거했다"면서 고개를 저었다. "게다가 시위가 일어난 지역은 인구 밀집도가 높은 곳이었다." 그는 무장하지 않은 시위자들이라도 대중의 안전에 위협이 된다고 강조했다. 미국의 이집트 군사 지원 패키지는 연 13억 달러에 달했는데 이런 무력에 대한 외교 개입으로 미국이 얻은 영향력이란 기껏해야 살육이 일어나기 직전에 밀실에서 몇 마디를 나누는 정도에 불과했다.

일 년 반전인 2012년 2월의 어느 무더운 토요일, 나는 힐러리 클린턴이 지중해를 굽어보는 튀니지의 궁에 들어가는 모습을 지켜보고 있었다. 이날 힐러리는 이 지역 민주주의의 미래에 대한 연설을 할 예정이었다. 리처드 홀브룩이 사망한 이후 나는 외교부에서 전 세계적으로 청년층 불안 문제가 미치는 영향을 집중적으로 살피는 소규모 팀을 조직했다. 청년층의 불안은 아프가니스탄에서 익히 목격한 바 있었으며 북아프리카와 중동에서도 퍼져 나가고 있었다. 그 해 2월 튀니지에서 클린턴은 내가 청년 문제와 공공 외교에 주력하게 될 것이라고 알렸다.

연단에 붙은 플래카드에는 중동 지역을 중심으로 강렬한 변화도가 표시된 세계 지도가 그려져 있었다. 민주주의에 대한 이해가 확산되고 있음을 표현한 그래픽이었으나 폭발하는 모습에 가까워 보였다. 클린턴이 연단에 오른 네즈마 에즈하라Nejma Ezzohara-영어로 'Star of Venus'금성는 1920년대 프랑스 은행 가문의 상속인이었던 루돌프 데를랑게르 남작이 건축한 궁으로, 파란색과 흰색이 어우러진 디자인이 특징적이었다. 궁의 아치형 공간에 마련된 연단에 선 힐러리 클린턴의 모습이 작아 보였다.

연단 아래에는 많은 얼굴이 민주주의의 덕목을 설파하는 힐러리를 향해 있었다. 미 대사관이 사진 촬영을 위해 모은 청년들로, 미래를 낙관하고 교육을 받은 특별한 청년들이었다. "여러분은 두려움 없이 혁명의 전선에서 나서고, 최루탄과 폭행을 견뎌 냈습니다. 새로운 민주주의의 수호자가 되기 위해서는 특별한 용기가 필요합니다. 변화의 과정에서 전제 국가를 향해 경로를 이탈하고 되돌아갈 수도 있습니다. 혁명의 승리자들이 혁명의 희생자가 될 수도 있습니다. 선동 정치가들의 외침에 저항하고 연대를 구축하며 지지하는 후보자가 투표에서 패배하더라도 체제에 대한 믿음을 잃지 않는 일은 여러분의 손에 달려 있습니다. 단순히 인내와 다원성을 지키는 것뿐만 아니라 삶 속에서 실천해야 함을 의미합니다."

검은색과 파란색이 어우러진 풍성한 자켓을 입고 발리레나 스타일로 머리를 뒤로 묶은 힐러리는 궁에서 나가는 길에, 눈앞에 펼쳐진 아름다운 풍경을 감상하며 테라스에 멈춰 섰다. 밝은 태양빛 아래 반짝이는 푸른 지중해를 향해 두 손을 펼치면서 "변화가 오고 있어"라고 읊조렸다.

하지만 진실을 말하자면, 그런 변화는 미국을 혼란스럽게 만들었고 클린턴의 연설 주제에 신뢰도를 갉아 먹었다. 수십 년 동안 미국 정부는 중동의 독재자들과 우호적인 정책을 유지해 왔다. 그러다 독재 정권이 와해되고 이들과의 동맹 관계가 오히려 부채로 작용했지만 미국은 변화에 빨리 적응하지 못했다. 중동과 중앙아시아에서는 오랫동안 군과 군이 접촉을 맺으면서 외교적 역량을 잠식했기 때문에 미국에게는 다른 해결 방안이 없었다. 이집트가 대표적인 사례였다.

냉전 기간 동안 미국과 이집트 관계의 핵심에는 이집트 군부에 대한 구소련의 후원과 이스라엘과의 지속적인 갈등이 있었고, 1970년대에는 이집트

2012년 2월 청년과 민주주의에 대해 연설한 후 힐러리 클린턴이 튀니지에서 지중해를 바라보고 있다. 당시 튀니지는 혁명의 분위기가 끓어오르고 있었고 미국과의 동맹에 회의적인 분위기였다.
-로난 패로우 사진

에서 10월 6일'의 다리[01]라는 이름을 지은 후 시나이 반도를 되찾기 위한 시도가 지속적으로 이어졌다. 당시 이집트의 새로운 지도자였던 안와르 사다트Anwar Sadat는 두 가지 급진적인 목표를 향해 이집트를 재편하는 방안을 고수했다. 이스라엘과 평화 조약을 체결하고 미국과 긴밀한 관계를 맺는다는 목표였다. 특히 그는 이집트가 시나이 반도를 되찾기를 희망했고 평화는 이 목표를 달성하기 위한 수단이었다.

당시 미국의 지미 카터 신임 대통령은 이 기회를 이용해 이집트와 이스라엘 정상을 캠프 데이비드[02]로 불러 13일 간 상징적인 협상을 진행했다. 협상 6개월 후 이스라엘, 이집트, 미국은 평화 조약을 체결했으며 새로운 관계를 정립했다. 이스라엘은 시나이 반도에서 철수하고 이집트에 돌려줬다. 그 대가로 양국의 외교적 관계가 회복되었으며 이스라엘은 수에즈 운하를 통해 자유롭게 왕래를 할 수 있게 되었다. 외교적 성과는 군사적 지원으로 보장되었는데 이는 수십 년 후 양국 관계에 그림자를 드리우는 계기가 됐다. 미국은 협상안에 따라 이집트에 자금을 지원했다.

1987년 이후 미국은 연 13억 달러를 꾸준히 지원했다. 라바 광장의 대학살에서 시위자들을 쓰러뜨린 실탄은 미국의 자금으로 구입됐을 가능성이 높다. 이집트는 무기 구매 비용의 80퍼센트 가까이를 미국의 지원금으로 충당했다. 2011년 기준으로 '이집트'라는 단어는 국방부의 군사계약 데이터베이스에 무려 1만 3,500번 등장한다.

---

01 나일강에 있으며 1973년 10월 6일에 발발한 4차 중동전쟁의 승리를 기념하기 위해 건설됨– 역자
02 메릴랜드주에 위치한 미 대통령의 전용 별장– 역자

이러한 관계는 '안보를 돈으로 살 수 있다'는 가장 오래된 외교정책의 가설 가운데 하나를 반영한 것이다. 한 세대 동안 이집트는 그런 사고방식을 합리화하는 근거를 제공하는 듯했다. 무바라크 정권을 비롯한 이집트의 압제 정권은 이 지역에서 미국의 지분을 보호해줬다. 하지만 2011년의 반란부터 2013년 라바 대학살에 이르는 시기에 변화의 바람이 거세게 불자 전통적인 미국식 지혜에 숨겨져 있던 치명적 오류가 드러났다. 돈으로 안보를 사는 행위만으로는 충분하지 않았다. 오랜 세월 외교를 무시한 결과, 갈등이 분출되었을 때 미국 정부에게는 이를 해결할 설득이라는 무기가 없었다.

균열은 2011년 1월부터 드러나기 시작했다. 인근 튀니지부터 알렉산드리아, 카이로까지 혁명의 물결이 퍼져나갔다. 같은 달 수천 명의 시위자들이 카이로의 타흐리르 광장에 모여 실업, 부패, 가혹한 감시 등에서 비롯된 실망감을 무바라크와 정권을 향해 표출했다.

아랍 세계를 휩쓴 시위대는 미국이 이집트의 압제 군사 정권을 대리모로 내세우는 상황을 주시했다. 하지만 미국은 변화에 대한 적응이 늦었다. 당시 국무부 장관이었던 힐러리 클린턴은 무바라크 정권이 '안정적'이라고 평했다. 힐러리는 프랭크 위스너를 이 지역으로 보냈는데 리처드 홀브룩의 오랜 친구이자 노련한 외교관이었던 그는 무바라크에 호의적이었으며 시민들에게는 "대통령이 자리를 유지해야 한다"고 말했다. 이에 국무부는 자신들이 보낸 특사의 발언을 부인하는 입장에 내몰렸다. 결국 미국은 무바라크에게 물러나라고 요구했지만 효과를 내기에는 이미 늦은 시점이었다. 59년 동안 이어져온 군사 통치는 17일 동안의 저항으로 막을 내렸다. 무바라크는 실각했고 미국과 이집트의 관계는 표류했다.

이집트군 최고평의회SCAF의 장성들로 구성된 위원회가 임시정부 기능을 했고 이집트 역사상 처음으로 자유선거의 실시를 준비했다. 이와 동시에 SCAF는 시민 사회를 잔인하게 진압하기 시작했다. 2011년 12월에는 NGO에 소속된 직원들의 출국이 금지되었는데 명단에는 미국의 레이 라후드 교통부 장관의 아들인 샘 라후드도 포함되어 있었다. 군 지도부는 미국인들을 비웃었다.

SCAF(이집트 군 최고평의회)가 통치를 시작한 이후 이집트의 첫 미국 대사로 발령 받은 앤 패터슨은 이 기간을 "너무나 파괴적인 시기였다. 대사관에 미국인들이 있었는데 이들을 내보내는 데 몇 주 정도가 걸렸다. 우리는 (연간 13억불이라는) 보석금을 지불했지만 상대가 합의를 어긴 계약을 한 셈이었다. 처음부터 잘못된 관계였다"고 말했다.

2012년 6월 최초의 자유선거에서 승리한 무슬림형제단이 의회를 장악했고 지도자인 무함마드 무르시가 대통령에 당선됐다. 미국이 미처 준비되어 있지 않았던 또 다른 변화였다. 이내 무슬림형제단은 SCAF(이집트 군 최고평의회)보다 더 문제가 많은 집단임을 증명했다. 특히 미국의 외교 정책 입안가들이 보기에 무르시는 미국과 이집트의 동맹에서 핵심 가치로 자리 잡고 있던 이스라엘에 관한 지원에 의문을 던졌다. 몇 년 전 무르시는 시온주의자들을 '착취자', '전쟁광'이라고 불렀으며 "이스라엘-팔레스타인의 헛된 협상은 시간과 기회를 낭비하는 일"이라고 비난했다. 이집트 국내에서 무슬림형제단은 여성의 권리와 알코올 소비에 대해 가혹한 사회 정책은 추진했고, 이로 인해 세속적인 대중과 거리가 멀어졌다. 무슬림형제단에 유리한 방향으로 졸속 작성된 허술한 헌법은 이집트인들의 분노를 자극했다. 취임 1년 후 무르시는 무바라크를 축출할 때 못지않은 대규모 반무르시 시위에 부딪쳤다.

시위가 점점 더 폭력적으로 변하자 엘 시시 국방부 장관이 이끄는 군은 쿠데타를 일으켜 첫 민선 대통령인 무르시를 집권 1년 만에 축출하고 재판에 회부했다. 엘 시시의 부상은 어떤 면에서는 구태로의 회귀였다. 그는 이스라엘과 현상을 유지하는 독재자였다. 엘 시시는 2014년 6월 선거를 통해 대통령에 오른 뒤 무슬림형제단을 테러조직으로 지정하는 등 권위주의적 통치를 이어갔다. 2017년에는 이슬람 극단주의 세력의 테러 위협 등을 이유로 국가비상사태를 선포한 후 2018년 5월 96%의 득표율로 연임에 성공했다.

패터슨 대사는 "시시를 잘 알고 있었고 그의 통치가 훌륭한 수준이 아니리라고 짐작은 했지만 솔직히 예상했던 정도보다 훨씬 더 잔혹했다"고 털어놨다. 엘 시시의 보안대는 민주적 방식으로 선출된 무슬림형제단 정권의 축출에 분노해 거리를 점거한 시위대들을 진압했다. 연좌농성과 시위가 증가하면서 긴장이 고조되었고 결국 2013년 8월 라바 등지에서 피비린내 나는 학살이 벌어졌다. 이후 수 년 동안 정부의 탄압은 수그러들 기미를 보이지 않았다. 2013년 쿠데타가 일어난 후 엘시시가 다스리는 1년 동안 2,500명 이상의 민간인이 경찰과 군의 손에 사망했으며, 1만 7,000명이 부상당했다. 2015년 3월 보안대는 4만 명을 체포했는데 대부분은 무슬림형제단 지지자라는 의혹만으로 붙잡혔고 좌파 운동가, 언론인, 대학생들도 포함되었다. 또한 수백 명의 이집트인들이 '실종'되었다. 국제인권감시기구에 따르면 "이집트 근대 역사에서 유례를 찾아 볼 수 없는 수준"의 진압이었다.

진압 대상의 대다수가 유언비어 유포 혐의이거나 아무런 혐의도 없이 잡혀갔다. 한 수감자는 격리된 군사 수감시설인 아줄리Azouli에 대해 "거기 갇혀 있다는 서류 기록이 없었기 때문에 아줄리에서 사망하면 아무도 몰랐다"고 설명했다. 2014년 4월에는 엘 시시 퇴진 운동을 벌인 무슬림형제단 소속의 529명이 사형을 선고받았다. 전 세계에서 가장 많은 사람이 사형을 선고받은 사례였다. 피의자의 변호인들은 '증거'에 접근할 수 없었고 저항하는 사람들은 협박을 당했다.

이듬해에는 같은 법원에서 무르시에게 2011년 봉기의 책임을 물었다. 전직 대통령 무르시는 백 여 명과 함께 공개 처형을 선고 받았다. 무르시의 공모자로 포함된 사람 중에는 1990년대 이후 수감되어 있던 재소자와 이미 사망한 두 사람도 포함되었다.

최장 기간 존 케리를 보좌한 프랭크 로웬스타인은 "전쟁 지역 바깥에서 목격한 최악의 상황이었다"고 말했다. 당시 국가안보 부보좌관이었던 토니 블링컨은 엘 시시가 불러 올 암울한 영향에 대해 "시시가 자국민에 대한 압제를 계속하면 진보 세력이나 세속주의자, 중도파, 언론인 등의 목소리가 힘을 잃게 되며, 많은 사람이 투옥되고 거기에서 진짜 급진주의자들과 뒤섞이게 된다. 이는 더 많은 사람들을 급진적으로 만드는 최적의 조건이다. 알카에다가 이집트 감옥에서 탄생했음을 잊어서는 안 된다"라고 밝혔다.

엘 시시 정권의 미국 무기 활용에 대한 우려가 높아지면서 책임성 논란이 불거졌다. 무르시가 제거된 후 미국의 일반세출 법에 있는 이른바 '쿠데타 조항'의 적용 여부를 놓고 문제가 제기됐다. 법안에 따르면 적법한 절차에 의해 선출된 수반이 군사 쿠데타로 축출되는 나라에는 민주주의가 회복될 때까지 직접 원조가 중단된다. 무르시 대통령은 사회의 분열을 일으키기는 했어도 모든 면에서 '적법한 절차에 따라 선출'되었다. 무르시의 축출을 대부분의 사람들은 쿠데타라고 불렀다. 이 사건을 쿠데타라고 하지 않으면 무엇을 쿠데타라고 부르겠는가? 엘 시시의 군사 정권은 민주주의의 가면을 쓰려는 노력조차 하지 않았다.

하지만 연 13억 달러에 달하는 군사 지원 문제가 걸려 있다 보니 오바마 정부는 '쿠데타'라는 단어의 사용을 거부했다. AP통신은 처음 이 용어의 사용을 피하기 위해 '무리한 왜곡'이라고 이름 붙였다. 결국 국무부의 고위 관료인 빌 번스를 의회에 보내 정부의 공식 입장을 전달했다. 이 쿠데타를 쿠데타로 부르지 않는다는 것이 정부의 입장이었다. 미국 외교 정책의 군사화는 부조화를 불러왔고 누가 봐도 명백한 쿠데타를 있는 그대로 쿠데타라고 부를 수 없는 지경에 이르렀다. 그런 부조화는 별다른 대안이 없다는 점에서 더욱 굳어졌다. 미국에는 법률 조항의 집행에 뒤따르는 혼란에 맞설 외교적 전략이 없었다.

의회는 세수의 집행에 단서를 달았다. 이집트 정부가 민주적 개혁을 도입하고, 선거를 개최하며, 여성 인권을 보호하고, 표현의 자유를 보장함을 국무부 장관이 증명해야 한다는 조건이었다. 하지만 이러한 조건의 효과는 미미했다. 새로운 요구조건에는 국가안보와 관련된 아파치 헬기와 같은 무기들은 예외로 적용했다. 정부는 시나이 반도에서 극단주의자들의 활동을 예로 들며 시위의 무력 진압이 일어나는 중에도 아파치 헬기 인도를 재개했다.

2013년 라바 대학살이 벌어진 직후 오바마 정부는 신속하게 일부 무기 체계의 인도를 일시적으로 동결했다. 인도 예정이던 헬리콥터, F-16 전투기, M1A1 탱크, 하푼 미사일의 인도가 보류되었다. 이는 정부가 도시의 시위 진압에 사용한 최루가스, 소형 무기와 비교해 규모가 큰 장비였다. 하지만 군사 훈련과 기타 다양한 무기 부품의 전달 등 다른 군사적 지원은 이어졌다. 2015년 3월 오바마 대통령은 지원의 전면적 재개를 발표했다. 앤 패터슨 대사는 "당시 시나이 문제가 격화되었는데 '그들에게 헬리콥터가 필요하겠다'는 판단이 있었다"고 회고했다.

의회에 꾸며낸 가식은 여기까지였다. 사실 양국의 관계에는 다른 가능성의 여지가 없었다. 국제인권감시기구의 새라 리 윗슨은 "문제는 이미 지원이 정해져 있었다는 사실"이라며 "모두 사전 판매된 상태였다"고 지적했다. 중간에 작동을 멈출 수 없는 기계였던 셈이다. 오바마 정부는 은밀하게 '현금 유동성 지원'의 종료를 승인함으로써 보다 더 현실적 방식의 변화를 시도했다. 이집트와 이스라엘에 특혜를 부여해서 원하는 군사 장비를 신용으로 구매할 수 있도록 허용하고 이에 해당하는 금액을 향후 수년 동안 분할하여 원조 금액으로 책정한 것이다. 패터슨은 이 같은 변화로 "무척 중요한 요소를 잃었다"고 말했다. "상대는 미국이 그들에게 필요하리라 생각하는 장비들만 구매할 수밖에 없을 것이다." 책임은 피하면서도 미국은 그들이 구매한 무기를 어디에 사용하는지에 대해 말할 권한도 갖지 않았다. 2016년 회계감사원GAO은 통렬한 보고서에서 국무부도, 국방부도 미국의 무기가 이집트에서 어떻게 사용되는지 감시하는 기능을 갖추지 못했다고 지적했다.

결국 개혁 시도는 중단됐고 변화에 저항하는 다른 군사 동맹의 모습을 상기시켰다. 파키스탄처럼 이집트도 그들이 봤을 때나 미국의 정책 입안자들이 보기에 대마불사와 같은 존재였다.

시나이 반도에서 IS의 부상 등 새로운 위협이 제기되면서 이러한 영향은 더 커졌다. 이집트를 둘러싸고 경쟁이 벌어지면서 관계에 이렇다 할 변화를 주지 못하게 된 측면도 있었다. 사우디아라비아, 쿠웨이트, 아랍에미리트가 이집트에 미국보다 더 많은 경제적 지원을 약속하면서도 별다른 조건을 달지 않는 경우도 많았다. 특히 사우디아라비아는 엘 시시와 긴밀한 관계를 맺었다. 각축전에 러시아도 뛰어들어 푸틴과 시시가 만나면서 원조 패키지가 더 확대되었다.

케리는 "미국은 분명 영향력을 가지고 있다"면서도 "그 영향력이 일각에서 생각하듯 단순한 공식을 따르지는 않는다. 우리는 이 지역의 유일한 행위자가 아니며 영향력은 양방향으로 발생한다. 미국 입장에서는 IS, 이스라엘 등의 문제에서 이집트의 협조가 필요하다"고 말했다. 프랭크 로웬스타인은 그 결과 "이집트는 '당신들은 그 문제를 어떻게 처리하고자 하는가? 당신들은 나를 망하게 둘 수 없을 것이다'는 태도를 보였다. 이것이 엘 시시가 가진 궁극적인 영향력이며 특별히 강력한 형태의 영향력이었다."

한편 군사 지원에 오랫동안 의지하면서 양측은 무기를 늘리고 장비를 판매하는 것이 영향력을 확보하는 유일한 수단으로 인식하게 되었고 외교적 접근은 허울에 불과했다. 이에 따라 라바 대학살 이후 미국과 이집트의 관계는 극히 미미한 변화가 일어났을 뿐이다. 안보는 양측 관계에서 최우선 사안이 아니라 유일한 사안인 경우가 많았다. 정책 입안자들은 전통적으로 활용해온 무기와 군사 지원으로 안보를 얻으려는 태도로 돌아갔는데 이렇게 된 것은 의미 있는 대안이 마련되어 있지 않았기 때문이기도 했다.

미국이 엘 시시를 지지하면서 이집트인들에게는 고통으로 이어졌다. CIA 국장을 지낸 헤이든 장군은 "시시를 '무자비하다'라고 표현한 것은 점잖은 축에 속한다. 사형과 언론인의 대대적 체포, NGO 폐쇄 등을 생각해보라"고 말했다. 헤이든의 지적은 엘 시시에 대한 미국 관료들의 일반적 사고를 반영한다. 하지만 그에게 군사 지원을 줄여야 하는 지점은 없었는지 묻자 표정이 어두워졌다. 헤이든은 "그 사안에 대해서는 발언할 준비가 되어 있지 않다"고 말했다. 그는 손을 모으고는 무테안경 너머로 나를 바라봤다. "우리는 타협했으며 미래에 부채가 발생할 것"이라고 혼잣말을 했다.

라바 대학살이 일어날 당시 주UN 대사였던 사만사 파워는 이집트 위기가 벌어진 이후 미국이 보여 온 반응을 비판했다. 그녀는 "시시가 어떤 인물인지를 근거로 양국의 관계를 전면적으로 재편했어야 했다"라며 짜증 섞인 설명을 했다. 관계에 변화를 주기는커녕 미국의 지원은 잠시 중단됐다가 다시 재개되었고, 양국은 "대학살 이전과 대체로 동일하게 보이는" 관계를 유지했다.

사만사는 이집트에 대한 13억 달러의 원조 패키지를 삭감하는 방안이 정치적으로나 전략적으로 봤을 때 현실성이 높지 않음을 알고 있었다. 하지만 그러한 지원을 보다 신중하게 배분해야 한다는 관료들 가운데 속했다. "이제 캠프 데이비드 협정에서 마련된 근거는 사라졌다. 이스라엘의 비비(네타냐후)와 이집트 시시가 그들에게 필요한 관계를 맺고 있기 때문이다." 따라서 이집트가 원하는 대로 지원하는 시대는 끝났으며 그 자금의 상당 부분을 튀니지에 지원하자고 주장했다. "미국이 원하는 방향으로 진전을 이루도록 애쓰는 국가에는 보상을 제공해야 한다"고 그녀는 말했다.

이런 도덕적, 윤리적 딜레마는 지정학에서 새로울 것 없는 문제다. 하지만 미국과 이집트 사이의 각별한 관계는 미국에서 더 가깝게 느껴진다. 도널드 트럼프의 마음을 사로잡은 독재자들 중에서 엘 시시는 가장 많은 관심과 아첨을 받은 대상일 것이다. 트럼프는 엘 시시와 지도부의 백악관 초대를 보류한 오바마 정부의 결정을 뒤집었다. 오바마 시대의 양국 관계를 지켜봤던 사람들의 일부는 변화에 대해 낙관했다. 이집트 과도 정부에서 외교부 장관을 지냈던 나빌 파미는 "트럼프가 취임하면서 마침내 양국 대통령이 대화를 나누게 되었다"고 말했다.

하지만 좋든 싫든 미국은 책임을 느껴야하는 시도에서 더 멀어지고 있다. 이탈리아의 사진작가 테오 부투리니는 "시시는 지금도 미국의 지지를 받고 있다"면서 고개를 저었다. "시시는 라바 광장에서 시민들을 향해 발포를

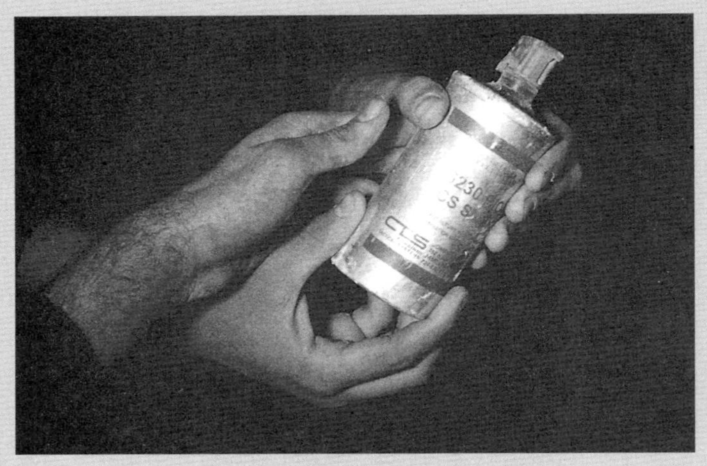

시위자들이 펜실베이니아 제임스타운에서 콤바인드 시스템즈(Combined Systems)가 제조한 최루가스를 보여주고 있다. 이 최루가스는 2013년 8월 카이로에서 라바 광장의 대학살이 벌어지는 동안 이집트 보안대가 민간 시위대에게 사용한 것이다. –테오 부투리니 저작권 소유

2018년 콜롬비아에서 프레디 토레스가 타마릴로, 룰루스 등의 과일을 운반하는 쉐보레 이스즈의 운전석에서 다시 장거리 운송에 나설 준비를 하고 있다. –프레디 토레스 제공

주도한 사람이며 반시위법을 만든 장본인이다. 많은 언론인들을 감옥에 가두고 있는 인물이기도 하다"고 지적했다. 부투리니에게는 끔찍한 사건이 벌어진 날 아수라장이 된 현장에서 찍은 몇몇 사진이 있었다. 거기에는 생존자들의 피가 낭자한 콘크리트 바닥에서 최루탄을 촬영한 것이었다. 사진 속 최루탄에는 펜실베이니아 제임스타운에 위치한 무기 제조업체인 CTS의 로고가 선명하게 찍혀 있다. 심지어 라벨에는 펜실베이니아 지역 코드로 시작하는 고객지원 전화번호까지 적혀 있었다. 이집트인이 제품에 불만을 제기할 때 눌러야 할 번호일 것이다. 부투리니는 주변의 시위자들이 빈 최루탄 깡통을 휘두르며 외치던 말을 절대 잊지 못했다. "저들이 우리에게 총을 쏘고 최루탄을 던졌는데 이 최루탄은 미국에서 온 것이다."

21장

한밤중의 목장

콜롬비아 중부의 황무지를 달리는 흰색 셰비 트럭의 짐칸에서 프레디 토레스는 그날 저녁에 일이 단단히 틀어진 것 같다는 의구심이 들기 시작했다. 온화한 가을이 가고 찬바람이 불기 시작했다. 숲을 이루던 고원은 낮고 평평한 황야로 변했다. 점점이 흩어진 가옥 정도가 눈에 들어왔고 이른 새벽의 황야에는 적막이 감돌았다. 머릿속의 신경은 온통 그가 뻗은 다리와 맞닿은 자루 포대와 아과르디엔테[01] 빈 술병에 집중되어 있었다. 자루에는 소총이 가득 들어 있었다. 토레스는 20대 청년으로 보고타에서 몇 시간 거리의 쿤디나마르카Cundinamarca주 카브레라에서 나고 자랐다. 원래 그는 숙취에 시달려 혼란스러워하며, 집에서 몇 시간이나 떨어진 곳에서 방황할 생각은 추호도 없었다. 이 트럭을 타기 시작한 것은 열두 시간 동안 흥청망청하며 술을 마시고 나서 일어난 일이었다. 낯선 이름을 가진 세 사람이 그를 세상의 끝일 것만 같은 곳으로 데려갔다. 한 사람의 이름은 메델린에서 흔한 별명인 파이사였고 다른 이의 이름은 '해변'이라는 뜻의 코스테뇨였으며 마지막 사내는 묘하게도 같은 프레디라는 이름이었다.

01 중남미의 대표적인 주류- 역자

* * *

때는 2006년 9월 17일 이른 새벽이었다. 토레스는 미국이 왜 라틴아메리카와 군사 동맹을 맺어 값비싼 비용을 지불하는지, 그 진정한 이유가 무엇인지 목격하게 되었다. 이 지역에서 벌어진 마약과의 전쟁은 아프가니스탄, 소말리아, 이집트 등에서와 마찬가지로 미국의 동맹국을 골치 아프게 했다. 콜롬비아는 이 지역에서 미국과 가장 값비싼 관계를 맺고 있는 나라로, 수십 억 달러의 플랜 콜롬비아Plan Colombia라는 군사 및 개발 원조 패키지가 이루어지고 있었다. 오랫동안 미국과 콜롬비아와의 관계는 인권 유린과 만연한 부패 문제, 라틴아메리카에서의 미군 개입과 마약 거래의 증가, 반군에 대해 협상보다는 무력을 중시하는 태도 등의 사례로 우려스러운 시선을 받고 있었다. 하지만 콜롬비아와의 관계는 미 관료들이 성공한 사례의 하나로 꼽는 경우이기도 한데, 그것은 민간의 지원을 우선시하면서도 양국 장성들 간의 대화를 통해 국가안보에 중점을 이어 간 모범 사례이기 때문이다.

프레디 토레스에게 2006년 9월 그날의 저녁은 평범하게 시작되었다. 그는 트럭 운송업에 종사했던 관계로 여러 날을 주기로 교대하는 경우가 잦았으며 콜롬비아의 오지도 많이 다녔다. 일을 마치고 집으로 돌아가는 길에 사촌 엘비르를 마주쳤다. 엘비르는 사교적이고 놀기를 좋아했으며 친구가 많았다. 엘비르는 프레디라는 지인과 함께였고 곧이어 세 사람은 맥주를 시켰다. 서로 농담도 하고 조용하게 느긋한 시간도 보내다가 인근 공원에서 아이들이 공놀이하는 모습을 구경하기도 했다.

저녁이 되자 청년들은 대담해졌다. 술을 마시면서 프레디라는 친구가 사촌에게 말했다. 그는 자기를 몇 시간 거리에 있는 더 큰 도시인 푸사Fusa의 술집에 데려다 달라고 요청했다. 이동 비용을 지불하겠다고 했다. 엘비르와 나는 그와 함께 가기로 했다. 잠시 후 프레디는 "두 사람을 더 데려 오겠다"며 전화를 걸기위해 가게를 나갔다. 15분 뒤에 돌아온 프레디는 사촌 엘비르에게 렌트카를 알아봐 달라고 부탁했다.

세 사람은 1980년대 초 모델인 르노를 타고 푸사를 향해 달리던 도중에 파이사와 코스테뇨라는 이름의 두 명을 더 태웠다. 밤에 달리면 보통 2~3시간 걸리는 거리였고 청년들은 중간 중간에 평범한 술집에 들르기도 했다. 작은 마을이 연이어 나왔다. 사람들이 종종 그렇게 하듯 그들은 차를 다시 바꿔 탔는데 토레스는 술에 취한 상태였기 때문에 이에 대해 별달리 신경을 쓰지 않았다. 자정쯤에 푸사로 향하는 검문소에 도착했다. 술 취한 남자들이 많아 교통정체가 빚어지는 곳이다. 그 이후에도 스트립 클럽에서 몇 시간 더 술을 마셨고, 노점에서 엠파나다(튀긴 만두), 아레파(빵), 쉬슈케밥(고기 끼운 꼬치)을 먹었다. 프레디, 파이사, 코스테뇨 세 사람은 사촌과 토레스에게 친구가 소유하고 있지만 오랫동안 버려져 있는 인근 목장에서 하루 밤 자고 가라고 권했다. 동틀 녘이 다가오고 있었고 두 사람 모두 별다른 대안이 없었기 때문에 그렇게 하기로 했다.(그날 네 번째 바꿔 탄 차량인) 셰비 트럭의 짐칸에 기어오르자마자 토레스와 엘비르는 잠에 빠져 들었다. 그 후 토레스는 잠에서 깨어났고 빈 병과 자루포대에 있는 소총들을 발견하게 된 것이었다.

청년들은 오랫동안 달린 끝에 차를 주차하고는 토레스와 그의 사촌에게 검은 셔츠를 주고 갈아입으라고 명령했다. 토레스는 그들이 점점 친구가 아닌 것처럼 느껴졌고 새 친구들은 두 사람을 목장의 방 두 칸짜리 외딴집으로 데려갔다. 집은 비어 있었고 버려진 상태였다. 그들은 보급품을 찾을 동안 침실에서 기다리라고 말했다.

토레스는 소변을 보기 위해 집을 빠져나왔다가 집 주변에서 발자국을 발견했다. 버려진 지역에서 발자국을 발견하다니 이상하다는 생각이 들었다. 그는 집에 도착했을 때부터 불안감이 엄습했는데 발자국을 보자 두려움이 확신으로 변했다. 사전에 계획을 짠 것이고 자신들과 술을 마신 사람들 외에 무리가 더 있으리라는 생각이 들었다. 자신의 판단이 옳았는지 확인할 필요도 없이 토레스는 집안으로 들어가 사촌에게 도망쳐야 한다고 알렸다. 그들이 집 밖으로 나가려는 찰나 함께 술 마셨던 친구들이 그들을 향해 총을 쏘기 시작했다. 실탄을 피하면서 토레스는 뒤 창문을 통해 바깥으로 뛰어 내려 인근 숲으로 도망쳤다. 그를 죽이려는 자들이 숲을 수색하는 사이 그곳에서 열 시간 가까이 숨어 있었다. 마침내 해가 지자 그는 가장 가까운 마을로 가서 경찰과 가족에게 전화를 걸었다.

토레스는 목숨을 건졌지만 엘비르는 총에 맞아 숨을 거두고 말았다.

이는 프레디 토레스가 겪은 기이한 이야기의 서막에 불과하다. 놀랍게도 군부는 엘비르가 내전의 게릴라 전투원이었으며 그가 전투 중 사망했다고 발표했다. 토레스는 사촌의 명예를 회복시키기 위한 캠페인에 나섰다가 이내 목숨의 위협을 받기 시작했다. 2007년 2월 보고타 집 근처 차안에 있다가 어디선가 자동차 앞 유리창을 향해 총알이 날아오기도 했다. 그는 가까스로 부상을 면했지만 암살 위협에서 벗어나기 위해 가족과 살던 곳을 떠나 여러 곳을 전전하는 삶을 살았다. 휴대폰 번호와 집을 몇 달에 한 번씩 바꿨다. 당국에 보호를 요청했지만 응답이 없었다고 그는 밝혔다. (토레스는 나에게 "그들은 아무도 도와주지 않았다"면서 "국가에 문제를 일으키고 싶지 않았기 때문"이라고 밝혔다.) 토레스는 엘비르의 사망과 뒤이은 협박은 콜롬비아 군부의 실력자들만 할 수 있는 소행이라고 확신했다. 결국에는 육군 대령이 군인들에게 민간인 엘비르의 살해를 조장한 혐의로 기소되었고 토레스는 자신의 짐작이 사실이었음을 증명했다. '프레디', '파이사', '코스테뇨'를 다시 만날 수는 없었지만 세 사람은 혐의가 인정되어 체포되었다.

토레스의 이야기는 콜롬비아가 테러와의 전쟁을 치르는 동안 일반인 수천 명이 경험한 일이기도 하다. 엘비르 토레스는 '거짓 긍정false positives' 증후군의 피해자였다. 이는 콜롬비아 군이 저지른 오랫동안 공인되지 않은 초법적 살인 관행을 지칭하는 표현이다. 지휘관이 게릴라와의 전쟁에서 성공한 것처럼 꾸며내라고 압박하면 무장한 군인들은 무고한 시민을 꾀어내고 살해한 다음 콜롬비아 혁명군FARC의 옷을 입혔다. 민간인 사망자들은 군의 공격 능력을 부풀리는 도구로 활용되었다. 거짓 공적 쌓기를 성공적으로 수행한 군인들이 휴가, 진급, 메달로 보상을 받았고, 대신 농민, 어린이, 노숙자, 마약 투약자, 정신이상자, 잡범 등이 희생되었다. 진짜 콜롬비아 혁명군 게릴라가 공격을 당하는 경우는 설사 있다 해도 극히 드물었다.

2008년까지 콜롬비아의 정책 입안자들 대다수는 '거짓 긍정'이 헛소문에 불과하다고 잡아뗐다. 하지만 9월에 '소아차 스캔들Soa-cha scandal'이 터지면서 진실이 드러났다. 검찰은 보고타 인근지역에 있는 소아차 슬럼가의 빈곤한 청년 스물 두 명이 군대로부터 근사한 직업을 약속 받고 도시 외곽으로 이동한 다음 살해되어 콜롬비아 혁명군의 전투원 옷차림으로 발견된 내막을 파악했다. 이로 인해 마리오 몬토야 콜롬비아군 사령관이 2008년 11월 4일 사임하기에 이르렀다. 검찰은 수사를 멈추지 않았고 2000년대에 군에서 자행한 3,000건 이상의 '거짓 긍정' 사례를 조사했다. 2015년 UN 산하기구인 UN난민기구는 거짓 긍정의 피해자가 최대 5,000명에 이를 수 있다고 보고했다.

콜롬비아는 워낙 민간인 처형이 빈번하게 일어나는 나라이기는 하지만 수십 년에 걸친 내전이 막바지에 이른 2000년대 초에 이러한 처형 사례가 급격히 증가했다. 군은 반군을 향해 분노를 드러냈고 좌절감에 빠진 국민과 미국의 재정 지원자들에게는 점차 개선되고 있음을 알리는데 급급했다. 카밀로 오스피나 국방부 장관이 2005년 "불법 무장 단체의 주모자를 사로잡거나 사살하는 자에게 보상금을 지급" 하기로 승인한 지침 29호를 발표했을 때 사실상 이러한 관행은 시작됐다고 볼 수 있다. 보상은 사망자 한 사람당 1,500달러가 지급되었는데 이는 콜롬비아 국민의 연평균 소득의 절반을 밑도는 금액이었다. 이렇게 되자 이듬해에 민간인 처형은 두 배로 증가했다.

스캔들이 어느 정도로 진행됐는지는 분명치 않으나 관행은 보편적으로 자행되었고 어느 한 부대나 일부 지역에 국한된 행위도 아니었다. UN의 특별보고관 필립 알스톤은 민간인 살상 관행을 조사한 이후 "살상이 정부의 공식 정책으로 수행되거나 대통령 또는 국방 장관이 인지한 상태에서 지시되거나 수행됐음을 보여주는 증거는 발견하지 못했다"고 밝혔다.

미국 정부 입장에서 보면 거짓으로 꾸민 긍정의 살상이 다른 나라에서 발생한 역사적 비극에 불과했을지 모르나 한 가지는 분명했다. 끔찍한 범죄자들 다수가 미국의 지원으로 훈련 받고 자금을 받았다는 사실이다. 조사자들은 미국의 지원을 많이 받은 콜롬비아 육군 여단일수록 민간인 처형에 훨씬 더 많이 연루된 사실을 발견했다. 미국의 군과 정책 입안자들은 테러리스트들로부터 나라를 지키려는 임무를 수행하기 위해 콜롬비아의 전투 집단을 지원하는 과정에서 전투원들의 행태를 면밀하게 살피지 못한 오류를 범했다. 포트베닝[02]의 서반구안전협력기구에서 훈련 받은 콜롬비아 지휘관의 절반 가까이가 중범죄로 기소되거나 초법적 처형을 자행한 부대의 소속이었다. 포트베닝의 교관 출신으로 수백 명의 살인을 조장하거나 승인한 하이메 라스프릴라 장군과 같은 인물이 대표적이며 그 외 다른 관련자들이 즐비했다.

'소아차 스캔들'이 터지기 전에도 미국의 정보기관, 군, 외교가에서는 초법적 처형에 대한 보고가 많이 들어왔다. 1994년 주콜롬비아 미국 대사는

---

02 조지아주의 미 육군 기지 보병 훈련 센터- 역자

전문에서 "사망자 수에 연연하는 사고방식"을 경고하면서 "(군의 인권 남용이 발생되는) 대대적인 게릴라 소탕 작전에서 이렇다 할 성과를 내지 못한 영관급 장교들은 승진에서 불이익을 받는다"고 설명했다. 같은 해에 작성된 CIA 보고서는 콜롬비아 보안대가 "게릴라 소탕작전에서 암살단 전술을 채택했다"면서 "게릴라 지역에서 좌파 성향의 민간인을 살해하고, 게릴라 동조자로 의심되는 세력을 공격할 때는 마약 밀매와 연계된 불법 무장단체들에 협력한 전투원들까지 사로잡아 살해한 전력이 있다"고 분명하게 밝혔다. 국방부도 유사한 결론에 도달했다. 1997년 국방부는 콜롬비아군의 "사망자 수 증후군"에 대해 보고하면서 "상관들에게 긍정적인 인상을 남기려는 군인들이 할당량을 채우기 위해 인권 남용을 저지르는 행태를 보이는 경향이 있다"고 지적했다. 또한 "콜롬비아 군은 게릴라의 사망자 수를 늘리기 위해 다른 불법 무장단체를 대리자로 활용하는데 무신경하거나 수동적"이라고 밝혔다. 하지만 콜롬비아, 나아가 미국은 전쟁 중에 병사들을 감시하거나 관심을 가질 여유가 없었다.

* * *

1998년 10월 28일 로즈 가든에서 클린턴 대통령 옆에는 콜롬비아의 안드레스 파스트라나 신임 대통령이 서 있었다. 두 사람은 정치권 역사상 가장 기이한 기자회견을 진행했다. 회담의 목표는 양국의 관계를 증진하여 궁극적으로는 분수령이 될 만한 새로운 원조 패키지를 마련하는 데 있었다. 나와 인터뷰에서 파스트라나 대통령은 "플랜 콜롬비아의 첫 단계였다"면서 고위급에서 "처음으로 콜롬비아에 대해 진정성 있는 대화를 나눴다"고 말했다.

사실 회견에 참석한 기자들이 클린턴 대통령에게 묻고 싶은 질문은 따로 있었다. 파스트라나는 "기자회견에서 나온 첫 질문이 '첼시(클린턴 딸)에게 르윈스키 스캔들을 어떻게 설명하실 겁니까?'였다"고 기억했다. 사실 그 질문은 회견이 어느 정도 진행된 후에 나왔지만, 그 부분을 제외하고는 파스트라나의 기억은 대체로 정확했다. 기자회견 녹취록을 읽고 있으면 클린턴이 마치 케이크 사이에 눌린 크림 신세였다. 클린턴은 외교정책에 관한 주제로 전환하려고 대담하게 시도했지만 기자들은 백악관 인턴이 연루되어 있고, 클린턴의 임기를 위험에 빠뜨린 섹스 스캔들에 대해 파고들었다.

파스트라나는 클린턴이 스트레스를 받고 있었다고 기억했다. "클린턴이 내게 다이어트 콜라를 권했는데 그도 사람이라는 걸 알 수 있었고, 처음으로 인간적인 면이 엿보였다." 기이한 상황은 계속 이어졌다. 기자회견 말미에 여유 시간이 생기자 파스트라나는 클린턴에게 집무실로 이동해 십 분 정도 함께할 것을 요청했다. 클린턴은 집무실의 책상에 있던 콜롬비아 지도를 폈고 두 사람은 파스트라나가 비무장 지대로 만들려는 지역을 살펴보았다. 파스트라나는 "클린턴이 기자회견의 첫 번째 질문에 대한 자신의 답변이 어땠는지를 물었다"고 전했다. 모니카 르윈스키에 관련된 질문이었다. 파스트라나는 훌륭한 답변이었다고 클린턴에게 답했다. 당시의 기억을 떠올리던 파스트라나는 싱긋 웃으면서 "기분이 묘했다"고 말했다. 두 정상은 잘 어울렸고 "궁합이 맞았다." 그날 이후에도 대화가 계속되었고 이듬해에는 라틴아메리카에서 클린턴 정부의 유산으로 남게 될 계획으로 발전했다. 파스트라나는 "콜롬비아 판 마셜 플랜을 제안했다"고 말했다. 이 계획에 따라 100억 달러

규모의 경제개발 원조와 군사 지원이 콜롬비아에 투입되었다.

클린턴은 값비싼 계획을 추진하면서 미국 국민들이 마약 문제에 많은 관심을 집중하고 있는 정서를 파고들었다. 2001년 갤럽이 실시한 여론조사에 따르면 미국 시민들의 절대 다수가 마약 사용에 대해 '상당한' 우려를 나타냈다. 당시 미국에 유통되던 코카인의 90퍼센트가 콜롬비아에서 유입되었기 때문에 이 라틴아메리카 국가에 집중적인 관심을 쏟는 것은 합리적인 결정이었다. 클린턴은 손쉬운 구실을 내세웠다. 그는 국민들에게 "콜롬비아의 마약 밀매업자들은 미국의 안보를 직접적으로 위협한다"고 말했다. 플랜 콜롬비아는 "마약 퇴치 프로그램을 가동시켜 게릴라나 불법 무장단체가 장악하고 있는 지역에서 급격하게 퍼지고 있는 마약 생산 활동에 제동"을 걸 수 있었다. 홀브룩이 파키스탄 업무를 할 당시 파키스탄 대사로 있다가 이집트로 자리를 옮겼던 앤 패터슨은 새로운 원조 계획이 가동되던 첫 3년 동안 콜롬비아 대사를 지냈다. "콜롬비아 정부에게 테러와 마약 밀매에 대응할 수 있는 장비를 제공하자는 전략이었는데 사실 두 문제는 하나로 연결되었다"고 말했다. "마약 밀매와 테러에 맞서 싸우려면 공급망의 모든 연결점을 동시에 공격할 필요가 있었다."

클린턴 대통령은 안보가 우선이라고 주장하면서 자금 지원 법안에 인권 조항을 넣지 않기로 결정했다. 그는 이러한 결정을 합리화하면서 "미국의 원조 패키지는 마약 퇴치 노력을 이어가고 콜롬비아 정부와 국민이 콜롬비아의 민주주의를 수호하도록 돕는 데 중요하다"고 강조했다.

처음에 콜롬비아는 민간과 군이 지원금을 70:30으로 나누기를 원했으나 미국은 30:70을 원했다. 최종안은 파스트라나 대통령의 최측근인 하이메 루이즈가 대부분 작성했다고 파스트라나는 밝혔지만 미국이 원하는 우선순위가 분명하게 반영되었다. 미국은 십 년 동안 연 13억 달러를 '마약-테러' 퇴치에 사용하도록 요구했다. 첫 해에는 지원액의 70퍼센트 이상이 군과 경찰을 지원하는 데 쓰였다. 여기에는 블랙호크부터 통신 장비, 훈련기, 화학전 기술 등의 지원이 포함되었다. 로버트 화이트 전 대사는 "콜롬비아는 먹을 것을 달라고 했는데 돌을 쥐어 준 격이었다"고 표현했다. 그렇기는 해도 미국의 지원 자금 나머지는 경제 개발, 사법 개혁, 난민 지원에 쓰였다. 이 지원의 가장 큰 성공은 군과 민간에 대한 지원이 균형을 이뤘다는 것이며, 미국과 콜롬비아 관료들은 콜롬비아에서 오랫동안 문제를 일으켜 온 제도를 다시 구축하는 가치를 깨닫기 시작했다.

미국과 콜롬비아의 복잡한 관계는 베트남부터 아프가니스탄에 이르기까지 미국의 개입을 부추겼던 반공 열정에서 시작되었다. 마약에 대한 우려는 그 이후에 발생한 것이었다. 트럼프 대통령 시대에 외교의 가치가 평가 절하되고 우선순위에서 밀려나며 정책 결정에서 장군들의 입김이 강해지는 문제가 터졌지만, 그 씨앗은 이미 냉전 시대의 군사 모험을 하는 중에 뿌려졌다. 미국의 개입으로 수십 만 명의 무고한 시민들이 희생되었다.

콜롬비아에 대한 개입은 1962년 보고타에서 미 육군 특수부대 사령관인 윌리엄 야보로 중장의 지휘로 특수전이 실시되면서 막이 올랐다. 야보로 중장은 냉전 시대의 유물격인 대리전을 제안했는데 그것은 현지인들을 활용해 "대리전을 수행하고 사보타주와 역선전을 하며 거물급 공산주의 지지자들에게 테러 행위를 가한다"는 계획이었다.

야보로 중장의 제안을 기초로 미국은 콜롬비아 정부가 베트남의 '피닉스 프로그램(정보수집활동)'을 모방한 플랜 라조Plan Lazo를 수립하도록 도왔다. 1962년 7월 1일에 콜롬비아 군이 공식적으로 채택한 플랜 라조는 콜롬비아 국민들의 '마음과 정신'을 얻는 전략으로 홍보되었지만 사실은 민간 정보원들을 활용해 공산주의자들을 몰아내려는 미국의 계획이었다. 플랜 라조는 콜롬비아 대통령의 명령 3398호로 보강되었다. 대통령은 명령에서 "정부는 질서를 다시 세우는 일에 기여하는 활동과 작업에 남녀를 불문하고 모든 콜롬비아인을 동원한다"라고 규정했다. 사실상 콜롬비아 당국이 일반 시민을 군사 집단으로 조직할 수 있도록 허용한 것이었다. 미국이 지원한 플랜 라조와 더불어 명령 3398호에 따라 무장 혹은 비무장한 좌파 소작농들을 살해하도록 하는 민간인 '자위대'와 '헌터-킬러 팀'이 조직됐다.

미 육군과 CIA는 베트남에 소개했던 동일한 기술을 콜롬비아 군에 전수하기 시작했다. 미국해외개발처인 USAID는 CIA 프로그램의 일환으로 텍사스주의 '폭탄 훈련소'에서 콜롬비아 경찰을 훈련시켰다. 커리큘럼에는 '테러리스트 폭발물', '소이탄', '암살 무기' 등을 다루는 과정이 포함되었다.

미국은 콜롬비아 육군이 공산주의자들과 맞서 싸우도록 가르쳤을 뿐만 아니라 그러한 전쟁을 승낙했다. 1960년대부터 콜롬비아 군은 미국이 지원한 차량, 통신장비, 무기를 사용해 콜롬비아 전역의 반군 집단을 파괴했다. 1964년 5월 18일부터 소작농이 대다수인 공산주의자 농민들을 대상으로 대반란진압 캠페인이 실시되었다. 콜롬비아 육군은 기껏해야 수십 명의 전투원들이 방어하고 있던 좌파 성향의 마르케탈리아 마을을 파괴하기 위해 병력의 3분의 1을 보냈다. 작전은 미국의 요청으로 수행되었고 미국이 지원했다. 미군의 고문들이 작전을 계획하고 실행하는 현장에 있었다. 첫 번째 공격이 실시된 후 콜롬비아 정부는 또 다른 좌파 자치 공동체를 공격하기 시작했다.

콜롬비아 당국의 계획이 부실하고 제대로 관리되지 못했으며 더 많은 유혈 사태를 촉발시켰다는 사실은 국무부에서도 익히 알고 있었다. 딘 러스크 국무부 장관과 애들레이 스티븐슨 UN 대사는 도덕적인 모순을 인정하면서 미국의 자금 지원이 변방 지역에서 폭력과 경제적 혼란을 부추기고 있다는 전문을 작성했다. 국무부는 좌파 세력과 미국이 지원하는 콜롬비아 군 사이의 갈등이 장기화됨으로써 대다수 콜롬비아인들에게 큰 기여를 했다고 주장할 수 없었다. 갈등을 촉발시킨 계급투쟁은 계속됐다. 토지가 없는 사람들은 여전히 권리를 박탈당한 상태였고 도시의 엘리트는 혼란 속에서도 더 부유해졌다. 이 기간 중 미국이 제공한 투자와 차관이 큰 폭으로 증가했고 카마르고 콜롬비아 대통령은 "피와 자본의 축적이 함께 일어났다"라고 덤덤하게 말했다.

미국의 지원으로 콜롬비아 좌파에 대한 공격이 시작된 직후 콜롬비아 혁명군FARC이 부상했다. 마르케탈리아 지역을 말살할 당시 살아남은 일부 좌파들은 산악 지대로 도망쳤으며 거기에서 다른 반군 단체와 손을 잡았다.

이들은 농촌 지역의 생활환경을 개선하고 이들 추종자들을 군의 인권 남용으로부터 보호하기로 맹세했다.

조직은 빠른 속도로 몸집을 불렸다. FARC는 단순히 더 많은 토지를 차지하기 위해 투쟁하는 게릴라 조직이 아닌 국가의 사회주의 재조직을 요구하는 정치 운동으로 확산됐다. 농촌의 소작농, 토착민, 아프리카계 콜롬비아인, 토지가 없는 노동자, 노조원, 교사, 지식인 등 '땅에 기반 된' 사람들이 투쟁에 합류했다. 무장혁명군은 학교, 의료 센터, 사회 프로젝트를 조직하는 등 유사 국가형태를 운영하기 시작했다.

하지만 본질적으로 혁명군 무장 집단이었다. 조직이 구성된 직후 콜롬비아혁명군 지도부는 공격을 자행할 민병대를 변방에서 훈련시키기 시작했다. 콜롬비아 혁명군은 경찰서, 군 기지뿐 아니라 병원, 교회, 학교를 폭격하는 테러 활동에 의존했다. 조직이 코카인 밀매를 시작한 1970년대 말까지는 납치 활동으로 챙긴 몸값이 주된 수입원이었다.

레이건의 첫 번째 임기 때 콜롬비아는 미국으로 유입되는 코카인과 마리화나의 80퍼센트 가까이를 공급했다. 콜롬비아혁명군이 마약이라는 수입원을 새로 발굴하자 나라 전체를 뒤덮고 있던 콜롬비아의 극빈층과 불만 세력들이 지지를 보냈다. 1980년 콜롬비아혁명군의 조직원은 6배 증가하여 3,000명에 이르렀고 전국으로 퍼져나갔다. 마약으로 벌어들인 수익은 급격히 증가해 수십 억 달러에 이르렀고 폭력 사태는 더욱 악화됐다. 혁명군은 공포감을 불러일으키기 위한 목적으로 사제, 정치인, 군인, 심지어 우파 성향의 저명한 시민을 대상으로 테러를 자행했다.

그러자 지배 계층의 지주들은 우파의 무장 전투원들을 고용했다. 이들 중 상당수는 플랜 라조의 계획 아래 미국의 지원을 받은 집단에 뿌리를 두고 있었다. 이 집단은 고용주들에게 적대감을 품고 있는 모든 대상을 공격했다. 불법 무장조직이 도처에서 활개를 쳤다. 문제가 정점에 달했을 때는 무려 3만 명의 전투원이 콜롬비아 국토의 3분의 2에 해당하는 지역에서 활동했다. 일부는 정부로부터 무장조직에 관한 법적 허가를 받았는데 특히 잔혹하기로 악명 높았다. 그 중 AUC(콜롬비아 자위대)의 경우에는 활동을 시작하고 첫 2년 동안 1만 9,000명 이상을 살해했다.

시간이 지나면서 이들 불법 무장 암살단은 정부, 군, 불법유통업자 뿐만 아니라 심지어 미국의 지지도 얻게 되었다. 백악관은 좌파들을 '마약단체의 지원을 받는 게릴라'라고 매도하면서 콜롬비아 정부가 이들과 평화적 대화를 하는 방안에 지지하지 않았다. 레이건 시절에 백악관이 우파 무장단체를 정보원이나 암살범으로 활용하며 직접적으로 지원하는 경우도 있었다.

1980년대에, 미국은 초국가적으로 국경을 넘나드는 마약과의 전쟁을 벌이면서 불운한 결말로 이어지는 파트너십을 맺게 되는데, 그것은 콜롬비아 군과 마약 밀매단체 상위 20곳이 연합하고 미 정보기관의 지원을 받는 범국가적인 대테러 훈련소 MAC Muerte a Secuestradores를 설립하는 것이었다. 외견상 MAC의 임무는 간단했다. 정치인과 부유층을 납치하는 콜롬비아혁명군의 전술을 와해시키는 임무였다. 마약 밀매단체들은 훈련소의 설립 초기비용으로 3만 5,000달러 정도의 지원을 요구했다. 군 장성들도 이스라엘, 영국의 용병들과 계약을 맺고 훈련을 실시했으며 CIA와 미 정보기관도 힘을 보탰다.

불가피한 측면에서 그 집단은 목적을 이뤘는지 모르지만 결국에는 또 다른 불법 무장단체로 변질되었으며 군대 바깥의 범죄 집단으로 전락했다. 이들은 정부가 콜롬비아혁명군에 대항하기 위해 의뢰하는 힘들고 궂은일들을 처리했으나 납치를 막는다는 본래의 임무는 등한시했다. 대테러훈련소 MAC는 1980년대에 벤탕쿠르 대통령이 앞장서서 평화 정착을 시도하자 진보 정당인 애국연합소속으로 정치적 절차를 밟던 콜롬비아혁명군 조직원 700명 이상을 살해함으로써 평화적 진행을 방해했다. 아이러니컬하게도 다수의 불법 무장조직이 마약 사업에 뛰어 들었고 마약과의 전쟁을 위해 콜롬비아에 지원된 미국의 달러가 마약 밀매업자들의 주머니로 흘러 들어갔다.

그 결과 파벌과 폭력이 어지럽게 뒤섞였다. 1999년 콜롬비아에서는 수천 건의 테러와 납치가 발생했다. 살인율은 무려 10만 명 당 60명 수준으로 치솟았다. 2,000명 가까이 콜롬비아혁명군 전투원들이 전국으로 퍼져 나갔고 납치를 통해 수백 만 달러를 벌어 들였다. 콜롬비아 영토의 절반에 해당하는 지역이 무법천지가 되었다. 콜롬비아 혁명군은 남부 전체를 장악했고 정부는 이 지역에 발을 들여놓지 못했다. 1995~2000년 사이에 70만 명 이상의 콜롬비아인들이 조국을 떠났다. 폭력은 점점 더 소름끼치는 형국으로 변했다. AUC(콜롬비아 자위대)는 수십 명의 시민을 학살했고 절단된 머리로 축구를 한다거나 희생자들의 시신을 사슬 톱으로 절단하는 것으로 악명이 높았다.

클린턴 정부의 마약 퇴치 담당관이었던 배리 맥카프리 장군은 폭력 사태를 생생하게 기억했다. "납치당할 위험 없이 마음 놓고 여행할 수 있는 지역이 없었다. 납치는 돈을 벌어들이는 자동버튼과 같았다. 콜롬비아 혁명군의 검문대에서 이름과 재산을 입력하고 검색해서 그들의 타깃이 되면 납치되거나 아니면 정글에서 살해되거나 둘 중에 하나였다." 상황은 "지독하게 나빴다."

20세기 말 콜롬비아인 들은 이제 항구적인 평화를 정착시킬 시기라고 결단을 내렸다. 1999년 10월, 전쟁에 반대하는 '이제 그만No mas'이라는 전국적인 시위에 1,300만 명의 시민들이 동참했다. 전 국민 4,000만 명 중 상당수가 참여한 것이다. 같은 달 말에는 1,000만 명이 상징적인 국민투표에 참여하여 콜롬비아 정치인들을 긴장시켰다. 역대 정치 선거 중 가장 높은 투표율이었다.

당시 대통령이자 한때 메델린[03]에 납치됐던 경험이 있는 안드레스 파스트라나는 투표의 영향을 즉시 간파했다. "어떤 대통령 후보도 이토록 많은 표를 받은 적이 없었다"고 그는 말했다. 대통령에 선출된 후 그는 "가장 먼저 평화정착을 시도하고 이를 달성하는 업무를 시작해야 한다"고 선언했다. 파스트라나는 콜롬비아 혁명군 최고 지도부를 만나기까지 했는데 그 이전에 어느 누구도 시도한 적이 없었던 발상이었다. 심지어 반군 지휘관들과 개인적으로 대화를 나누기 위해 산악 지대를 친히 방문했다. 그는 호의를 보이는 차원에서 콜롬비아 혁명군에 비무장지대를 양도했다. 또한 취임하고 6개월 동안 공식적인 평화 협상을 위한 작업을 진행했다. 이런 일련의 과정을 통해

03 콜롬비아 마약 카르텔의 본거지- 역자

파스트라나와 클린턴은 로즈 가든에서의 기이한 회동을 한 후 '플랜 콜롬비아'를 탄생시켰던 것이다.

약 20년 뒤, 플랜 콜롬비아는 이전의 상황이 얼마나 암울했는지를 말해주는 성공 스토리로 회자되었다. 물론 이 계약으로 재정과 인명 측면에서 막대한 비용이 발생했다. 미국은 콜롬비아의 보안과 경제, 정치 제도를 일으키는 데 100억 달러를 지출했다. 콜롬비아보다 더 많은 지원을 받은 나라는 이스라엘, 이집트뿐이었다. 2005~2014년까지 좌파를 대상으로 한 정치적 암살 시도가 17만 건 이상 발생한 것으로 알려졌고, 거짓 긍정 스캔들로 수천 명이 목숨을 잃었다. 인권 유린이 빈번하게 발생했으며 어떤 경우에는 미국의 지원이 얽혀 일어나기도 했었다. 2000년대 중반에는 콜롬비아 국경 밖에 있는 콜롬비아혁명군 지도자들을 제거할 목적으로 미국에서 제조한 스마트 폭탄을 터뜨렸는데 민간인들이 함께 희생되는 경우도 많았다.

'은밀한 국가 폭력' 사건도 흔했다. 가장 유명한 사건은 2002년 2월 산 비센테 델 카구안이라는 마을을 파괴한 일로, 40년 전 미국과 콜롬비아가 함께 마르케탈리아를 공격한 사례와 판박이였다. 미국과 함께 콜롬비아 정부군은 부유하고 대체로 자치를 누리던 산 비센테라는 남부 지역을 공격했다. '콜롬비아 혁명군의 땅Farclandia'으로도 불리던 이 지역은 성공한 지역 사회였다. 자체적인 경찰대가 있었고 고속도로와 교량을 새로 건설했으며 전기 공급이 원활했고 수준 높은 학교와 의료보험 제도를 갖추고 있었다. 파스트라나는 몇 차례 진행한 평화 협상이 갑작스럽게 결렬되자 군대를 동원해 산 비센테를 점령할 것을 명령했다. 미국이 지원한 A-37과 A-47로 폭탄을 투하했고 미군에게 훈련을 받은 1만 3,000명의 병력이 마을을 에워쌌다. 정부는 승리를 선언하고 언론에 이 지역의 콜롬비아혁명군 주둔지로 추정되는 시설을 파괴했다고 알렸다. 이 과정에서 어린 아이와 노인을 비롯한 시민들 다수가 목숨을 잃었다.

전쟁의 희생자들에게 정의가 회복되는 경우는 드물었다. 무장 전투원들은 농장이나 마을에 감금된 상태였으나 그들은 돈과 인맥을 활용해 더 이상의 기소나 범죄 인도는 면하게 되었다. 미국이 인도한 불법 무장단체 지도자들도 불과 7년이라는 가벼운 형량을 받는 경우가 많았다. 거리에서 1온스 미만의 코카인을 매매하다가 붙잡힌 경범죄의 형량과 비교했을 때 절반 남짓에 불과했다.

플랜 콜롬비아가 실시되고 20년 뒤, 즉 콜롬비아에 미국이 개입한지 70년이 흐른 뒤에도 의문점은 여전히 남아 있었다. 미국 정부가 강력하게 군대와 안보에 대한 목적을 달성하겠다고 주장하는 과정에서 너무 많은 인명이 희생된 것은 아닌가? 의사 결정 과정에 민간의 의견이 더 반영되었더라면 엘비르와 같은 무고한 시민의 희생은 막을 수 있지 않았을까?

클린턴 정부의 마약 퇴치 담당관이었던 맥카프리 장군에게 콜롬비아 내전 중 발생한 민간인 사망에 미국의 책임은 없었는지 묻자 완강하게 부인했다. 미국이 공모했다는 생각은 "완전히 허황되고 터무니없는 헛소리이며 전혀 말이 안 된다"고 그는 표현했다.

장군은 미국의 지원과 콜롬비아 군이 저지른 인권 유린 간의 상관관계를 보여주는 자료를 가리키며 "어떻게 저런 일이 일어날 수 있겠는가?"라고 물었다. "미국의 외교관들과 군 장교들이 감시를 하는 상황에서 어떻게 초법적 처형과 혼란이 증가한다는 말인가? 완전히 헛소리다. 군이 대압박 작전에 더 개입되었을 가능성은 있다. 그리고 일부는 인권 침해가 일어난 조치에 개입되었을 수도 있다. 하지만 (미국을 비난하는 것은) 말도 안 되는 허튼 소리다."

그러면서도 그는 "유혈이 낭자한 전쟁이었고 끔찍한 일이 벌어지기도 했다"는 점을 인정했다. "하지만 기본적으로 콜롬비아 군은 콜롬비아 사회에서 가장 신뢰할 수 있는 집단이었다." 아닌 게 아니라 미국의 대리전을 치르는 나라에서 미국의 가장 큰 신뢰를 받는 집단이 군대인 경우가 많았다. 미국의 관료들이 제대로 직시하지 못하는 불편한 질문은 상대국의 군대가 그 나라에서 유일하게 높은 신뢰를 받을 수 있도록 만든 상황에 미국의 지원이 어느 정도 기여했느냐를 측정하는 문제이다.

비용이 얼마나 지불됐는지를 떠나 플랜 콜롬비아는 훗날 파키스탄 등에서 미국이 기울인 노력과는 달리 민간 지원과 균형을 이루는 방향으로 나아갔으며 평화를 정착시키는 기틀을 마련했다. 계획이 실시되고 처음 십 년 동안 경찰이 콜롬비아의 모든 자치 단체에 자리 잡았고, 납치 사건이 연간 3,000건에서 200건 수준으로 감소했다. 살인과 콜롬비아 혁명군 조직원 숫자도 각각 절반으로 줄었다. 2006년 콜롬비아에서는 3만 명 이상의 전투원들이 자발적으로 무장 해제를 선택했으며 불법 무장단체의 폭력이 상당 부분 근절되었다. AUC(콜롬비아 자위대) 지휘관들과 평화 협상이 시작되었고 이들 중 다수는 가벼운 형량을 받는 대신 기소처분으로 일단락 됐다.

다른 동맹들과 달리 콜롬비아와의 관계에서는 무기거래와 인권문제의 예외를 포함하는 포괄적인 개발 계획을 진행했고 비군사적 요소와 군사적 요소가 함께 강화되었다. 콘돌리자 라이스는 "의회에 콜롬비아와 자유무역협정FTA을 체결하도록 요청했으며 콜롬비아의 체제를 다시 세우는 우리베(콜롬비아 대통령)의 민주주의적 노력을 지원했다"고 회상했다. "그렇더라도 콜롬비아 혁명군은 제압되어야만 했다. 합리적인 평화 협상이 가능해진 이유는 콜롬비아 혁명군이 수도 보고타를 더 이상 인질로 잡을 수 없었기 때문이다." 외교와 안보 전략이 균형을 이뤄 통합된 점이야 말로 궁지에 몰린 콜롬비아에 궁극적으로 평화가 정착될 수 있었던 핵심 요인이었다. 가장 중요한 사실은 맥카프리 장군의 말대로 콜롬비아는 "제2차 세계대전 이후 미국의 개입이 가장 성공을 거둔 사례"라는 것이다.

미국이 전 세계에서 맺고 있는 군사 동맹에서 비극과 혼란이 빚어지고 있지만 우리에게는 주목할 만한 교훈이 있다. 라이스는 "플랜 콜롬비아를 살펴보면 외교가 앞장섰다는 것을 알 수 있다"고 지적했다. 하지만 이후 트럼프 정부는 콜롬비아를 모범적 성공 사례로 만든 교훈을 다른 지역에 적용하는 데 실패했다. 플랜 콜롬비아가 뿌리를 내릴 수 있도록 만든 포괄적이고 통합적인 개발 원조 계획은 의회의 대대적인 예산 삭감이 이뤄지면서 찾아보기 어려운 실정이다. 반면 새롭게 증가하는 무기 계약과 독재자들을 향한 호의적 태도는 미국의 외교 정책을 인권 문제에서 멀어지게 만들고 있다. 콜롬비아에서 얻은 교훈이 적용되고 있다는 징후는 거의 찾아보기 어려웠다.

PART 3

파괴의 현장에서

2017년 워싱턴 D. C.
북한·중국·이란

폭력배 우두머리들과는 휴전도 협상도 없네
대화를 시도해도 듣지 않으니

-〈그랩 더 마이크(Grab the MIC)〉, 2PAC

22장

국무부 장관

렉스 틸러슨 국무장관 팀은 또 다시 싸우고 있었다. "그래서, 누가 장관과 함께 들어가나요?" 틸러슨의 수석 보좌관 마가렛 페털린이 말했다. 팀원들은 장관실로 향하는 여닫이 문 입구의 마호가니 로에 서 있었다. 스티븐 골드스타인 공공외교 담당 차관이 팔짱을 낀 채로 페털린을 노려보면서 "나는 아닌 듯하네"라고 말하더니 "헤더는 갈 수 있지만"이라고 덧붙였다. 스티븐 골드스타인은《폭스 뉴스》앵커 출신으로 틸러슨의 대변인인 헤더 나우어트를 향해 고갯짓을 했다. 페털린이 골드스타인을 가늘게 뜬 눈으로 바라봤다. "진심이세요?" 불쾌감을 과장하며 페털린이 말했다. 골드스타인은 대꾸하지 않았다. 이 때 틸러슨이 다가오면서 긴장이 풀어졌다.

틸러슨의 이너서클 일원들에 따르면 보이지 않는 곳에서는 이런 불화가 종종 벌어졌다고 한다. 많은 경우 페털린이 먼저 공격에 나섰다. 그녀는 만만치 않은 변호사이자 의회 직원 출신으로 9/11 공격 이후 애국자법의 초안 작성에 참여했으며 틸러슨의 인준 과정을 돕기도 했다.

페털린은 내가 도착한다는 메모를 받고는 나머지 팀원들에게 공보 업무 담당자들 중 골드스타인만 인터뷰에 응할 수 있다는 최후통첩을 날렸다.

그러자 골드스타인은 민간의 질문에 대답할 책임은 대변인인 나우어트에게 있다고 되받았고 페털린은 그럴 여유가 없다며 맞섰다. 그러다 나를 발견하고는 마치 벌레 씹은 표정으로 위아래로 훑어봤다. 두 명의 직원들에 따르면 페털린이 고집을 부린 데는 다른 동기도 있었다. 나우어트를 해고하기 위해 로비를 벌여왔었던 것이다. 대치 상황은 내가 틸러슨을 인터뷰하러 들어갔을 때까지, 혹은 그곳을 떠날 때까지도 해결되지 않았다. 내가 자리를 뜰 때 장관과 함께 누가 남을지를 놓고 언쟁이 다시 이어졌다. (골드스타인은 이번에도 나우어트를 가리켰는데 페털린의 신경이 곤두선 모습을 확인할 수 있었다.)

조직에서 이런 다툼은 드라마 축에도 못 들 정도로 흔히 벌어지는 일이다. 하지만 기자 앞에서 대놓고 그런 장면을 연출하거나 틸러슨의 전임자들이 소중하게 여겼던 촘촘하게 조직된 소통 절차를 무시하는 상황이 흔치는 않았다. 이 사건은 모든 수준에서 혼돈으로 빠져들고 있는 듯한 국무부를 들여다볼 수 있는 작은 창과 같았다. 트럼프 정부가 정책 권한을 국방부로 넘겨주고 백악관에 장군들의 숫자가 늘어나면서 국무부는 유일한 평행추로 남아 있었다. 많은 외교관들은 국무부가 위기에 빠졌다고 말했고 특히 부처를 이끌던 수장은 미국 역사상 가장 논쟁을 일으킨 장관으로 기록되었다.

2018년 1월 틸러슨을 만났을 때 그는 짙은 회색 정장에 편자 무늬가 있는 선황색 타이를 매고 있었다. 국무부 장관실에 놓인 파란색, 금색 천을 씌운 의자에 편한 자세로 앉아 다리를 꼬고 있었다. 7년 전 리처드 홀브룩의 심장이 파열한 곳에서 가까운 위치였다. 사무실은 크게 달라진 것이 없었으나 그림만은 예외였다. 취임 직후 틸러슨은 먼저 세상을 뜬 외교관들의 초상화를 내리고 미국 서부의 경치를 담은 그림으로 바꿨다. 많은 이들이 틸러슨을 카우보이에 빗댔는데 실내 장식이나 타이의 편자 무늬에서 틸러슨의 관심이 엿보였다. 장관의 이름도 그런 비유를 부추기는 데 한몫했다. 렉스 웨인 틸러슨Rex Wayne Tillerson이라는 이름은 할리우드에서 카우보이 역할을 도맡아 하던 렉스 앨런과 존 웨인을 조합한 것이었다.

틸러슨은 텍사스의 위치타 폴즈에서 태어났고 고향과 인근의 오클라호마에서 평범한 유년기를 보냈다. 그의 아버지는 "식료품점에 빵을 판매하는 트럭을 운전했고" 어머니는 아이들을 돌봤다. 두 사람은 보이스카우트에서 처음 만났다고 한다. 그의 어머니가 오빠를 만나러 갔다가 틸러슨의 아버지와 마주친 것이다. 틸러슨은 부모의 유산을 소중히 여겼고 사회에 진출한 이후 상당 기간 동안 보이 스카우트의 리더십을 맡았다. 그의 약력을 훑어보면 성실한 태도로 뛰어난 성과를 거둔 것을 알 수 있다. 틸러슨은 이글 스카우트로 활동했으며 고등학교에 진학한 후에는 밴드에 들어가 케틀과 스네어 드럼을 연주했다. 덕분에 텍사스대학교 오스틴 캠퍼스에서 악단 장학금을 받을 수 있었다. 엑손모빌에서 40년 이상 근무한 이후 CEO에 올라 십 년 동안 회사를 이끌면서 3억 달러 이상의 부를 얻었다. 정부로 자리를 옮길 때는 약 1억 8,000만 달러의 퇴직금도 받았다. 트럼프 정부의 제안을 받으면서 기존의 은퇴 계획과 두 마리 말, 텍사스의 방목장 관리 등 그리고 무엇보다도 아내 렌다에게 많은 혼란을 가져다주었다. 그는 "원래는 맡을 생각이 없었는데 아내가 수락해야 한다고 권하더군요. 나는 손자들과 목장에서 시간을 보낼 계획이었소"라고 말했다. 장관을 맡고 일 년 정도 지난 시점에서 돌아보면 장관직을 수락한 결정이 옳았다고 생각하는지 묻자 틸러슨이 웃었다. 그 때 페털린이 경고의 눈빛을 보냈다. "뭐, 그동안"이라고 말하더니 눈썹을 찡그렸는데 적당한 단어를 찾는 듯했다. "흥미로웠소."

트럼프가 틸러슨을 국무부 장관에 임명했을 때 외교관들은 세계 최대의 다국적 기업을 운영한 경력을 근거로 낙관적인 전망을 했다. 일부는 그가 국무부의 적극적인 수호자가 될지도 모른다고 기대했다. 혹자는 민간에서 그랬듯 기관을 성장시키는 재주를 부리거나, 최소한 요령 있게 목표를 내세우는 솜씨를 발휘하리라 전망했다. 틸러슨은 국무부 로비에 의자를 모아놓고 단에 올라 직원들을 대상으로 십 분 정도 첫 번째 연설을 했는데 반응이 좋았다. 그는 "저는 이곳에서 신참입니다"라며 직원들에게 붙임성 있게 다가갔다. 틸러슨은 임무를 수행하다 목숨을 잃은 수백 명의 외교관 이름이 새겨진 로비 양끝의 대리석 벽을 언급했다. 마호가니 로 대참사에서 가까스로 해고를 면했던 외교관 에린 클랜시는 틸러슨이 인준된 직후 "소문이 괜찮았다"고 회고했다. "희망적이었고 그가 기업에서 일궜던 성과는 직원들에게 기대를 품게 만들었다"고 전했다. 트럼프와 가까운 한 관계자도 그런 분위기가 있었다고 말했다. 처음에 틸러슨에 대해 상의할 때 "색다른 선택"이라고 생각하며 "멋진 인물이다"라고 반응했다.

이후부터 문제가 급격히 악화됐다. 국무부에 도착한 이후 틸러슨은 종적을 감췄다. 그는 인터뷰에 거의 응하지 않았고 전례 없는 수준으로 기자들의 접근을 차단했다. 첫 번째 아시아 순방에서는 보수 성향 웹사이트에 속한 기자만을 비행기에 태워 기자단의 심기를 건드렸다. 국무부 전 장관 콘돌리자 라이스는 처음에 틸러슨의 임명을 지지했으나 이후 실망감을 드러냈다. 라이스는 자신과 가까운 지인들이 "비행기에 기자들을 태워야 한다"고 조언했던 것을 기억했다. "이게 바로 민주주의이며, 국무부 장관으로서 정부의 돈으로 비행기를 타고 출장을 갈 때 마땅히 옹호해야 하는 제도다. 그는 왜 비행기에 기자들을 태우지 않는 것인가?" 내가 라이스에게 틸러슨에 대해 어떻게 생각하는지 묻자 신중한 답변이 돌아왔다. 그녀는 "내부에서 어떤 일이 일어나는지는 알지 못한다"며 "뉴스에서 소식을 들을 뿐인데 뉴스에서는 불만을 제기하는 경향이 있다는 걸 안다. 렉스 틸러슨이 무척 강한 사람이고 훌륭한 경영자이며 좋은 리더라는 사실을 알고는 있지만 부처를 어떻게 운영하는지에 대해서는 구체적인 답변을 할 수 없다"고 말했다.

틸러슨과 그의 보좌관들은 소통에 문제가 있음을 바로 인정했다. "나는 집 밖에서 게임을 하지 않습니다. 그건 내가 하는 일이 아닙니다"라고 말했다. "아마 41년 하고도 반 년 동안 민간 분야에서 경력을 쌓으면서 형성된 방식일 겁니다. 나는 그런 식의 훈련을 받았으니까요. 내가 일하는 방식이 많은 사람들을 실망시킨다는 것을 알고 있습니다." 틸러슨이 웃었다. "그렇다고 내가 바뀌지는 않을 겁니다!" 하지만 틸러슨의 과묵함에는 그만큼 비용이 따랐다. 백악관에 정통한 관계자로, 처음에는 틸러슨에 대해 긍정적으로 평가했던 인물이 직설적으로 "언론을 소외시켰다"고 말했다. 이내 워싱턴에는 틸러슨이 냉담하며 부처에서 고립되어 있다는 소문이 돌았다. 일부 과장된 소문도 있었다. 예를 들어 마가렛 페털린 수석이 외교관들에게 국무부 장관과 눈을 똑 바로 마주치지 말라고 지시했다는 《워싱턴포스트》의 보도가 그런 경우다. 틸러슨의 경호원을 비롯한 일부 관계자들은 페털린이 그런 요구를 했다는 소문을 부인했다. 그렇더라도 페털린이 틸러슨을 맹렬히 보호한 것은 사실이며 많은 외교관들은 그녀를 '병목'으로 묘사하는 보도에 공감했다. 심지어 콘돌리자 라이스와 같은 전직 장관들도 페털린을 거치지 않고는 틸러슨과 연락할 수 없었던 것으로 알려졌다. 라이스는 가까운 지인에게 실망한 목소리로 "연락이 안 된다"며 "페털린이 전화를 차단시켜 버린다"고 말했다고 한다.

더 논쟁이 될 만한 부분은 국무부 내부에서조차 틸러슨에게 접근할 수 없었다는 것이다. 첫 번째 연설 이후 5월에 격의 없는 모임을 갖기 전까지 틸러슨은 직원들과 대화를 하지 않았다. 신임 국무 장관을 맞은 부처로서는 모임의 시기가 이례적으로 늦은 감이 있었다. 그는 침착한 태도를 유지한 채 몸동작은 거의 사용하지 않았다. 작고 확신에 찬 동작만을 취할 뿐이었고 눈썹 위로는 움직임이 없다시피 했다. 이 자리에서 그는 직원들에게 세계 분쟁에 대한 기초적인 개요를 전달했는데 일부 참석자들에게서 거들먹거리는 듯한 태도를 느꼈다. 자리에 참석했던 한 외교관은 "마치 '나도 지도를 읽을 수 있어요' 라는 지리 수업 같았다"고 평했다. 틸러슨은 모의 UN 회의에서 열두 살짜리 참석자에게 외교부가 자신에게 얼마나 영감을 줬는지를 주제로 대화를 나눈 일화를 들려줬다. 그러자 중년의 외교관이 강당에서 인근 세

줄에 앉은 사람들이 들을 만한 목소리로 "우리에 대해 뭘 안다고!"라며 투덜거리기 시작했다. 콜린 파월은 "사실을 말하자면 틸러슨은 부처에서 일어나는 일에 대해 잘 모르고 있고, 자기 주변의 일부 정치적 무리에게만 의지해서는 제대로 업무를 파악할 수 없다는 것"이라고 말했다. "직원들은 틸러슨이 국무부에 아무 도움도 줄 수 없다는 것을 확인시키는 일에 시간을 허비하는 듯 보인다."

일부 직원들은 틸러슨에게 접근이 차단된 문제를 외교 상대국도 동일하게 겪었다고 전했다. 국무부의 상황실에서 여러 달 동안 틸러슨의 전화 연결을 수행한 직원은 "장관은 적극적으로 대화에 나서거나 지원에 나서지 않았다"고 밝혔다. "거기서 일하는 동안 장관과 통화한 전화의 대다수는 정부의 사람들이었다. 한 쪽만 파고든다는 느낌이 들었다." 물론 그런 정부 내부에서 전화가 걸려오는 것이 특이한 사례는 아니다. 하지만 신임 국무부 장관이 선서를 하고 나면 외국 장관들과 전 세계 국가수반으로부터 축하 전화가 쇄도하는 게 일반적이다. 틸러슨의 경우에도 상황실에 60통 이상의 전화가 걸려왔지만 그는 하루에 네 통 이상 받지 않겠다고 말했다.

나중에 미국이 시리아 공격을 전격적으로 개시했을 때는 NATO 동맹국에게 미리 알리는 기존의 절차를 완전히 생략했다. 그러자 틸러슨에게 전화가 밀려들었다. 상황실 직원은 "뉴스가 보도되자 시리아의 우리 이익대표국인 체코를 비롯해, 깜짝 놀란 동맹국이 전화를 걸어 '틸러슨 장관과 통화를 원한다'고 했던 것"을 전했다. 그 때는 토요일의 이른 오후였고 틸러슨은 워싱턴에서 휴식을 취하고 있었다. "장관이 긴 주말 동안 집에 가서 아내와 식사를 한 다음 일정을 마무리한다고 들었다." 장관으로부터 어떤 전화도 걸려오지 않자 외교관들은 장관이 일과 삶의 균형을 추구하는 모습에 크게 놀라면서도 당혹감을 감추지 못했다. 격분한 상황실 직원은 "동맹국에 언질도 없이 시리아를 타격한 것"이라며 "자택에서라도 우방국에 전화를 몇 통 걸 수 있을 텐데 그 전화가 모두 내게 쏟아졌다"고 말했다.

틸러슨은 국무부 내부의 다른 문제에 치중하느라 리더십 공백이 생겼지만 이를 메울 의사가 없는 듯했다. 곧 외교관들과의 접촉을 차단하고 외교관의 의견을 밀어낸다는 소문이 돌았다. 그의 보좌관들은 틸러슨이 회의를 철저히 준비한다면서 '열정적인 연구자'라고 말했다. 하지만 그의 가차 없는 효율성은 의구심을 낳기도 했다. 틸러슨은 전 직원이 오래 기다렸던 비공식 모임에서 "내게 전달된 의견서를 전부 읽었습니다만……"이라면서 "한 장으로 제출해주신 분들께 감사드립니다. 저는 글을 빨리 읽는 사람이 아니어서 말입니다"라고 입을 뗐다. 그의 말은 농담이 아니었다. 틸러슨이 취임한 후 의견서 작성에 대한 공식 가이드라인이 발표됐는데 빨간색 굵은 글씨로 "두 장으로 제한할 것"이라는 경고가 쓰여 있었다. 일부 직원들은 비공식적으로는 분량 제한이 한 장이었다고 전했다. 국무부 장관마다 자신이 원하는 방식에 따라 브리핑 문서 작성의 가이드라인을 준다. 이론상으로는 과도한 문서 작업을 막는 가이드라인은 합리적이다. 하지만 일부 고위 관료들은 틸러슨의 경우 그가 감독해야 하는 복잡한 관계에 사전 배경지식이 거의 없는 상태였기 때문에 분량 제한을 곧이곧대로 지켜서는 미묘한 분위기를 제대로 전달할 수 없었다고 토로했다. 문서가 장관실에 전달되더라도 오랫동안 대기하면서 페털린의 검토를 기다리는 경우도 많았다. 익명의 관료 두 명에 따르면 장관실의 특별보좌관은 보고 적체와 관련된 스캔들이 터질 위험을 줄이기 위해 일부 의견서의 날짜를 사후에 수정하기도 했다는 것이다.

백악관 관계자는 틸러슨의 흠잡을 데 없는 민간 분야의 경영 능력과 국무부 운영 방식을 조화시키기 위해 애썼다. 이 관계자는 "엑슨 모빌에서 40년을 보내는 동안 그는 신과 같은 자리에 앉아서 직원들에게 유가가 얼마나 오를지를 예측하면서 뛰라고 지시했다"며 엑슨 모빌의 틸러슨 사무실에서만 사용하던 용어로 말했다. "나쁘게 말하고 싶지는 않지만 회사를 경영하는 데는 그 나름의 방식이 있는 것이다." 하지만 대통령을 제외한 누구도 신이 될 수 없는 정부라면 이야기가 달라진다. 백악관 관계자는 "처음에는 '문제가 커지고 있지만 민간인 출신으로서 정부가 만만치 않다는 것을 차츰 깨닫게 되겠지'라고 생각했다"고 말했다. "여러 주, 여러 달이 지났지만 결국 내가 본 인물은 정부를 이해하지 못할뿐더러 자아성찰도 없는 사람이었다."

틸러슨이 경질될 수도 있다는 소문이 걷잡을 수 없이 퍼졌다. 후임으로는 CIA의 마이크 폼페이오 국장과 트럼프 정부의 주UN 대사인 니키 헤일리가 주로 거론되었다. 헤일리가 틸러슨의 자리로 갈 수 있다는 가능성은 트럼프 백악관에서 전술적으로 흘린 정보였다. 헤일리와의 경쟁은 틸러슨과 그의 팀을 특히 짜증나게 만드는 듯했다. 내가 장관을 인터뷰하러 간 날도 그들은 헤일리가 팔레스타인 난민 업무를 맡고 있는 UN난민기구에 자금 지원을 유보한다는 발표를 접하고 충격에 빠진 상태였다. 이 사안에 대해 헤일리는 틸러슨과 사전에 협의를 하지 않았다. 잇달아 오간 이메일에서 헤일리의 공보관은 틸러슨의 국무부와 협의하지는 않았으나 백악관에 직접 확인을 했다고 밝혔다. 몇 주 뒤 틸러슨은 시리아 문제에 대해 거친 발언을 내놨는데 세간의 호평을 받았다. 그런데 거의 같은 시기에 헤일리도 동일한 사안에 대해 자체적인 입장을 밝혔다. 이에 틸러슨 팀에서는 헤일리가 공개적으로 장관을 무시했다는 불만이 터져 나왔다. 국무부 장관과 주UN 미국 대사 사이의 긴장 관계는 새로울 것 없는 일이지만 두 사람은 특히 골이 깊어 보였다. 백악관의 관계자는 "틸러슨처럼 헤일리를 공격하는 경우를 본 적이 없다. 충격적이다"라고 말했다. 백악관의 여러 관계자들도 비슷한 감정을 드러냈다. 한 관계자는 틸러슨이 헤일리를 향해 쏟아 낸 '분노'를 대통령조차 못마땅하게 여겼다고 전했다. 틸러슨 팀은 반박했다. 스티븐 골드스타인 공공외교 담당 차관은 틸러슨이 "무척 배려심이 많고 예의 있으며 원칙을 지키는 사람"이라면서 백악관 관계자들이 제기한 달갑지 않은 평은 불만을 품은 정적들이 제기한 것이라고 여겼다. "외교 정책을 다룰 때는 언제나 경쟁 관계의 이해 당사자들이 있고 때로는 사람들이 결정된 사항에 만족하지 못하기도 한다"고 그는 말했다. "그렇기는 해도 알려진 소문은 진실과는 전혀 다르다."

당사자인 틸러슨의 관심사는 다른 곳에 있었다. 그는 "내가 걱정해야 할 유일한 사람은 미국의 대통령"이라고 말했다. "대통령이 내가 하고 있는 일에 만족하고 내가 그 일을 계속하기를 원하는 한 나는 그 일을 계속 하게 되는 것이다." 하지만 틸러슨과 트럼프 사이에 반감이 있다는 보도가 나왔다. 2017년 10월 여러 매체는 틸러슨이 한 회의에서 대통령을 '멍청이'라고 칭했다고 일제히 보도했다. 텍사스 출신의 으스대는 태도가 트럼프의 성미를 자극한다고 백악관 관계자는 말했다. 관계자는 "트럼프와 회의할 때 오만한 우두머리 수컷과 같은 자세를 취하면 안 된다. 매티스처럼 '대통령님, 대통령님은 저보다 똑똑하시고, 선거에 이기셨고, 대통령님의 직감은 언제나 옳습니다. 하지만 다른 어떤 견해가 있을 수 있는지에 대해서 말씀 드리겠습니다'라고 해야 하는데 이 사람은 다르다"며 틸러슨을 지적했다. "틸러슨은 '자, 제가 원유 산업에 오랫동안 종사했기 때문에 한 말씀을 드리겠습니다'라든가 '이 지역에 대해 잘 모르실 테니 거기부터 시작해 보겠습니다'라는 식으로 거들먹 거린다." 틸러슨의 보좌진은 장관이 다른 각료들보다 대통령과 더 많은 시간을 보낸다는 점을 내세웠고 틸러슨도 불화설은 과장되었다고 일축했다. 틸러슨은 "대통령과 나의 관계는 이전 국무부 장관들이 대통령과 맺었던 관계와는 다릅니다. 우리는 서로에 대해 전혀 알지 못했으니까요. 그러니 대통령과 나 사이의 관계는 서로가 어떤 사람인지 배워가는 단계라고 봐야합니다. 우리는 서로에 대해 몰랐고 내 경영 스타일은 대통령의 경영 스타일과 완전히 다르기 때문에 때로는 다른 사람들 눈에 그런 차이점이 분명하게 보이는 겁니다. 그렇다고 우리가 서로 협업하지 않는다고 말할 수는 없겠지요"라고 해명했다.

내가 장관의 경질설에 대해 백악관이 어떤 관여를 했는지 묻자 틸러슨은 전혀 놀란 눈치를 보이지 않았다. 그는 "음" 하더니 고개를 끄덕였다. 추가 질문을 기다리는 듯했다. "이 문제에 어떻게 대응하실 겁니까?" 라고 묻자 틸러슨은 단호하게 "무시한다"고 말했다. 그의 눈썹이 올라가더니 되물었다. "그런데 백악관이라면, 누구를 말하는 겁니까?" 수사적인 질문이었다. "정보원을 말해 달라는 게 아닙니다. 하지만 무슨 질문을 하는 건지 알 겁니다. 백악관에 몇 명이나 근무하죠?" 이 때 틸러슨의 정책기획관 브라이언 후크가 수천 명쯤 된다고 답했다. 틸러슨이 손을 저어 끼어들지 못하게 막았다. "하지만 경질설과 관련이 있는 사람들, 내가 머물지 떠날지에 대해 관심을 가질 만한 사람은 160명 정도 되지 아마……? 라며 틸러슨이 몸을 내 앞으로 숙였는데 그에게 해고를 당하면 유쾌하지 않으리라는 생각이 들었다.(나는 국무부 소속이다). "누구인지 알고 있지만 제 정보원을 밝힐 수는 없습니다. 그들도 제가 알고 있다는 것을 알고요."

틸러슨이 그의 거취 문제를 놓고 비공개적으로 직접 대화하는 것을 들은 세 사람에 따르면, 이 문제에는 트럼프의 사위에서 백악관 선임고문으로 변신한 재러드 쿠슈너와 관련이 있었다. 이들에 따르면 틸러슨은 쿠슈너 본인이 국무부 장관에 오르기 위해 사전 작업으로 백악관의 다른 고위급과 손잡고 헤일리를 국무부 장관으로 보내는 작업을 했다고 말했다. 두 사람 사이에는 때때로 긴장 관계가 감돌았고 많은 경우 공보 대리전의 형태로 표출됐다. 틸러슨이 헤일리가 보류하려던 UN난민기구의 인도적 기금 지원을 일부 회복시키자 쿠슈너가 추진하는 중동 평화 정책에 부정적 영향을 미칠 가능성이 언론에서 제기되기 시작했다. 틸러슨의 보좌진은 쿠슈너가 그런 의혹을 언론에 흘렸다고 비난했다. 백악관의 사정에 정통한 관계자는 쿠슈너가 틸러슨과 협력을 시도했으나 반대에 부딪쳤다고 전했다. "내가 본 바를 전하자면, 대통령은 놀랍게도 (쿠슈너를) 그 자리에 앉히고 선거 후에 '중동 평화를 추진하라'고 말했다. 쿠슈너는 렉스 틸러슨에게 매주 중동 업무에 대한 브리핑을 시도하려고 했으나 답신 전화가 오거나 만나자는 연락조차 온 적이 없었다. 이는 쿠슈너에게만 해당되는 이야기가 아니고 다른 부처 장관들이나 정부의 많은 사람들이 같은 문제로 틸러슨에게 불만을 제기했다"고 말했다. 틸러슨의 한 보좌관은 세간에서 쿠슈너가 기대하지도 않았던 업무가 주어지자 공손하게 받은 양 묘사되는 것에 발끈했다. 그는 틸러슨이 쿠슈너에게 누가 국무부 장관인지를 상기시켜주는 '날선 대화를 나눌' 수밖에 없었다고 전했다.

하지만 일반적으로 국무부 장관이 주도하던 핵심 사안을 쿠슈너에게 넘겨줬을 때 실망감이 들지 않았는지 묻자 틸러슨은 뜻밖에도 소극적인 태도를 보였다. 그는 "그렇지 않아요"라며 "대부분 사전에 분명하게 언급이 되었기 때문에 실망하지 않았어요. 대통령이 처음부터 쿠슈너에게 중동 평화와 관련된 업무를 맡기려던 것이 분명했기 때문에 우리가 그 업무를 준 겁니다." 혹시 반대하지는 않았는지 묻자 틸러슨은 "아니요. 대통령이 원하던 일이었으니까요"라고 답했다. 틸러슨은 중동 업무에 계속 관여하고 있었다. 쿠슈너가 정기적으로 그에게 '들러서' 최신 정보를 알린다는 것이었다. "최소한 그 문제와 다른 모든 사안에 대해서도 우리는 충분한 연계성을 가지고 있었습니다. 우리는 그들에게 '이런 문제에 대해 어떻게 생각하는지' 또는 '그 부분은 가능성이 얼마나 있는지...' 라는 식으로 의견과 제안을 할 것입니다." 틸러슨은 자신의 축출에 대해 맞서는 이야기에는 열의를 보였으나 중동 평화 업무를 내준 일에 대해서는 어깨를 으쓱할 뿐이었다. 후크 공공정책국장은 한 걸음 더 나아가"중동지역의 당사자들은 미국의 중동 평화 팀이 대통령의 완전한 지지를 얻고 있다는 사실을 아는 게 중요합니다. 과거 정부에서는 중동 평화 문제에 다른 모양의 분업이 이뤄졌지만 우리 정부의 경우 새로운 접근을 취하고 있고 대통령과도 훨씬 더 가깝습니다." 대통령 사위의 승인을 확보한 것이 좋은 일이라고 그는 시사했다.

하지만 틸러슨과 쿠슈너 사이의 복잡한 분업은 미국의 정책에 실질적인 영향을 미쳤다. 사우디아라비아를 비롯한 여러 중동 국가가 미국의 중요한 대테러 동맹국인 카타르와 관계를 단절하며 갈등이 빚어졌을 때, 틸러슨이 분쟁의 중재자 역할을 하기 시작하자 느닷없이 트럼프가 궤도에서 벗어나, 카타르를 향해 떠들썩하고 즉흥적인 공격을 퍼부었다. 전날 일요 프로그램에서 틸러슨이 밝혔던 입장과는 정반대의 태도로 트럼프가 공격에 나선 것이다. 백악관 관계자들에 따르면 쿠슈너는 자신이 유능한 개혁가로 여겨온 모하메드 빈 살만 왕세자와 친밀한 관계를 기반으로 사우디 편을 들었다는 것이다. 중동 정책을 총괄하고 있는 두 사람 가운데 부동산과 대통령의 사위라는 배경을 지닌 쿠슈너가 주도권 싸움에서 우위에 선 듯 보였다.

콜린 파월은 국무장관 시절 당시 부통령이었던 딕 체니와 유사한 주도권 싸움을 벌였던 것으로 기억했는데 그리 좋은 기억은 아닌 듯 했다. "나 역시 유사한 경우였는데 미국 정부가 군사위원회를 설립했다는 사실을 뒤늦게 알게 되었다. 법적인 문제였고 국무부가 더 상위권한을 가진 사안이었는데

도 말이다." 틸러슨에게 해줄 만한 조언이 있는지를 묻자 파월은 어깨를 으쓱하며 "그가 마음에 들어 할지, 반대할지 알 수 없다"고 답했다. 그는 쓴웃음을 짓고는 "대사들이 있었다면 그들이 개선을 했을 것이다. 그들의 임무이기 때문이다"라고 덧붙였다. 틸러슨의 재임기간 동안 일어난 광범위한 결과를 지적하는 것이었다. 국무부 건물에 점점 빈자리가 늘었고 규모는 쪼그라들었다.

23장

모기와 칼

틸러슨은 대학에서 공학을 전공했다. 이는 자주 언급되는 사항이며 경영에 대한 그의 냉철한 접근을 엿보게 하는 정보이기도 하다. 장관직을 떠날 때 어떤 유산을 남기게 될지 생각해본 적이 있는지 묻자 그는 정책이 아닌 기관 개혁을 언급했다. “나는 무척 체계적이고 절차를 중시하는 사람입니다.” 2017년 4월 틸러슨은 인시그니엄이라는 민간 컨설팅 기업을 고용하여 미국 외교를 담당하는 기관의 상태 진단을 맡겼고 이 과정에서 포괄적인 설문이 실시되었다.

몇 달 동안 진행된 진단 작업에 100만 달러 이상이 지출되었고 컨설턴트들이 3만 5,000명에 달하는 국무부 및 해외개발처USAID 직원들을 조사했다. 처음에는 훌륭한 아이디어로 간주되었지만 설문지가 도착한 이후에는 직원들 사이에서 실망감이 퍼져나갔다. 국제 마약 및 사법집행국INL의 한 외교관은 “사람들을 분노하게 만들었다”며 “설문지를 읽으려면 컴퓨터와 한 시간 동안 거리를 둬야 할 정도였다”고 말했다.

설문은 “부처가 중단해야 할 업무에는 무엇이 있습니까?”라고 직설적으로 물었다. “외교관의 임무를 여섯 단어로 표현하면 무엇입니까?” (이 컨설팅 회사는 '단어 군집'이라도 만들 셈인가?). 사법집행국 관계자는 "터무니없는 질문이었다. 일반기업을 대상으로 실시하는 설문을 그저 복사해서 붙인 수준이었고, 우리 기관의 업무에 맞게 제대로 수정되지도 않았다"고 지적했다. "컨설팅 업체에 대해 생각해 낸 단어가 있긴 한데 전부 욕설만 하고 싶었다."

그러나 컨설팅 결과는 흥미로웠다. 일부 직원들은 일상에 관련된 부분에 불만을 제기했다. 조사자들은 국무부에서 사용되는 "컴퓨터 기능이 끔찍한 수준"이라는 결론을 내렸다. 국무부는 워싱턴에 위치하고 있지만 여러 이유에서 마이애미에 있는 서버를 사용했던 것인데 느린 접속에 심란함을 느꼈던 한 직원은 "일부 PC는 당장 엎어버리지 않으면 불을 낼 것"이라고 토로했었다. 틸러슨에게 개혁의 목표에 대해 묻자 그는 이 같은 실용적인 부분에 주목했다. 그는 "우리는 업데이트를 하고 우리 자신을 현대화해야 합니다. 여러분이 여기 처음 근무하실 때와 동일한 IT 시스템이 지금도 사용되고 있으리라는 확신이 드는군요"라고 말했다. 그는 마치 외교가의 곤도 마리에[01]처럼 "직원들이 일하는 방식에서 잡일을" 제거하고자 했다.

설문에서는 해외개발처의 존재론적 우려가 드러나기도 했다. 컨설팅 회사는 "직원들이 미래에 대해 낙관적으로 말하지 않는다"고 결론 내렸다. "미래에 대한 분명한 비전이 없으면 장래에 대한 불확실성과 거짓 소문을 만들어 낸다. 해외개발처가 국무부로 합병된다든지 외교 정책이 군사화된다

01 『정리의 발견』 저자로 정리의 달인으로 알려짐– 역자

는 우려 등이 그런 예다." 조사에서 한 외교관은 "예산이 급격히 축소된 데다 많은 고위직이 공석인 상태가 우려스럽다. 이는 재능 있는 사람들이 조직에서 이탈하고, 향후 수십 년 동안 우리가 수행할 임무에 부정적 영향을 미칠 수 있는 문제다"고 지적했다. 인시그니엄 보고서는 트럼프 정부와 렉스 틸러슨의 국무부에 대해 "직원들은 세계에서 미국의 국익을 전달하는 국무부의 역할을 이 두 기관이 제대로 이해하고 있는지 의문을 제기했다"고 밝혔다. 많은 이들은 "정부, 의회 그리고 새로운 국무부 지도부가 미국 국민들에게 지지를 받지 못한다고 인식했다." 잡일을 없앤다는 렉스 틸러슨의 의욕은 이러한 우려를 불식시키는 역할과는 동떨어진 사고였다.

트럼프 정부가 의회에 처음 제출한 예산 가운데 국무부의 예산은 전년도의 527억 8,000만 달러에서 100억 달러 가량이 삭감됐다. 백악관은 특히 미국평화연구소의 임무와 관련된 예산을 전액 삭감했는데 그곳은 "평화 회담을 개최하고 정부에 자문을 제공하며, 경찰과 종교 지도자들을 교육시키고 극단주의에 반대하는 공동체 지도자를 지원"하는 임무를 담당하는 곳이다. 예산이 삭감되면 HIV, 말라리아, 소아마비 등에 대한 보건 프로그램이 중단되고 미국이 UN의 평화유지 임무에 기여하는 금액도 절반으로 줄어든다. 정부는 전쟁 범죄에 대한 정책 수립을 맡고 있는 국무부의 글로벌 형사사법사무소도 폐쇄하기를 원했다. 이와 더불어 난민 문제와 영사 업무를 담당하는 부서를 국무부에서 완전히 분리하여 국토 보안부로 옮기는 방안도 고려했다. (여기에는 여권에 도장을 찍고 압류하는 등의 업무가 포함되는데 이는 외견상 국무부의 핵심 권한으로 인식되었던 업무다.) 국무부의 조직 강령조차도 축소해야 한다는 평가가 제기됐다. 사상 처음으로 정부는 미국이 전 세계에 함양하려는 덕목 조항에서 '정의'와 '민주적'이라는 표현을 삭제하는 방안을 제안했다.

예산 삭감 대상이 된 사업에 대해 개혁 필요성이 없다고 생각하는 사람은 드물었다. 하지만 부처 전반에서 분노가 끓어올랐고 삭감 조치는 무신경한 시도로 보이기까지 했다. 2018년 초, 틸러슨이 국무부에 보고하는 기관인 해외개발처를 재조직하려고 했을 때 백악관은 이 요구에 응하지 않겠다고 통보 했다. 이런 통보는 전례가 없었고 국무부의 반발은 극에 달했다. 한 직원은 상관에게 보낸 이메일에서 "중앙의 지시에 따라 우리는 모든 해외개발처에 대한 관여를 유예한다"라며 "어떠한 합동 재설계 작업에 협력해서는 안 된다"고 밝혔다. 이는 반란이었다.

이런 반발이 일어나기 몇 달 전 틸러슨이 제출한 긴축 예산안에 초당적으로 반대하는 움직임이 있었다. 상원 더크슨 빌딩의 청문회실에서 틸러슨은 정부의 첫 번째 예산안을 제출했는데 그는 양당에서 눈썹을 치켜뜨고 튀기 위해 애쓰는 의원들과 대립각을 세웠다. 공화당 의장인 밥 코커Bob Corker 상원 의원은 "제안을 '5분' 정도 검토한 후 '이건 완전히 시간 낭비다. 더 이상 이 예산안을 검토하고 싶지 않다'"고 말했던 것으로 기억했다. 그때 그가 시간 낭비라고 생각한 이유는 "제출된 예산이 우리가 다룰 예산이 아니기 때문이었다"고 나에게 말했다.

벤 카딘 민주당 중진 의원은 "우리 나름의 예산안을 책정하겠지만 미국의 임무를 수행하는 국무부 외교관들에게는 끔찍한 영향을 끼쳤을 것"이라고 덧붙였다. "70년 전 이 시간에 장관이었던 조지 마셜은 '전쟁 이후 국제 자유 질서를 구축한 핵심 설계자'라는 명성을 얻었다. 그는 '창조의 현장'에 있었다. 솔직히 현 정부는 역사에서 '파괴의 현장'에 있었다고 기록되지 않을까 우려가 든다. 그 파괴의 현장이란 우리가 그토록 열렬히 지지해왔고 미국의 안보와 번영, 그리고 이상을 실현하는데 가치를 두었던 질서가 파괴되는 그런 현장을 말하는 것이다."

더크슨 빌딩은 1950년대에 의회에 추가된 건물이다. 청문회실은 텔레비전 중계를 염두에 두고 초창기에 설계되었기 때문에 관객을 위한 연단에 둥근 탁자를 배치하지 않았다. C-SPAN 카메라에 틸러슨이 잠시 찡그린 표정을 지으면서 희미하게 고개를 끄덕이는 모습이 잡혔다. 하지만 그는 수 시간 동안 혹평이 쏟아졌음에도 꿋꿋하게 국무부의 예산 삭감을 옹호했다. 이듬해에도 의회는 기본적으로 국무부 문제를 예산으로 해결하려 했지만 틸러슨이 이를 거부했다. 그가 러시아 선전에 대응하기 위해 의회가 국무부 예산으로 8,000만 달러를 책정한 방안을 거부하자 국무부의 많은 직원들은 당혹감을 감추지 못했다. 장관이 부처에 책정된 예산을 거부하는 행위는 전례 없는 사건이었다. 정보기관과 국방기관에서 러시아가 미국 대통령 선거에 개입하기 위해 선전을 활용했다는 주장이 제기되는 마당에 틸러슨의 예산 거부는 의혹을 샀다. 한 고문은 의회의 예산이 러시아를 자극하지 않을까 틸러슨이 경계했다고 전했다. 틸러슨과 의회의 관계도 악화됐다. 한 저명한 공화당 상원 의원은 백악관으로 전화를 걸어 틸러슨이 협조하지 않으면 소환하고 말겠다는 으름장을 놨다고 백악관과 의회 관계자가 전했다.

일부 전직 국무부 장관들은 소속 당과 무관하게 틸러슨이 국무부를 위한 예산을 거부한 사실에 경악을 금치 못했다. 매들린 올브라이트는 "상원은 국무부가 삭감된 예산을 일부 회복하거나 예산 삭감에 동의하지 않을 거라고 생각했는데 틸러슨은 예산 받기를 원하지 않았다. 이전에도 그런 일이 있었는지 전혀 들어본 적이 없다"고 말했다.

틸러슨에게 예산 거부에 대해 묻자 그는 고민하는 듯했다. 처음으로 틸러슨은 비공개적인 자리에서 예산안에 대해 반대했다고 털어놨다. "주변에 '(정부 예산에)거부하는 시선을 보내야 한다, 호소문을 돌려야 한다'고 말하는 사람들이 있는데 '아니다, 나는 그런 식으로 일을 하지 않는다'고 말했습니다." 틸러슨은 백악관 예산관리국에서 제안한 수치를 보고 "의회가 따로 우리에게 제공하는 부분이 있으니 10퍼센트, 20퍼센트 추가"를 기대할 수 있으리라 가정했다. 전직 장관들 중에는 이런 방식으로 알아서 적게 요구하면 의회가 우리 부처를 위해 대신 싸워줄 것으로 기대하면서 정부가 제출한 예산안을 국무부가 옹호한 경우가 없었다. 틸러슨은 자신의 경험이 부족했을 수 있다고 인정했다. "취임하고 한 달 정도 된 시점이었는데 OMB(예산관리국)의 목적이 무엇인지 파악하기 위해 OMB와 협업하는 것 외에는 따로 기반이 없었다. 솔직히 말하자면, '우리가 여기서 얻고자 하는 목적이 무엇인지'를 이해하려던 노력만큼 스스로 숫자에 대해 깊이 고민하지는 않았다"고 말했다.

모순적이게도, 국무부가 예산 문제를 겪을 때 국방 분야가 반사 이익을 얻는 경우가 많았다. 예산을 두둑하게 확보한 장군들은 돈을 배정하는 일에 신경을 썼다. 트럼프 정부의 국방부 장관인 제임스 매티스는 중부 사령관이던 2013년 의회에 "국무부에 예산을 모두 제공하지 않으면 우리가 탄약을 더 구매해야 한다"고 밝혔다. "이는 국무부의 외교에 더 많은 예산을 지원할수록 군사예산에 지출할 필요성이 줄어든다"는 형평성에 대한 문제제기였다. 하지만 2017년에는 매티스도 기존의 논리를 뒤집어 국방비 지출이 증가하는 새로운 시대를 옹호했다. "미국 군은 대통령과 외교관들이 굳건한 지위에서 협상할 수 있도록 보장해야 한다." 그는 걱정할 이유가 없었다. 그 해 예산안에서 정부는 미국 민간 외교정책기관에서는 핵심을 뺀 반면 국방비는 무려 520억 증액했기 때문이다.

예산 공격으로 인한 타격과 비교하면 '마호가니 로' 대참사(외교부 직원대량해고)는 아무 것도 아니었다. 1,300명 이상의 외교관들이 해고 통지서를 받았고 신규 채용은 동결되었다. 처음에는 외교부에 신입이 없을 것이라고 발표되었다. 말하자면 전문 외교관이 되기 전단계로 버지니아 근교의 호그와트Hogwarts 학교에서 훈련 받는 'A100' 채용을 하지 않는다는 것이다. 소외 계층이나 지역적 다양성으로 미국 외교정책의 수립과 실행을 도울 인재를 선발하여 채용하는 '랭글 및 피커링 펠로우 십(Rangel and Pickering fellows' 제도에도 미래가 사라졌다. 삽시간에 반대 여론이 일자 일부는 채용이 재개되었다. 국무부는 대통령 직속 혁신 펠로우 십 프로그램의 참여도 급작스럽게 중단했다. 오랫동안 외교관이 될 인재 선발에 기여한 명망 높은 제도였다.

이러한 조치의 결과는 당장 가시적으로 드러났다. 외교관 선발 시험의 응시자가 전년보다 26퍼센트 줄어든 것이다. 지난 십 년을 통틀어 관심도가 가장 낮았다. 선발 환경이 우호적일 때도 국무부는 출중한 인재를 선발하는 데 있어 민간 분야와 치열한 경쟁을 벌였다. 존 케리는 "트럼프가 국무부의 가치를 높게 평가하지 않는다는 불길한 조짐이 언제 현실화될지 상상해보라. 그런 태도가 최고의 인재들에게 어떤 영향을 미칠지도 상상해보라"고 말했다.

외교관들은 남아 있던 중요한 자리라도 보전하기 위해 일에 관심도 없어 보였다. 수백 명의 고위직이 공석 상태였다. 국무부는 고위직이 가차 없이 떠난 자리를 경력이 많이 부족한 차관보 '대행'이 채운 상태로 운영되었다. 틸러슨에게 공석에 대해 염려가 되지 않는지 묻자 껄껄 웃었다. "나는 염려가 없는 사람입니다." 하지만 "자리가 너무 오랫동안 비워져 있다는 점은 만족스럽지 않은 부분"이라고 말했다.

틸러슨은 인사 문제를 해결하기 위해 담당자들을 격주로 만나고 있다고 전했다. 그는 공석을 채우는 일과 관련해 백악관과 대화를 했다면서 "녹록치 않았다"고 말했다. "백악관의 절차는 효율적이라고 볼 수 없고 문제를 개선하기 위해 인력을 교체하지도 않았습니다. 여러 번 이 문제는 무척 느리고 번거롭게 진행되었어요. 때로는 '무엇이 문제인가?'를 이해할 수 없으니 좌절감이 듭니다. 누군가는 하는 일 없이 자리를 지키고 있는 듯한데……." 틸러슨은 한숨을 내쉬었다. "그들에게 '최소한 누구는 안 된다는 대답이라도 달라. 그러면 다른 사람을 알아보겠다'고 말합니다." 틸러슨은 백악관의 인사 담당관인 조니 데스테파노와 국무부의 인사 문제로 부딪친 것으로 전해졌다. 틸러슨이 처음에 엘리엇 에이브럼스를 보내 달라고 했으나 그가 선거 중 트럼프에 지나치게 비판적으로 보였다는 이유로 거절을 당한 것이다. 차관 자리는 5개월 가까이 공석 상태였다. 국무부 전반에서 이런 문제가 벌어졌다. 인터뷰 초반에 틸러슨의 한 보좌관은 예산 삭감에 대한 구체적 질문에 답할 수 없는 한 가지 이유를 알려줬다. "인력이 너무 부족한 상태라 그 문제를 살펴볼 여력이 없었습니다."

* * *

국무부의 가장 열렬한 옹호자들조차 관료제는 효율성의 모범으로 삼을 수 없다는 점을 인정하는 분위기다. 리처드 홀브룩은 1970년대에 《포린 폴리시》에 '실패한 기관'이라는 제목으로 "거대하고 상상할 수 없는 규모"의 체계와 숨 막히는 절차와 규정을 비난했다. 아버지 부시 대통령 시절 국무부 장관을 지냈던 제임스 베이커도 비슷한 견해를 보였다. 그는 "지나치게 비대한 관료적 절차로 인해 때로는 의사 결정이 가로막혔다"고 불만을 제기했다.

틸러슨의 보좌진도 유사한 논리를 펼쳤다. 한 보좌관은 "떠도는 특사직이나 인기 있는 프로젝트는 줄이고 국가별 지역국의 권한을 강화하는 것이 목표"라고 밝혔다.

나는 정말로 궁금한 마음에 "국무부의 지역국에 수장이 없는데 지역 부서의 권한을 어떻게 회복시킬 수 있습니까?"라고 물었다.

"외교부에서 어떤 자리를 거쳐 갔는지 모르겠지만……."

나는 "다양한 경험을 했습니다"라고 말했다.

"정말 다양합니다. 어떤 부서는 일을 맡길 때 다시 들여다보지 않아도

된다는 확신이 100퍼센트 듭니다. 하지만 어떤 곳은 내가 일정부분 처리해줘야 나머지를 맡길 수 있는 경우도 있어요."

업무 성과와 이에 따른 보상 사이에 별다른 상관관계가 없는 여느 정부 조직과 마찬가지로 외교부에도 시간만 적당히 때우고 뚱한 표정으로 따분하게 일하는 사람들이 있다. 하지만 상당수는 뛰어난 실력을 갖춘 헌신적인 공직자들이다. 다른 직장에서 더 많은 돈을 벌 수 있는 능력이 있음에도 미국인들의 삶을 보호하기 위해 기꺼이 희생하는 사람들이다. 결국, 이 보좌관의 회의적 태도에 내재 하고 있던 심리는 자기실현적인 예언이 되고 말았다. 미국의 지도자는 더 이상 외교관들을 높이 평가하지 않았고 외교관의 긍지를 떨어뜨리는 해고 조치로 이어졌다. 잘못은 늘 반복되는 법이다.

이전 국무부 장관들 중에는 포괄적인 조직 축소의 전제에 동의하면서도 틸러슨이 실시한 조치의 정도와 방법에 대해서는 한결같이 우려를 나타냈다. 대대적인 몸집 줄이기에 찬성하는 베이커는 일반적으로 정부 지출의 억제가 시급하다고 동의하면서 "오랫동안 국무부의 예산은 검토를 통해 개선될 여지가 있다고 생각한다"고 말했다. 그러면서 "최근 국무부에서 진행되는 인력 감축의 정도에 대해서는 보고를 받은 적이 없기 때문에 답변하기 어렵다"고 재빨리 부연했다.

닉슨과 레이건 대통령 시절 장관을 지냈던 조지 P. 슐츠는 "틸러슨의 극단적인 감축 조치로 본다. 물론 특사 등 일부 인력을 줄일 여지는 분명 있지만 기본적으로 나라별 지역국은 있어야 하고, 대사도 있어야 하며, 큰 그림을 이해하고 있는 사람들은 있어야 한다"고 말했다. 슐츠와 틸러슨은 민간 분야에서 일했다는 공통점이 있는데 슐츠의 경우 건설과 토목 기업인 벡텔 출신이었다. 대기업에서 정부로 옮기는 일에 대해 그는 "어떤 일이 진행되는지 알지도 못하는 상황에서 모든 것을 줄이겠다는 생각으로 시작하지는 않는다"고 설명했다. 슐츠는 틸러슨이 그토록 신속하게 감축에 나선 것에 대해 "놀랍다. 대통령이 감축을 요구했는지 아니면 장관직을 제의하는 조건이었는지는 모르지만, 대통령이 그런 안을 고집한다면 받아들일 수 없다고 생각한다. 그런 제의는 거절할 수 있어야 한다"고 반응했다.

스탠포드 대학교에서 재정을 담당했던 콘돌리자 라이스는 효율성을 중요하게 여겼다. 라이스는 앨라배마의 흔적이 남아 있는 딱 부러지는 억양으로 "30퍼센트라고 못 박지는 않겠다"고 말했다. "하지만 국무부에 긴축의 여지가 없다고도 볼 수 없다. 일부 보조적인 자리가 있고 조직이 비대해 지는데 누구도 정리한 적이 없다." 그럼에도 미국의 외교적 임무에서 민주주의와 관련된 부분을 제외하는 등 틸러슨이 감축에 나선 부분은 "특히 좋지 않은 발상"이라고 말했다. 라이스조차 국무부의 수많은 빈자리에 의문을 제기했다. "유럽, 라틴아메리카, 아시아를 담당하는 차관보 자리를 비워두는 개혁을 이해할 수 없다."

다른 장관들은 국무부에 대해 더 격앙된 반응을 보였다. 매들린 올브라이트는 "국무부가 헤아릴 수 없는 타격을 입었다고 생각한다"고 말했다. "예산이 제안됐을 때 단순히 비대한 조직을 축소하는 것이 아니라 체계 자체를 줄이려 했던 것이 명백하게 느껴진다." 힐러리 클린턴은 "아랍어 구사자, 한국어 구사자, 중국어 구사자를 내보내는 것은 언어적 재능을 지니고 있거나 난해한 언어를 익히는 일에 2~3년을 바칠 의향이 있는 젊은 외교관 지망생들을 줄이는 조치는 어리석다"고 표현했다.

콜린 파월도 직설적인 평가를 내놨다. 새 정부는 "조직에서 핵심을 제거하고 있다. 그보다 더 나쁜 것은 계속 유지할 자리를 채우지 않고 있는 것"이라고 그는 말했다. 채용 동결은 개인적으로 인력에 대한 투자에 관심을 보였던 장관으로서는 더 뼈아프게 느껴졌다. "새로운 피를 수혈하지 않는 조직은 현재와 미래를 망가뜨린다. 이런 조치는 잘못된 것이다. 사람들의 채용을 중단시키거나 매력이 없는 조직은 미래를 저당 잡히는 것이나 다름없다." 그는 미소를 지었다. 파월은 배경에 대해 날카롭게 발언했지만 이번 발언은 "공개해도 좋다"고 말했다.

국무부의 많은 이들이 느끼기에 부처와 전문직의 지위가 속수무책으로 추락하고 있는 상황에 대해 존 케리는 "막대한 비용을 발생시키는 일"이라고 말했다. "몇 년 뒤 어떤 당에서든 외교를 중시하는 대통령이 선출되면 예산을 회복시키고 국무부에 다시 투자할 수 있다. 하지만 지금 벌어지고 있는 일을 되돌리는 데는 오랜 시간이 걸린다. 전문성과 역량을 갖추는 것은 시간이 걸리는 일이기 때문이다."

실무진의 사기에는 직접적인 타격을 가했다. 그들은 임무를 수행하기 위해 애쓰는 동안 그 전문직이 해체되는 모습을 지켜봤다. 감축 소식이 발표됐을 때 국무부에서 시리아 정책을 담당하고 있던 직업 외교관 크리스 라빈은 "원칙이 없고 효과에 근거하지 않은 조치"라고 말했다. "마치 모기를 잡으려고 칼을 빼드는 격이다."

24장

외교의 붕괴

포기 바텀Foggy Bottom-국무부 지칭에 빈자리가 늘면서 전 세계를 상대하는 미국 외교의 기반도 흔들리기 시작했다.

2017년 7월 렉스 틸러슨과 트럼프 대통령은 백악관에 마주 앉아 이란 문제를 놓고 언성을 높였다. 이란의 핵개발을 억제하기 위한 협상은 틸러슨의 전임자였던 존 케리가 타결한 것으로, 정부가 90일마다 의회에 이란의 협상 준수 여부를 확인해야 했다. 두 사람은 중요한 사건을 앞두고 회의를 했다. 회의에 정통한 관계자는 트럼프가 "내가 왜 확인해 줘야 합니까?"라고 묻고 또 물었다고 전했다. 트럼프의 강경파 고문인 스티브 배넌과 세바스찬 고카가 대통령을 거들면서 핵협상은 미국의 안보 이익을 침해한다고 주장했다.

틸러슨은 일부 정책 문제에 대해서는 예산 삭감의 열정적인 집행자로 보였지만 트럼프 정부의 불도저 앞에서는 그런 역할을 내려놓은 듯했다. 틸러슨이 트럼프의 끈질긴 질문에 대해 "모든 증거에 비추어 봤을 때 이란이 협정을 준수했으며 국제 조사자들의 조사를 통과했다"고 답했다. 이에 대통령은 동요했으며 회의 말미에는 분노를 터뜨렸다고 관계자가 전했다. 나중에 틸러슨의 대변인은 갈등이 과장되어 전달되었다면서 대통령이 보고 받은 내용을 '제대로 인정했다'고 밝혔다. 하지만 대변인도 세심하게 고른 단어를 통해 "회의실에 참석한 모두가 장관이 말한 내용에 동의하지는 않았다"고 인정했다. 나중에 백악관 관계자를 인용한 보도는 회의를 '붕괴'라는 간단한 단어로 표현했다. 트럼프는 백악관 고문들이 협상을 폐기하는 대안을 고려중이라고 말했다. 만약 국무부에서 원하는 바를 들어주지 않는다면 다른 해결책을 찾겠다고 공언했다.

이란 핵협상은 대선 캠페인 때부터 트럼프를 성가시게 한 사안이었다. 그는 자신에게 "최우선 과제는 이란과의 재앙과 같은 협상을 폐기하는 것"이라고 미리 경고했다. 대선 연설에서 그는 합의로 이어지는 다자간 협상 절차를 다시 하자고 제안했다. 그는 "상상할 수 있습니까?"라고 물으면서 마이크 위로 경쾌하게 머리를 흔들었다. 움직임에 맞춰 일반적인 길이보다 10센티미터 더 긴 그의 감청색 타이가 흔들렸다. 이어 그는 손을 귀에 대면서 전화를 하는 무언극을 했다. "저들에게 전화를 해서 '......핵을 만드신다고 들었는데 확인 좀 하겠습니다'라고 말하면 저들이 '안 돼요. 거기서는 핵을 만들지 않는다고요. 이 멍청아'라고 말할 겁니다." 트럼프는 마지막 단어는 마치 교실 뒤편에 앉은 개구쟁이 아이처럼 입모양으로만 전달했다. 취임한 후에는 트위터에서 비난을 퍼부으면서 선거 중에 했던 발언을 이어갔다. 언젠가 그는 "이란이 공식적으로 탄도 미사일 발사를 밝혔다"라는 트윗을 올렸다. "미국이 체결해 준 끔찍한 협정에 분명 고마워했을 것이다!" 이어 "이란은 불장난을 하고 있다. 오바마가 그들에게 얼마나 '친절'했는지 모르는 것 같은데 나는 그런 사람이 아니다!"

이란은 탄도 미사일은 방어를 위한 목적이며 핵 협상과는 무관하다고 주장했다. 하지만 서방 세력은 이란의 재래식 무기 개발 확대를 우려했고 인근의 이스라엘은 특히 더 그랬다. 이란의 인권 문제 역시 이행되지 않았다. 2017년 7월 대통령의 확인을 놓고 트럼프와 틸러슨이 갈등을 벌일 당시 최소한 미국인 3명이 조작된 죄목으로 이란에 억류된 상태였다.

그럼에도 이란은 협정문을 준수하고 있었다. 합의에 따른 엄격한 조사를 강제할 책임이 있는 협상자들은 이란이 속임수를 쓰고 있지 않다는 점을 반복적으로 확인했다. 협상에 참여한 다수의 국가 중에 미국을 제외한 나머지는 협상을 폐기할 근거가 없다는 의견을 만장일치로 냈다. 트럼프와 마찬가지로 강경론자인 외국의 수반들조차도 역시 의견이 같았다. 테레사 메이 Theresa May 영국 총리는 "이란 핵 협정은 논란의 여지가 있기는 하지만 십 년 이상 이란의 핵무기 확보 가능성을 무효화시켰다"고 평가하기도 했다.

처음에 트럼프는 이란이 협상을 준수하고 있다고 확인했다. 하지만 그럴 때마다 정부는 그들이 완전히 검증되고 있지 않음을 분명히 밝혔다. 이란이 탄도 미사일 실험을 실시한 후 트럼프 정부는 새로운 제재를 부과했다. 이에 이란은 이란이 아닌 미국이 협상 조항을 어겼다고 주장했다. 2017년 9월 주UN 미국 대사 니키 헤일리는 핵협상 탈퇴를 위해 보수성향의 싱크탱크인 미국기업연구소를 찾았다. 몇 주 뒤 트럼프는 공개적으로 탈퇴 카드로 협박했다. "저들이 우리나라에 하고 있는 짓을 좌시하지 않을 것"이라고 그는 말했다. "그들은 여러 조항을 위반했고 협정의 정신도 어겼다." 렉스 틸러슨 조차 트럼프에 협조했다. 틸러슨은 신중하게 단어를 고르면서 "우리가 보기에 이란은 기대되는 바를 이행하지 않은 것이 분명하다"고 말했다.

과거의 다른 외교적 성과도 동일한 대접을 받았다. 트럼프가 파리 기후협약에서 탈퇴하면서 미국은 시리아와 니카라과에 이어 세 번째로 협약을 이행하지 않는 나라가 되었다. 나중에는 시리아와 니카라과마저 협약에 참여하기로 결정했다. 앙겔라 메르켈 독일 총리는 트럼프의 결정을 두고 "세계의 문제를 고립주의와 보호주의로 해결할 수 있다고 믿는 사람들은 엄청난 실수를 저지르는 것"이라고 말했다. 나중에 존 케리는 "미국 리더십의 믿을 수 없을 만큼 뒷걸음질 행보이며 어딜 가든 이 문제에 대해 평을 듣고 있다"고 털어놨다. "외교 장관들은 미국이 처음 초안을 만든 파리 협정에 대해 대통령이 읽어보거나 이해하고 있는지 의문을 가지고 있다. 왜 테이블에 마련되어 있는 우리 자리를 스스로 차 버리려는지, 특히 기업인들이 왜 그런 선택을 하는지 더 이해하지 못한다. 대신 다른 나라가 주도권을 쥐게 되면 그 나라의 기업이 편익을 보게 되므로 막대한 자금을 벌어들일 것이다. 이는 자멸하는 길이다. 특히 중국은 우리의 뒷걸음질로 이익을 누리고 있다."

베이징의 미국 대사관에서는 중국 측에 미국이 파리 기후협정에서 탈퇴한다는 소식을 직업 외교관이자 대사관의 2인자인 데이비드 H. 랭크에게 맡겼다. 그러자 랭크는 임무를 수행하는 대신 사임을 택하면서 27년 동안의 외교부 근무에 마침표를 찍었다. 그는《워싱턴포스트》를 통해 오늘날의 외교에 대해 애통한 심정을 드러냈다. "미국 국민을 위해 일하는 외교관들을 정치적 동기에 따라 가공된 엘리트로, 화합되지 않고 의심스러운 인물로 묘사하는 일이 종종 벌어지고, 전문가가 그 어느 때보다 절실하게 필요한 복잡한 세계에서 전문가를 폄하하는 세태가 우려스럽다"고 밝혔다. 마지막으로 그는 "더 걱정스러운 것은 미국의 리더십에 대한 초당적인 합의가 사라지는 것이고, 그렇게 되도록 우리가 방치한다면 다른 나라에 기득권을 빼앗기게 될 것이다"고 덧붙였다.

마이애미의 리틀 아바나에서 쿠바계 미국인들 앞에 선 트럼프는 또 다시 외교적 결정을 뒤집는 발언을 했다. "이전 정부가 쿠바와 완전히 편파적으로 체결한 협정을 취소하겠다." 어떤 면에서 이것은 상징적인 선언이었다. 아바나의 미 대사관은 계속 운영될 것으로 보았기 때문이다. 하지만 실제로 과거로 역행하는 일이 벌어졌다. 쿠바를 여행하는 미국인들은 또 다시 엄격한 제약을 받았다. 쿠바 정부와 연계된 것으로 추정되는 쿠바의 호텔과 기업에 대해서는 거래를 금지시켰다. 이는 쿠바 정부에 대한 강경한 조치 차원에서 마련되었으나 비판자들은 정부보다 민박집과 같은 영세 기업이 타격을 입을 것이라고 주장했다. 이러한 역행 조치의 대부분은 전과 마찬가지로 국무부는 가장 나중에 소식을 접했다. 한 직업 외교관은 표면상 쿠바 정책을 담당하고 있는 서반구국Western Hemisphere Affairs을 지칭해 "가엾은 WHA" 라고 말했다. 해당 조직을 담당하는 차관보조차 아직 임명되지 않은 상황이었다. 차관보 대행은 "당일까지도 대쿠바 정책 변화에 대해 듣지 못했다" 고 말했다. 새 정부는 전임 정부가 남겨 준 몇몇 외교적 성과를 파괴하기로 작정한 듯했다.

다른 경우에도 보면 트럼프 시대에는 혼란과 실수를 통해 외교적 지도력을 낭비했다. 그 영향은 국무부 장관과 국무부를 등한시하는 태도보다 더 컸다. 이러한 낭비는 미국 정치의 독특한 시기와 트위터에 빠진 무분별한 대통령의 특성에서 비롯되었다. 이 과정에서 외교의 중요성은 더욱 도드라졌고 외교의 부재가 얼마나 위험한지를 알게 했다.

대통령의 즉흥적인 발언은 여러 번 외교 분야의 민감한 지역을 자극했다. 2017년 트럼프는 베네수엘라에서 정치적 혼란이 가중되자 "베네수엘라에 여러 옵션을 취할 수 있으며 군사적 옵션도 배제하지 않을 것"이라고 말했다. 뉴저지의 골프장에서 (긴장감에 입술을 물어뜯는) 틸러슨과 (내내 이마를 찡그리고 있는) 니키 헤일리에 둘러싸여서 한 발언이었다. 트럼프의 발언은 외교적 분쟁을 촉발시켰다. 베네수엘라 국방부 장관은 "미친 짓"이며 "최고의 극단주의"라고 비난했다. 백악관은 니콜라스 마두로 베네수엘라 대통령의 전화를 거부했다. 이런 식의 강경한 접근법이 베네수엘라와의 공격적인 외교 과정에서 펼쳐졌다면 긍정적으로 해결될 수도 있었을 것이다. 하지만 국무부의 라틴 아메리카 담당국 직원들은 대통령이 비난을 퍼부으며 양국 관계가 교착상태에 빠졌음에도 대통령을 누그러뜨릴 방안이나 대책이 없었다고 말했다.

트럼프와 유럽 동맹국과의 관계도 유사하게 흘러갔다. 틸러슨은 H. R. 맥매스터 국가안보보좌관, 제임스 매티스 국방부 장관과 더불어 트럼프 대통령에게 유럽을 처음 순방하는 자리에서 NATO 지도자들을 대상으로 연설할 때 집단방위에 대한 의지를 나타내야 한다고 간곡하게 설득했다. 트루면 대통령 이래 모든 대통령에게 집단방위 문제는 타협의 여지가 없는 사안으로 간주되었다. 보좌진은 몇 개월 동안의 작업을 거쳐 미리 준비된 연설문에 이 사안을 집어넣었지만 트럼프는 즉흥적인 연설을 하면서 해당 부분을 빠뜨리고 지나갔다. 트럼프가 이 오류를 바로잡는 데 몇 주가 걸렸으며 이 기간 동안 직업 외교관들은 불안감을 느낀 나토 동맹국들을 달래느라 진땀을 흘렸다.

2017년 8월 북한이 발사한 미사일이 새벽에 일본 상공을 지나가면서 일본 북부의 수백 만 시민들은 휴대폰의 경고음에 잠을 설쳐야 했다. 이번에도 트럼프는 신중하지 못한 태도를 보였다. 그는 깜짝 놀랄 만한 최후통첩을 날렸다. "북한은 미국을 더 이상 위협하지 않는 것이 나을 것이다." 이번에도 뉴저지의 골프장에서 발언한 경고였다. "화염과 분노를 마주칠 것이며 이 세상의 누구도 본 적 없는 무력을 목격하게 될 것이다." 대통령의 역사를 다루는 전문가들은 제2차 세계대전 당시 트루먼이 일본을 향해 "하늘에서 지구의 누구도 본 적이 없던 파멸의 비가 내릴 것"이라고 경고한 이후 최고 사령관이 발언한 가장 공격적인 언어라고 평했다. 트럼프가 한 발언이 트루먼의 경고와 유사한 부분에 대해 의도된 것인지 확인할 수는 없었다. 국무부에서 북한과의 복잡한 갈등관계를 면밀하게 파악하고 있는 지역 전문가들이라면 수위가 높은 경고의 발언을 능숙하게 억제할 수 있었을 것이다. 하지만 분야를 막론하고 어떤 전문가도 이 사안을 관리, 관찰하고 있는지 알 수가 없었다. 한 고위 관료는 "트럼프 대통령의 발언은 사전에 준비되지 않았고 즉흥적으로 제기된 것"이라며 분노를 드러냈다. 북한은 즉시 미국 영토에 해당하는 괌을 타격하여 보복하겠다는 위협을 가했다. 대통령은 트위터로 설전을 이어갔다. "북한이 무분별하게 행동한다면 군사적 해결책이 완벽하게 마련되어 있으며 발사 준비가 되어 있다"라며 "김정은이 다른 길을 모색하기 바란다."고 글을 올렸다.

한 달 후 트럼프는 대통령 취임 후 처음으로 참석한 UN 총회에서 녹색 대리석으로 장식된 연단에 올라 북한 정권을 향해 비난을 퍼붓고는 북한의 독재자를 비웃으며 '로켓맨'이라는 별명을 붙여줬다. 그는 "지구상의 그 어떤 나라도 이 범죄자 집단이 핵무기와 미사일로 무장하는 것을 지켜보는 것에 관심이 없다"면서 눈을 가늘게 떴다. 연단 아래 있던 백악관의 존 켈리 비서실장은 손으로 얼굴을 감싸 쥐고는 관자놀이를 문질렀다. 현실적인 위기를 느끼는 듯했다. 트럼프는 "미국은 강한 힘과 인내를 가지고 있다"면서 "하지만 스스로 혹은 동맹을 방어해야 하는 상황이 오면 북한을 완전히 파괴하는 수밖에 없다"고 말을 이었다.

김정은은 트럼프의 연설이 "전례 없이 무례하고 허튼 소리"라고 맞받아치면서 경고했다. "정신이 이상한 미국의 노망난 늙은이를 불로 다스릴 것이다." 김정은이 쓴 '노망난 늙은이dotard'라는 표현은 14세기로 거슬러 올라가는 단어로 연령이 있고 노쇠하다는 느낌을 줬으며 삽시간에 유행어가 되었다. (한국어로는 '늙다리 미치광이'라고 비난했다.) 북한이 공개적인 비난을 이어가는 가운데 트럼프는 또 다른 트윗을 올렸다. "북한 외무상의 UN 연설을 방금 들었는데 리틀 로켓맨의 생각을 되풀이한다면 그들을 다시 볼 수 없을 것이다!"

렉스 틸러슨은 트럼프와는 매우 다른 어조로 정부가 북한 정권과 직접적인 연락을 취하고 있다고 발표했다. 그는 "우리는 북한에게 '대화를 바라는가?'라고 묻고 있다"면서 "평양과 통신선이 있다"고 말했다. 틸러슨은 자신과 대통령이 북한 문제에 "완전히 같은 입장"이라고 강조했다. 그는 나에게 "대통령의 대북 정책은 한반도의 완전하고 검증 가능하며 불가역적인 비핵화CVID다. 대통령은 외교적 노력을 통해 이 목표를 달성하기를 원한다"고 말했다. 하지만 틸러슨이 평양에 대한 외교적 접근 발언이 있은 직후 트럼프가 올린 트윗은 이와 연결 짓기 어려웠다. 대통령은 "우리의 멋진 국무부 장관 렉스 틸러슨에게 리틀 로켓맨과 협상하려고 시간을 낭비하고 있다고 말해줬다"라며 "렉스, 에너지를 아끼시오. 우리는 해야 할 일을 할 것이오!"라는 트윗을 게시했다.

북한과의 대치상황이 고조되면서 미국 동맹의 반응은 엇갈렸다. 독일의 앙겔라 메르켈 총리는 지쳤다는 듯 독일이 북한과의 군사 대치 상황에서 미국 편에 설 것인지에 대해 답변을 거부하면서 이번에도 협상이 필요하다고 강조했다. 그녀는 UN 연설 후 진지한 어조로 "이런 형태의 위협에 반대한다"고 말했다. "내 자신과 정부의 입장을 말하자면, 우리는 모든 종류의 군사적 옵션은 부적절한 것으로 간주하며 외교적인 노력이 적극적으로 실행되어야 한다. 내가 보기에는 제재와 압박이 올바른 답이라고 본다. 북한과 관련해서 그 밖의 해결책은 잘못된 것이라고 생각한다. 그런 점에서 우리는 미국 대통령과 의견이 분명히 다르다."

일본 상공으로 미사일이 지나가자 야단법석을 떤 아베 신조 총리는 트럼프의 편을 들면서 북한과의 외교적 노력이 실패한 역사를 예로 들었다. "대화를 통한 문제 해결을 여러 번 시도했지만 모두 실패했다"면서 "또 다시 성공할 것이라는 희망을 품고 동일한 실수를 세 번째 반복해야 하겠는가?"라고 물었다.

양쪽 모두 옳았다. 한 종류의 외교적 시도는 북한에서 실패를 했지만, 수십 년 동안의 포용정책을 지켜본 대다수 사람들이 보기에는, 아베도 언급했듯이, 또 다른 종류의 외교를 시도해 보는 것도 세계에서 가장 위험한 대치 상태에서 벗어날 수 있는 유일한 방법이었다.

클린턴과 부시 2기 정부는 '은둔의 왕국' 북한에 외교적 영향을 미치기 위해 상당한 노력을 기울였다. 1994년 미국은 비핵화 합의를 이끌어 내는 데 성공했고 평양은 전체 핵 프로그램을 동결 및 폐기하기로 동의했다. 그러나 북한은 고농축 우라늄 개발을 위한 장비를 구매하며 합의를 어겼다. 하지만 북한 외교 전문가들은 미국이 약속을 제대로 지키지 않으면서 합의가 위험에 처했다고 주장했다. 북한에 경수로를 건설하고 중유를 공급하겠다는 약속은 클린턴 정부와 공화당 간 정치적 갈등이 빚어지면서 지연되었다. 부시가 취임한 이후 양국의 관계가 악화되면서 합의는 파기되었다. 부시 정부는 첫 번째 임기 동안, 보다 공격적인 입장을 취했다. 북한 정권에 핵무기를 사용할 수 있는 대상지의 하나로 지정하고 무력을 과시하는 비난을 가하면서 합의이전의 상태로 돌려놓았다.

하지만 조지 W. 부시의 두 번째 임기가 시작되면서 콘돌리자 라이스는 양국 관계에서 새로운 변화를 모색하는 정책을 시도했다. 라이스는 북한 비핵화를 위한 6자회담에 크리스토퍼 힐이라는 직업 외교관을 내보냈다. 힐은 리처드 홀브룩의 지휘 아래 발칸 반도의 평화를 중재하는 협상 팀에 참여한 경력이 있었다. 라이스는 힐에게 지친 목소리로 "이 정부는 두 번의 전쟁을 치렀다"면서 "이제 외교적 방법들을 찾고 있다"고 말했다. 힐을 비롯한 유리 김 등 열정적인 외교부 팀원들은 수년에 걸쳐, 현장의 어려운 문제들과 직접 부딪쳐왔다. (십 년 후 유리 김은 트럼프의 마호가니 로 대참사에 휘말려 든다) 이들은 주말에도 가족들과 떨어져 업무에 매달렸으며, 장시간 비행하며 전 세계를 누볐고 베이징에서 12~13시간 동안 마라톤협상을 진행하기도 했다. 북한은 세계에서 가장 골치 아픈 협상 상대 중 하나였다. 발칸 반도에서조차 사적으로는 분위기가 부드럽게 흘러 자녀와 손주, 스포츠, 취미 등에 대한 대화를 나누곤 했었다. 힐은 그러나 북한인들이 마치 '로봇 같다'는 명성을 가지고 있다고 전했다. 수년 동안 밤늦게까지 긴장이 감도는 협상을 진행했음에도 힐은 상대에 대해 거의 아는 게 없다는 느낌이 들었다.

관계가 부침을 겪는 동안 힐은, 발칸 평화 협상에서 자신의 상사를 비롯한 과거 외교관들이 남겨 준 교훈을 이어가기 위해 노력했다. 중국은 약속했던 협상에 나타나지 않았고 중국 없이 진행하는 것은 사태를 악화시킬 수 있었다. 처음에 힐은 "홀브룩이라면 회담을 어떻게 했을까? 취소시켰을까?"를 생각하면서 인내심을 갖고 진행했다. 나중에 협상이 최악의 상황에 이르렀을 때는 홀브룩이 힐의 팀을 단결시켰다. 홀브룩은 아프가니스탄에서 내

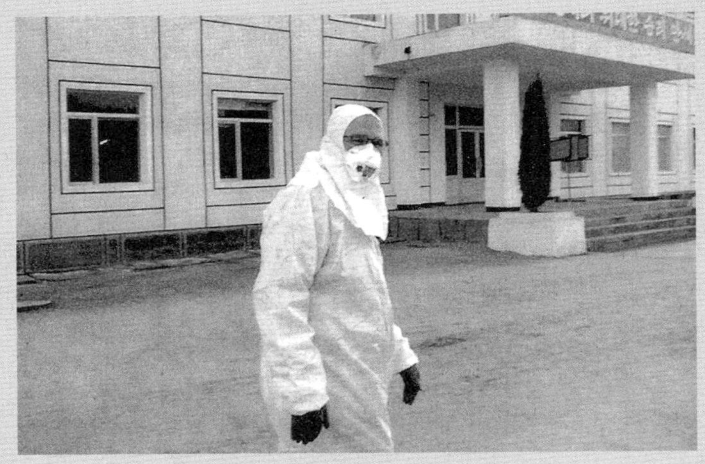

2007년 가을 크리스토퍼 힐이 위험물질 방호복을 입고 북한 영변의 핵시설에 들어가고 있다. 북한 정권은 힐이 이끈 6자회담의 조항에 따라 핵시설 가동을 중단하고 해체를 시작했다.
–크리스토퍼 힐 제공

2015년 빈의 존 케리 국무부 장관과 이란 협상을 막후에서 진행한 미국 외교팀(왼쪽)이 팔레 코부르크 호텔의 블루 살롱에서 이란의 모하마드 자바드 자리프 등 이란측(오른쪽)과 협상을 벌이고 있다.
–국무부 자료사진

게 말했듯, 팀원들에게 역사의 일부라고 환기시키면서 그 순간을 즐기라고 당부했다. "이런 순간이 다시없을지 모른다네."

2007년 가을 힐은 흰색 가운과 모자를 쓰고 대담한 외교의 현장에 있는 자신의 모습을 발견했다. 평양에서 두 시간 거리의 북쪽에 위치한 노후한 플루토늄 공장을 조사하기 위해 현장을 방문한 것이었다. 팀은 공장시설의 두꺼운 파이프 일부를 잘라냈고 미국과 국제적 '핵시설 폐기' 전문가들은 감시 활동을 펼쳤다. 7개월 후 북한은 공장의 냉각탑을 폭파했다. 2001년 이후 처음으로 북한이 원자로를 정지시킨 역사적인 순간이었다.

결과적으로 보면 그런 시도만으로는 충분치 않았다. 북한 측은 핵 활동에 대한 불완전한 보고서를 제출하더니 더 자세한 사항을 요구하자 냉담한 태도를 보였다. 하지만 회담은 이후 발전시킬 여지를 남긴 중요한 유산이었다. 균열은 한국과의 굳건한 관계로 메울 수 있었다. 중국과는 이전에 불가능하다고 여겼던 수준까지 협력하는 수준에 이르렀다. 중국은 오늘날까지 북한 위기를 해결할 수 있는 가장 중요한 주체다.

오바마 정부가 북한과의 외교에서 부시 1기 정부에서 저질렀던 같은 실수를 반복하고 수년간 외교적 노력을 포기했을 때, 업무에 관계되어 있던 다수의 프로 외교관들은 놀랄 수밖에 없었다. 힐은 "솔직히 말하자면 오바마 정부는 그것이 클린턴 정부에서 했든, 부시 2기 정부에서 했든, 모두가 북한과 어떤 일이라도 추진하려는 열의를 보였다"고 말했다. "오바마 정부는 '다른 우선순위에 주목했으며, 이전 정부에서 해왔던 북한과 관련된 일은 후순

위로 미뤄 놓은 채 전략적 무시 정책을 택했다'고 판단했다. 정부는 문제해결에 진지한 관심을 보이지 않았다." 나중에 힐러리에 북한에게 등을 돌린 일을 후회하는지 묻자 "아니다"며 머뭇거리다가 "크리스토퍼 힐은 계속 협상을 이어갔다"고 말했다. 힐은 자신의 노력이 등한시되는 것으로 느꼈다고 전하자 "거기에는 답하지 않겠다. 나는 모르는 사안이다. 힐의 의견에 동의하지도 반박하지도 않겠다"고 답했다. 힐러리가 그토록 지친 기색으로 말하는 것은 처음이었다. "어쩌면 백악관이나 국방부에서 지원이 없었다고 느꼈을 수도 있다." 클린턴은 말을 이었다. "하지만 국무부에서는 분명 우리가 할 수 있는 일에 최선을 다했다."

크리스토퍼 힐을 비롯해 노력을 기울였던 다른 외교관들은 한 가지에 의견을 모았다. 외교는 여전히 앞으로 나아가는 유일한 방법이라는 것이다. "북한 상황에서 개선이 일어난다면 그건 외교로 가능할 것"이라고 콘돌리자 라이스는 말했다. 힐이 보기에 이는 당장 북한과 더 많은 회담을 갖는다는 의미라기보다는 중국과 강도 높은 대화를 이어가는 것을 의미했다. 도널드 트럼프가 UN에서 비난 수위를 높이자 힐은"북한 사람들과 직접 진지한 협력을 할 수 없다면 (이를 충분히 이해하며) 중국하고라도 진지한 대화를 해야 한다. 여기에는 더 많은 외교적 노력이 필요한데 한밤중에 트위터나 올리는 것으로 메시지를 보낼 수 없다. 마주 앉아서 상호 이해에 대해 진지한 대화를 나눠야 하는 것이다"고 말했다. 중국도 뜻을 같이 했다. 2017년 이들은 6자회담의 필요성을 공개적으로 알렸다. 북한과의 관계를 단절하지 않으면서 책임감 있게 보이는 방법이었다. 이는 미국의 노련한 외교관들에게 상황을 진전시킬 수 있는 여건을 만들어 주는 자세였다.

틸러슨의 공공계획국장인 브라이언 후크는 틸러슨이 '엄청난 외교적 인내심을 발휘해' 중국으로 하여금 북한에 더 강경한 입장을 취할 것을 압박했다고 말했다. 후크는 "틸러슨 장관이 베이징을 방문했을 때 중국 관료들을 만나 '쉬운 방법으로 하든, 어려운 방법으로 하든 한반도 비핵화에 더 큰 역할을 해야만 한다'고 강조했다"고 전했다. 하지만 이 지역에서 미국의 외교적 역량은 축소되었다. 십년 전 유리 김이 이끌던 상당한 규모의 북한 외교팀은 더 이상 존재하지 않기 때문이다. 틸러슨이 취임하고 일 년이 지났음에도 동아시아 담당 차관보는 여전히 공석이었다.

세계의 다른 나라는 미국이 외교와 개발의 주도권을 타국에 내 주는 상황에 동참하지 않았다. 글로벌 외교력의 균형은 변화하고 있다. 틸러슨이 국무부 장관으로 중국을 처음 방문했을 당시 그와 시진핑 주석은 중국의 목가적 아름다움을 그린 벽화 앞에 놓인 회갈색 안락의자에 앉았다. 오염되지 않은 계곡과 숲 위로 기증기가 솟아 있었다. 두 사람은 빨간색 타이와 어두운색 재킷을 맞춰 입었다. 미중 관계를 긴밀히 관찰한 사람들에게는 놀랍게도 두 사람은 조화로운 언어를 사용하고 있었다. 시주석은 미국이 "협력적 지역을 확대하여 윈-윈하는 결과를 얻어야 한다"고 주장했고, 틸러슨은 "미국은 갈등이 없고 대치가 없고 상호 존중하며 윈-윈 협력하는 원칙을 기반으로 중국과 관계를 발전시킬 준비가 되어 있다"고 답했다.

이 분야에 문외한인 사람들은 놓치고 지나갔겠지만 국무부 안팎의 아시아 전문가들은 이후 이례적인 장면을 목격했다. 틸러슨은 시주석이 과거에 발언한 내용을 그대로 복사해서 붙여놓은 듯한 발언을 한 것이다. 몇 달 전 시 주석은 트럼프 대통령에게 "갈등이 없고 대치가 없으며 상호 존중하는, 윈-윈 협력하는 원칙을 수호"하기를 기대한다는 희망을 내비쳤다. 이는 시 주석과 다른 공산주의자들이 권력의 새로운 균형을 표현한 가장 최근의 사례였다. 사용한 단어의 순서를 통해 중국을 미국과 같은 위상에 배치하여 새로운 힘의 균형을 묘사하고 미국이 타이완에서부터 남중국해의 영토 분쟁에 이르는 갈등 문제에 대해 중국의 입장을 따르는 듯한 상황을 표현한 것이다. 중국 국영 매체는 이를 즉각 보도했다. 공산당 기관지 《글로벌 타임스》는 "틸러슨이 강대국 관계의 새로운 모델을 암시적으로 지지했다"면서 틸러슨이 구사한 언어는 "버락 오바마와는 달리 아시아 태평양의 미국 동맹국에게 중국과 미국이 대등하다는 인상을 심어줬다"고 보도했다.

국무부의 일부 관료들은 내게 이 지역 전문가들이고, 그런 언어의 중요성을 충분히 인식하고 있을 동아시아·태평양 담당국에, 사전에 틸러슨의 발언과 관련한 의견을 자문 받지 않았다고 전했다. 오히려 관련 문구는 백악관의 재러드 쿠슈너 사무실에서 작성했다고 백악관 관계자가 전했다. 틸러슨의 공공계획국장인 브라이언 후크는 이를 반박하지 않았지만 아시아국 국장 대행이 출장 중이었다고 둘러댔다. 대행이 성명서 초안을 작성하는 데 개입했는지 묻자 후크는 "기억이 나지 않는다"며 "이런 출장을 다녀봐서 알겠지만 기억이 흐릿합니다"라고 대답했다.

"틸러슨이 의도적으로 언어를 그대로 쓴 건가요?" 내가 다시 물었다.

"의도적으로 그대로 쓴 것은 아닙니다."

"하지만 장관이 무슨 일을 했는지 알고 있겠지요?"

"장관은 제출하는 모든 문서에 서명합니다. 그는 윈-윈 전략을 신뢰합니다. 중국과 미국이 협력할 수 있다고 믿고요." 나중에 후크는 틸러슨이 "중국이 공식적인 표현에서 언급한 것과는 다른 의미를 부여한 것입니다. 예를 들어 장관도 윈-윈 관계가 중요하다고 믿지만 중국이 두 번 이겼다는 의미로 쓴 건 아닐 겁니다"라고 덧붙였다. 후크는 틸러슨이 중국에 대해 접근할 때 "결과를 기반"으로 하며 "우리의 이익을 해치는 중국의 모든 행위에 대응할" 의지가 있다고 밝혔다. 하지만 일부 외교관이 보기에 이런 목표는 내부의 전문가를 활용하지 않음으로써 훼손되고 있었다. 아시아국의 한 관료는 일반적인 경우라면 특정 표현을 쓰기 전에 미리 고국의 전문가에게 자문을 구하지만, 틸러슨이 방중 기간 중 그렇게 하지 않는 것을 보며 마치 날뛰는 사자 모습을 우리 밖에서 지켜보는 심정이었다고 표현했다.

미국의 외교관들이 예산 삭감에 직면한 반면 중국의 곳간은 해가 갈수록 풍성해졌다. 중국 정부는 전 세계의 기간산업 계획에 1조 4,000억 달러에 달하는 자금을 투입한 것을 비롯해 개발 사업에 아낌없이 투자하고 있다. 이는 제2차 세계대전 후 서유럽 부흥을 위한 마셜 플랜을 능가하는 수준이다. 해외 원조는 아직 미국에 미치지 못하지만 추세 선은 분명한 상승세를 보이고 있다. 2005년 이후 연평균 20퍼센트 이상 증가한 것이다. 굴기하는 강대국의 신호를 세계에 확실하게 인식시키고 있다. 최근에는 미 국무부가 세계인의 마음과 정신을 얻기 위해 공공외교에 6억 6,600만 달러를 지출했다. 유사한 부문에 중국 정부가 어느 정도 지출했는지 파악하기는 어렵지만, 한 분석에서는 연 100억 달러 정도를 '외부 선전' 프로그램에 쏟아 부은 것으로 추정했다.

미국 정부가 발을 빼고 있는 국제기구에서 중국 정부는 상대적으로 존재감을 드러내고 있다. 미국이 UN 분담금 축소를 언급하는 동안 중국은 UN 평화유지 임무에 두 번째로 많은 기금을 대는 국가가 되었다. 전 세계 분쟁 지역의 평화유지군 활동에 중국이 지원하는 자금은 안보리 나머지 4개국을 합친 금액을 능가한다. 이는 실용적인 조치다. 중국 정부의 영향력은 더 강해졌고 그들은 UN 이사회에 요직을 차지하고 있다.

전 세계적으로 이와 같은 흐름의 변화가 감지되고 있다. 서방 강대국이 중국의 외교를 평할 때 무자비한 경제적 공략을 펴는 것에 비해 도덕적 덕목이나 외교적 방법으로 해결하려는 스킬이 부족하다는 평가를 했는데 과거에는 그런 평가가 정확했다. 이제 중국은 아프가니스탄과 인근 파키스탄과의 복잡한 관계를 중재하는 역할을 모색하고 있다. 또한 아프리카 수단에서는 과거 수십 년 동안 '불간섭주의'를 유지했고, 악명 높은 국가이슬람전선NIF 정권이 다르푸르와 남수단에서 민간인 학살을 자행하는 동안에도 그들의 원유를 구매해줬다. 수단에서 짐승 취급을 당하고 있는 부족들은, 중국이 수단에 대규모 석유투자를 하고 있는 독특한 상황임을 고려해 영향력을 행사하여 평화를 찾게 해 달라고 요구했으나 중국은 철저하게 무관심했다. 그러나 지금은 중국의 아프리카 특사가 이 지역을 바쁘게 오가면서 중재를 제안하고 있다. 또한 여전히 남수단을 괴롭히고 있는 폭력 사태에 합의를 도출하기 위해 노력을 기울이고 있다. 중국 정부는 이 같은 직접적 접근에 대해 외교의 '새 장'이 열렸다고 표현했다.

아시아에서 중국의 영향력은 더욱 두드러진다. 2009년부터 오바마 정부가 주도해온 역내 무역협정인 환태평양경제동반자협정TPP에서 트럼프 정부가 탈퇴하자 중국은 거대한 자체 무역협정인 '역내 포괄적 경제동반자협정'을 발 빠르게 추진했다. 인근 국가는 두 강대국의 변화를 피부로 느끼고 있다. 가령 트럼프 정부는 카자흐스탄과 투르크메니스탄에 대한 원조를 전액 삭감했다. 양국에 대한 원조 규모가 크지는 않았지만 전략적으로 아프가니스탄에 인접해 있고 미국이 러시아를 견제할 필요성이 있다는 점에서 미국의 영향력을 가시적으로 드러낼 유일한 방편이었다. 또한 양국은 중국의 대대적인 '일대일로' 계획에서 새로운 철도선이 지나가는 지역이다.

존 케리는 한 때 미국이 우위를 점했던 외교와 개발 분야에서 중국이 영향력을 확대하는 것을 두고 "완벽하게 자초한 결과"라고 말했다. "공개 토론에서 주로 거론되는 많은 문제들보다 훨씬 우려스러운 사안이다. 거대하고 강하며 야심찬 국가가 어젠다를 세우고 이를 실천하고 있다. 오늘날 중국은 우리의 점심을 먹어 치우고 있는데 대통령은 오히려 우리가 물러나는 상황을 일종의 성취로 여기면서 환영하고 있는 모양새다." 중국은 세계의 영웅이 아니다. 최근 중국이 외교 지도력을 발휘하려는 시도가 미국의 뿌리 깊은 관용 정책의 유산과 완전히 비교될 수 있다고 생각한다면 지나치게 단순화한 것이다. 또한 중국 정부가 보여주는 지도력은 그 유형이 완전히 다르다. 여전히 거칠며, 여전히 자국의 인권유린 문제를 개선하려는 노력을 회피한다는 한계를 지니고 있다. 그렇긴 하지만 중국은 의미 있는 궤적을 걸어왔다. 오늘날 카자흐스탄에서 태어나는 아이들에게 어느 한 초강대국의 지도력은 분명하게 인식되지만 나머지 한 나라의 지도력은 그렇지 않을 것이다. 수단과 파키스탄 등지에서 내가 대화를 나눴던 청년들은 보다 적극적인 중국 브랜드의 인프라를 눈으로 확인하고 자랐다. 중국이 급속한 경제를 발전시킨 저력을 발휘하여 빠른 속도로 외교력을 성숙시킨다면 미국은 강대국이 세계 질서를 형성하는 가장 중요한 수단 하나를 빼앗기게 될 것이다.

Epilogue

최후의 보루라는 도구

2015년 오스트리아 빈
⋮
쓸쓸한 퇴장

군사적 분쟁에는 두 가지 유형이 있다.
하나는 협상을 통해 해결되고 또 하나는 무력으로 해결된다.
첫 번째 분쟁은 인간의 특징이고 두 번째는 짐승의 특징이다.
그러므로 우리는 첫 번째 수단을 활용할 수 없을 때에만
두 번째 수단에 의존해야 한다.

-키케로 『의무론』

트럼프 정부에서 국무부가 서서히 쇠퇴하는 위기는 불균형이 심각한 외교 정책으로 인한 당연한 결과로 보일 수 있지만 불가피한 결과는 아니다. 2001년 9/11 이후 외교관들이 밀려나고 군인들과 첩보원들이 부상한 추세는 일방적으로 진행되지 않았다. 부시 정부 시절의 외교관들은 크리스토퍼 힐의 노력으로 북한 외교가 선회한 것과 개발도상국의 인명을 구하는 의료 분야에 수십 억 달러를 지원한 에이즈 퇴치를 위한 대통령 비상계획PEPFAR을 사례로 든다.

종합해 보면, 이란 핵협상과 파리 기후협정은 외교에서 승산 없는 싸움으로 비쳤다. 두 사례는 외교관 무시를 일삼고 대대적인 외교노력을 기울이지 않았던 오바마 1기 이후의 성과라 더욱 두드러진 대비를 보였다. 오바마 정부의 국가안보 부보좌관 벤 로즈는 최근 돌파구가 마련된 이유로 일부는 외교의 본질상 서서히 시동이 걸린다는 점과, 일부는 정부의 궤도수정을 들었다.

그는 나에게 "2기의 외교 정책의 핵심은 본질적으로 1기보다 훨씬 더 외교적이었다는 겁니다. 자네도 역시 노력을……"이라며 말을 잇지 못했다. 홀브룩 시대의 실패에 대해 생각하는 듯했다. "퍼트레이어스, 매크리스털과 같은 스타 장성들이 주도하는 역학은 2기에는 나타나지 않았어요. 정부에 있던 장성들이 스타가 아니었다는 의미가 아니라, 1기에 활동하던 장성들처럼 세계 일부 지역의 산소를 빨아들인 거물급 유명 인사들이 아니었다는 의미입니다. 느리긴 해도 꾸준히 외교를 다시 우선시했다고 생각합니다."

그 결과에는 논쟁의 여지가 있다. 일부에서는 외교력을 보여주는 증거라고 하지만 다른 이들은 어리석은 짓으로 볼 수도 있는 것이다. 하지만 트럼프 정부가 미국의 파리 기후협약 탈퇴를 선언하고, 이란 협상을 놓고 거친 공방을 벌이면서 선과 악의 싸움으로 이어진다고 해도 부인할 수 없는 사실이 있다. 앞서 정부가 일궈낸 노력은 전통적 외교 방식의 치열한 싸움을 통해 탄생한 진지한 외교 정책이라는 것이다. 이러한 외교정책의 노력에도 불구하고 가장 뜨거운 논쟁거리인 이란 협상에서는 고성으로 시작해 고성으로 끝난 것도 놀라운 일은 아니다.

그런 고성은 한밤중에 시작되었다. 금색과 흰색이 어우러진 벽과 로코코 양식의 의자, 천사가 상단을 들고 있는 모양으로 화려하게 장식된 대리석 벽난로를 통해 고성이 울려 퍼졌다. 고성의 절반은 이란 외교 장관의 것으로, 이란이 얼마나 오랫동안 핵 프로그램 검열에 협조했는지에 대해 열변을 토했다. 나머지 절반은 미국의 국무부와 에너지 장관에게서 나왔다. 그리 길지 않은 표현으로 이란에게 '지옥에나 가라'고 말했다. 존 케리는 "결정권은 내게 있다"며 "우리에게 협박하는 대로 할 수 없을 거요"라고 소리 쳤다. 이란이 기본 협정문에 대한 재협상을 하자고한다면 미국은 기꺼이 회담장을 박차고 나갔을 것이다.

이란, 미국, 영국, 프랑스, 중국, 러시아, 독일, 유럽연합 협상자들이 오스트리아 빈에 모여 최후의 고통스러운 외교적 노력을 짜낸 것은 2015년 7월이었다. 초호화의 팔레 코부르크 호텔은 한 때 요한 슈트라우스가 화려한 무도회장에서 지휘를 하던 곳이며 작센-코부르크-고타 왕조의 마지막 공주가

1990년대에 타계하기 전까지 회의하고, 생육하고, 향기로운 욕조에 몸을 녹이던 장소다. 이곳이 협상 장소로 선택된 이유는 객실이 서른네 개에 불과해 엿들을 만한 투숙객의 공간이 별로 없었기 때문이었다. 그럼에도 팔레 코부르크에 투숙할 여력이 있는 첩보원, 외교관, 금융가, 부호들은 귀를 기울였다. 이밖에 600여 명의 기자들이 빈으로 몰려들어 가십gossip거리에 귀를 쫑긋 세웠다.

식당 옆에 있던 미국 측 인사들은 초조함을 금할 수 없었다. 케리의 수석 비서실장인 존 파이너Jon Finer는 훗날 "케리가 완전히 흥분 상태였다"고 기억했다. "많은 사람들이 회담장 바깥에 있는 식당 구역에 모여 있었는데 벽 너머로 고성이 들려왔다." 케리를 오랫동안 수행해온 제이슨 마이닝거는 마침내 문을 열고 회담의 흐름을 끊었다. 그는 미국과 이란 측에 회담과 무관한 손님들이 전 세계에서 가장 민감한 외교에 관한 세부적인 내용을 엿듣고 있다고 전했다. 그의 말은 일부 사실로 드러났다. 다음날 아침, 독일의 외무 장관과 대통령을 지냈던 프랑크 발터 슈타인마이어가 케리에게 생산적인 대화였던 것으로 보인다며 케리에게 은근한 축하를 건넸다. 호텔에 머물던 모두가 회담을 엿들었으리라는 가정이 깔려 있었다.

결국 세계에서 가장 영향력 있는 외교관들이 화려한 궁에 18일 동안 갇혀 지냈다. 밤마다 협상이 열렸고 새벽녘까지 이어졌다. 눈이 붉게 충혈 된 미국 팀은 이 기간 동안 딸기향 트위즐러 4.5kg, 스트링치즈 9kg, 견과류와 말린 과일 14kg, 수백 개의 라이스크리스피와 에스프레소 캡슐을 흡입했다.

고성이 오간 다음날 저녁, 확대된 규모의 'P5+1' 장관 회담에서 마지막 결전이 벌어졌다. 이 자리에는 UN 안보리 상임이사국 5개국과 독일이 참여했다. 이란의 자바드 자리프 외교 장관은 기간을 보다 유연하게 설정할 것을 요구했고, EU의 페데리카 모게리니는 이란 측 요구를 받아들이느니 돌아가겠다고 받아쳤다. "절대 이란을 협박하지 마시오!" 자리프 장관이 고함을 쳤다. "러시아도 추가요" 러시아의 세르게이 라브로프 외무부 장관이 슬쩍 거들며 긴장을 누그러뜨렸다. 사실 러시아는 미국, 유럽과 협조하는 쪽이었다. 라브로프는 미국이 막다른 골목에 다다를 때마다 거들었다. 우크라이나 위기가 심각해지고 있었고 미-러 관계가 얼어붙어 있는 상황에서 주목할 만한 움직임이었다. 양국 간의 연합전선은 이색적인 외교적 노력에서 일어나는 드문 시도였다. 심지어 중국도 이란 원자로 중 하나를 교체하는데 돕겠다며 중요한 역할을 자처했다.

그 과정은 물론 보여주기 식이며 구태의연한 외교적 과시일 뿐이다. 빌 번스에게 이번 협상은 수십 년 간의 외교관 경력에서 마지막을 장식할 무대였다. 그는 러시아와 요르단 대사를 거쳤으며 이란 협상 당시에는 국무부에서 부사령관에 해당하는 차관에 올랐다. 번스는 사람들이 직업 외교관을 떠올릴 때 흔히 머릿속에 그리는 그런 유형이었다. 호리호리하고 희끗희끗한 수염을 길렀으며 쉿소리가 섞인 부드러운 목소리는 대단한 인내심과 침착한 성격의 소유자로 보였다. 《워싱턴포스트》는 그의 은퇴를 알리는 헤드라인 기사에서 '외교관 중의 외교관'이라고 표현했다. 존 케리는 내게 "재능 있는 차세대 외교관들을 발굴하는 것이 중요한데 말하자면 제2의 빌 번스를 찾는 것"이라고 말한 적이 있다.

번스는 외교관 임무를 수행하는데 있어서 대체 불가능한 역할을 담당하는 살아 있는 전설이다. 그는 30년 전 미국과 이란의 외교전에도 백악관의 국가안전보장회의 소속으로 참여했다. 이란-콘트라 사건이 터진 직후였다. 그는 "비교적 젊은 외교관으로서 모든 일이 얼마나 엉망으로 끝날 수 있는지 이란 외교의 위험성을 통해 깊이 깨달았다"고 말했다. 하지만 이란 문제는 그에게 중력처럼 끌어당기는 중요한 역할을 했다. 수년 후 그는 부시 정부 시절 콜린 파월 장관이 이끄는 국무부에서 중동지역을 이끌었는데, 그때 국방부에서 제시하는 정책 비율이 증가하는 모습을 지켜봤고 그와 함께 외교의 장이 좁아지는 데 괴로워했다. 번스는 "외교와 무력의 사용이 역전되는 과정을 직접 목격했는데 이라크 전쟁에서 이런 성격이 무척 잘 드러났다"고 말했다. 그런 역전은 아직 이란의 핵 프로그램이 초기 단계에 있을 때 이란에 취할 외교적 기회를 놓친 것이 그 이유 중 하나였다. 부시 정부의 말기에 번스가 콘돌리자 라이스 장관 밑에서 정무 담당 부차관으로 일하게 되면서부터 정부는 외교적인 접근에 관심을 보이기 시작했다. 그 여름 번스는 제네바에서 열린 주요국 회의에서 처음으로 이란과 마주 앉았다. 그는 "어떤 면에서 진정으로 새로운 장이 열렸다"면서 "오바마는 훨씬 더 야심차게 이를 추진했다"고 말했다.

2009년 여름 미국은 이란의 성스러운 도시 콤Qom에서 멀지 않은 곳에 비밀 우라늄 농축시설을 발견했고, 이란 경제의 마지막 남은 한 방울까지 짜내는 새로운 제재를 잇달아 가했다. 이는 세심한 외교를 전개했다. 국무부와 재무부 관료들은 각국에 연락하여 이란과의 관계를 단절하고 경제 전쟁에서 연합전선을 구축하도록 촉구했다. 그 결과는 치명적이었다. 번스는 "이란의 원유 수출이 50퍼센트 감소했고 화폐 가치도 50퍼센트 폭락했다"고 회고했다.

이런 압박으로 협상의 장이 마련되었다. 2013년 3월 오만의 한 군 장교의 해변 별장에서 번스와 네 명의 협상 팀은 이란 측과 처음으로 비밀 회담을 가졌다. (오만은 이란에 억류된 미국 여행자들의 석방을 중재하며 이란과의 인연을 과시했다.) 사흘 동안의 협상에서 번스와 이란 측 대표는 산책을 하며, 탁 트인 창으로 아라비아 해가 보이는 회의실에 불을 밝히고 여러 시간 동안 협상을 이어갔다. "이곳에 출구가 보일지도 모른다는 느낌으로 떠났던 것 같소" 번스는 말했다. 이란 협상단은 여전히 본국 정부의 입김에 강한 영향을 받았다. 하지만 그들은 이전에 협상에 모습을 드러냈던 국가안보 강경파들이 아닌 실무급 외교관들이었다. 이 차이는 양측에 중요했다.

이란이 강경파인 아흐메디네자드를 물리치고 하산 로하니를 대통령으로 선출하여 세계를 깜짝 놀라게 만들면서 회담에도 속도가 붙었다. 선거 캠페인에서 로하니는 이란 경제에 해빙을 가져오겠다는 주장을 펼쳐 온건파로 인식되었다. 그는 서양에서 교육을 받고 미국 TV프로그램 〈찰리 로즈 쇼〉의 단골 출연자인 자바드 자리프를 외교부 장관으로 임명했다. 이듬해 번스는 전 세계 수도에서 비밀 회담을 9~10차례 이끌었다. 어떤 경우에는 "오만의 무스카트에서 조금 진행하다 베이징으로 날아가서 진행하고 다시 오만과 베이징으로 번갈아 가며 회담을 했다"고 협상 후반부에 참여한 존 파이너가 말했다. 협상이 여러 달 이어지면서 개인적인 관계도 형성되었다. 웬디 셔먼 차관과 이란의 상대인 라반치 모두 2013년 가을에 할머니, 할아버지가 되었고 서로 사진을 공유했다. 존 케리도 자리프 장관과 오랫동안 회의를 이끌었다. 나중에 《뉴욕》매거진은 두 사람의 사진에 하트 표시를 포토샵으로 편집해 넣고는 상단에 '이란 협상에서 가장 낭만적 순간'이라는 제목을 달았다. 2013년 말 잠정적 협정이 체결되었고 2015년 4월에는 기본 틀에 관한 협상으로 진전이 이루어졌다. 이후 3개월 동안 빈에서는 앞서 수년 동안 진전된 약속을 최종 협상으로 마무리하려는 노력이 펼쳐졌다.

비공개 협상이 진행되면서 미국은 일부 조항에서 완화된 태도를 보였다. 셔먼은 "오바마가 무척 중요한 정책 결정을 내렸다. 이란이 매우 엄격한 감시와 확인을 수용할 경우 매우, 매우 제한적인 농축 프로그램의 허용을 고려할 수 있다는 결정이었다"고 기억했다. 여기에는 이란이 미국의 허락이 있든 없든 핵 프로그램 가동은 진행한다는 판단이 깔려 있었다. 셔먼, 번스 등 미국 측이 확신을 갖게 된 제재는 핵 개발 속도를 늦출 수 있을 뿐이었다. 협상은 이란의 핵 활동을 감시할 수 있는 유일한 희망이었다. 오늘날까지도 이란 핵협상을 반대하는 사람들이 비난의 근거로 삼는 민간의 핵 프로그램을 허용하는 문제와 관련된 양보는, 이란 핵협상 타결로 가는 변곡점이었고 이후 연이은 협정의 타결이 가능했던 중요한 요인이었다.

셔먼은 협정을 루빅스 큐브에 비유했다. 큐브의 한 면을 비틀 때마다 다른 면에 있는 협상은 엉망이 되었다. (훗날 에너지부 관료는 파이너, 셔먼 등 미국의 협상가들 40명에게 루빅스 큐브를 장난스러운gag 선물로 전달했는데 '개그'를 꽤 유연하게 해석한 것이었다.) 협상은 문자 그대로 일부 협상가들에게 타격을 가했다. 웬디 셔먼은 보안이 되는 전화로 존 케리에게 브리핑하기 위해 서두르던 중 문에 부딪혀 코뼈가 부러졌다. 또한 정치 공격으로부터 협상을 보호하기 위한 국무부의 수많은 브리핑을 하러 바쁘게 이동하던 중 계단에서 넘어져 새끼손가락이 골절되기도 했다. 셔먼은 얼음에 손가락을 집어넣은 채로 브리핑을 마쳤다. "무척 집중했고 브리핑도 만족스러웠다"고 그녀는 말했다. 마지막 질문에 답한 후 그녀는 눈물을 터뜨렸다. 2015년 제네바에서 열띤 협상이 벌어지던 중 존 케리는 손을 탁자에 세게 내리쳤는데 그 바람에 펜이 날아가 이란 협상가를 맞췄다. 다음날에도 난국이 풀리지 않자 그는 머리를 식히려고 프랑스의 알프스로 자전거를 타러 나갔다. 지나가는 오토바이 때문에 정신이 산만해진 케리는 장애물에 부딪쳤고 튕겨져 나가 대퇴골이 골절되었다.

오만의 무스카트에서 뉴욕, 제네바, 빈에 이르기까지 그들은 인내심을 갖고 노력했고 동맹국 역시 인내하도록 간청했다. 2015년 7월 어느 날 새벽 3시까지 이어진 마지막 밀당이 끝나고 각국 장관들은 빈에 있는 UN 오피스 빌딩에 모였다. 자국 국기 앞에 선 장관들의 모습은 빛을 잃어가는 전구처럼 피곤해 보였다. 이들은 이란의 핵 프로그램을 십 년 이상 억제할 협상안을 발표했다. 지난 30년 이상 외부 세계와의 외교를 무시해온 불량국가가 엄격하고 강제적인 확인과 검증에 동의한 것이다.

존 케리는 향후 수년간 협상 자체에 분노하는 사람들과 미국이 속았다고 주장하는 반대자들에 맞서 대항 할 기회를 잡았다. 그는 자리에 모여 있는 기자들에게 "제가 오래 전 대학을 떠나 참전한 적이 있는, 아주 사적인 이야기를 드리고 싶다"고 말했다. 베트남 참전을 언급한 것이다. "전쟁에서 저는 외교가 실패할 때 어떤 비용을 치러야 하는지를 깨달았습니다. 만약 내가 운 좋게도 그렇게 중요한 영향력을 행사할 수 있는 위치에 서게 되면 나는 반드시 그렇게 되도록 할 것입니다." 그의 쉬어 있고 약한 목소리는 감정에 북받쳐 갈라졌다. "전쟁은 외교의 실패이며 대안 가능한 결정을 내려야 하는 지도자들의 실패입니다."

이후 협상은 수시로 비판을 받았다. 협상이 최종 타결되기 위해서는 일각에서 용납할 수 없다고 여기는 것들에 대한 타협이 불가피했다. 2009년 오바마는 CIA와 국무부에 이란의 녹색혁명에 대한 반정부 시위대를 지원하는 방안을 철회하라고 명령했다. 이란 정권의 변심으로 은밀한 외교적 수단을 망가뜨릴까 우려했기 때문이었다. 일부 비판자들은 오바마 정부가 협상에 집착한 나머지 시리아 내전에 미온적으로 대처했다고 주장했다. 앞서 이란이 동맹 관계인 시리아 정권의 통치를 미국이 방해할 경우 핵 협상을 중단하겠다고 위협했기 때문이다. 협상안 자체도 완벽한 승리로 볼 수 없었다. 이란이 핵무기 생산 단계에 미치지 못하는 낮은 수준의 농축을 할 수 있도록 권리를 부여하고 일부 제재 조항은 십 년 뒤 만료되도록 했기 때문이다.

또 다른 이들은 악마와 거래했다고 주장했다. 강간 피해자에게 돌을 던지고 미국인을 비롯한 언론인을 구속하는 등 이란은 개혁하는 국가로 볼 수 없다는 것이었다. 트럼프 정부가 핵협상에 반대하는 로비를 시작하면서 '이란이 속임수를 쓰고 있다'는 주장에 대해 협상자들이 설득력 있게 해명하지 못하자 이러한 요소를 파고들기 시작했다. 주UN 미국 대사인 니키 헤일리는 1979년 이래 이란이 불량국가이자 테러 지원국이었다는 역사를 장황하게 읊고는 세계가 이란을 '조각그림 퍼즐'로 봐야 한다고 촉구했다. 단순히 핵문제 이외의 다른 문제도 주목하라는 주문이었다.

핵협상에 참여했던 협상자들은 불완전한 협상이라는 점을 순순히 인정했다. 하지만 그러한 불완전함이야말로 외교가 어떤 승리를 거둘 수 있는지 보여준다고 주장했다. 핵협상은 이란의 핵 야망으로 인한 도전을 억제한다는 하나의 구체적인 사안에 집중했다. 이란의 인권문제이나 시리아에서의 반미 단체 지원, 그리고 비핵무기 실험에 대한 제재조항은 어디에도 없다. 핵협상에 찬성하는 측에서는 핵협상을 논외로 한다면 다른 문제를 해결하는 미국의 능력을 약화시킬 수밖에 없다고 주장했다. 빌 번스는 "미국과 우방의 국익을 해치는 이란의 다른 행동에 대해 알고 있었다"면서도 "하지만 총성 없이 우리의 이익에 도움이 되는 방향으로 핵문제를 해결할 수 있다는 것은 대단히 중요한 진전"이라고 평가했다.

또한 마땅한 대안도 없었다. 케리는 협상이 이뤄지지 않았다면 "단기간에 군사 행동이 일어났을 것이고 그러면 모든 것이 끝난다. 시간 여유는 몇 달 밖에 남아 있지 않았다. (협상이) 타결되지 않았다면 오바마의 재임 기간 중이거나 (트럼프의) 임기 초에 대치 국면이 있었을 것이다." 오바마 정부는 군사적인 옵션도 검토했으나 전망은 암울했다. 군사 행동에 나서면 특정 지역의 활동을 일시적으로 약화시킬 수는 있겠지만 이란의 재건을 막을 방안이 없었다. "군사 행동을 취하게 되면 외교는 완전히 무용지물이 된다. 그들을 이미 폭격해 버렸기 때문이다." 협상에 참여한 존 파이너는 정부가 전술적인 옵션을 검토했던 것을 기억했다. "그들이 테이블에서 마주 앉아 협상할 가능성은 낮다. 감시를 피해 은밀히 폭탄 제조를 다시 시작할 것이고 아마 2년 뒤 그곳을 찾아 내 다시 폭격을 가해야 할 것이다. 그런 사이클이 영구적으로 이어질 것이다."

번스도 "더 나은 협상을 할 수 있었다거나 완벽한 협상이 존재한다는 사고를 하는 사람들이 있다"고 덧붙였다. "만약 십 년 전에 이란과 진지하게 대화를 했다면 그런 주장을 제기할 수 있었을 것이다. 당시 이란은 원심 분리기 64기를 가동하고 있었고 농축 프로그램도 매우 초기 단계에 있었기 때문에 이란의 핵 프로그램에 훨씬 더 제약을 가할 수 있었다. 하지만 2013년 초에 본격적으로 비밀 협상이 시작될 당시에는 이미 그들이 1만 9,000기의 원심 분리기를 가동 중이었다. 폭격을 한다거나 핵 시설이 없어지기를 바랄 수 없는 것이다. 외교가 직면한 문제는 언제나 완벽한 해법에 못 미치는 답을 얻는다는 것이다." 이는 협상을 통한 해결이 얼마나 복잡한지를 잘 보여주는 사례다. 20년 전 리처드 홀브룩이 데이턴에서 협상할 당시에도 모든 민족 집단에게 정치적 대표권을 부여하고, 모두를 만족시키기 위해, 비대하고 통제하기 어려운 정부를 만들어야하는 문제 등으로 매우 복잡한 사안에 봉착 했었다.

셔먼과 파이너를 비롯해 이란 협상에 참여했던 일부 외교관들은 힘을 합쳐 의회, 언론에 대응해야 했다. 그들은 협상을 포기하면 미국의 영향력이 약화되고, 중국과 러시아가 이 기회를 활용하여 협상에 막대한 투자를 해온 유럽 동맹국과 미국을 이간질할 것이라고 주장했다. 무엇보다도 외교관들은, 적대국과, 세계에서 가장 중요한 핵확산금지 협상을 타결하려는 노력이 실패했을 때 또 다른 거대한 위기를 초래하지 않을까 우려했다. 파이너는 "만약 이란 협상이 실패하면 북한이 어떤 생각을 하겠소? 그들에게 조금이라도 협상을 생각해 보도록 하려면 어떤 인센티브를 제공해야 할까요?"라고 물었다.

이란 협상은 비록 결함이 있었지만 오늘날에도 여전히 외교가 작동할 수 있도록 만드는 요소에 대한 교훈을 제공했다. 이란과의 협상에서 승리를 거둘 수 있었던 일부 원인은 대통령이 세부 내용을 거의 통제하지 않고 전적으로 지지했다는 데 있었다. 협상이 진행될 때마다 오바마는 케리와 셔먼에게 '레드라인'만을 알려 주고 그들이 판단하기에 타당하다고 생각하면 협상을 폐기할 권한을 줬다. 빈까지 이어진 수년 동안의 여정에서 수십 명의 국무부 관료들이 협상에 참여했다. 나는 그들 중 많은 이들과 대화를 나눴는데 한결같이 백악관의 지지를 받는다는 느낌을 가지고 있었고 그런 지지가 협상에 얼마나 중요한지 알고 있었다.

미국 외교의 미래를 위한 로드맵과 관련하여 많은 직업 외교관들이 내게 언급한 사항은 다음과 같다. 타협과 협상의 불완전성을 받아들이고, 전쟁을 피하며 인명을 구할 수 있음을 깨달아야 한다. 실무급 외교관들에게 투자하고 그들이 자기 업무를 해내기에 충분한 재량을 부여해야 한다. 또한 트럼프 정부가 그저 해체하기 위해 몰두하고 있는 대규모 외교적 계획에 비전을 갖춘 리더십을 세워야 한다. 이러한 제언은 제2차 세계대전 이후 국무부를 재편했던 개혁과 크게 다르지 않다.

존 케리는 "이란, 쿠바 그리고 파리 기후변화협정의 경우 솔직히 어떤 정부가 우리 뒤에 들어서더라도 수 만 가지 축적된 기회를 이어 받아 과거의 장관들이 모색하며 꿈꾸던 외교적 기회를 누릴 수 있다고 생각한다"고 말했다. 트럼프 정부가 협상을 비판하던 초기까지도 케리는 이란 협상에서 최악의 시나리오는 이란이 협상안의 준수에 끝까지 반발함으로써 미국이 아닌 이란 국민들이 고립되는 것이라고 했다. 하지만 미국이 협상을 스스로 폐기할 경우 결과는 훨씬 더 나쁘다고 그는 주장했다. "트럼프는 허세를 부리며 협상을 반대 방향으로 되돌렸다. 그는 우리를 고립시켰다. 만약 이란이 (협상을) 탈퇴하면 세계는 이란이 아닌 우리를 비난할 것이다." 케리는 비판을 이어갔다. "그것을 협상의 기술이라고 부른다면, 이 사람이 파산을 일곱 번이나 맞은 이유를 알 수 있을 것이다." 케리의 발언은 상대를 부끄럽게 만들어 반면교사로 삼을 수 있었던 그런 시대에는 효과를 냈다. 분명하고 타당한 주장이 차이를 만들 수 있었던 그런 시대다. 하지만 미국 정치에서 그런 시대는 이미 저물었다.

결과적으로 80명 이상의 군축 전문가들이 이란 협상이 "국제 핵확산 금지 노력에 득이 된다"면서 옹호하는 서명을 했다. 이들은 "미국이 근거 없이 이란이 속임수를 쓴다는 주장을 하면서 독자 행동을 할 경우 미국은 고립될 것"이라고 경고했다. 하지만 메시지는 트럼프 정부에게 별다른 영향을 미치지 못했고 정부는 이란에 대한 맹공을 이어갔다. 일부 직업 외교관들은 전문가들이 외교 정책의 형성에 중요한 역할을 하던 시기도 지나갔을지 모른다고 우려한다. 새 정부는 임기가 시작되고 며칠 후부터 핵확산금지에 관련된 내부의 최고 전문가들을 내쫓았다.

* * *

그런 연유로 2017년 1월 어느 추운 일요일 국무부 국제안보·비확산담당 차관보인 토마스 컨트리맨은 국무부 사무실에서 자기 책상을 비우게 된 것이다. 35년의 공직생활이 그렇게 막을 내렸지만 그는 감상에 젖지 않았다. 그는 "할 일이 많았는데 깊이 생각해보지 않았다"며 어깨를 으쓱했다. 보통의 일요일이라면 국무부는 으스스할 정도로 썰렁하다. 하지만 그날은 사무실에 나와 있는 사람이 컨트리맨뿐만이 아니었다. 외교부에서 44년을 보낸 패트릭 케네디 부차관도 책상을 정리하고 있었다. 중년의 두 사내는 서류 상자와 가족사진을 정리하다가 짬을 내서 추억을 나눴다. 케네디는 이라크 전쟁 당시 연합군임시행정처에서 일했다. 컨트리맨은 이집트가 걸프전에 참전할 당시 이집트에 근무하고 있었다. 두 고위급 인사에게는 어울리지 않는 조용한 마무리였다. 국무부와 더불어 추억과 빈 책상이 남았을 뿐이다.

컨트리맨은 요르단에서 임무를 수행하다 떠나라는 소식을 들은 지 며칠 뒤에도 마무리를 하기 위해 최선을 다했다. 그는 국제안보·비확산국 소속 직원들 260명 중 대다수와 대화할 시간이 없었다. 어떤 경우든 앞으로 무슨 일이 일어날지에 대해 분명하게 해줄 수 있는 말은 거의 없었다.

그 다음 주 화요일이 그가 작별 인사를 할 마지막 기회였다. 100명 이상의 직업 외교관들이 1층의 부자연스러운 천장 아래 공업용 회색 카페트가 깔린 로비에 모였다. 컨트리맨이 연단에 오를 때 이들의 손에는 흰색 스티로폼 컵이 들려 있었다. 그가 해고된 지 일주일도 지나지 않은 시점이었기 때문에 톰 컨트리맨은 압력에 시달리는 직업을 상징하는 유명인사가 되어 있었다. 한 동료는 그의 경력 마무리를 〈스타워즈〉에서 '다스 베이더'에게 살해당하는 '오비완 케노비'에 비유했는데 컨트리맨은 감동을 받았다. (그는 또 다른 동료가 '스타워즈의 레아 공주가 자바 더 헛의 목을 조르는 장면'에 비유하기도 했다고 장난스럽게 소개하면서 "혼란스러웠다"고 감회를 말했다.)

여러 날 동안 그는 메시지, 교훈 그리고 남기고 갈 만한 가치가 있는 말을 생각했다. 컨트리맨은 자리에 모인 사면초가 상태의 외교관들에게 자신은 불만이 없다고 말했다. 그는 사실 "자리에 모인 사람들 중 가장 만족한 상태였을 것"이다. 그는 자신에게 세상과 외교 역사를 직접 볼 수 있는 기회를 준 직업에 대해 말했다. 또한 '전설적인 대사들'과 그가 생각하기에 여전히 외교부에서 배출되고 있는 전도유망한 젊은 외교관들에 대해 이야기했다.

하지만 경고의 말도 잊지 않았다. "전문가가 없는 외교란 정의하자면, 아마추어의 외교"라고 그는 말했다.

그는 모여 있는 외교관들에게 자신의 직업이 시대와 어울리지 않음을 알고 있지만 계속 자리를 지키라고 요청했다. "우리의 업무는 미국인들에게 큰 공감을 받지 못하며 이는 종종 정치적 목적으로 악용되기도 한다"고 말했다. 오직 그들만이 외교의 세계에서 거래의 성격이 짙어지고 군사화 되는 접근 방법에 맞서는 방어벽 역할을 할 수 있다고 그는 강조했다. "미국의 영사관은 악한 목적으로 미국을 향하는 자들을 막는 여러 방어선에서 가장 선두에 있다. 우리는 미국 영웅들, 즉 군인들의 가족이 단지 비군사적 해법이 실패했다는 이유로 사랑하는 가족이 위험에 처하지 않음을 알게 되기를 바란다. 다른 국가와의 소통이 동맹과 우방과의 동반자 관계 형성이 아닌 비즈니스 거래에만 국한된다면 우리는 그 게임에서도 패배할 것이다. 실제로 중국은 경제적 거래외교를 고안했고 우리가 그들이 만든 게임에 합류하게 된다면 중국 정부가 판을 독식할 것이다."

이 경고는 다른 시대를 기억하는 생존 외교관들이 느끼는 두려움이기도 했다. 그 시대에는 말하고 듣는 일이 중요했고 국무부가 미국의 국력에서 꼭 필요한 도구였다. 웬디 셔먼은 "우리는 일방적으로 무장해제 된 셈"이라고 말했다. "외교라는 도구를 가지고 있지 않으면 자신이 가진 힘을 약화시키는 것이다. 우리가 왜 그런 일을 하는가?" 그녀는 한숨을 쉬었다. "우리 스스로 그런 도구를 버리는 이유가 무엇이며 군을 우선시하는 외교 정책을 지향하는 이유를 나는 이해할 수 없다."

빌 번스도 "세계에서, 그리고 미국의 리더십을 실제로 키워 주는 국가기관에서 미국의 리더십이 약화된다는 느낌을 받는다"고 덧붙였다. "앞으로 15년 후 '대사가 되는 사람들을 제외하면 자리에 있어야 하는 외교관들은 모두 어디에 있는 거지?'라고 묻지만 외교관들은 이미 그 자리에 없는 상황에 처하게 될 것이다." 그는 이라크와 전쟁을 향해 가는 동안 외교와 군의 힘이 '역전'되던 상황을 생생하게 기억했다. 그는 근래에 보기 드문 소중한 외교적 성과가 트럼프 정부 들어 도미노처럼 무너지는 모습을 지켜보면서 과거의 일을 떠올리지 않을 수 없었다. 번스는 "외교는 국제적으로 첫 번째 방편의 도구가 되어야 한다. 때로는 재정적으로나 미국 국민의 생활 안정 측면에서도 군대의 활용보다 훨씬 비용이 덜 들일 수 있다"고 말했다. 그는 군의 정책 결정에 치우치는 것을 원상 복구시키기는 어렵다면서도 돌아갈 길은 늘 있다고 확신했다. 번스는 따분하지만 꼭 필요한 임무에 이끌리게 된 미국인들의 성품을 아직 믿고 있다.

문득 리처드 홀브룩의 글이 떠올랐다. 그는 보스니아 사태와 자기 자신의 위대한 역사를 짚은 저서 『전쟁 종식을 위해To end a War』의 앞머리에서 클린턴 정부 시절 국무부가 혹독한 예산 삭감에 헤쳐 나갈 때를 기억했다. "오늘날 공직자들은 존 F. 케네디가 국가를 위해 무엇을 할 수 있는지를 물었을 때 가지고 있던 영향력을 상당 부분 잃어 버렸다. 케네디의 연설이 진부한 클리셰cliché가 되기 전까지는 그 표현을 들었을 때 무척 충격을 받았다. 공직자는 차이를 만들어낼 수 있는 사람들이다. 이 책이 미국의 청년들이 정부에 진출하거나 다른 형태의 공직에 몸담을 수 있도록 영감을 준다면 그 목적한 바를 이루는 것이다." 홀브룩은 감히 흉내 낼 수 없는 허풍쟁이였지만 그는 미국, 그리고 전쟁이 아닌 평화를 만드는 미국의 힘을 진심으로 믿었다. 그가 떠난 후 나는 국무부 1층 사무실의 어두운 형광등 아래에 앉아 그가 남긴 글귀를 보면서 생각했다. 그가 여러 실수를 저지르긴 했어도 아프가니스탄에서 키워낸 직원들을 통해 목적을 달성하는 데 성공했다. 수년 후 나는 책장에서 그의 책을 다시 꺼내 접었던 그 페이지를 펼쳤다. 과거에 내가

2018년 스탠포드 대학교 행사에서 렉스 틸러슨 국무부 장관(중앙)이 조지 P. 슐츠(오른쪽) 전 장관, 콘돌리자 라이스(왼쪽)와 대화를 나누고 있다.
-국무부 자료사진

1995년 9월 보스니아 전쟁 종식을 위한 협상을 진행하면서 크리스토퍼 힐과 리처드 홀브룩이 숱하게 올랐던 베오그라드행 비행기에서 한 때를 보내고 있다.
-크리스토퍼 힐 제공

귀퉁이 한곳에 적어놓은 글귀가 눈에 들어왔다.

"보고 싶습니다, 대사님."

국민들이 민간 공직자들을 신뢰하는 한 이 제도는 계속 남을 것이라고 번스는 말했다. "외교부는 종종 두들겨 맞았었다"라는 그의 표현이 대화를 나누면서 처음으로 외교적으로 들리지 않았다. 외교부는 이전에도 늘 살아남았다. 그를 비롯한 모든 동료들은 이번에도 그래야 한다고 입을 모았다. "정보기술이 발전하는 시대에 '누가 대사관을 필요로 할까요?'라는 생각이 유행할 수 있지만 그 어느 때보다 권력이 분산되고 많은 변화가 일어나는 시대야말로 외교의 중요성이 크며 그 이전보다 더 관련성이 높아진다."

톰 컨트리맨은 그런 유행에 뒤처진 사람들 중 하나였다. 연설을 마친 후 그는 짐을 싸서 휴가를 떠났다. 나는 서부 워싱턴 타코마Tacoma에 있는 컨트리맨 형제 소유의 단층 주택으로 그를 찾아가 퓨젯 사운드[01]의 드넓은 바다를 내려다보며 전자담배를 사이에 두고 길게 이야기를 나눴다.

몇 달 후 틸러슨의 정책기획국장인 브라이언 후크에게 장관이 대표적으로 추진하는 임무가 무엇인지 물었다. 후크는 질문에 처음으로 깊이 생각하며 한동안 답을 찾았다. 나중에 대화를 나누면서 그는 다양한 우선순위를 언급했는데 여기에는 IS(이슬람 국가)에 대응하는 문제도 포함되었다. 결국 첫 대화에서 그는 "장관이 이란과 북한 등 위험한 나라에 대한 핵확산금지에 주력할 것으로 생각한다"고 말했다. 후크가 이 발언을 할 당시 국무부에서 해당 업무를 맡고 있는 사람은 아무도 없었다. 이듬해에도 톰 컨트리맨

---

01 미국 서북부 워싱턴 주에 있는 만(Bay)_편집자

이 앉았던 자리는 다른 자리와 마찬가지로 계속 공석이었다.

감사의 말

집필을 위해 인터뷰를 200건 이상 진행했다. 페이지마다 인터뷰에 응해준 사람들이 제공한 목격담, 서류, 통찰력이 묻어 있다. 일부 인터뷰 제공자의 이름은 공개할 수 없었다. 때로는 개인적으로나 전문인으로서 위험을 안고 발언해 준 모든 분들께 감사의 인사를 드린다. 특히 직업 외교관인 톰 컨트리맨, 에린 클랜시, 로빈 래펠, 앤 패터슨, 빌 번스, 크리스토퍼 힐, 크리스 라빈, 그 외 지면에 열거하기 어려울 정도로 많은 분들에게 특히 감사드린다. 이 책이 이들이 하는 업무를 제대로 진단한 책이 되기를 희망한다. 리처드 홀브룩과 그가 남긴 복잡하고도 중요한 유산에도 마찬가지로 적용되는 바람이기도 하다. 홀브룩이 아니었다면 이 책은 세상에 나올 수 없었을 것이다.

관대하게도 인터뷰에 응해 준 헨리 키신저, 조지 P. 슐츠, 제임스 베이커, 매들린 올브라이트, 콜린 파월, 콘돌리자 라이스, 힐러리 클린턴, 존 케리, 렉스 틸러슨 국무부 장관들께도 감사 인사를 전하고 싶다. 이분들은 선뜻 시간을 내줬을 뿐만 아니라 진솔한 이야기를 들려줬다. 또한 군과 민간 분야의 분들께도 감사를 드린다. 데이비드 퍼트레이어스, 마이클 헤이든, 레온 파네타, 존 앨런, 제임스 스태브리디스, 윌리엄 콜드웰 등 수많은 분들이 인터뷰에 응해 주셨다.

포기를 모르는 연구 보조 섀나 맨스바크가 수백 시간에 이르는 인터뷰, 검수, 각주 작업을 도왔다. 그녀는 프로젝트가 예상보다 오래 걸릴 때에도 절대 포기하지 않았으며 더 훌륭한 결과를 낳았다. 맨스바크에 이어 아리 카이퍼스, 네이선 콜렌베르크가 멋진 작업을 이어갔다. 앤디 영은 세심하게 사실을 확인하여 우리 모두에게 안전망이 되어줬다. 또한 개인 사정으로 레이디 가가의 풀타임 여행 동반자 역할을 하는 동안에도 원고를 검토해줬다.

에이전트 린 네스비트는 이 책의 불씨가 꺼지지 않도록 온갖 노력을 기울였다. 작가가 얻을 수 있는 최고의 동반자이다. 네스비트는 지난 50년 동안 문학 분야의 전문가들을 대표해 왔으며 치열한 협상가이기도 하다. 케틀벨 운동도 꾸준히 하고 있다. 우리 모두가 린 네스비트 같은 사람이 되어야 한다.

또한 W. W. 노턴W. W. Norton 출판사에도 감사를 드리고 싶다. 1969년 딘 애치슨의 『창조의 현장에서Present at the Creation』를 펴낸 출판사이니 어떤 면에서 본서는 무척 암울한 분위기의 속편이라 할 수도 있을 것이다. 존 글루스먼은 인내심 있고 열정적인 편집자였다. 드레이크 맥필리는 다른 이들이 이 프로젝트와 저자에 대해 변덕을 부리고 등질 때에도 신뢰를 보내줬다. 루이스 브로케트, 레이첼 살즈먼, 브렌단 커리, 스티븐 페이스, 메레디스 맥기니스, 스티브 아타도, 줄리아 드러스킨, 낸시 팜키스트, 헬렌 토메이데스 등 출판사의 많은 분들도 책에 도움을 주셨다. 외교 같은 분야의 서적은 시기에 따라 흔들리게 마련이다. 그렇기에 이렇게 훌륭하고 진지한 분들의 헌신이 꼭 필요하기도 하다.

개인적으로 존경하는 이안 브레머, 리처드 하스, 사만사 비노그라드 등의 외교 전문가들이 원고를 읽었으며 많은 시간을 들이지 못했노라고 메모를 보내주었다. 이 책에 매우 유용한 정보를 보내주기도 했다. 데이비드 렘닉, 데이비드 로드, 《뉴욕타임스》의 다른 편집자들이 소중한 조언을 보내줬으며 내가 작업을 매듭지을 수 있도록 정중하게 인내해주었다.

끝으로, 5년 동안 이 책을 집필하면서 무례하게 굴고 연락도 되지 않아 나를 떠나게 된 친구들과 내 가족이 아니었다면 나는 어떤 일도 이루지 못했을 것이다. 어머니는 대단한 발견으로 흥분해서 전화를 걸 때나, 무너지기 일보직전에 낙담하여 전화를 걸 때도 늘 그 자리에 있어 주셨다. 이런 작업을 주로 맡아 온 존 러벳은 수많은 메모를 전달했다. 제니퍼 해리스에게는 군벌의 인터뷰를 진행하느라 결혼식에 참석하지 못한 데 대한 미안한 마음을 전한다. (정말 축가 리허설까지 했었어.)

외교의 몰락

초판 1쇄 인쇄 | 2019년 07월 10일
초판 발행 | 2019년 07월 15일

펴낸곳 | 북플러스
펴낸이 | 정영국

지은이 | 로난 패로우
옮긴이 | 박홍경

편집·디자인 | 디자인86
제작·마케팅 | 박용일
원색분해·출력 | 거호 프로세스
인쇄 | OK P&C

주소 | 서울시 구로구 디지털로 288,
대륭포스트타워1차
전화 | 02)-2106-3800, 3801
팩스 | 02)-584-9306

등록번호 제25100-2015-000019호
ISBN 978-89-19-20587-7